高等院校生物学专业主干课程同步辅导
高等院校生物学专业考研辅导书

遗传学（第2版）
辅导与习题集

主　编　高和平　姚国新　姜益泉
副主编　邹菊萍　戴余军　杨国华　袁　玲　杨清平　卢　磊
　　　　葛　杰　邹礼平　戴　岳　王有宁　胡　波

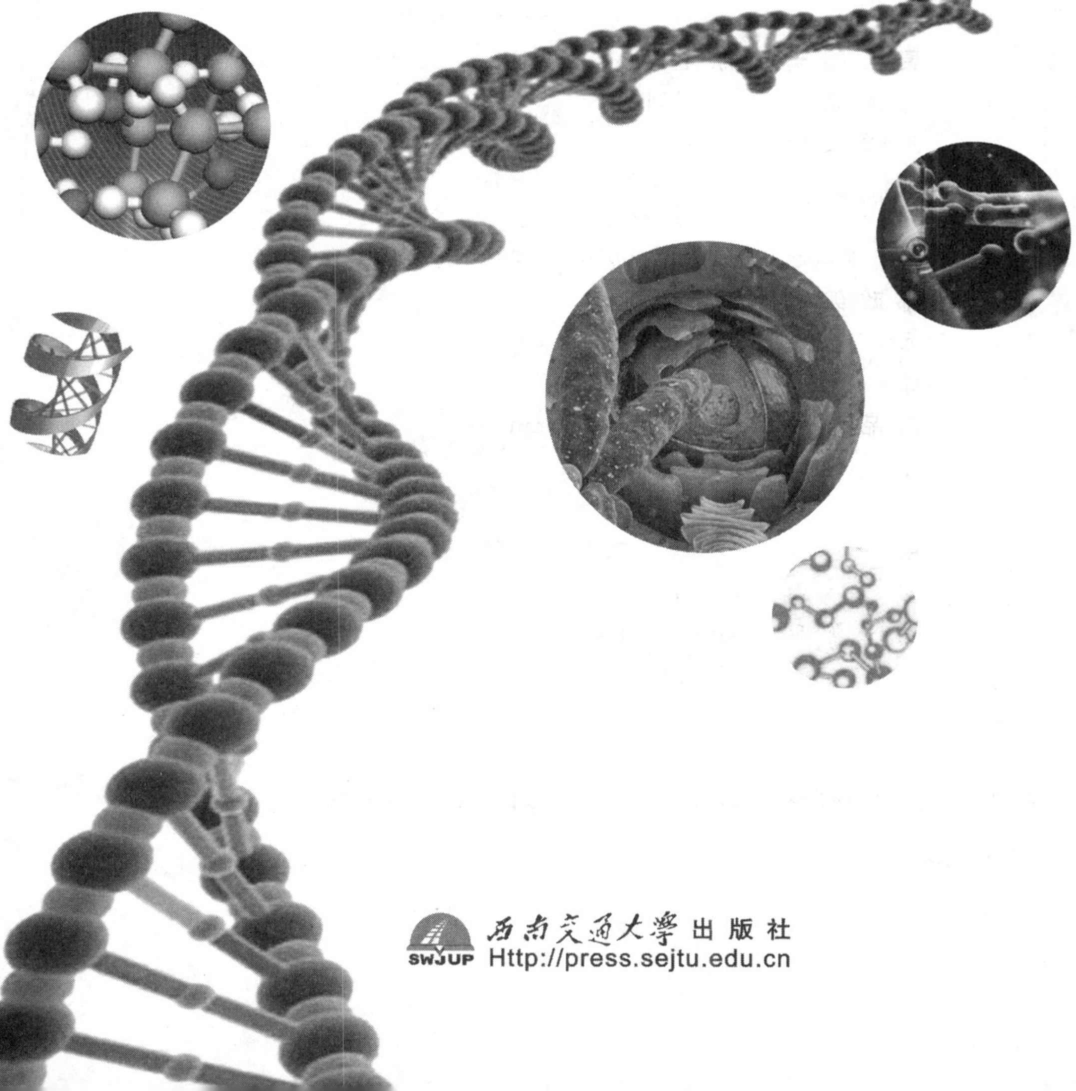

西南交通大学出版社
SWJUP Http://press.sejtu.edu.cn

图书在版编目(CIP)数据

遗传学(第2版)辅导与习题集 /高和平,姚国新,姜益泉主编. —成都:西南交通大学出版社,2014.2

ISBN 978-7-5643-2890-0

Ⅰ. ①遗… Ⅱ. ①高… ②姚… ③ 姜… Ⅲ. ①遗传学—教学参考资料 Ⅳ. ①Q3

中国版本图书馆 CIP 数据核字(2014)第 022688 号

遗传学(第2版)辅导与习题集

主编 高和平 姚国新 姜益泉

责任编辑	张宝华
特邀编辑	胡程利
封面设计	上艺设计
出版发行	西南交通大学出版社 (四川省成都市金牛区交大路146号)
发行部电话	028-87600564 028-87600533
邮政编码	610031
网址	http://press.swjtu.edu.cn
印刷	武汉武铁印刷厂
成品尺寸	185 mm×260 mm
印张	15.5
字数	392 千字
版次	2014 年 2 月第 1 版
印次	2014 年 2 月第 1 次
书号	ISBN 978-7-5643-2890-0
定价	36.00 元

前　言

本辅导及题解精粹以《遗传学》(第2版)为蓝本,按照相应章节顺序,分绪论、遗传的细胞学基础、遗传物质的分子基础、孟德尔式遗传分析、连锁遗传分析、真核生物的遗传分析、细菌的遗传分析、病毒的遗传分析、数量性状的遗传分析、核外遗传分析、转座因子的遗传分析、染色体畸变的遗传分析、基因突变与DNA损伤修复、原核生物基因的表达调控、真核生物基因的表达调控、发育的遗传分析、免疫的遗传分析、基因组学与后基因组学、基因工程概论、群体与进化遗传分析共二十章。每章由以下五部分组成:

一、考点综述:依据有关高校遗传学教学大纲及遗传学研究生考试大纲,参考全国有关高等院校遗传学考试试题和重点高校、科研院所的遗传学研究生考试试题,分析了相应章节在考试中所占比例,曾经出现的题型,指出了考生应该重点掌握的要点。

二、名师串讲:结合蓝本教材的内容和相关考试要点,对相应章节的重要内容及相互联系进行了总结。

三、名词术语解释:从教材和相关试题中筛选出相应章节的名词进行了解释。

四、经典考题汇编:从重点名校和科研院所的考试试题中筛选了具有一定代表性的试题进行详解。

五、课后习题全解:对《遗传学》(第2版)教材后的习题进行了详细解答,学生通过习题解答,可以加强对教材内容的理解,并能应用遗传学的基本原理,分析遗传学数据,解释遗传学现象。考虑到目前很多高校教学和研究生考试中以刘祖洞的《遗传学》教材为蓝本,本辅导也将刘祖洞的《遗传学》教材后面的部分习题解答放在了相应章节的经典习题汇编中供参考。

遗传学的分支几乎扩展到生物学的所有领域,已经成为生物科学的中心,所以这一学科在生物领域显得越来越重要,大学生物教学和研究生考试涉及本学科的内容也越来越多。遗传学主要内容包括经典遗传学,细胞遗传学,分子遗传学和发育遗传学等。学习本课程要从认识基本本质入手,建立系统的遗传学框架结构:揭示遗传现象的分子基础;分析遗传单位的功能,揭示生命现象和本质;分析基因表达、调控,培养遗传操作技能。深入探讨遗传学规律:遗传性状控制规律;遗传物质传递规律;遗传信息表达规律;遗传变异产生规律;人类应用遗传规律解决实际问题的原理。在几个生命层次上充分理解遗传规律:群体的遗传规律(基因频率和群体演变);个体的遗传规律(生殖、遗传和发育);细胞的遗传规律(DNA、染色体和减数分裂);分子的遗传规律(基因的性质和基因表达规律)。并培养综合运用所学知识分析问题和解决问题的能力;认识遗传规律与人类的关系的观察分析能力;灵活运用遗传学知识解决客观问题的实际应用能力;将生化、分子生物学等基础知识灵活应用于遗传分析的能力;以人类健康体验去理解遗传规律,以众多的遗传治闻、品系改造事例去感知遗传问题,深化遗传分析的能力。

考虑遗传是生命科学的重要组成部分,是许多学科专业的基础课程,其发展迅速,知识更新

较快,因此,本题解突出以下几个特点:

自学性——国内主要教材的习题解答,便于学生自学;

先进性——能满足遗传学考研学生的需求;

前沿性——能了解遗传学的研究前沿和动态;

指导性——满足国内遗传学各类考试的备考需要。

从遗传学考研试题来看,目前采用的主要题型有名词解释、填空题、判断题、选择题、问答题及计算作图等题型。考试题型与分数比例:本科课程考试:名词解释20%;填空题20%;选择题20%;问答及计算题40%。研究生考试:名词解释20%;填空题、选择题20%;问答及计算题60%。基本概念、基本原理、基本知识占40%;综合运用占20%;分析计算占25%;论述占15%。其中难度较大的试题占15%。

掌握考试题型与各章分数比例,有利于学生把握重点,有的放矢地复习、备考。但各高校由于使用教材不同、课程侧重点不同、研究方向不同,各类遗传考试的考试题型与分数比例也不同。学生复习、备考时可以参考各高校的遗传学教学大纲、考试大纲、标准试卷及各高校和研究院所的遗传学研究生考试大纲,历年遗传学研究生考试试卷。从中寻找出题规律,把握重点,取得好成绩。

在编写此书的过程中参考了国内有关遗传学著作及多所科研院所、高等院校的遗传学研究生考试试题,在此向原书作者及出题导师表示感谢。在编写和出版过程中得到武汉大学、华中农业大学、湖北大学、新疆农业大学、湖北工程学院领导和教师的大力支持。感谢李德华教授、盛继群教授以及胡正茂、苏应华、郑元升、许昌慧、薛仁军、唐芳毅等做的大量工作。

由于我们的水平有限,书中错误仍在所难免,恳请读者批评指正,以便再版时加以修改。

本书可供综合大学、师范院校及农、林院校的生物相关专业、医学院校的医学相关专业的本科生学习遗传学课程及应对研究生考试使用,也可供教师参考使用。

编　者

2013年11月

目　录

第一章　绪　　论

考点综述

本章内容考试有所涉及，但所占比例不大。在名词解释、简答题等题型中出现。考试常常涉及的内容是遗传学、遗传、变异的概念及遗传学与人们的日常生活特别是与医学的关系，考研试题还涉及遗传学研究的最新成果、诺贝尔生理和医学奖在遗传学方面的成就、国内外有关遗传学的权威期刊情况等。要求考生掌握遗传、变异等名词。掌握遗传学的定义、研究内容和任务；遗传学的诞生和发展史中的重要发展阶段、重要人物及其研究成果；了解遗传学发展遵循的思想；遗传学在生产实践中的应用及其前景。

名师串讲

本章主要内容包括：

1. 遗传学的定义、研究对象和任务

遗传的定义；遗传和变异；遗传与变异的物质基础是基因，现代遗传学是研究基因的结构与功能、复制与传递、变异与进化、表达与调控的规律，故遗传学又称为基因学；遗传、变异与环境的关系；遗传、变异与选择在生物进化与新品种选育中的作用；遗传学的任务。

2. 遗传学的发展简史

遗传学知识的积累；近代遗传学的奠基；遗传学的建立和发展；遗传学的建立及各分支学科的发展；遗传学的最新重要成就是在20世纪50年代以后的半个多世纪中，遗传学得到高速发展，迅速进入后基因组时代。

3. 遗传、发育和进化的统一

细胞分化、个体发育与基因表达的关系；物种进化过程中基因的稳定遗传与变异；基因对遗传、发育和进化的统一。

4. 遗传学的应用

遗传学在生命科学、生物进化领域、生物的品种选育、生物工程制药和人类遗传疾病治疗、环境保护、国防事业、社会及法律中的应用，随着遗传学的发展，其涉及面也越来越广，应用也随之增加。

名词术语解释

1. **遗传学(genetics)**：研究生物遗传和变异(即亲子间异同)规律的学科。这一学科名称是由1906年英国遗传学家贝特森(William Bateson)提出来的。根据研究对象的不同，遗传学可分为微生物遗传学、植物遗传学、动物遗传学和人类遗传学等；根据研究的问题和方法不同，又可分为细胞遗传学、辐射遗传学、生化遗传学、数量遗传学、群体遗传学、分子遗传学、发生遗传学、免疫遗传学、体细胞遗传学、生态遗传学和行为遗传学等。

2. **种质(germplasm)**:“种质”学说是由魏斯曼提出的。他把“种质”和“体质”(somatoplasm)加以区分,认为种质是指性细胞和产生性细胞的那些细胞。该学说认为,在世代繁衍过程中,“种质”自身与世长存,在世代之间连续相继;“体质”是保护和帮助“种质”繁殖自身的一种手段,是由“种质”产生的;种质细胞系完全独立于体质细胞系,体质细胞发生的变化(也就是获得的性状)不影响种质细胞,因而获得性状是不会遗传给子代的。魏斯曼的“种质论”使人们对遗传和不遗传的变异有了深刻的认识,但是他对种质和体质的划分过于绝对化。

3. **体质(somatoplasm)**:由魏斯曼提出,和种质概念相对而生。“体质”是保护和帮助“种质”繁殖自身的一种手段,是由“种质”产生的。

4. **遗传(Heredity)**:是生物自身繁殖的过程,在这个过程中,表现了子代与亲代、子代之间的相似。其本质是遗传物质通过不断地复制和传递,使子代与亲代保持相似。

5. **变异(variation)**:生物在自身繁殖的过程中出现的差异,表现为子代与亲代、子代之间的差异。

6. **发育遗传学(molecular genetics)**:研究遗传性状在发育过程中表现机制的科学。它是遗传学和胚胎学的边缘学科,是从生理遗传学和实验胚胎学这两门学科发展起来的。

7. **反向遗传学(reverse genetics)**:反向遗传学是相对于经典遗传学而言的。经典遗传学是从生物的性状、表型到遗传物质来研究生命的发生与发展规律。反向遗传学则是在获得生物体基因组全部序列的基础上,通过对靶基因进行必要的加工和修饰,如定点突变、基因插入、缺失、基因置换等,再按组成顺序构建含生物体必需元件的修饰基因组,让其装配出具有生命活性的个体,研究生物体基因组的结构与功能,以及这些修饰可能对生物体的表型、性状有何种影响等方面的内容。

8. **细胞遗传学(cytogeneties)**:综合遗传学和细胞学的方法、知识的一个分支领域。目的在于阐明包括染色体在内的各类细胞器在遗传上的作用。

9. **分子遗传学(molecular genetics)**:从分子水平来研究遗传现象的基本机制的学科。由于细菌和噬菌体的遗传学的研究,证明了基因的物质基础是DNA,进而搞清了DNA和RNA的分子结构,并以此为基础对遗传信息、遗传密码、基因复制、重组、性状表现及其遗传调节机制等基本情况在分子的水平上来加以理解。

10. **辐射遗传学(radiation genetics)**:亦称放射遗传学。是遗传学和放射生物学相结合的一个边缘学科。主要研究辐射能对生物的遗传变异效应。辐射包括电离辐射和非电离辐射。电离辐射包括X射线等电磁辐射和β、中子、质子、α等粒子辐射;非电离辐射主要是紫外线。

11. **群体遗传学(population genetics)**:研究群体的遗传结构及其变化规律的一门遗传学分支学科。它应用数学和统计学的方法研究群体中的基因频率和基因型频率的变化,以及影响这些变化的选择效应和突变作用,还研究迁移和遗传漂变与遗传结构的关系,由此来探讨生物进化的机制并为育种工作提供理论基础。从这个意义上说,群体遗传学是一门定量地研究生物进化机制的遗传学科,所以有人又称它为进化遗传学(evolutionary genetics)。但严格说来,二者是有区别的。通常把群体遗传学理解为研究某一物种的群体遗传规律,而把进化遗传学理解为研究任何物种的群体遗传规律,即进化遗传学的范围更广,而群体遗传学则是进化遗传学的一个组成部分。

12. **人类遗传学(human genetics)**:即以人作为研究对象的遗传学,与动植物及微生物的遗传学不同。主要是因为不能用人做杂交实验,故在各方面受到很大限制。因此初期的人类遗传学仅仅停留在分析研究血型等正常性以及患病后所显示的异常性等的遗传方式方面。进入20

世纪后半叶，又发展了应用统计学方法的群体遗传学，并在人类群体的研究中得到广泛应用。又因为生化遗传的研究取得进展，从而有可能在分子水平上分析遗传性的血液病及代谢异常的遗传机理，在临床诊断及治疗上作出贡献。另一方面随着染色体研究技术的飞速进步，染色体异常引起的疾病已经清楚。另外利用细胞培养也提供了绘制详细染色体图的可能性。

13. **生理遗传学(physiological genetics)**：从生理学的观点来阐明遗传现象的一个分支领域。

14. **生态遗传学(ecological genetics)**：遗传学的一个分支，是研究生物对周围自然环境和其他生物发生反应所显示的适应遗传机制，与进化遗传学、群体遗传学、育种学等有密切的关系。

15. **微生物遗传学(microbial genetics)**：研究真菌、细菌、病毒等微生物的遗传及其应用的一个遗传学的分支学科。

16. **药物遗传学(pharmaco genetics)**：是生化遗传学的一个分支学科，它研究遗传因素对药物代谢动力学的影响，尤其是在发生异常药物反应中的作用。

17. **医学遗传学(medical genetics)**：是医学与遗传学相结合的一门边缘学科，是遗传学知识在医学领域中的应用。医学遗传学的研究对象是人类。主要研究人类(包括个体和群体)病理性状的遗传规律及其物质基础。医学遗传学通过研究人类疾病的发生发展与遗传因素的关系，提供诊断、预防和治疗遗传病和与遗传有关疾病的科学根据及手段，从而对改善人类健康作出贡献。

18. **植物遗传学(plant genetics)**：是研究植物的遗传和变异规律性的科学。因和细胞学和分子生物学密切相关，已发展出植物细胞遗传学和分子遗传学。

19. **先成论(preformation theory)**：又称先成说，是关于胚胎发育的一种假说。认为个体发生，其所应形成的形态构造于发生之始就预先存在，待发育时则逐渐展开而形成明显的形态构造。先成说又分为主张雏形存在于精子的“精原说”和主张雏形存在于卵细胞的“卵原说”。该学说早已被科学发展所否定。

20. **后成论(epigenesis)**：后成论是关于胚胎发育的另一种假说。认为无论卵细胞还是精子中都不存在生物体发育的雏形，生物体的各种组织和器官都是在个体发育过程中逐渐形成的。

21. **遗传信息(genetic information)**：储存在DNA或RNA分子中，指导细胞内生命活动指令的总称。生物为复制与自己相同的东西、由亲代传递给子代、或各细胞每次分裂时由细胞传递给细胞的信息，即碱基对的排列顺序(或指DNA分子的脱氧核苷酸的排列顺序)。

22. **基因(gene)**：是遗传的物质基础，是DNA或RNA分子上具有遗传信息的特定核苷酸序列。真核生物中，编码蛋白质的基因的常见结构组成是包括编码区、编码区前后的区域(前导区和后随区)以及编码片段(外显子)之间的间插序列(内含子)。基因通过指导蛋白质的合成来表达自己所携带的遗传信息，从而控制生物个体的性状表现。

23. **DNA指纹(DNA fingerprint)**：经限制酶切割来自不同个体的基因组DNA所产生的限制性片段长度多态性，用小卫星重复序列家族共同的核心序列为探针进行DNA印迹杂交显示其多态性的杂交图谱。由于图谱中带纹的数量和相对位置构成了不同个体的特异性，如同人的指纹一样高度特异而终生不变，因此被形象地称为DNA指纹。该项技术可用来进行个体识别及亲子鉴定、法医学及刑侦学领域；同人体核DNA的酶切片段杂交，获得了由多个位点上的等位基因组成的长度不等的杂交带图纹，这种图纹极少有两个人完全相同，故称为“DNA指纹”。

24. **泛生说(theory of pangenesis)**：达尔文(C. R. Darwin)于1866年提出的，认为遗传性状的载体是组成生物体的各种细胞都拥有的，一种能独立繁殖的“微芽”，在生殖细胞形成过程中，生物体各个系统的“微芽”汇集于生殖细胞而传递给后代，且“微芽”会随环境的变化而变化，并认为获得性状是可以遗传的。大量科学事实已否定了此说。

25. **获得性状遗传(inheritance Of acquired characters)**:生物在个体生活过程中,受外界环境条件的影响,产生带有适应意义和一定方向的性状变化,并能够遗传给后代的现象。由法国拉马克(C. Lamark)于19世纪提出。

26. **行为遗传学(behavioral genetics)**:是研究支配生物的向光、向地、摄食、求偶、育儿、攻击、逃避以及学习与记忆等行为的基因和基因表达的时间、场所及作用途径等的遗传学分支学科。行为是受基因控制的复杂的生物学过程。每一种生物都有它特殊的行为,越是低等的生物,行为模式就越单纯。但是各种生物的行为之间又有许多共同之处,所以对各种行为的遗传学研究既有阐明不同生物特殊行为的遗传基础的意义,又有普遍的生物学意义。

27. **表观遗传学(epigenetics)**:是研究基因的核苷酸序列不发生改变的情况下,基因表达了可遗传的变化的一门遗传学分支学科。表观遗传的现象很多,已知的有DNA甲基化(DNA methylation),基因组印记(genomic impriting),母体效应(maternal effects),基因沉默(gene silencing),核仁显性,休眠转座子激活和RNA编辑(RNA editing)等。

28. **生化遗传学(biochemical genetics)**:研究遗传物质的理化性质,以及对蛋白质生物合成和机体代谢的调节控制。

29. **体细胞遗传学(somatic cell genetics)**:是以体外培养的高等动植物和人的体细胞为主要研究对象的遗传学分支学科。以高等动植物的体细胞为实验材料,用细胞离体培养、细胞融合和遗传物质在细胞间转移等,研究真核细胞的基因结构、功能及表达规律。

30. **免疫遗传学(immunogenetics)**:是免疫学和遗传学交叉的边缘学科,研究免疫系统的结构和功能如免疫应答、抗体的多样性等的遗传基础。也用免疫学的方法来识别个体间的遗传差异(如血型、表面抗原等)以作为遗传规律分析的指标。是现代医学临床实践的重要理论基础之一;是输血、器官移植、胎母不相容和亲子鉴定的理论基础,对免疫系统的演化、人种差异和生物进化也有重要意义。

31. **进化遗传学(evolutional genetics)**:研究物种内和物种间遗传变异的过程及其规律,探索物种形成和物种灭绝过程的遗传学分支学科。它应用数学、统计学方法来研究群体中基因频率和基因型频率和影响这些频率的选择效应和突变作用,同时还研究迁移和遗传漂变等与遗传结构的关系,从而探讨进化的机制。

32. **基因组学(genomics)**:研究生物基因组和基因的利用。用于概括涉及基因作图、测序和整个基因组功能分析的遗传学分支。该学科提供基因组信息以及相关数据系统利用。

33. **遗传工程(genetic engineering)**:也叫基因工程(gene engineering)、基因操作(gene manipulation)或重组DNA技术(recombination DNA technique),是20世纪70年代以后兴起的一门新技术。原理是:用人工方法,把生物的遗传物质,脱氧核糖核酸(DNA)分离出来,在体外进行基因切割、连接、重组、转移和表达的技术。基因的转移已经不再限于同一类物种之间,动物、植物和微生物之间都可进行基因转移,改变宿主遗传特性,创造新品种(系)或新的生物材料。

经典考题汇编

1. 遗传学的发展趋势如何?

答:①遗传学由宏观向微观的发展:继续以原核生物为材料向纵深发展的同时,又重点向真核生物的分子遗传学、发育遗传学和遗传工程学三个方向发展。并在此基础上,形成了体细胞遗传学、发育遗传学、行为遗传学和免疫遗传学等新的分支学科。从20世纪70年代开始,由于

限制性内切酶的应用、核苷酸序列分析、DNA 重组等新技术的应用，分子遗传学已进入人工合成基因和改造基因的新时期，朝着定向改造生物的遗传结构的新水平迈进。

②遗传学由个体向群体的发展：在群体遗传学的基础上，又诞生了生态遗传学、数理遗传学和进化遗传学等分支学科。

2. 遗传学与其他学科的关系如何？

答：要深入研究遗传学问题往往不是某单一学科所能解决的，因此各门学科之间有着密切联系。

一方面，遗传学冲破本学科的界限，综合运用了当代自然科学的广泛成果，特别是近代数学、物理和化学的新成就，新技术和新仪器设备，从早年的“描述科学”上升为“精密科学”，并取得了卓越成就。

另一方面，它与许多学科相互结合，交叉渗透，促进了一些边缘学科的形成，建立了许多新分支。如细胞遗传学、生化遗传学、辐射遗传学等。

3. 遗传学在国民经济中的意义如何？

答：科学的发展必将影响社会经济的深刻变革，遗传学也不例外，遗传学在国民经济中的意义表现在：

①遗传学与农牧业的关系：杂种优势育种，有益性状的分子标记，定向控制农作物和家畜品种的遗传性状（提高蛋白质产量、抗病基因、矮化基因）及生物反应器（丝蛋白基因转到大肠杆菌内、牛乳中含干扰素）等。

②遗传学与工业的关系：医药工业不断培育高产菌种生产抗生素，冶炼回收贵重金属，培育有特殊亲和力的菌类，环境保护，微生物处理“三废”。

③遗传学与医学的关系：基因诊断和基因治疗。

4. 遗传学研究的主要内容有哪些？

答：①遗传物质的本质。包括遗传物质的化学本质、所包含的遗传信息和遗传物质的结构、组织和变化。

②遗传物质的传递。包括遗传物质的复制，染色体行为，遗传规律和基因在群体中的数量变迁等。

③遗传信息的实现。包括基因的原初功能，基因的相互作用，基因调控以及个体发育中的基因作用机制等。

5. 遗传学研究的常用方法有哪些？

答：遗传学研究的常用方法是杂交、生化分析和数量统计。

6. 遗传学研究的常用材料有哪些？

答：遗传学研究的常用材料有果蝇、小鼠、雅致隐杆线虫（Caenorhabdilis elegans）、拟南芥（Arabiaopsis）、玉米、大肠杆菌（E. coli）及其噬菌体、链孢霉（Neurospora crassa）和构巢曲霉（Aspergillus nidulans）等。

7. 遗传学的发展经历了哪几个阶段？

答：自 1900 年孟德尔定律被重新发现以来，遗传学大体上经历了三个发展阶段：

①细胞遗传学阶段，从 1910 年 T. H 摩尔根发表关于果蝇的性连锁遗传开始，到 1940 年比德尔（G. W. Beadle）和泰特姆（E. L. Tatum）发表关于链孢霉的营养缺陷型研究结果之前，这一

阶段的主要成就是确立了遗传的染色体学说。

②微生物遗传学阶段,从1941年比特尔和泰特姆发表关于链孢霉营养缺陷型的研究结果开始,到1961年雅各布(F. Jacob)和莫诺(J. Monod)发表关于大肠杆菌的操纵子学说为止,这一阶段的特点是,用微生物作材料,研究了基因的精细结构、化学本质、突变机制以及细菌的基因重组、基因调控等。

③分子遗传学阶段,从1953年沃森(J. D. Watson)和克里克(F. H. C. Crick)提出DNA的双螺旋结构模型开始,直到现在。这一阶段先是发现了DNA结构、复制、转录、转译的规律,mRNA、tRNA和核糖体的功能,以及遗传密码的本质等,后来又在研究细菌质粒、噬菌体和限制性内切酶的基础上实现了遗传工程。从50年代起,遗传学已被公认为探讨生命本质的前沿学科,是生物学中发展最迅速的一个领域,并与农业、医学和工业的发展有密切关系。近年遗传工程技术的兴起,使人类进入了直接操纵遗传物质以改造旧生物、创造新生物的时代。

8.医学遗传学在现代医学中的地位如何?

答:遗传病的严重危害:我国每年出生2 400万人,约有20～25万先天畸形婴儿是由于遗传因素造成的;每年活产婴儿中约有4%～5%可能具有遗传缺陷;整个人群中约有20%～25%的人患有某种遗传病;引起智力低下;环境污染增加了致突、致癌、致畸因素,增加遗传病的发生。因而需要应用遗传学原理、知识和技术揭示各种遗传病的规律、发病机理、确立诊断和防治措施,以降低人群中遗传病的发生。因而医学遗传学已成为现代医学不可缺少的组成部分。

9.遗传学和其他生命科学相比有何特点?

答:遗传学和其他生命科学不同,有着鲜明的特点:

①是一门推理性的学科,而不是描述性的。研究遗传学的方法很像物理学,是根据自然现象或实验的数据推理出一种假说,然后再通过实验来加以验证。

②多学科的交叉和融合。遗传学主要是建立在生物化学、细胞生物学和统计学三门学科上,但又涉及生命学科的各个领域,如动物学、植物学、微生物学、医学、农学、免疫学、系统分类学、生理生态、代谢调控等,甚至还涉及一些社会科学,如心理学、社会学,犯罪学等。

③发展快。遗传学的发展非常快,新理论、新技术、新成果层出不穷,几年前出版的书籍常常已经"过时","多利"这头克隆羊的诞生一下子就把动物细胞核不具全能性的理论彻底打破,这样爆炸性的例子在遗传学中也并不少见。

④应用性强,转化为生产力的周期短。1953年Watson和Crick提出DNA双螺旋模型时,人们并不知它有什么实际应用价值,但到了70代就出现了DNA的体外重组技术,现在基因工程技术已成为各国的支柱产业之一,没有双螺旋模型就不可能有DNA的重组技术。以遗传学为理论基础,又不断派生出许多应用学科,如动植物及微生物育种学、优生学、生物工程等。

10.为什么说遗传、变异和选择是生物进化和新品种选育的三大因素?

答:生物的遗传是相对的、保守的,而变异是绝对的、发展的。没有遗传,不可能保持性状和物种的相对稳定性;没有变异就不会产生新的性状,也不可能有物种的进化和新品种的选育。遗传和变异这对矛盾不断地运动,经过自然选择,才形成形形色色的物种。经过人工选择,才培育成适合人类需要的不同品种。因此,遗传、变异和选择是生物进化和新品程选育的三大因素。

11.为什么研究生物的遗传和变异必须联系环境?

答:因为任何生物都必须从环境中摄取营养,通过新陈代谢进行生长、发育和繁殖,从而表现出性状的遗传和变异。生物与环境的统一，是生物科学中公认的基本原则。所以，研究生物的遗传和变异，必须密切联系其所处的环境。

12. 遗传学的建立和开始发展始于哪一年，是如何建立的？

答：孟德尔在前人植物杂交试验的基础上，于1856—1864年从事豌豆杂交试验，通过细致的杂交后代记载和统计分析，在1866年发表了《植物杂交试验》论文。文中首次提出分离和独立分配两个遗传基本规律，认为性状传递是受细胞里的遗传因子控制的，这一重要理论直到1900年狄·弗里斯、柴马克、柯伦斯三人同时发现后才受到重视。因此，1900年孟德尔遗传规律的重新发现，被公认为是遗传学建立和开始发展的一年。1906年是贝特森(W. Bateson)首先提出了遗传学作为一个学科的名称。

13. 为什么遗传学能如此迅速地发展？

答：遗传学100余年的发展历史，已从孟德尔、摩尔根时代的细胞学水平，深入发展到现代的分子水平。其迅速发展的原因是因为遗传学与许多学科相互结合和渗透，促进了一些边缘科学的形成；另外也由于遗传学广泛应用了近代化学、物理学、数学的新成就、新技术和新仪器设备，因而能由表及里、由简单到复杂、由宏观到微观，逐步深入地研究遗传物质的结构和功能。因此，遗传学是20世纪生物科学领域中发展最快的学科之一，遗传学不仅逐步从个体向细胞、细胞核、染色体和基因层次发展，而且横向地向生物学各个分支学科渗透，形成了许多分支学科和交叉学科，正在为人类的未来展示出无限美好的前景。

14. 简述遗传学对于生物科学、生产实践的指导作用。

答：在生物科学、生产实践上，为了提高工作的预见性，有效地控制有机体的遗传和变异，加速育种进程，开展动植物品种选育和良种繁育工作，都需在遗传学的理论指导下进行。例如我国首先育成的水稻矮秆优良品种在生产上大面积推广，获得了显著的增产。又例如，国外科学家在墨西哥育成矮秆、高产、抗病的小麦品种；在菲律宾育成的抗倒伏、高产、抗病的水稻品种的推广，使一些国家的粮食产量有所增加，引起了农业生产发生显著的变化。医学水平的提高也与遗传学的发展有着密切关系。

目前生命科学发展迅猛，人类和水稻等基因图谱相继问世，随着新技术、新方法的不断出现，遗传学的研究范畴更是大幅度拓宽，研究内容不断地深化。国际上将在生物信息学、功能基因组和功能蛋白质组等研究领域继续展开激烈竞争，遗传学作为生物科学的一门基础学科越来越显示出其重要性。

15. 遗传学从研究对象上分为哪几大分支学科？

答：生物界从噬菌体到人有基本上一致的遗传和变异规律。但又以研究对象分为下列几大分支学科：

①人类遗传学：又称医学遗传学，是探讨人类在形态、结构、生理、生化、免疫、行为等各种性状遗传上的相似和差异。研究人类群体的遗传规律以及人类遗传性疾病的发生机理、传递规律和如何预防等。其主要分支学科有：临床细胞遗传学、药物遗传学、免疫遗传学、肿瘤遗传学等。

②动物遗传学：以普通动物为对象研究其遗传和变异的规律。其主要分支学科有哺乳动物遗传学、鸟类遗传学、鱼类遗传学、昆虫遗传学、单细胞动物遗传学等。

③植物遗传学：以普通植物为对象进行研究，其主要分支学科有作物遗传学、观赏植物遗传学、经济植物遗传学、林木遗传学等。

④微生物遗传学：以病毒、细菌、小型真菌以及单细胞动、植物等微生物为研究对象，着重探讨微生物细胞或非细胞内的遗传物质的结构、传递和变化。主要分支有细菌遗传学、病毒遗传

学等。

16. 在20世纪,许多科学家因研究DNA、RNA或蛋白质而获得诺贝尔奖,举其中两例说明他们的成就对推动分子遗传学发展的重要意义。

答:当人们意识到同一生物在不同世代之间的连续性是由生物体自身所携带的遗传物质所决定时,科学家为揭示这些遗传密码进行的努力就成为人类征服自然的一部分,而分子遗传学就迅速成为现代生物学领域里最具活力的科学。

从1839年,Schleiden和Schwann提出"细胞学说",证明动、植物都是由细胞组成的到今天,虽然不到两百年时间,我们对生物大分子——细胞的化学组成却有了深刻的认识。孟德尔的遗传学规律最先使人们对性状遗传产生了理性认识,而摩尔根的基因学说则进一步将"性状"与"基因"相偶联,成为分子遗传学的奠基石。随着核酸化学研究的进展,Watson和Crick又提出了脱氧核糖核酸的双螺旋模型,为充分揭示遗传信息的传递规律铺平了道路。在蛋白质化学方面,继Summer在1936年证实酶是蛋白质之后,Sanger利用纸电泳及层析技术于1953年首次阐明胰岛素的一级结构,开创了蛋白质的序列分析。而Kendrew和Perutz利用X射线衍射技术解析了肌红蛋白及血红蛋白的三维结构,论证了这些蛋白质在输送分子氧过程中的特殊作用,成为研究生物大分子空间立体构型的先驱。因研究DNA、RNA或蛋白质而获得诺贝尔奖,并对推动分子遗传学发展做出重大贡献的著名科学家有:

1910年,德国科学家Kossel因为蛋白质、细胞及细胞核化学的研究而获得诺贝尔生理医学奖,他首先分离出嘌呤、胸腺嘧啶和组氨酸。

1959年,美籍西班牙裔科学家Ochoa发现了细菌的多核苷酸磷酸化酶,成功地合成了核糖核酸,研究并重建了将基因内的遗传信息通过RNA中间体翻译成蛋白质的过程。他和Kornberg分享了当年的诺贝尔生理医学奖,而后者的主要贡献在于实现了DNA分子在细菌细胞和试管内的复制。

1962年,美国科学家Watson和英国科学家Crick因为在1953年提出DNA反向平行双螺旋模型而与Wilkins共享诺贝尔生理医学奖,后者通过对DNA分子的X射线衍射研究证实了Waston和Crick的DNA模型。

1965年,法国科学家Jacob和Monod由于提出并证实了操纵子作为调节细菌细胞代谢的分子机制而与Lwoff分享了诺贝尔生理医学奖。除了著名的操纵子模型以外,Jacod和Monod还首次提出存在一种与染色体脱氧核糖核酸序列互补、能将编码在染色体DNA上的遗传信息带到蛋白质合成场所并翻译成蛋白质的信使核糖核酸,即mRNA分子。他们的这一学说对分子生物学的发展起了极其重要的指导作用。

1968年,美国科学家Nirenberg由于在破译DNA遗传密码方面的贡献,与Holly和Khora-na等分享了诺贝尔生理医学奖。Holley的主要功绩在于阐明了酵母丙氨酸tRNA的核苷酸序列,并证实所有tRNA具有结构上的相似性,而Khorana第一个合成了核酸分子,并且人工复制了酵母基因。

1980年,Sanger因设计出一种测定DNA分子内核苷酸序列的方法,而与Gilbert和Berg分别获得诺贝尔生理医学奖。Berg是研究DNA重组技术的元老,他最早于1972年获得了含有编码哺乳动物激素基因的工程菌株。Sanger与Glibert发明的DNA序列分析法至今仍被广泛使用,成为分子生物学最重要的研究手段之一。此外,Sanger还由于测定了牛胰岛素的一级结构而获得1958年诺贝尔化学奖。

1983 年，美国遗传学家 Mcclintock B 由于在 20 世纪 50 年代提出并发现了可移动的遗传因子而获得诺贝尔生理医学奖。

正是在这些重大发现的基础上，人类对基因的认识不断深化，使基因工程和人类基因组计划成为现实。

17. 简述魏斯曼的遗传学说的产生及主要内容。如何评价魏斯曼的遗传学说？

答：魏斯曼在排除了软式遗传之后着手提出他自己的遗传学说。在评价这一学说时必须记住，和研究细胞学和发育的其他一切德国学者相仿，比起从一代传递到下一代的机制来说魏斯曼更加侧重于解释发育的遗传控制。他的结论是“胚胎发生时的有秩序变化必然是种质中相应的有秩序变化的结果”。几年后他在回顾他提出这一学说的当时，“在说明个体发生的分化上只有两种假说可供选择：①有秩序地和逐渐地将存在于种质中的全部遗传潜力分割成越来越小的小群（被分隔到不同的细胞中去），这是第一种假说；②另一种假说是一切性状的定子（determinants）在发育中的生物有机体的一切细胞中仍然保持在一起，但是其中每个定子被调整只对激活这一性状的特定刺激起反应。这样一来就成为单纯的‘分割’学说和单纯‘激活’学说。我决定选择前者，因为根据当时已知的事实看来它更有可能。”现在我们都知道这一选择是错误的。

魏斯曼非常明确地认识到遗传型和表现型的区别。实际上在他的一些言论中他非常接近于提出发育是由某种遗传程序所控制的主张。他反对 Bonnet 的进化学说中所提出的遗传定子是即将发育的器官本身的预成雏形的观点，而他认为遗传定子是“以特殊方式介入发育过程的活性单位，这特殊方式就是所产生的性状正是它们（遗传定子）所必须决定的”

由于魏斯曼是从发育生理学家的角度研究遗传问题，所以他试图根据遗传物质对个体发生的影响来解释它们的本质：“染色质能赋予细胞（染色质即位于其核中）以特殊性状。考虑到生物有机体所由以构成的成千上万个细胞具有极其不同的性状，这就很明显控制它们的染色质在每个细胞中不可能是相同的，而必定是根据细胞的不同性质而各不相同”。

魏斯曼为控制个体发生的遗传单位拟订了精细的等级结构。最小的遗传单位是生源体（bi-ophore），每个生源体由具有生长和复制能力的各种分子的集群组成，它控制细胞的特定性质。一切生物都由生源体组成。生源体的可能种类的数目是无限的，也就是说和分子的可能结合（化合）数同样多。细胞核和细胞也都是同样由生源体构成，虽然细胞质的性质是由细胞核决定的。

肌肉细胞、血细胞以及身体的其他部位则由生源体的特定复合物控制，这类复合物被魏斯曼定名为定子，它们是高一级的等级单位。定子是遗传型的单位而生源体则执行生理功能。单个细胞可能含有相同定子的无数复制品；配子的细胞核尤其如此。魏斯曼学说与孟德尔遗传学说的主要区别是魏斯曼主张单个细胞（包括配子）可能含有同一定子的无数复制物，而在孟德尔遗传学说中只有两个（分别来自双亲）。这一唯一的区别就要求有两种完全不同的遗传学说。定子又联结成由种系发生取得的结构（phalogeneticallyacqdred archhecture）形成更高一级的单位遗子（ids），魏斯曼有时将之看作是和染色体相同。种质含有几个（如果不是许多的话）遗子，它们和生源体相似能够生长和复制。每种单位的复制速度与其他单位的无关。

魏斯曼学说的重要组成部分如下：

①对每一特征有一特殊的颗粒（生源体）。

②这些颗粒能生长与繁殖，与细胞分裂无关。

③细胞核与细胞质都含有这些生源体。

④某一生源体可以由单个细胞核(包括生殖细胞)中的许多复制物表示。

⑤细胞分裂时子细胞可能接受不同种类和数量的生源体(不等分裂)。

正如我们现在所知道的,上述②至⑤点都是错误的,并和魏斯曼不能提出正确的遗传学说有关。摩尔根和他的学派由于采取了完全不同的策略,因而在魏斯曼失败处取得了成功。他们没有试图从个体发生上去解释基因而是从种系发生的角度去研究基因,也就是说不是研究发育遗传学的单位而是研究传递遗传学的单位。

课后习题全解

1. 遗传学发展中有哪几个重要的里程碑?

答:在遗传学发展史上有三个重要的里程碑。

第一个里程碑是在19世纪中叶,由孟德尔在1865年根据长期豌豆杂交试验的结果首先提出的遗传因子的颗粒性概念。通过对上述研究结果的反复试验和数学分析,孟德尔提出了两个至今仍被认为是正确的基本遗传法则,即分离法则定律和自由组合定律。科学进化论的创始人达尔文认为,既然饲养动物、家畜、家禽和栽培植物是通过人工选择,即通过人的作用而逐步从野生祖先类型选择出来的,那么,完全可以设想,在自然界也存在着同样的因素,即自然界生物的进化也存在着一个自然选择的过程,使科学界乃至整个人类对进一步充实和发展人工选择在实践的作用的认识又提高了一步,在育种问题上从无意识的选择上升为有计划的选择。

遗传学发展的第二个里程碑应该说是在20世纪初。就在1990年,孟德尔的两条经典遗传规律分别被三位欧洲植物学家所重新发现,加之由于细胞减数分裂和动植物受精机理的确认,特别是在摩尔根的领导下,一批科学家以果蝇作为遗传研究的材料,在广泛和深入研究基础上,提出了第三条经典遗传规律,即连锁和交换规律,也就是通常所说的孟德尔式的遗传因子,叫做基因。但是,基因究竟是什么物质构成的?对于当时整个遗传界来说,一直是个谜。包括摩尔根在内,一般都认为基因很可能是由蛋白质组成的,其根据则是蛋白质的多样性可以解释基因的多样性。于是,解释基因——这个在20世纪中叶提出的概念的任务,便历史性地落在遗传科学的第三代人的肩上。

1953年,Watson和Crick两人在与晶体物理学家的通力合作下,首先发现和提出了脱氧核糖核酸(DNA)的结构模型,在所有的化合物中,只有这么一种是双螺旋式的,这种双螺旋式结构化合物的发现,使人们终于弄清了细胞分裂的底细以及基因和性状之间的化学联系等等。1973年,DNA重组技术的发现,使基因可以在不同物种的生物间相互转移,从而开辟了一个崭新的高技术领域,被称为遗传工程,这一工程在当今的农业、医学和工业等领域已显示了不可估量的广阔前景。至此,脱氧核糖核酸(DNA)被确定为有生命的物质,标志着遗传科学进入了第三个里程碑,在今日的遗传学界,则又称之为分子遗传学阶段。

2. 写出下列科学家在遗传学发展中的主要贡献:

①Darwin ②Mendel ③Morgan ④Bateson ⑤Beadle 和 Tatum ⑥Avery, Htershey 和 Chase ⑦Watson 和 Crick ⑧Monod 和 Jacob ⑨McClintock ⑩Berg 和 Cohen

答:① Darwin:出版巨著《物种起源》,提出著名的进化论。

② Mendel:提出分离和自由组合规律。

③ Morgan:提出连锁互换及伴性遗传规律。

④ Bateson:给遗传学正式定名为 genetics。

⑤ Beadle 和 Tatum:提出“一个基因一种酶”的学说。

⑥ Avery,Htershey 和 Chase:提出了遗传物质是 DNA。

⑦ Watson 和 Crick:提出 DNA 双螺旋结构模型。

⑧ Monod 和 Jacob:提出“操纵子学说”。

⑨ McClintock:提出了玉米中存在转座因子。

⑩ Berg 和 Cohen:在离体条件下合成了重组 DNA 和有活性的重组质粒。

3. 说明以下术语之间的关系:

①遗传与变异 ②基因与性状 ③基因型与表型 ④个体发育与系统发育 ⑤先成论与后成论 ⑥DNA 与蛋白质 ⑦颗粒遗传与融合遗传 ⑧泛生论与种质论

答:①遗传与变异:遗传与变异是生物界存在的普遍现象,它们之间是对立统一的关系。遗传是指亲代以及子代之间性状相似的现象;变异是指亲代与子代或子代之间出现性状差异的现象。

②基因与性状:基因是指具有遗传学效应的 DNA 片段;性状是指生物体的形态特征、生理生化特征的总称。性状是由基因和环境共同决定的,基因是性状的内因。两个个体有相同的基因,但所处的环境不同,他们的性状也不会完全一致。

③基因型与表型:基因型是指生物个体或细胞遗传物质的组成,决定生物体一系列发育性状的可能性;表现型是指生物体一定的基因型在环境条件下,所表现出来的具体的性状。

④个体发育与系统发育:个体发育是指生物体从受精卵开始变成完整个体的过程;系统发育是指生物体各组织器官形成的过程。

⑤先成论与后成论:先成论认为精卵细胞受精时,精子中就带有一个小人;后成论认为婴儿各种器官是在个体发育中逐渐形成的。

⑥DNA 与蛋白质:DNA 是有脱氧核糖核酸组成的携带遗传信息的结构;蛋白质是由氨基酸组成的体现生命功能的结构。

⑦颗粒遗传与融合遗传:颗粒遗传是指代表一对相对性状的遗传因子在同一个体内分别存在,而不相沾染,不相混合。融合遗传是指两亲代的相对性状在杂种后代中融合而成为新的性状而出现,也即子代的性状是亲代性状的平均结果。

⑧泛生论与种质论:泛生论的观点认为动物的每个器官都具有范生粒子,可以分裂繁殖、流动,聚集到生殖器官产生生殖细胞;而种质论认为组成个体的细胞有种质与体质之分,种质是指性细胞和能够产生性细胞的那些细胞,在世代间是连续的。

4. 重组 DNA 技术和基因克隆技术已被用于生产带有遗传修饰的作物(简称为 GM 食品),你认为这些 GM 食品安全吗?

答:现在还没有证据表明转基因食品是有害的,只是人们的一种担忧。有人要求保证转基因作物百分之百安全、绝对没有风险才能种植、供食用,这种要求是完全不合理的。转基因技术就像所有的技术,同样有可能带来风险。经常提到比较可能发生的风险主要有两种:一种是健康方面的风险。转基因作物往往是过量地制造某种外源的蛋白质,如果该蛋白质是对人体有害的,当然不宜食用。如果它是过敏原,也可能让某些特定的人群出现过敏。另一种是生态方面的风险。例如,人们担心转基因作物的基因会“污染”其同种非转基因作物,特别是其野生的亲缘物种。但是风险并不等于实际的危险。转基因作物的风险是可以控制的。为了避免健康方面的风险,对人体有害的蛋白质和已知的过敏原不会被用于制造转基因作物。在转基因食品上市之前,都按要求做过试验检测其安全性。一般是先做生化试验检测,与同类作物相比,在成分方面是否出现了变化,这些变化是否对人体产生危害,再做动物试验,转基因食品是否对动物的健康产生不利影响,这是检测食品安全性的常规做法。为了避免生态方面的风险,许多专家建议对转基因作物的栽种范围作出一定限制,例如,不要在有野生的亲缘物种的地区种植相应的转基因作物等。

5. 克隆羊(Dolly)和转基因小鼠成功的关键技术分别是什么?它们的意义何在?

答:①Dolly羊的培育过程:将A羊卵细胞的核抽出,再将B羊乳腺细胞的细胞核取出,置入A羊无核卵细胞中,得到具有B羊细胞核的卵细胞。这个卵细胞经过分裂形成小的胚胎,再将这个胚胎移入C羊的子宫内,经着床、发育成表型酷似B羊的羊。

②克隆羊的关键技术是:(a)融合细胞的分裂。意义:克服了供体细胞核基因与受体细胞质基因间的不协调性,使供体基因能在受体质基因的协同下有效表达。(b)融合胚在代孕母羊子宫内的着床与发育。意义:克服了不同基因型个体间的组织不相溶性。(c)融合细胞的分化。意义:使人们认识到高度分化的动物细胞核可以脱分化,重新获得分化功能,同植物细胞一样,具有全能性。为拯救濒临灭绝的珍稀动物、大量繁殖优良品种及治疗性胚胎干细胞克隆奠定了基础。

③转基因小鼠成功的关键技术:外源基因的导入和整合。这一技术经历了四个发展阶段:(a)外源基因的导入。(b)导入的外源基因与内源基因同源重组。(c)导入的外源基因能组织特异性表达。(d)导入的外源基因在动物发育阶段的可控表达。

④转基因小鼠成功的科学意义:(a)证实了“中心法则”在哺乳动物体内仍然适用。(b)打破了物种之间的生殖隔离。(c)找到了一条按照人们意愿定向改造哺乳动物遗传性状的有效途径。(d)建立了一套集分子水平、细胞水平和活体动物水平于一体的全新的综合研究体系。

6. 当今遗传学研究的关键领域是什么?你认为遗传学在21世纪会有哪些重要发展和应用前景?

答:①当今遗传学研究的关键领域是:

(a)研究人类遗传和变异规律,通过对人类基因图谱中功能基因信息的全面解读,人类性状的遗传分析、遗传病的分布和发生机理、遗传病的诊断、基因治疗,按照患者遗传学来选择治疗方法。

(b)干细胞的研究。对损伤的人体组织进行修复和替换。

(c)转基因生物方面开展动植物新品种的研究。

(d)克隆技术的研究与应用。

(e)生物制药方面开展药物分子设计技术的研究。

(f)基因的靶向技术与应用。

②遗传学在21世纪的重要发展:

21世纪被众多科学家公认为“生命科学世纪”,生命科学将跨越物理世界与生命世界不可逾越的鸿沟,发展成为新一轮自然科学革命的中心。遗传学作为生命科学的前沿和带头学科必将得到重要发展。

(a)随着多国科学家大规模基因测序行动的结束,生命科学进入后基因组时代,人类遗传密码这部“生命天书”的破译将进入全新的信息提取阶段。借助数学理论、信息科学和技术科学的研究成果,通过对人类基因图谱中功能基因信息的全面解读,一些危害人类生命的重大疾病可望得到彻底治愈,人类生老病死的机制有望在分子水平上得到揭示,人类生命质量将得到更全面的保障。科学家指出:人类所患的病症有25%~30%与基因有关。如人类第二大致死病因肿瘤,其发生与基因有密切关系,未来可以运用生物芯片等对疾病进行基因诊断,进而进行基因治疗。人类还可以通过对病原菌的遗传密码的“破译”,了解各类传染病的病因,从而有效控制这些传染病的传播。比如,破译痢疾基因密码后,就知道了哪些基因导致人拉肚子,从而有针对性地采取疗法。预计到2020年,基因疗法有望成为一种较普遍的疗法。

(b)除了基因组研究,干细胞研究也势必掀起一场新的医学革命。干细胞是具有自我复制和多向分化潜能的原始细胞,它能够分化成肌肉、骨骼和神经等各种人体的组织和器官。利用干细胞技术可以对损伤的人体组织进行修复和替换,使这些器官得到修复,人体将有自己的“零件工厂”。还可以从人的胎盘、骨髓、肌肉、大脑、皮肤、脂肪以及多种组织获取干细胞,这对于治疗包括癌症、艾滋病等疾病具有重要意义。

(c)DNA鉴定技术的应用面将越来越宽。

(d)转基因生物的研究越来越深入。

(e)克隆技术应用越来越广泛。

(f)遗传育种将有新突破。

③应用前景:

遗传学是生物科学的核心。遗传学研究吸收了各学科的技术和知识,反过来又对生物学各学科的研究和知识的理解提供方法和理论指导,使这些分支学科从内容、概念到研究方法上都发生了一定的变化和更新,并为其他学科提供了丰富的内容和科学依据。遗传学直接为生产和人民生活提供技术,如对动植物、微生物育种;对医药工业、生物技术工业提供理论依据和技术方法;为医学提供治病新途径和新的诊断方法;还应用研究于环境保护、国防事业和社会及法律。

7. 遗传学有哪些重要的分支学科?为什么说遗传学既是生命科学的基础学科,又是生命科学的带头学科?

答:(1)遗传学重要的分支学科有:

①根据物种种类分为:(a)人类遗传学及医学遗传学:又细分为,临床细胞遗传学、药物遗传学、免疫遗传学、肿瘤遗传学等。(b)动物遗传学:可细分为,哺乳动物遗传学、鸟类遗传学、鱼类遗传学、昆虫遗传学、单细胞动物遗传学等。(c)植物遗传学:可细分为,作物遗传学、观赏植物遗传学、经济植物遗传学、林木植物遗传学等。(d)微生物遗传学:又细分为,细菌遗传学、病毒遗传学等。

②根据研究水平来分:有细胞遗传学、分子遗传学、生态遗传学等。

③根据研究方向不同而分:有发育遗传学、行为遗传学等。

(2)遗传学既是生命科学的基础学科,又是生命科学的带头学科:

遗传学是生命科学的基础学科,又是生命科学的前沿和带头学科。在今后的发展过程中,与生命科学的其他学科渗透交叉的程度将日益加深,其他学科在探究某一特定的生命现象的底蕴时,几乎不可避免地要追溯到基因层次上来寻求答案。如果不从基因角度看问题,生命现象将是无法理解的。

基因工程和人类基因组计划所取得的成就,为人类展示了美好的前景。目前生命科学发展迅猛,人类和水稻等基因图谱相继问世,随着新技术、新方法的不断出现,遗传学的研究范畴更是大幅度拓宽,研究内容不断深化。国际上将在生物信息学、功能基因组和功能蛋白质组等研究领域继续展开激烈竞争。

第二章 遗传的细胞学基础

考点综述

本章内容在名词解释、判断、选择题、简答和论述题等各种题型中都出现过。要求考生掌握常染色质、染色体、同源染色体、非同源染色体、四分体、染色单体、姐妹染色单体、非姐妹染色单体、细胞周期、有丝分裂、减数分裂、端粒、灯刷染色体、克隆、染色质、遗传的染色体学说、联会复合体、组成性异染色体、兼性异染色体等等名词。掌握染色体的结构和功能,有丝分裂、减数分裂过程、特点及其遗传学意义,生物体的有性生殖与无性生殖及生活周期为遗传物质的重组创造了机会等。

名师串讲

本章主要内容包括:

1. 染色体的结构和功能

染色质是间期细胞核内由 DNA、组蛋白、非组蛋白和少量 RNA 组成的,易被碱性染料着色的一种无定形物质。在细胞分裂期,核蛋白纤丝螺旋化形成具有一定形态特征的染色体。染色质分为常染色质与异染色质两种类型。细胞分裂间期常染色质呈高度分散状态,伸展而疏松,染色较浅且着色均匀,主要由单一序列和中度重复 DNA 序列构成。异染色质根据其性质分为含有活性或潜在活性基因的结构异染色质(组成性异染色质)和兼性异染色质(功能性异染色质)。大多数生物的结构异染色质集中分布在染色体的着丝粒周围,保持着高度浓缩状态。兼性异染色质起源于常染色质,在个体发育特定阶段,可转变为异染色质。哺乳动物和人类的胚胎发育早期雌性体细胞中的 X 染色体随机失活就是上述现象的典型变化。

每一个物种的染色体都具有特定的形态和恒定数目。端粒是真核生物染色体末端的特殊结构,是一条完整染色体不可缺少的部分。端粒的主要功能是防止染色体末端受到核酸酶的降解,保证染色体两端结构的稳定性及其复制的准确性。端粒由高度重复的 DNA 短串联重复序列组成。端粒核苷酸每复制一次减少 50～100 bp。端粒酶是一种特殊的反转录酶,其活性只限于利用端粒酶特异的 RNA 作为模板。蝾螈中卵母细胞双线期的灯刷染色体以及存在于双翅目昆虫幼虫唾腺细胞中的多线染色体是一类特殊的巨大的染色体,它们提供了研究基因转录的极佳材料。从 DNA 到染色体经过了至少 5 个级别的包装和螺旋化,这是一个十分精巧的过程。

2. 染色体在细胞分裂中的行为

染色体在细胞有丝分裂和减数分裂过程中的行为以及所发生的重要事件是学习遗传学需要特别掌握的基本概念。诸如同源染色体联会;非姐妹染色单体间的交叉;"减数"的实质及其意义;交叉与交换的关系以及遗传的染色体学说与分离定律,自由组合定律的关系等。

3. 生物体的有性生殖与无性生殖

大多数的动物和植物包括人类生命的繁衍、遗传物质的传承都是通过有性生殖得以实现的。动物生殖细胞的形成过程中需要特别关注其中的染色体数目的变迁。不经过生殖细胞的结合而由母体直接产生新一代个体的生殖方式称为无性生(繁)殖。通过无性繁殖可以获得基因型完全相同的(即遗传背景一致的)众多的生物体,这些生物实体即个体水平上的克隆。进行无性繁殖的生物,基因突变与染色体畸变是其变异的来源,由于不发生减数分裂因而一般没有基因重组。

4. 生活周期

从合子形成到个体死亡的过程中所发生的一系列事件总称为生物体的生活周期,生活周期为遗传物质的重组创造了条件。

名词术语解释

1. **染色质(chromatin)**:或称核染质,是由 DNA、组蛋白、非组蛋白及少量 RNA 组成的线性复合物,也是构成染色体的结构。真核细胞的核染质位在细胞核内;原核生物的则位于类核(nucleoid)当中。

2. **常染色质(euchromatin)**:在间期细胞核中对碱性染料着色浅,螺旋化程度低,处于较为伸展状态的染色体区域,包含活性或潜在活性的基因。

3. **组成性异染色质(constitutive heterochromatin)**:在所有细胞中,大部分时期都处于高度凝集状态的染色体区域。常位于着丝粒两侧。

4. **兼性异染色质(facultative heterochromatin)**:又称功能性异染色质,在一定的细胞类型或一定的发育阶段呈现凝集状态的异染色质。在一定时期的特种细胞的细胞核内,原来的常染色质可转变而成。即在个体发育的特定阶段,由原来的常染色质凝缩并丧失基因转录活性而转变成的染色质。

5. **灯刷染色体(lampbrush chromosome)**:在某些鱼类、两栖类、爬行类、某些鸟类的卵母细胞和一些昆虫的精母细胞在减数分裂双线期(前期Ⅰ)中的极度伸展的二(双)价体。由一条纤细的脱氧核糖核酸中轴和许多成对的 DNA 侧环(loop)组成,因其形状酷似灯刷而得名。侧环上活跃转录 RNA。

6. **联会(synapsis)**:在减数分裂过程中,同源染色体建立联系的配对过程。

7. **联会复合体(synaptonemaI complex)**:减数分裂Ⅰ的偶线期中,配对的两条同源染色体之间形成的一种特异的、非永久性的、亚显微的蛋白质复合结构。它对于维持同源染色体配对的稳定性,以及同源染色体的局部交换,是不可缺少的条件。联会复合体是由核蛋白组成的扁带状三分区结构,总宽度约为 150～200 纳米。

8. **染色单体(chromatid)**:染色体复制后仍由着丝粒连在一起的两条子染色体。在减数分裂或有丝分裂过程中,复制了的染色体中的两条子染色体。每个染色单体是由一条脱氧核糖核酸(DNA)双链经过紧密盘旋折叠而成。中期染色体由两条染色单体组成,两者在着丝粒(centromere)部位相互结合。

9. **端粒(telomere)**:是真核生物正常染色体末端的 DNA 重复序列,作用是保持染色体的完整性。细胞分裂一次,由于 DNA 复制时的方向必须从 5′方向到 3′方向,DNA 每次复制端粒就缩短一点。一旦端粒消耗殆尽,染色体则易于突变而导致动脉硬化和某些癌症。因此,端粒和细胞老化有明显的关系。一直以来都知道精、卵细胞的端粒比成年体细胞的都长许多。

10. **端粒酶(telomerase)**:(中科院 1999 年)Blackburn 等人首先发现四膜虫端粒中存在一种端粒酶,这种酶能够将四膜虫端粒结构中单链尾巴 5′TTGGGGG 3′延长,延长的部分仍然是 5′TTGGGG 3′。事实上,各种端粒结构中这一富含 G 的序列总是突出 12～16 个核苷酸。这一富含G的单链尾巴的长度是如何控制的以及这一单链在复制中的功能尚不清楚。这种单链尾巴可能弯转过来作为引物复制5′末端。另一种可能性是某种端粒结合蛋白有可能像腺病毒PTP那样结合于最末端的单链重复序列,并作为蛋白质引物复制DNA的5′末端。

11. **动原粒(kinetochore)**:现称着丝粒,即在细胞内染色体上与纺锤丝相连的结构。

12. **端着丝粒(telocentric)**:着丝粒位于或十分接近于染色体的一端,只有一条能明确辨别的臂。

13. **分裂间期(interphase)**:整个细胞周期中的一部分,在此期间细胞完成染色体中DNA的复制和相关蛋白质的合成,染色体呈现出染色质的形态即长的细丝状。

14. **间期(interphase)**:细胞从一次有丝分裂结束到下一次有丝分裂的分裂期之前的时期,是有丝分裂的准备阶段,可分为G_1期、S期和G_2期。在间期进行染色体的复制,包括其DNA、RNA和蛋白质的合成。

15. **减数分裂(Meiosis)**:精母细胞或卵母细胞的染色体只复制一次,但是两次连续的分裂,最终产生4个子细胞,每个子细胞的染色体数目减半。

16. **近端着丝粒(arcocentric)**:着丝粒更接近于染色体的一端,染色体两臂不等。

17. **克隆(clone)**:又称"无性(繁殖)系"。遗传组成完全相同的一群个体、细胞或DNA等生物实体。分子克隆是指利用体外重组技术将特定基因或DNA序列与载体相结合成为一体后引入宿主细胞,使其在宿主细胞内复制并随着宿主细胞的分裂而世代相传的操作过程。

18. **遗传的染色体学说(chromosome theory of inheritance)**:由W. S. Sutton和T. Boveri提出的学说。认为染色体是基因的载体,在染色体上,依照顺序包含一系列碱基,称为基因。基因在染色体上的分布,就好像项链上成串的珠子,这些成串的基因正代表着所有的遗传性状,因而被称为"遗传的基本单位"。染色体在减数分裂过程中的行为与基因的传递行为是一致的。

19. **染色体(chromosome)**:细胞核中能够自我复制的部分,包含承载遗传信息的DNA分子。原核生物中只有一个呈环状的染色体;而真核生物中一般包含多个染色体,每条染色体都由DNA和蛋白质构成。

20. **B染色体**:也称超数染色体,它是某些动、植物细胞核中除正常染色体(称为A染色体)以外的一类数目不定的染色体。即有些生物的细胞中出现的额外染色体。

21. **常染色体(autosome)**:和性别决定无关的染色体。人是双倍体动物,每个体细胞中都含有46条染色体,其中22对是常染色体,一对是性染色体(XX或者XY)。

22. **染色体组(genome)**:各种生物的染色体数目一般是一基数的倍数,这一基数是维持配子或配子体正常功能最低数目的一套染色体,其中的每一条染色体形态、结构、功能甚至基因各不相同,但在个体发育中彼此协调一致,缺一不可,这样一套染色体称为染色体组。即在通常的二倍体的细胞或个体中,能维持配子或配子体正常功能的最低数目的一套染色体。

23. **染色体组型(karyotype)**:指一个物种的一组染色体所具有的特定的染色体大小、形态特征和数目。是描述一个生物体内所有染色体的大小、形状和数量信息的图像。这种组型技术可用来寻找染色体歧变同特定疾病的关系,比如:染色体数目的异常增加、形状发生异常变化等。

24. **染色粒(chromomere)**:在染色丝上线状排列的许多念珠样的小的染色质粒称为染色粒。染色粒在体细胞分裂前期或减数分裂前期,在染色体上显有特有的排列形式。以前认为这是染色体真正的异常凝缩的部位,现在一股认为这是基本染色体的原纤维局部强烈发生折叠的部分。

25. **双价体**:在减数分裂的偶线期,各同源染色体分别配对,出现联会现象,这样,原来是2n条染色体,经配对后形成n组染色体,每一组含有两条同源染色体,这种配对的染色体叫双价体。

26. **双线期(dyplotene)**:双线期是指减数分裂第一次分裂前期的一个时期,在这一时期各同源染色体分别配对,出现联会现象。2n 个染色体经过联会而成为 n 对染色体,各对染色体的对应部位相互紧密并列,逐渐沿着纵向联结在一起。根据电子显微镜的观察,同源染色体经过配对在偶线期已经形成为联会复合体。它是同源染色体联结在一起的一种特殊的固定结构,其主要成分是自我集合的碱性蛋白及酸性蛋白,由中央成分的两侧伸出横丝,因而使同源染色体得以固定在一起。

27. **同源染色体(homologous chromosomes)**:形态、结构、遗传组成基本相同和在减数分裂中彼此联会的一对染色体,一个来自母方,另一个来自父方。一般在同源染色体上有相同的基因座位,因此是二倍体细胞中的基因都有两份。

28. **无丝分裂(amitosis)**:也称直接分裂,只是细胞核拉长,缢裂成两部分,接着细胞质也分裂,从而成为两个细胞,整个分裂过程看不到纺锤丝的出现。在细胞分裂的整个过程中,不像有丝分裂那样经过染色体有规律和准确的分裂。

29. **细胞周期(cell cycle)**:包括细胞有丝分裂过程和两次分裂之间的间期。其中有丝分裂过程分为:①DNA 合成前期(G_1 期);②DNA 合成期(S 期);③DNA 合成后期(G_2 期);④有丝分裂期(M 期)。

30. **异源染色体**:生物体中,形态和结构不相同的各对染色体互称为异源染色体。

31. **有丝分裂(mitosis and meiosis)**:(广西大学 2003 年)主要指体细胞的繁殖方式,DNA 分子及相关的蛋白经过复制后平均的分配到两个子细胞中;包含两个紧密相连的过程:核分裂和质分裂。即细胞分裂为二,各含有一个核。分裂过程包括四个时期:前期、中期、后期、末期。在分裂过程中经过染色体有规律的和准确的分裂,而且在分裂中有纺锤丝的出现,故称有丝分裂。

32. **中间着丝粒(或亚中间着丝粒)(metacentric or submetacentric)**:着丝粒位于染色体中间,染色体两臂长度相等或近乎相等。

33. **中期(metaphase)**:在有丝分裂或细胞分裂中染色体排列在细胞中央的阶段。由于中期染色体的浓度很高,科学家利用这些染色体绘制基因图谱,并确定染色体处于非正常状态。

34. **着丝点(centromere)**:是染色体上染色很淡的缢缩区,有一条染色体所复制的两个染色单体在此部位相联系,其中的着丝点可与纺锤丝相连接。含有两个染色单体的中部着丝粒染色体,在着丝粒区有四个呈对称排列的染色粒。在高等真核生物染色体的着丝粒中含有大量的异染色质和高度重复 DNA 序列,而低等真核生物的酿酒酵母染色体着丝粒中却只含有单一序列的 DNA。着丝粒与染色体的运动有关,不具有着丝粒的染色体片段,在细胞分裂中期不能到达赤道面,后期也不能到达两极,最后在细胞中丢失。

35. **姊妹染色单体(sister chromatids)**:二价体中一条染色体的两条染色单体,互称为姊妹染色单体。即一条染色体(或 DNA)经复制形成的两个分子,仍由一个着丝粒相连的两条染色单体。

36. **胚乳直感(endosperm)**:植物经过了双受精,胚乳细胞是 3n,其中 2n 来自极核,n 来自精核,如果在 3n 胚乳的性状上由于精核的影响而直接表现父本的某些性状,这种现象称为胚乳直感。

经典考题汇编

1. 什么是常染色质、异染色质?异染色质有何特点?异染色质又可分哪些类型?从分子遗传学或生物化学的角度看,异染色质和常染色质有何不同?

答:常染色质是构成染色体的主体,细胞分裂间期着色较浅而均匀,呈高度分散状态。细胞分裂中期螺旋化程度极高,着色较深。其DNA复制发生在S期的早期和中期。

异染色质在间期和早前期处于凝缩状态的染色体区段或染色体,染色较深;细胞分裂期的着色较浅。其DNA复制发生在S期的后期。

异染色质具有以下几个特点:(a)在间期处于凝缩状态,无转录活性;(b)是遗传惰性区,含永不表达的基因;(c)复制时间晚于其他染色质区域,在细胞周期中表现为晚复制,早凝缩,即异固缩现象。

异染色质可分为,组成型异染色质和兼性异染色质。

组成型异染色质(恒定型异染色质、永久型异染色质、结构异染色质)在染色体上的位置和大小较恒定。常见于着丝粒区、核仁组织者区。

有些物种有超数染色体(B染色体),是细胞核中正常染色体以外的一类数目不定的染色体,大多数动物的B染色体是由组成型异染色质组成。

兼性异染色质(又称X—染色质,即Barr's小体)是在个体发育的特定阶段由常染色质转变为异染色质。这种转变完成后,就具有了异染色质的特性。如人的X—染色质,在个体发育的第16天,女性体细胞中的两条X染色体中的随机一条异染色质化。

常染色质与异染色质的不同主要体现在:(a)数量和分布,异染色质一般占染色体组的少部分,位于着丝粒区、端粒、染色体的中间或末端及整个染色体臂,常染色质占染色体的极大部分;(b)复制,异染色质复制晚,常染色质复制正常;(c)常染色质在细胞分裂间期高度分散,细胞分裂中期高度螺旋化,异染色质即使在间期,仍保持螺旋化状态;(d)组成特性,结构异染色质含重复和非重复DNA,不能转录,功能异染色质含活动基因,可转录,常染色质含单一和重复序列,能转录;(e)碱基,结构异染色质往往富含A、T碱基,常染色质和功能异染色质含碱基较均匀。

2.水稻的正常孢子体组织染色体数是12对,问其胚乳、花粉管的管核、胚囊、叶片、种子胚的染色体数目是多少?为什么?

答:水稻的正常孢子体组织的染色体数是12对,即其配子数n=12,则下列各组织的染色体数目分别为:

①胚乳的染色体数目为36条,因为胚乳是由一个精子(n)与两个极核(n+n)受精结合成的胚乳核(3n)发育而成的,所以其染色体数为3×12=36条。

②花粉管管核的染色体数目为12,但花粉管中含有2个精核(n+n)和一个营养核(n),其染色体数目均为12条。

③胚囊的染色体数目为96条,因为囊胚是由8个核(n)组成的,其中3个为反足细胞,2个为助细胞,2个为极核,组成一个细胞,另一个为卵细胞,这样由8个核所组成的胚囊的染色体数为96条。

④叶片的染色体数为24条,因为叶片为正常的孢子体组织。

⑤种子胚的染色体数为24条,因为种子胚是由一个精核(n)与卵细胞(n)受精结合为合子(2n)发育成的,所以其染色体数目为24条。

3.玉米体细胞里有10对染色体,写出下面各组织的细胞中染色体数目。

答:①叶:2n=20(10对) ②根:2n=20(10对) ③胚乳:3n=30 ④胚囊母细胞:2n=20(10对) ⑤胚:2n=20(10对) ⑥卵细胞:n=10 ⑦反足细胞:n=10 ⑧花药:2n=20(10对) ⑨花粉管核(营养核):n=10。

4.蚕豆的体细胞是12个染色体，也就是6对同源染色体(6个来自父本，6个来自母本)。一个学生说，在减数分裂时，只有1/4的配子，它们的6个染色体完全来自父本或母本，你认为他的回答对吗？

答：不对。因为在减数分裂时，来自父本或母本的某一条染色体进入某个配子的概率是1/2，则6个完全来自父本或母本的染色体同时进入一个配子的概率应为$(1/2)^6 = 1/64$。

5.在玉米中：①5个小孢子母细胞能产生多少配子？②5个大孢子母细胞能产生多少配子？③5个花粉细胞能产生多少配子？④5个胚囊能产生多少配子？

答：① 5个小孢子母细胞能产生20个配子；② 5个大孢子母细胞能产生5个配子；③ 5个花粉细胞能产生5个配子；④ 5个胚囊能产生5个配子。

6.马的二倍体染色体数是64，驴的二倍体染色体数是62。

①马和驴的杂种染色体数是多少？

②如果马和驴之间在减数分裂时很少或没有配对，你是否能说明马一驴杂种是可育还是不育？

答：①马和驴的杂种染色体数是63。

②如果马和驴之间在减数分裂时很少或没有配对，则马一驴杂种是不育的。

7.北极狐有50条小染色体，红狐有38条大染色体。两个物种杂交的后代不育，对减数分裂过程的细胞学研究显示，杂种中既有配对的染色体又有未配对的染色体。

①解释杂种不育的原因。

②怎样解释配对的染色体？

答：北极狐和红狐属于不同的物种，染色体数目也不相同，但二者有较近的亲缘关系。某些染色体之间存在显著的同源性，这些染色体在减数分裂时会发生配对；另外一些染色体的同源性不强，因而一部分染色体无法找到同源物，减数分裂过程中无法配对，随机分配到配子中，造成配子基因组不完整或重复，导致不育。

8.从分子遗传学或生物化学的角度看，异染色质和常染色质有何不同？

答：常染色质与异染色质的不同主要体现在：

①数量和分布，异染色质一般占染色体组的少部分，位于着丝粒区、端粒、染色体的中间或末端及整个染色体臂，常染色质占染色体的极大部分；

②复制，异染色质复制晚，常染色质复制正常；

③常染色质在细胞分裂间期高度分散，细胞分裂中期高度螺旋化，异染色质即使在间期，仍保持螺旋化状态；

④组成特性，结构异染色质含重复和非重复DNA，不能转录，功能异染色质含活动基因，可转录，常染色质含单一和重复序列，能转录；

⑤碱基，结构异染色质往往富含A、T碱基，常染色质和功能异染色质含碱基较均匀。

9.细胞分裂有哪几种形式？简述其分裂过程。

答：细胞分裂有三种形式，即无丝分裂、有丝分裂和减数分裂。

①无丝分裂：原核细胞的分裂是无丝分裂。细菌的染色体是裸露的环状的DNA分子，有些细菌的DNA与呈碱性的蛋白质结合在一起。正在复制的细菌染色体有一点附着在细胞膜上，DNA的复制常从附着部位开始，复制完成后，两个子染色体从同一附着部位随质膜生长而分开。然后在中央部位细胞膜环绕细胞发生内陷，凹陷部位产生新的细胞物质，最后将细胞一分为二。在细菌处于对数生长期时，大多数细胞中含有两到四条处于不同复制阶段的相同染色

体，就是说，并不是一次细胞分裂完成后才开始下一次遗传物质的复制，因此，细菌细胞内可以有2～4个染色体拷贝。

真核细胞的无丝分裂首先是核增大，然后核伸长，呈哑铃形，质膜同时在中央向内凹陷，细胞核中央部分变细断开，形成两个核，细胞质也随之分开。

②有丝分裂(mitosis)：又称为间接分裂，包括核分裂和质分裂两个过程。在细胞分裂间期，染色体复制，形成的子染色体被同一个着丝粒相连。可以分为：

G_1 期：是DNA合成前期，此时细胞为DNA的复制创造条件，主要合成RNA、脱氧核苷、H1组蛋白磷酸化和某些专一性蛋白质——触发蛋白，它有助于细胞通过 G_1 期进入S期。有的细胞合成一种"抑素"物质，与细胞停留在 G_1 期有关。

S期：DNA合成期，这个时期的细胞进行DNA的复制，也合成组蛋白和非组蛋白，蛋白质的合成与DNA的合成同时进行。组蛋白在细胞质中合成后，通过核孔进入核，与DNA结合形成染色质。

G_2 期：DNA合成后期，这个时期细胞中有4倍的单倍体DNA含量，每条染色体都由2条染色单体组成。在这个时期，细胞要合成一些特定的蛋白质，为细胞进入分裂期准备一些物质。

分裂期分为前、中、后、末四个时期。

前期：染色体由染色质丝螺旋折叠形成四级结构，前期末，核仁和核膜逐渐消失。

动物细胞间期核附近有一对中心粒，在 G_1 期每一中心粒的一侧又装配一新的中心粒，因而在细胞中形成了两对中心粒。前期开始时，中心粒辐射出星射线，两对中心粒之间逐渐形成由微管组成的纺锤体，随着纺锤丝的加长，中心粒逐渐移向两极。高等植物没有中心粒，只从两极产生纺锤丝。

细胞分裂过程中，一部分纺锤丝与染色体的着丝点相连，一部分则直接贯穿于两极之间。

中期：当核仁和核膜消失后，染色体散布于整个细胞质中，细胞进入分裂中期。细胞分裂中期可以分为前中期和中期，前中期染色体在纺锤丝的牵引下，向赤道面排列。当着丝粒排列在赤道面上时为细胞分裂中期。

细胞分裂中期小染色体排列在赤道面的中央，大染色体则排列在周围。此时，染色体已凝缩到最高程度，易于观察和计数，通常通过对细胞进行处理(如用秋水仙素处理)抑制纺锤丝的形成，使染色体分散在细胞质中，制作染色体标本。

后期：染色体的着丝粒分开，两条子染色体分别由纺锤丝牵引向两极移动，每条子染色体成为一个染色体。

末期：染色体移到两极后，在两极染色体周围重新形成核膜为末期的标志。细胞分裂进入末期后，核仁也随之出现。

核裂之后，细胞质也从中央一分为二，有丝分裂完成，细胞进入分裂间期。

③减数分裂(meiosis)也称成熟分裂，是性母细胞形成配子时所进行的细胞分裂。细胞在间期染色体复制一次之后，经过连续两次的分裂，即减数第一次分裂(减分Ⅰ)和减数第二次分裂(减分Ⅱ)，最后产生染色体数目减半的性细胞。

间期特征同有丝分裂，分裂期特点如下：

前期Ⅰ：减数分裂前期Ⅰ染色体动态变化复杂，与个体的遗传关系非常密切。前期Ⅰ包括以下5个时期：

细线期，染色质开始浓缩，每条染色体含有两个姊妹染色单体。

偶线期，同源染色体发生配对，沿染色体长轴形成联会复合体。

粗线期，染色体明显缩短，可见细胞核中有几个二价体，此时，同源染色体的非姊妹染色单体之间发生局部交换。

双线期，同源染色体逐渐分离，但在交叉点上两条非姊妹染色单体连在一起。一般认为，交叉是同源非姊妹染色单体发生交换的表现。随着同源染色体的分离，交叉发生端化。

终变期，染色体显著缩短变粗，并向核四周边缘移动，在核内较均匀地散开，是观察染色体构型、数目的好时期。此时，核仁开始消失，核膜解体，细胞开始形成纺锤体。

中期Ⅰ:染色体向赤道面集中，二价体的臂的端部位于赤道面上，而同源染色体的着丝粒排列在赤道面的两侧，非同源染色体在赤道面两侧随机组合。

后期Ⅰ:同源染色体彼此分离，分别移向一极，每一极的染色体数目减少一半，每条染色体仍具有 2 条姊妹染色单体。

末期Ⅰ:有的生物没有末期Ⅰ，细胞直接进入减数第二次分裂的前期或中期；有的生物出现核仁、核膜，但染色体仍保持一定形态。

减分Ⅱ是典型的有丝分裂，其子细胞的染色体数目同次级性母细胞数目保持一致。因此，减数分裂染色体数目的减半发生在减分Ⅰ。

10. 有丝分裂和减数分裂的区别在哪里？从遗传学角度来看，这两种分裂各有什么意义？那么，无性生殖会发生分离吗？试加说明。

答:有丝分裂和减数分裂的区别:有丝分裂是发生在所有正在生长着的组织中。从合子阶段开始，继续到个体的整个生活周期，无联会，无交叉和互换，使姊妹染色体分离的均等分裂每个周期产生两个子细胞，产物的遗传成分相同子细胞的染色体数与母细胞相同。减数分裂只发生在有性繁殖组织中高等生物限于成熟个体；许多藻类和真菌发生在合子阶段有联会，可以有交叉和互换后期Ⅰ是同源染色体分离的后期Ⅱ是姊妹染色单体分离的均等分裂产生四个细胞产物(配子或孢子)产物的遗传成分不同，是父本和母本染色体的不同组合为母细胞的一半。

有丝分裂的遗传意义:首先，核内每个染色体，准确地复制分裂为二，为形成的两个子细胞在遗传组成上与母细胞完全一样提供了基础。其次，复制的各对染色体有规则而均匀地分配到两个子细胞的核中从而使两个子细胞与母细胞具有同样质量和数量的染色体。

减数分裂的遗传学意义:首先，减数分裂后形成的四个子细胞，发育为雌性细胞或雄性细胞，各具有半数的染色体(n)雌雄性细胞受精结合为合子，受精卵(合子)，又恢复为全数的染色体 2n。保证了亲代与子代间染色体数目的恒定性，为后代的正常发育和性状遗传提供了物质基础，保证了物种相对的稳定性。

其次，各对染色体中的两个成员在后期Ⅰ分向两极是随机的，即一对染色体的分离与任何另一对染体的分离不发生关联，各个非同源染色体之间均可能自由组合在一个子细胞里，n 对染色体，就可能有 2n 种自由组合方式。

例如，水稻 n=12，其非同源染色体分离时的可能组合数为 $2^{12}=4096$。各个子细胞之间在染色体组成上将可能出现多种多样的组合。

此外，同源染色体的非妹妹染色单体之间还可能出现各种方式的交换，这就更增加了这种差异的复杂性。为生物的变异提供了重要的物质基础。

11. 高等植物与高等动物的生活周期有什么主要差异？

答:高等动、植物生活周期的主要差异:动物通常是从二倍体的性原细胞经过减数分裂即直接形成精子和卵细胞，其单倍体的配子时间很短；有性过程是精子和卵细胞融合成受精卵，再由受精卵分化发育成胚胎,直至成熟个体。而植物从二倍体的性原细胞经过减数分裂后先产生为单倍体的雄配子体和雌配子体,再进行一系列的有丝分裂,然后再形成精子和卵细胞;有性生殖过程是经双受精,精子与卵细胞结合进一步发育分化成胚,而另一精子与两个极核结合,发育成胚乳,胚乳在胚或种子生长发育过程起到很重要作用。

12.为什么多倍体在植物中比动物普遍得多?请阐述你的理由。(湖北大学,2011)

答:第一,植物中存在许多异花传粉的植物,使得植物容易产生远源杂交,它们可以通过营养体繁殖保存下来;第二,植物容易受环境的影响而使染色体加倍,加倍后能形成同源多倍体,远源杂种加倍后形成异源多倍体;第三,这些多倍体在进化适应过程中重新建立有性繁殖过程。

13.简述精子发生和卵子发生的差异。(武汉大学,2010)

答:尽管在精子、卵子发生过程的减数分裂中染色体的行为基本相同,如出现同源染色体的联会和分离;非同源染色体的自由组合;非姐妹染色单体之间的交换等。但精子的发生和卵子的发生过程也有一些差异:

①1个初级精母细胞经过减数分裂后,最终可形成4个精子;而1个初级卵母细胞经过减数分裂,最终形成1个卵子和3个极体。

②精子的生成有变形期。

③时间上的差异。

男性:胎儿时期的细精管内,精原细胞已经存在,但直到青春期才进入精子发生期。

女性:胎儿卵巢里卵原已分化成初级卵母细胞,约在第4个半月到第5个半月期间,胎儿卵巢里的卵原细胞和初级卵母细胞增殖到最大限度,约有700万个,以后逐渐退化,出生时只剩下200万个,其中约400多个在生育年龄里排出。

初级卵母细胞在胎儿时期已进入第一次减数分裂,在双线期末,染色体重新解旋,变成松散的核网状态,叫做核网期。此时初级卵母细胞终止分裂。从青春期起,在排卵之前,才完成第一次减数分裂,形成次级卵母细胞和1个较小的第一极体。排出卵巢的次级卵母细胞,在输卵管内进行第二次分裂,到中期停止,此时如果受精,即可完成第二次减数分裂,形成1个成熟的卵子,排出第二极体;如未受精,次级卵母细胞就不能完成第二次减数分裂而退化、死亡。

14.比较有丝分裂和减数分裂过程中染色体传递的特点和意义。(武汉大学,2010)

答:有丝分裂和减数分裂过程中染色体的传递特点及意义可归纳如下:

	有丝分裂	减数分裂
相同点	有DNA分子的复制	有DNA分子的复制
不同点	①真核细胞增殖的主要方式	①是一种特殊的有丝分裂,只发生在生殖细胞(配子)形成过程中的成熟期。
	②遗传物质DNA分子复制1次,细胞就分裂1次,将已复制的DNA分子精确、均匀分配给两个子细胞。	②细胞经过2次连续的分裂,但DNA只复制1次,即染色体只复制1次,所以形成的精细胞和卵细胞中的染色体数目减半,形成单倍体(n)。 ③出现同源染色体的联会和分离;非同源染色体的自由组合;非姐妹染色单体之间的交换。

续表

	有丝分裂	减数分裂
意义	维持了遗传物质和遗传性状的相对稳定	①经减数分裂所形成的精子或卵子都是单倍体(n=23)。在受精过程中,精卵结合成受精卵,又恢复到原来的二倍体(n+n=46),正因为如此,才能始终保持人类染色体数目的相对稳定,也就保证了人类各种性状在遗传中的相对稳定。 ②同源染色体的分离是分离定律的细胞学基础。 ③非同源染色体之间的自由组合是自由组合定律的细胞学基础。 ④是基因的连锁和互换的细胞基础。 ⑤为人类的各种变异提供了细胞学基础。

课后习题全解

1. 简述真核细胞和原核细胞的主要区别。

答:真核细胞和原核细胞的主要区别见下表:

特点	原核细胞	真核细胞
大小	一般较小(1～10μm)	一般较大(10～100μm)
细胞核	无核膜和核仁,没有形成核结构	有核膜和核仁,形成了核结构
遗传信息	量少,DNA很少或不与蛋白质结合	量多,DNA与蛋白质结合,形成染色质或染色体
DNA序列	很少或没有重复序列	有重复序列
遗传信息表达	转录和翻译可耦联	核内转录,细胞质内翻译
细胞器	无	有线粒体、叶绿体、内质网等
内膜系统	无独立的内膜系统	有,较复杂
细胞骨架	无	有
性系统	基因由供体向受体单向转移	通过两性配子进行核融合
细胞增殖	无丝分裂	有丝分裂为主

2. 简述高等动植物雌、雄配子形成过程。

答:动植物的有性繁殖,经过减数分裂形成配子,再经过受精作用形成合子,即由受精卵发育成后代个体;高等动植物减数分裂的过程基本相同。

如,高等植物的生殖细胞是到个体发育成熟时才由体细胞分化形成。玉米的雄花序着生在茎的顶端,雄蕊(stamen)花药下出现孢原细胞,孢原细胞经过几次分裂成为小孢子母细胞(microspocyte,2n)。每个小孢子母细胞经过减数分裂,形成四个小孢子,发育成花粉粒(n),小孢子经过一次有丝分裂,产生两个单倍体核,其中一个核不再分裂,成为管核或称营养核(n),另一核再进行一次有丝分裂,成为两个精核(n)。成熟花粉粒(雄配子体,male gametophyte)含有三个单倍体的核。

玉米植株的中上部叶腋处着生雌花序,在雌穗里,雌蕊(pistil)基部的子房中出现孢原细胞,孢原细胞发育成为大孢子母细胞(2n)。大孢子母细胞经过减数分裂产生四个单倍体的大孢子(n)。其中3个退化,生存的大孢子又经过三次有丝分裂,形成有8个单倍体核的胚囊(雌配子体,female gametophyte)。在这8个核中,位于顶端的三个核为反足细胞(antipodal cell),中部两个极核(polar nucleus)组成一个中央细胞,还有三个核移至胚囊底部,成为两个助细胞(synergid)和一个卵细胞(egg cell)。

3. 玉米二倍体染色体数是20。在下述细胞中你能找到多少条染色体?

①孢子体的叶细胞　②胚细胞　③胚乳细胞　④花粉　⑤极核

答:它们分别是:①20　②20　③30　④10　⑤10。

4. 在人类中,2n=46。下列细胞中能观察到多少条染色体?

①脑细胞　②红细胞　③极体　④精细胞　⑤次级卵母细胞

答:它们分别是:①46　②0　③23　④23　⑤23。

5. 一个具有14条染色体的橡树细胞进行有丝分裂:

① 有多少子细胞形成,每一个子细胞的染色体数目是多少?

② 如果同样的细胞进行减数分裂,有多少子细胞产生?每个子细胞的染色体数目是多少?

答:①子细胞2个,染色体14条;②4个子细胞产生,染色体7条。

6. 细胞周期的4个主要阶段是什么?哪些阶段包括在间期中?什么事件可以区分G_1、S和G_2期?

答:①细胞周期的4个主要阶段是:G_1期(gap1),S期(synthesis phase),G_2期(gap2),M期(mitosis division)。

②包括在间期中的阶段:G_1期,S期,G_2期。

③区分G_1、S和G_2期:

G_1期:与DNA合成启动相关,开始合成细胞生长所需要的多种蛋白质、RNA、糖类、脂质等,同时染色质去凝集。

S期:DNA复制与组蛋白合成同步,组成核小体串珠结构。S期DNA合成不同步。

G_2期:DNA复制完成,在G_2期合成一定数量的蛋白质和RNA分子。

7. 在遗传学上,有丝分裂和减数分裂哪一个更有意义,为什么?

答:减数分裂(meiosis)比有丝分裂(mitosis)更有意义。

①减数分裂时核内染色体按严格的规律分配到4个子细胞中,这4个子细胞发育为雄配子体(male gametophyte),或一个发育为雌配子体(female gametophyte),它们各自具有半数的染色体。雌雄配子受精(fertilization)结合为合子,又恢复为全数的染色体(2n)。从而保证了亲代与子代间染色体数目的恒定性,为后代的正常发育和性状传递提供了物质基础;同时保证了物种相对的稳定性。

②在减数分裂Ⅰ(meiosisⅠ)中,非同源染色体之间可以自由组合分配到子细胞中。n对染色体,就可能有2^n种自由组合方式,这说明各个子细胞之间在染色体组成上将可能出现多种多样的组合。同源染色体(homologous chromosome)的非姐妹染色单体(non-sister chromatid)之间还可能出现各种方式的局部交换,这就更增加了遗传的复杂性和多样性。因而为生物体的遗传变异提供了重要的物质基础,有利于生物的适应及进化,并为人工选择提供了丰富的材料。

8. 某种生物有两对同源染色体，作有丝分裂后期、减数分裂后期Ⅰ和后期Ⅱ的染色体图。

答：据题意：2n＝4 条＝2 对，见下图。

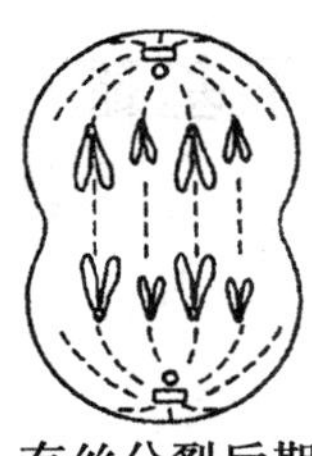
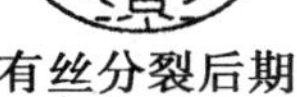

有丝分裂后期

减数分裂
第一次分裂后期

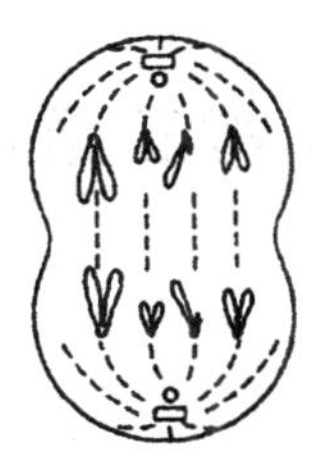

减数分裂
第二次分裂后期

9. 在动物精子发生和卵子发生的每一阶段中，遗传物质的量和倍性如何变化？（假设精原细胞和卵原细胞为二倍体，染色体数设为 2）

答：遗传物质的倍性和量的变化见下表：

精原细胞	二倍体	2	卵原细胞	二倍体	2
初级精母细胞	二倍体	2	初级卵母细胞	二倍体	2
次级精母细胞	单倍体	1	次级卵母细胞	单倍体	1
精细胞	单倍体	1	卵	单倍体	1

10. 解释为什么单个细胞的染色体数目(n)与其 DNA 含量(C 值)在细胞分裂的不同时期不同步。

答：在细胞分裂间期，DNA 复制，每一条染色体由两条染色单体构成，进入有丝分裂前期和中期时，单个细胞的染色体数为 2n，DNA 含量为 2C。到细胞分裂的后期和末期时，由于有纺锤丝的牵引，单条染色体由着丝粒处分裂分别进入两个子细胞中，这时单个细胞的染色体数也为 2n，DNA 含量为 C（减半）。

第三章　遗传物质的分子基础

考点综述

本章内容在分子遗传学中为考试重点。在普通遗传学考试中也涉及。在名词解释、填空、简答和论述题等题型中出现过。本章要求掌握基因链、反转录病毒、启动子、增强子、核酶、剪接体、密码子家族、普里昂、内含子、外显子、端粒、遗传密码、中心法则等概念。理解DNA的复制,RNA的转录与加工,遗传密码与蛋白质合成,中心法则的发展和基因的现代概念等。

名师串讲

本章主要内容包括:

1. 核酸是遗传物质

核酸是遗传信息的载体,这一结论由肺炎链球菌的转化实验、噬菌体感染实验和烟草TMV的重建实验所证实。

2. 核酸的分子结构

DNA双螺旋结构模型"中心法则",解决了遗传物质的分子结构和遗传信息的传递等遗传学的理论问题。

3. DNA 复制

DNA的半保留复制,真核生物与原核生物一样。环状双链DNA有滚环复制、θ-型复制和D环复制等多种形式。端粒的复制是由端粒酶催化完成的。

4. RNA 转录与加工

转录是以DNA为模板,在依赖于DNA的RNA聚合酶的催化下,以4种NTP(ATP、CTP、GTP和UTP)为原料,合成RNA的过程。

真核生物细胞中有3类RNA聚合酶。RNA聚合酶1只转录rRNA基因。RNA聚合酶Ⅲ转录的产物为一些小RNA分子,如tRNA、5SrRNA等。RNA聚合酶Ⅲ识别的启动子很特殊,既有上游启动子也有下游启动子。RNA聚合酶Ⅱ核心启动子由4种元件组成:TATA框,TFⅡB识别序列,起始因子和下游启动子元件。

原核生物tRNA初始转录物多为串联在一起的多顺反子,少数为单顺反子,另有由tRNA和rRNA串联组成。真核生物的前体tRNA分子中含有内含子,其加工过程中要剪接内含子,要加3′—CCA。

5. 遗传密码与蛋白质合成

蛋白质的合成过程包括多肽链合成的起始、延伸和终止等阶段。原核生物蛋白质的合成往往在mRNA合成结束之前就开始。真核生物的翻译在转录完成后才开始。

6. 中心法则及其发展

① RNA的复制。② RNA反向合成DNA。③ RNA的自催化剪接。④ DNA水平的基因重排。⑤ RNA编辑。编辑具有增加或改变遗传信息的作用。⑥ 基因中内含子的切除和外显

子的连接。⑦ 朊粒或“感染性蛋白质粒子”（proteinaceous infectious particle）。朊粒完全由蛋白质组成。它既能作为蛋白质病原感染人类与其他哺乳动物，也能在被感染体内扩增繁殖。

7. 基因的现代概念

现代遗传学认为，一个基因是合成一条有功能的多肽或 RNA 分子所必需的完整的 DNA 序列。除了编码区外，大多数基因也包含非编码的间插序列和转录控制区。

名词术语解释

1. **拟等位基因（pseudoallele）**：作用相同，位于紧密相近位点上的非等位基因。由于紧密连锁很难发生交换，因此使用普通的等位基因检测法（allelism test）往往误认为是等位基因，故称拟等位基因。普通果蝇中的 bx bxd S. ast 等基因便是拟等位基因的典型例子。虽然现在称为拟等位基因，但在通过顺反位置效应的互补测验证明机能上属同一基因时，应该说它是突变部位不同的等位基因。所以它们是表型效应上相似，功能密切相关，在染色体上紧密相近的基因。是紧密连锁的功能性等位基因，但不是结构性的等位基因。拟等位基因的发现证明了基因的可分性。

2. **基因表达（gene expression）**：基因编码的信息转化为细胞结构并在细胞中行使功能的过程。包括转录成信使 RNA 接着翻译成蛋白质的基因，以及转录成 RNA 但是不翻译成蛋白质的基因

3. **结构基因（structural gene）**：可编码 RNA 或蛋白质的一段 DNA 序列。

4. **顺反子（cistrsn）**：即结构基因，为决定一条多肽链合成的功能单位，约 1 000bp。表示一个起作用的单位，一个作用子所包括的一段 DNA 与一个多肽链的合成相对应。是基因的基本功能和转录单位，一个基因可有几个顺反子，一个顺反子产生一条 mRNA。

5. **调控基因（regulator gene）**：其产物参与调控其他结构基因表达的基因。

6. **重叠基因（overlapping gene）**：同一段 DNA 的编码顺序，由于阅读框架的不同或终止早晚的不同，同时编码两个或两个以上多肽链的基因。重叠基因是在 1977 年首先发现的，它不仅可经济利用基因组，而且可能起表达调控的作用。

7. **断裂基因（splitting gene）**：在 DNA 分子的结构基因内既含有能转译的区段，也含有不转译的区段，这类基因称断裂基因。即一个结构基因内部为一个或更多的不翻译的编码顺序，使可读框不连续的基因。

8. **基因家族（gene families）**：一组关系紧密，表达产物相似的基因。

9. **操纵子（operon）**：启动基因、操纵基因和一系列结构基因的总称。

10. **顺反子（cistron）**：是 Benzer 提出的一个概念，是指编码一个蛋白质的全部组成所需信息的最短片段，即一个基因。它是通过顺反测验所测定的遗传功能单位。经典的基因概念认为基因既是一个重组单位，突变单位又是一个功能单位。而顺反子的概念认为基因仅是一个功能单位，基因内部的碱基对才是重组单位和突变单位。

11. **突变子（muton）**：一个顺反子内任何一突变位点，发生变化产生突变表型，即一个基因内产生突变表型的最小单位。

12. **核糖体 RNA 基因（ribosomal RNA genes，rDNA）**：与 tDNA 一样只转录产生相应的 RNA，不翻译成多肽链，专门转录 rRNA。

13. **转移 RNA 基因（transfer RNA genes，tDNA）**：与 rDNA 一样只转录产生相应的 RNA，不翻译成多肽链，专门转录 tRNA。

14. **基因内互补(intragenic complementation)**:在互补测验中已知,一般情况下同一顺反子内两个突变是不能互补的。但是也有一些例外,这种例外发生于同一基因内两个不同位点突变致使两条原来相同的多肽转变成两条分别在不同位点上发生变异的多肽链,而后将这两条多肽构成双重杂合子,这两者配合起来,有可能表现出程度不同的恢复酶活性部位,这种现象称为基因内互补。

15. **外显子(exon 或 extron)**:原初转录物通过 RNA 拼接反应而保留于成熟 RNA 中的序列或基因中与成熟 RNA 相对应的 DNA 序列。它是基因中有编码蛋白质功能的部分,是在一条未成熟的 RNA 中切除内含子而后连接起来的区段。

16. **内含子(ntrons)**:基因中除了外显子,剩余的 DNA 序列就构成了内含子,内含子被转录成 RNA,但是接着就被剪切掉,因此内含子不编码蛋白质。

17. **转化(transformation)**:细菌将其基因从一个菌株转移到另一个菌株的机制之一,发生在来自供体的 DNA 加入到细菌的生长介质中并被受体从介质中摄取的过程中。受体细胞被称为转化体。

18. **反转录病毒(retrovirus)**:也称逆转录病毒。是 RNA 病毒的一种,它们的遗传信息不是存录在脱氧核糖核酸(DNA),而是存录在核糖核酸(RNA)上的,此类病毒多具有逆转录聚合酶。RNA 病毒首先在自身编码的反转录酶的作用下,以病毒基因组 RNA 为模板,反转录形成双链 DNA 中间体,然后整合到宿主细胞 DNA 上,成为原病毒或前病毒 DNA,再经过宿主细胞的 RNA 聚合酶Ⅱ转录产生病毒 RNA,此 RNA 既可作为 mRNA,又可作为基因组而包装到病毒粒子中。

19. **基因链(gene strand)**:一般将 DNA 双链分子上带有遗传信息的,与模板链互补的一段 DNA 链称为基因链,或称非模板链或有义链或编码链,基因链与 mRNA 序列一致,代表的是从遗传密码到蛋白质序列相关联的 DNA 序列。

20. **启动子(promoter)**:DNA 分子上可以与 RNA 聚合酶特异结合,活化 RNA 聚合酶,而使转录开始的一段 DNA 序列。

21. **核心启动子(core promoter)**:在体外测定到的由 RNA PolⅡ进行精确转录起始所必需的最小的一套 DNA 序列。一个典型的核心启动子与转录起始位点紧密靠近,长约 80 个核苷酸,从转录起点向上游(−40)或下游(+40)延伸。

22. **增强子(enhancer)**:是 DNA 上一小段可与蛋白质(反式作用因子,trans−acting factor)结合的区域,与蛋白质结合之后,基因的转录作用将会加强。真核细胞中通过启动子来增强转录的一种远端性调控元件。增强子可位于基因的 5′端、3′端或者基因的内含子中。增强的是同它一定距离的基因的转录频率,一般它可使转录频率增加 10～200 倍,有的甚至可以高达上千倍;增强子的作用同增强子的取向(5′−3′或 3′−5′)无关,甚至远离靶基因达几千 kb 也仍有增强作用。

23. **核酶(ribozyme)**:又称酶性核酸、核酸类酶、酶 RNA、核酶类酶 RNA。是具有催化功能的 RNA 分子,是生物催化剂,可降解特异的 mRNA 序列。它的发现打破了酶是蛋白质的传统观念。

24. **剪接体(spliceosome)**:剪接体是一个 40～60 S 的核糖核蛋白复合物,由剪接装置的各组分组装而成,是进行 RNA 剪接的复合体。剪接体本身需要一些小核 RNA 参与,这些小核 RNA 不会翻译出任何蛋白,但对于调控遗传活动起到重要作用。

25. **密码子家族(codon family)**:在密码子中,前两个碱基相同,编码同一种(或两种)氨基酸的一群(或一组)密码子。又称同义密码子。

26. **普里昂(prion)**:又称感染性蛋白质粒子、朊粒,简称 PrP^{Sc}。哺乳动物神经元内存在正常的 PrP^{C} 蛋白质,与 PrP^{Sc} 序列相同,但 PrP^{Sc} 有更多的β-折叠,PrP^{Sc} 与 PrP^{C} 结合后,诱导 PrP^{C} 形成 PrP^{Sc} 的结构。因此普里昂是一种不含核酸分子只由蛋白质分子构成的病原体,能引起哺乳类动物中枢神经系统疾病(传染性海绵样脑病等)。

经典考题汇编

1.经典遗传学和分子遗传学关于基因的概念有何不同?(湖北大学,2009)

答:孟德尔把控制的因子称为遗传因子;约翰生提出基因(gene)这个名词,取代遗传因子;摩尔根等对果蝇、玉米等的大量遗传研究,建立了以基因和染色体为主体的经典遗传学。

经典遗传学认为:基因是一个最小的单位,不能分割;既是结构单位,又是功能单位。具体指:①基因化学实体:以念珠状直线排列在染色体上;②交换单位:基因间能进行重组,而且是交换的最小单位。③突变单位:一个基因能突变为另一个基因。④功能单位:控制有机体的性状。

分子遗传学认为:①将基因概念落实到具体的物质上,并给予具体内容:一个基因是 DNA 分子上的一定区段,携带有特殊的遗传信息。②基因不是最小遗传单位,而是更复杂的遗传和变异单位:例如在一个基因区域内,仍然可以划分出若干起作用的小单位。

现代遗传学上认为:①突变子:是在性状突变时,产生突变的最小单位。一个突变子可以小到只有一个碱基对,如移码突变。②重组子:在性状重组时,可交换的最小单位称为重组子。一个重组子只包含一个碱基对。③顺反子:表示一个作用的单位,基本上符合通常所描述的基因大小或略小,包括的一段 DNA 与一个多链的合成相对应,即保留了基因是功能单位的解释。

分子遗传学对基因概念的新发展:结构基因:指可编码 RNA 或蛋白质的一段 DNA 序列。调控基因:指其表达产物参与调控其他基因表达的基因。重叠基因:指在同一段 DNA 顺序上,由于阅读框架不同或终止早晚不同,同时编码两个以上基因的现象。隔裂基因:指一个基因内部被一个或更多不翻译的编码顺序即内含子所隔裂。跳跃基因:却转座因子,指染色体组上可以转移的基因。假基因:同已知的基因相似,处于不同的位点,因缺失或突变而不能转录或翻译,是没有功能的基因。

2.红色面包霉同先前用果蝇作实验材料相比,有何优点?

答:红色面包霉在生化学派中的作用犹如噬菌体和大肠杆菌在信息学派中的作用。同先前用果蝇作实验材料相比,红色面包霉有着许多优点,主要体现在四个方面:①产生有性后代的世代时间较短,条件适宜时只需几天时间;②在实验室条件下易于生长和保存,在含有简单培养基的试管中就能生长;③由于找到了适当的方法(限制培养),从而使其代谢(生化)突变体容易鉴别,④成体阶段是单倍体(仅有一套染色体),这样就使得所有的突变基因都能表现出来,呈表现型,不存在所谓隐性突变。

3.简单叙述 DNA、染色体、基因和基因组之间的关系。

答:DNA 是由两条脱氧核糖核苷酸长链,以相反的方向,按碱基互补配对的原则,形成的一种双螺旋结构的生物大分子,它是遗传信息的携带者。染色体是由 DNA 和组蛋白相结合形成的核小体,并在此基础之上,经过高度螺旋化以后所形成的遗传物质,在光学显微镜下可见。

基因则指一段能够表达和产生产物(蛋白质或 RNA)的 DNA 序列。根据产物的类别可分为蛋白质基因和 RNA 基因两大类;根据产物的功能可以分为结构基因(酶和不直接影响其他基因表达的蛋白质)和调节基因(阻抑蛋白或转录激活因子)。

基因组则是指某一物种的单倍体细胞中所含有的遗传信息的总和,即单倍体细胞中的所有染色体以及组成染色体的DNA分子,由几条甚至几十条组成。这四者之间的关系可概括如下:

不同的基因组成了DNA分子;DNA分子与组蛋白和非组蛋白组成了染色体;在单倍体细胞中的染色体组成了基因组。

4.断裂基因有何意义?

答:断裂基因的存在:①有利于储存较多的遗传信息量;②有利于变异与进化;③增加了重组几率;④内含子可能是调控装置。

5.简述"一个基因一种酶"假说的产生过程,如何评价该假说?它有何局限性?

答:美国生化遗传学家比德尔(Beadle George Wells)和微生物学家塔特姆(E·L·Tatum)用辐射(如X射线或紫外线)照射正常霉孢子以提高其突变率(正常突变的突变率很低,选择所需突变体的时间很长)。由于大多数突变是有害的,所以可期望的许多孢子将不能在基本培养基上萌发;基本培养基只含有正常红色面包霉生存和生长所必需的、最低限度的营养成分。这样就可以鉴别发生的孢子类型,把这些在基本培养基上不能生长的孢子接种到限制培养基上,即添加了能够使特定突变体生长的物质,就可以选择特定的突变体。例如,某种突变体只能在含有维生素B的培养基上才能生长,这就说明该突变体中合成维生素B的代谢发生了障碍。

在鉴别了大量突变体之后,比德尔和塔特姆对它们一一做了遗传杂交分析。分析的结果表明,代谢障碍和基因分离有着直接的关系,代谢障碍可以看作是基因突变的结果。那个时代的生化知识已经揭示出酶对代谢过程中生化反应的控制作用,而且人们普遍相信蛋白质在生命过程中起着特别重要的作用,甚至连遗传物质也可能是蛋白质。因此,比德尔和塔特姆行出结论:基因突变引起酶的改变,一个基因控制着一个特定的酶。后来这一结论被说成更为简洁的格言:"一个基因一种酶"。

比德尔和塔特姆在1941年公布了他们的发现,不久就被科学共同体所接受。他们所使用的营养缺陷型研究方法,以后被广泛应用于各种代谢途径和发育途径的研究。J·莱德伯格采用大肠杆菌的营养缺陷型发现了细菌的遗传重组,从而开辟了微生物遗传学研究的广阔领域。因此,无论在概念上还是在方法上,"一个基因一种酶"的假说及工作,是分子生物学的重要基础之一。为此,比德尔与塔特姆以及莱德伯格共同获得了1958年的诺贝尔生理学和医学奖。

但此假说还具有以下局限性:①并非所有的基因都为蛋白质编码;②有的酶由多个基因编码;③有的一个基控制多个酶.④有的RNA具有催化活性。

6.在蛋白质基因编码区内发生了突变,但并没有引起表型的改变,请解释。(湖北大学,2009)

答:由于遗传密码具有简并性,所以有些碱基因替换也不一定会造成氨基酸顺序的改变;也可能是发生中性突变,没有引起表型的改变。

课后习题全解

1.如何得知DNA是遗传物质?其实验设计的思路是什么?你现在若要证明什么是遗传物质,将如何设计实验?

答:①DNA作为生物的主要遗传物质的间接证据:

(a)每个物种不论其大小功能如何,其DNA含量是恒定的。

(b)DNA 在代谢上比较稳定。

(c)基因突变是与 DNA 分子的变异密切相关的。

②DNA 作为生物的主要遗传物质的直接证据：

(a)细菌的转化已使几十种细菌和放线菌成功地获得了遗传性状的定向转化，证明起转化作用的是 DNA；

(b)噬菌体的侵染与繁殖主要是由于 DNA 进入细胞才产生完整的噬菌体，所以 DNA 是具有连续性的遗传物质。

(c)烟草花叶病毒的感染和繁殖说明在不含 DNA 的 TMV 中 RNA 就是遗传物质。

③证明 DNA 是生物的主要遗传物质，可设计两种实验进行直接证明 DNA 是生物的主要遗传物质：

(a)肺炎双球菌定向转化试验：

有毒 SⅢ型(65℃杀死)→小鼠成活→无细菌

无毒 RⅡ型→小鼠成活→重现 RⅡ型

有毒 SⅢ型→小鼠死亡→重现 SⅢ型

RⅡ型＋有毒 SⅢ型(65℃)→小鼠→死亡→重现 SⅢ型

将 SⅢ型细菌的 DNA 提取物与 RⅡ型细菌混合在一起，在离体培养的条件下，也成功地使少数 RⅡ型细菌定向转化为 SⅢ型细菌。该提取物不受蛋白酶、多糖酶和核糖核酸酶的影响，而只能为 DNA 酶所破坏。所以可确认导致转化的物质是 DNA。

(b)噬菌体的侵染与繁殖试验

T_2 噬菌体的 DNA 在大肠杆菌内，不仅能够利用大肠杆菌合成 DNA 的材料来复制自己的 DNA，而且能够利用大肠杆菌合成蛋白质的材料，来合成其蛋白质外壳和尾部，因而形成完整的新生的噬菌体。

^{32}P 和 ^{35}S 分别标记 T_2 噬菌体的 DNA 与蛋白质。因为 P 是 DNA 的组分，但不见于蛋白质；而 S 是蛋白质的组分，但不见于 DNA。然后用标记的 T_2 噬菌体(^{32}P 或 ^{35}S)分别感染大肠杆菌，经 10 分钟后，用搅拌器甩掉附着于细胞外面的噬菌体外壳。发现在第一种情况下，基本上全部放射活性见于细菌内而不被甩掉并可传递给子代。在第二种情况下，放射性活性大部分见于被甩掉的外壳中，细菌内只有较低的放射性活性，且不能传递给子代。

2. DNA 复制的基本规则有哪些？DNA 的复制模型有哪些？

答：①DNA 复制的基本规律：

DNA 复制的半保留模型，其基本规则是：(a)一般按半保留(semiconservative)半不连续方式进行。(b)复制起始(initiation)在原点(origin)的特定序列上。(c)在复制的起点处控制复制。(d)复制叉(fork)的移动有单向或双向。(e)链的延伸方向只能是 5′端→3′端方向。(f)存在模板的条件下，DNA 聚合酶以短的 RNA 片段作为引物(primer)开始合成 DNA 的短片段。(g)存在各种 DNA 链的合成起始机制，除了 RNA 引发外，还存在其他的一些机制，包括 DNA 链与一个末端蛋白共价结合，以及缺口的共价延伸，或者亲本链已被环出的末端等。(h)终止也是在复制过程中的某个固定点。(i)复制的机制取决于基因组结构和构象来保持产生完整的染色体。(j)即使在同一个细胞内也可进行多种复制机制的操作。

②DNA 的复制模型有：

(a) 滚环复制(rolling circle)。滚环复制又称 σ 复制，该模型能解释双链及单链子代 DNA 是怎样从复制型产生的。滚环复制中，在环状双链 DNA 的一条链上造成专一性缺口，产生游离的 3′—OH 末端作为引物，以另一条完整环状单链作为模板，由 DNA 聚合酶催化延伸，新合成的链沿着环状的模板链滚动。

(b)θ—型复制。大肠杆菌 DNA 环状双链分子在其 DNA 复制过程的中间产物，在放射自显影观察时可形成一个 θ 结构。

(c)线粒体的 D 环复制。哺乳动物 mtDNA 复制是不对称的，且双链不是同时复制。先复制双链中的一条链，待该链复制到 2/3 的长度时，另一条链才开始复制。这是由于重链和轻链上有各自的复制起点，因而两条链的复制进度相差甚远。

3. 真核生物染色体端粒的复制模型有哪些?

答:端粒(telomere)是真核生物染色体末端的一种特殊结构。端粒的主要功能是防止染色体末端受核酸酶的降解，维持染色体结构的稳定性和完整性，为线状染色体的末端复制提供基础。此外，端粒与染色体联会、细胞分裂和细胞衰老等也有密切关系。其特点有：

① 端粒 DNA 的序列比较特殊，由一系列短的串联重复序列组成，可用 Gn(A/T)m 的一般式来表示，其中 n>1，m 为 1～4。端粒末端的这些特殊序列一般形成环状结构。当端粒(TTAGGG)n 序列的 3′单链末端序列折回，碱基配对取代其上游相同序列时，将形成一个类似 D 环的 t 环(telomere loop，t—loop)结构。该结构的形成提供了一个有序的高级结构，使凸出 3′端单链埋藏在 DNA 分子内部以免与端粒酶接触，同时也保护了单链。

② 端粒的复制不是由 DNA 聚合酶完成的，而是由端粒酶(telomerase)催化合成的。端粒酶是一个大的核糖核蛋白分子，由多条多肽与一单个 RNA 分子组成。端粒酶是一种特殊的反转录酶，其活性只限于利用端粒酶特异的 RNA 作为模板。因此，端粒酶的作用是不连续的，模板 RNA 序列与 DNA 引物严格按照碱基互补定位结合，利用末端 G—T 发夹结构的 3′—OH 作为引物，反转录酶合成一段 DNA 序列后，端粒酶就要移位，进行下一段的催化合成。延伸后的染色体 3′端可使复制子链长度保持与亲链相同(端粒的长度是由端粒结合蛋白调控的)，由此解决冈崎片段 3′端复制的问题。

③在端粒区域中有一种特殊的不连续排列，产生单链断裂的形式，这种结构并不能被连接酶将缺口封闭起来，而在正常情况下连接酶是可以作用 DNA 链上的缺刻(nick)。这表明这种断裂所形成的缺口较大。因为连接酶只能连接相邻的两个 3—OH 和 5—p 末端之间形成磷酸二酯键，而不能封闭大的裂缺(Gap)。

④端粒的双链部分中含有 T2G4 的顺序在 3′末端，排列方向是朝向染色体的中心部位。

⑤在细胞中，端粒总是和一些非组蛋白相结合，形成复合体，常表现为异染色质或构成染色体的末端结节，所以我们在对染色体处理后进行硝酸银染色时，发现端粒部位出现浓染，其他部位出现浅染或不染色。

4. 原核生物启动子的结构特点是什么?

答:启动子是 DNA 链上一段能与 RNA 聚合酶结合并能起始 mRNA 合成的序列，它是基因表达不可缺少的重要调控序列。没有启动子，基因就不能转录。原核生物启动子是由两段彼此分开且又高度保守的核苷酸序列组成，对 mRNA 的合成极为重要。启动子区域：

①Pribnow 盒，位于转录起始位点上游 5—10bp，一般由 6～8 个碱基组成，富含 A 和 T，故又称为 TATA 盒或—10 区。启动子来源不同，Pribnow 盒的碱基顺序稍有变化。

②—35 区，位于转录起始位点上游 35bp 处，故称—35 区，一般由 10 个碱基组成。

启动子有强弱之分，虽然原核细胞仅靠一种 RNA 聚合酶就能负责所有 RNA 的合成，但它却不能识别真核基因的启动子。为了表达真核基因，必须将其克隆在原核启动子的下游，才在

原核表达系统中被转录。在原核生物表达系统中，通常使用的可调控的强启动子有 lac（乳糖启动子）、trp（色氨酸启动子）、PL 和 PR（λ 噬菌体的左向和右向启动子）以及 tac（乳糖和色氨酸的杂合启动子）等。

5. 真核生物有 3 种不同的 RNA 聚全酶，识别不同的启动子类型，3 种不同的启动子的结构特点是什么？

答：真核生物细胞中有三种转录方式，分别由三种 RNA 聚合酶（Ⅰ、Ⅱ和Ⅲ）催化，因此有三种启动子。根据启动子的不同，将真核生物的基因分为三类，即Ⅰ类、Ⅱ类和Ⅲ类基因。这三种基因分别由三种启动子控制，它们在结构上各有特点。

①RNA 聚合酶Ⅰ识别的启动子结构。

RNA 聚合酶Ⅰ（RNA Pol Ⅰ）只转录 rRNA 一种基因，包括 5.8S、18S 和 28S rRNA。所有真核生物 rRNA 基因均为多拷贝，彼此首尾串联，簇集在染色体的特定区域，共同被转录在一个转录产物上，然后经加工成为 3 种 rRNA。

②RNA 聚合酶Ⅲ识别的启动子结构。

RNA Pol Ⅲ基因的产物为一些相对分子质量较小的细胞质 RNA（cytoplasmic RNA，scRNA）、tRNA、5S rRNA、7SL RNA（参与细胞内蛋白质转移）、U6 RNA（转录后加工）等。RNA Pol Ⅲ基因的启动子很特殊，既有上游启动子也有下游启动子。RNA Pol Ⅲ基因的启动子有 3 种类型：Ⅰ型基因内启动子、Ⅱ型基因内启动子和Ⅲ型基因外启动子。

③RNA 聚合酶Ⅱ识别的启动子结构。

启动子Ⅱ最为复杂，它和原核的启动子有很多不同：①有多种元件：TATA 框，GC 框，CATT 框，OCT 等；②结构不恒定；③它们的位置、序列、距离和方向都不完全相同；④有的有远距离的调控元件存在，如增强子；⑤这些元件常常起到控制转录效率和选择起始位点的作用；⑥不直接和 RNA pol 结合；⑦ 需多种转录因子介入。

真核生物 RNA 聚合酶不能直接识别启动子区，需要转录调控因子的辅助蛋白按特定顺序结合在启动子上，RNA 聚合酶才能与之结合并形成复杂的转录起始前复合物，以保证有效的起始转录。

6. RNA PolyⅡ启动子的上游启动子元件有哪些？各有哪些功能？

答：RNA PolⅡ启动子的上游启动子元件一般位于起始位点上游 −50 bp 至 −200 bp 区域，主要有 CAAT 框、GC 框、八聚体框（octamer box）等。

①CAAT 框是位于转录起始上游约 −75 bp 处的一个保守序列 GG（T/C）CAATCT。CAAT 框内的碱基突变对转录起始的影响很大，它决定了启动子起始转录的效率及频率，但是并不影响启动子的专一性。该元件对启动子的影响在正方向和反方向排列时均能产生作用。

②GC 框位于转录起始上游约 −90 bp 附近，含有共有序列 GGGCGG，可以在启动子中正、反方向排列，一份或数份，其功能与 CAAT 框相似，主要是决定启动子起始转录的效率。

③八聚体框一致序列为 ATTTGCAT，是转录因子 Oct1、Oct2 识别结合的位点。

7. 何谓增强子？增强子的主要作用特点有哪些？

答：增强子（enhancer）是增强真核基因转录的一类调节序列。它是通过启动子来增强转录的一种远端性控制元件。增强子可位于基因的 5′端、3′端或者基因的内含子中，增强的是同它连锁的基因的转录频率，一般它可使转录频率增加 10～200 倍。

增强子的主要作用特点是：

①具有远距离效应：常在上游 −200 bp 处，但可增强远处启动子的转录，即使相距十几 kb

也能发挥其作用。

②无方向性:在DNA双链中没有5′端与3′端同定的方向性,无论在靶基因的上游、下游或内部都可发挥增强转录的作用。

③顺式调节:只调节位于同一染色体上的靶基因,而对其他染色体上的基因无作用。

④无物种和基因的特异性,对同源或异源基因同样有效,可以接到异源基因上发挥作用,

⑤具有组织特异性:SV40的增强子在3T3细胞中比多瘤病毒的增强子要弱,但在HeLa细胞中SV40的增强子比多瘤病毒的要强5倍,抗体基因的增强子只有在B淋巴细胞中才起作用。增强子的效应需特定的蛋白质因子参与。

⑥有相位性:增强子的活性与其在DNA双螺旋结构中的空间方向性有关(其作用和DNA的构象有关)。

⑦有的增强子可以对外部信号产生反应。

⑧增强子含有许多可与不同转录因子结合的基序,可以不同的组合方式调控基因的表达,在已研究过的绝大多数基因的表达调控模式中都发现组成增强子的不同基序或模块(module)之间可形成不同的组合,它们是基因差别表达(differential expression)的主要原因。

8. mRNA前体加工中加尾和加帽的生物学功能有哪些?

答:①真核生物的帽子结构有3类,即Type0 cap:m7GpppX;TypeⅠ cap:m7GpppXm;TypeⅡ cap:m7GpppXmYm。mRNA 5′加帽的功能主要表现在4个方面:

(a)保护mRNA 5′端不被降解。

(b)为核糖体识别mRNA提供信号,提高翻译效率。真核生物mRNA必须通过5′帽结合蛋白才能接触核糖体,起始翻译。

(c)作为进出细胞核的识别标记。凡由PolⅡ转录的RNA均在5′端加帽,包括snRNA,这是RNA分子进出细胞核的识别标记。

(d)提高mRNA的剪接效率。5′帽结合蛋白涉及第一个内含子剪接复合物的形成,直接影响mRNA的剪接效率。

②mRNA的3′端多聚腺苷酸化(加尾)的作用是:

(a)增加mRNA的稳定性。

(b)提高mRNA翻译效率。

(c)poly(A)可影响mRNA前体最后一个内含子的剪切,缺少poly(A)使剪接效率降低5~10倍。

9. 何谓RNA剪接,不同的RNA剪接方式有哪些特点?

答:①RNA剪接(RNA splicing):将转录初始物中的内含子切除,紧接着将其编码多肽链的外显子连接在一起的过程。

②RNA剪接方式:

(a)Ⅰ类内含子的自我剪接;

(b)Ⅱ类内含子的自我剪接;

(c)核内mRNA剪接体剪接;

(d)核内前体tRNA酶促反应剪接。

前两类内含子的剪接方式都是两次转酯反应,区别就是第一次转酯反应所用亲核试剂不同;第三类剪接方式分为组成性剪接与选择性剪接,前者识别5′-GU……AG-3′内含子序列,而后包括可变poly A位点和可变剪接方式;第四类需核酸酶及连接酶等工具酶,形成成熟tRNA。

10. 遗传密码的性质有哪些？反密码子中的“摆动”会产生什么结果？并请解释线粒体的密码子有哪些例外。

答：①遗传密码的性质：

遗传密码(genetic code)是联系 mRNA 的碱基序列和蛋白质氨基酸序列的桥梁，具有以下性质：

(a)遗传密码是三联体密码(triplet code)。1 个密码子(codon)由 3 个核苷酸组成，它特异编码多肽链中的 1 个氨基酸。

(b)遗传密码无逗号。密码与密码之间没有任何不编码的核苷酸，阅读 mRNA 时是连续的。

(c)遗传密码不重叠。一个蛋白质中为氨基酸编码的密码子上的 3 个核苷酸只参与编码 1 个氨基酸，在多核苷酸链上任何两个相邻的密码子不共用任何核苷酸，核苷酸本身不重叠使用。

(d)遗传密码具有通用性。在所有的生物中，密码子字典几乎是通用的，既适用于原核生物，也适用于多数真核生物。

(e)遗传密码具有简并性(degeneracy)61 种有义密码子决定 20 种氨基酸，必然同一个氨基酸有多个密码子。实际上除 AUG(Met)和 UGG(Trp)以外，每个氨基酸都有一个以上的密码子。

(f)有起始密码子和终止密码子。蛋白合成所用的阅读框(reading frame)决定于起始密码子和终止密码子的位置。在基因组序列分析中，潜在的基因往往是根据开放阅读框(open reading frame，ORF)而定义。

②反密码子中的“摆动”(wobble)：

在密码子与反密码子的配对中，前两位碱基配对严格遵守碱基配对原则，第三位碱基可以“摆动”，因而使某些 tRNA 可以识别 1 个以上的密码子(摆动假说，wobble hypothesis)。

“摆动”假说可以推测 tRNA 识别密码子的数目由它的反密码子第一位碱基的性质来决定，第一位碱基为 C 或 A 时，可识别一种密码子；第一位碱基为 U 或 G 时，可以识别两种密码子；第一位碱基为 I 时，可以识别三种密码子。tRNA 含有多种修饰碱基是造成密码子与反密码子发生“摆动”的重要原因之一；与其他 RNA 的简单甲基化修饰不同，tRNA 存在着从简单的甲基化到整个嘌呤环的重排等多种不同的修饰。当反密码子被修饰后，会产生特殊的配对方式。一般反密码子第一位(5′端)上的 U 通常以修饰形式存在，改变配对性质。A 通常被变为 I 出现在反密码子第一位，能与 U、C 和 A 中的任何一种碱基配对。

③线粒体的密码子的例外：

在一些高等动物、果蝇、酵母以及真菌等生物线粒体基因组中线粒体基因的终止密码子 UGA 变为编码 Trp 的密码子，另外一些编码核基因的密码子变为终止密码子，其余的则是编码氨基酸的密码子相互改变。按摆动假说推算，要识别 61 种密码子至少需要 31 种 tRNA，而哺乳动物线粒体中只有 22 种 tRNA，因此必须存在特殊的识别机制；其关键在于密码子与反密码子配对方式的简化，如果一种 tRNA 可以识别一个密码子家族的 4 个密码子，最少需要 23 种 tRNA，而线粒体中 AGG 和 AGA 变为终止密码子，又可减少一种 tRNA，正好是 22 种 tRNA。

11. 何谓“中心法则”？中心法则提出后有哪些修正？目前又有哪些对中心法则的挑战？请谈谈你的认识。

答：①crick 于 1958 年又提出了中心法则(central dogma)来说明遗传信息的传递方向和途径，即从核酸(DNA)到核酸(RNA)或从核酸(RNA)到蛋白质，而不可逆转。

$$\text{DNA} \xrightarrow{\text{转录}} \text{RNA} \xrightarrow{\text{翻译}} \text{蛋白质}$$

②中心法则的修正主要有：

(a)RNA 的复制。很多 RNA 病毒，如流感病毒等的 RNA 像 DNA 一样是可以复制的，是 RNA 聚合酶催化以 RNA 为模板的 RNA 合成。

(b)RNA 反向合成 DNA。1970 年，Temin 等在某些引起肿瘤的单链 RNA 病毒（如 Rous 肉瘤病毒），即反转录病毒(retrovirus)中，发现一种反转录酶(reverse transcriptase)，能以病毒 RNA 为模板，反向合成 DNA。说明遗传信息的形式可相互转化，这是中心法则的一项重要的新发展，故中心法则修正为：

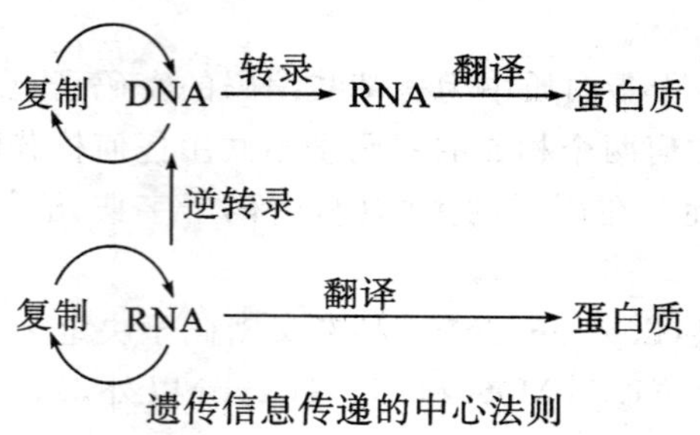

遗传信息传递的中心法则

(c)RNA 的自催化剪接。

(d)DNA 水平的基因重排。

(e)RNA 编辑。编辑具有增加或改变遗传信息的作用。

(f)基因中内含子的切除和外显子的连接。

(g)朊粒或"感染性蛋白质粒子"(proteinaceous infectious particle)。朊粒完全由蛋白质组成。它既能作为蛋白质病原感染人类与其他哺乳动物，也能在被感染体内扩增繁殖。

③对中心法则的挑战：

20 世纪末发现的朊粒的致病性及其遗传行为，朊粒作为一种能够自我繁殖的病原体，对中心法则提出了新的挑战。众所周知，病毒的繁殖都是以病毒自身的核酸作为遗传物质进行核酸的复制，然后指导病毒外壳蛋白的合成，这是符合中心法则的规则，而朊粒是不含核酸的蛋白质病原体，它的感染与繁殖对此提出了挑战。

但经证明朊粒并不是病毒，朊粒是正常寄主的 PrP 基因编码的正常蛋白质 PrPc 的异构体 PrPsc，它不是遗传信息的载体，也不能进行自我复制。中心法则的正确性，目前无可置疑。

第四章　孟德尔式遗传分析

考点综述

本章内容为考试重点。在名词解释、判断题、选择题、简答和论述题等各种题型中都出现过。要求考生掌握显性、隐性、自交、回交、测交、显性基因、隐性基因、等位基因、复等位基因、显性性状、隐性性状、完全显性、不完全显性、共显性、镶嵌显性、表现度、外显率、基因型、表现型等名词。掌握分离规律、自由组合规律的定义，遗传现象，表现形式和实质；实现孟德尔分离比的条件；用分枝法对多基因杂种进行遗传分析；正确应用卡方检验测验适合度；基因型、表现型的概念以及与环境的关系；基因相互作用的类型、概念、F_2 分离比。

名师串讲

本章主要内容包括：

1. 分离定律及其遗传分析

单因子杂交实验只是分析由一对显性完全的等位基因决定的一对相对性状在杂交的亲代、F_1 及 F_2 之间的传递规律。即 F_1 杂合子的配子分离比为 1∶1；F_2 表型分离比为 3∶1；F_2 基因型分离比为 1∶2∶1，这三种特定的分离比率就是孟德尔比率。

2. 自由组合定律及其遗传分析

双因子杂交实验分析了两对基因作用于两对相对性状时，基因在亲代、F_1 及 F_2 之间的传递规律，F_1 杂合子的配子分离比为 1∶1∶1∶1；F_2 基因型比为(1∶2∶1)2，即(1/4＋2/4＋1/4)的三项式展开式的各项系数；F_2 表型比为 9∶3∶3∶1，即$(3/4+1/4)^2$ 二项展开式的各项系数；这就是自由组合定律的孟德尔比率。

3. 遗传学数据的 χ^2 分析

判断实际结果是否符合孟德尔的理论比率，其重要方法之一是 χ^2 检验，即适合度(goodness of fit)检验法。

4. 人类中的孟德尔遗传分析

孟德尔定律具有普遍意义，在人类中的系谱分析法是人类中简单的孟德尔式遗传分析方法。从先证者人手调查其家族中所有成员的数目、亲缘关系以及某遗传特征(或遗传疾病)分布状况，按规定的符号绘制系谱图。显性基因在系谱中的传递线不会中断，每代均有表现且男性和女性中均有发生；而隐性基因在系谱中的传递线可能中断，有隔代遗传的表现。

5. 基因的作用与环境因素的相互关系

基因型和表型；等位基因间的相互作用；致死基因和复等位基因；非等位基因之间的相互作用；基因互作、基因互补、累加效应和上位效应。非等位基因间的相互作用类型。总之，进行遗传分析时，应注意运用基因功能的表达在其中间产物与终产物的形成途径中基因间相互作用的理念和孟德尔比率被修饰的各种前提条件。孟德尔比率的修饰应视为孟德尔定律的扩展。

名词术语解释

1. **伴性遗传(sex-linked inherltance)**:位于性染色体上的基因所决定的性状,其遗传方式总与性别相联系。

2. **伴性致死(sex-linked lethal)或 X 连锁致死**:在 X 染色体上有致死基因。

3. **倍加作用(product effect)**:每个有效基因的作用按一定数值与尽余值相乘或相除。

4. **表现度(exptessivity)**:杂合体在不同的遗传背景和环境因素的影响下,个体间的基因表达的变化程度。

5. **表现型(phenotype)**:生物体在基因型的控制下,加上环境条件的影响所表现性状的总和(可以观察到的各种形体特征,基因的化学产物、各种行为特征等)。

6. **表型模拟(phenocopy)**:已知某种表型特征是基因突变的结果,而这种表型特征也可由遗传因素之外的其他因子所致。环境因素所诱导的表型类似于基因突变所产生韵表型,这种现象称为表型模拟。模拟的表型性状是不能遗传的。

7. **并显性(codominanca)或共显性(codimance)**:一对等位基因的两个成员在杂合体中都表现的遗传现象。即双亲的性状在 F_1 个体的同一个细胞上得以显现。

8. **不完全连锁(incomplete linkage)**:位于同源染色体上的非等位基因的杂合体在形成配子时除有亲型配子外,还有少数的重组型配子产生的现象。即具有相对性状的亲本杂交后,F_1 显现中间类型的现象。

9. **测交(testcross)**:指被测验的个体与隐性纯合体间的杂交,以确定显性个体基因型的方法。

10. **常染色体显性(autosomaldominant)**:位于一对同源的常染色体上的相同座位的等位基因有显性与隐性之分,所以在显性纯合与杂合状态下,表现出与显性基因有关的性状。

11. **纯合体(homozygote)**:同源染色体上相同位点上的两基因成员完全一致(双显或双隐),具这种基因型的个体为纯合体。如:CC、cc 即基因座上有两个相同的等位基因,就这个基因座而言,这种个体或细胞称为纯合体,或称基因的同质结合。

12. **单位性状(unit character)**:把生物体所表现的性状总体区分为各个单位,这些分开来的性状称为单位性状。单位性状的范围,常限于对立的遗传变型存在时,根据二者的比较来决定的。

13. **等位基因(alleles)**:位于同源染色体上,位点相同,控制着同一性状的基因,是由突变所造成的许多可能的状态之一。不同的等位基因产生例如发色或血型等遗传特征的变化。等位基因控制相对性状的显隐性关系及遗传效应,可将等位基因区分为不同的类别。在个体中,等位基因的某个形式(显性的)可以比其他形式(隐性的)表达得多。

14. **叠加效应(duplicate effect)或重叠作用**:两对或两对以上等位基因同时控制一个单位性状,只要其中一对等位基因中存在显性基因,个体便表现显性性状,两对基因均为纯合隐性时,个体表现隐性性状的基因互作类型。将孟德尔比率修饰为 15∶1。

15. **多因一效(multigenic effect)**:许多基因影响同一个性状的表现。

16. **反应规范(reaction norm)**:遗传型对环境反应的幅度(某一基因型在不同环境条件下反应的范围)。

17. **返祖现象(atavism reversion)**:亦称返祖遗传,是指现在一般不能见到的性状,但偶然在某一个体上作为祖先的性状而出现,这种现象称为返祖现象。人类中有生尾巴的,有多毛(毛孩)的就是属于这种现象的例子,再如马蹄上长出多余的趾骨也是一个例子。返祖现象可用性状分歧、基因的重组、不完全表现、突变(回复突变)等等原因来加以说明。

18. **分离定律(law of segragation)**:孟德尔遗传定律之一。决定相对性状的一对等位基因同时存在于杂种一代(F_1)的个体中,但仍维持它们各自的个体性,在配子形成时互相分开,分别进入一个配子细胞中去。在孟德尔定律中最根本的就是分离定律。比较普遍的说法是:在结合子中相同染色体上占有同一基因座位的来自双亲的两个基因绝不会发生融合而仍维持其个体性,而在配子形成时,基因发生分离,其结果是杂种第二代(F_2)和回交一代(B_1)中性状会发生分离。

19. **复等位基因(multiple alleles)**:由同一基因位点经多方向突变产生的三个或三个以上的基因称为复等位基因。一个基因座位内不同位点改变形成许多等位基因,即复等位基因。复等位基因是基因内部不同碱基改变的结果。

20. **隔代遗传(skipped generation,atavism)**:即返祖或返祖的一种,但指和祖父或祖母相似的现象。在 F_2 中隐性性状的分离即是明显的例子。

21. **共显性(co-dominance)**:指双亲性状同时在 F_1 个体上表现出来。如人类的 ABO 血型和 MN 血型。

22. **果实直感(metaxenia)**:植物的种皮或果皮这种母本组织在发育过程中由于花粉影响而表现父本的某些性状,这种现象称为果实直感。在枣椰子从果实大小和成熟期受精的花粉种类所支配这点来看,为了在意义上与种子直感相区别,所以取名为果实直感。在棉花、苹果、橡树等植物中,也发现有果实直感现象。

23. **合子致死(zygotic lethal)**:致死基因在胚胎期或成体阶段致死。

24. **回交(back cross)**:是近亲繁殖的一种,指杂种后代与某一亲本再交配。

25. **积加作用(additive effect)**:指当两对或两对以上基因互作时,显性基因对数累积愈多,性状表现愈明显的现象。例如,南瓜果形遗传。

26. **基因互作(gene interaction)或基因间的相互作用**:非等位基因间相互作用产生新的类型。

27. **基因位点(locus)**:基因在染色体上的位置。

28. **基因型(genotype)**:(1994 年中科院)也称遗传型,生物个体的基因组成称为基因型。基因型是性状表现必须具备的内在因素,是生物体内的遗传基础,是肉眼看不到的,只能根据表现型用实验的方法来确定。

29. **累加效应(additive effect)**:等位基因无显隐性关系,所有的表型值是在隐性纯合体表型值的基础上每增加一个大写基因即增加一个常数值(效应值)。

30. **两点测交法**:利用三次杂交,三次测交分别求出 3 对基因间的交换率,然后进行基因的定位。

31. **孟德尔遗传规律(Mendelian inheritance)**:基因所表现出的方式和特征是由父母遗传给子女的。孟德尔遗传规律包括常染色体显性遗传、常染色体隐性遗传、伴性遗传等。

32. **配子致死(gametic lethal)**:致死配子期发挥作用而致死的现象。

33. **上位效应(epistasis)或上位作用(epistatie effect)**:又称异位显性。两对基因同时控制一个单位性状发育,其中一对基因对另一对基因的表现具有遮盖作用,这种基因互作类型称为上位效应。与显性相似,因为这两者都是一个基因掩盖了另一个基因的表达。区别就在于显性是一对等位基因中一个基因掩盖另一个基因的作用,而上位效应是非等位基因间的掩盖作用,掩盖者称为上位基因(epistatic gene),也称为异位显性。被掩盖者称为下位基因(hypostatic

gene)。

34. **条件显性(condition dominance)**:显隐性可依据环境条件的改变而改变。

35. **外显率(penetranca)**:一定基因的个体在特定的环境中形成预期表型比例,一般用百分率表示。

36. **完全连锁(complete linkage)**:两对基因的杂合体在形成配子时,只产生亲本配子,而没有重组型配子产生的现象。

37. **完全显性(complete dominance)**:一对相对性状差别的两个纯合亲本杂交后,F_1 的表现和亲本之一完全一样,这样的显性表现,称作完全显性。

38. **显性(dominant)**:杂合子生物表现出来的性状。

39. **显性基因(dominant gene)**:杂合状态中,能够表现其表型效应的基因,一般以大写字母表示。

40. **显性上位(dominant epithesis)**:两对基因同时控制一个单位性状发育,其中一对基因对另一对基因的表现具有遮盖作用,起遮盖作用的显性基因称为显性上位。只有在上位基因不存在时,被遮盖的基因才能表达。

41. **显性性状(dominant character)**:当两个具有相对性状的纯合亲本杂交时,子一代出现的一个亲本性状。

42. **显性致死(dominant lethal)**:基因在杂合的情况下也致死。

43. **显性致死基因(dominant lethalgene)**:杂合状态即表现致死作用的基因。

44. **显性转换(reversal of dominance)**:显性性状在不同条件下发生转换的现象叫做显性转换。

45. **镶嵌显性(mosoic dominance)**:双亲的性状在 F_1 个体的不同部位同时显现。

46. **性状(character)**:生物体所表现的形态特征和生理特性。

47. **选择系数(selective coefficiency)**:不同 GT 在同一种环境条件下被淘汰掉的百分率。

48. **一因多效(pleiotropism)**:一个基因也可以影响许多性状的发育现象。

49. **遗传多态现象(genetic polymorphism)**:同一群体中存在着两种以上变异的现象,称为遗传多态现象。通常不同变异型间易于区别,不存在中间类型,而且遗传方式清楚。例如人的 ABO 血型就是遗传多态,这个血型系统由同一基因座上的 3 个复等位基因决定,各型间区分明确,在同一地区有一定的频率分布。多态现象(polymorpHism)可分为暂时的多态(temporary)或称过渡的多态(transient)及长久的多态(lasting),即平衡(balanced)的多态两类。

50. **抑制作用(inbibitional effect)**:某显性基因本身并不直接控制性状的发育,但可抑制另一种基因的表达。即一对基因本身不表现性状,当其处于显性纯合或杂合状态时,却能够使另一对显性基因不起作用。

51. **隐性基因(recessive gene)**:在杂合状态中,不表现其表型效应的基因,一般以小写字母表示。

52. **隐性上位(recessive epistasis)**:上位由一对隐性基因所引起,即 aa 掩盖了 B 的作用。孟德尔比例被修饰为 9∶3∶4。即两对基因同时控制一个单位性状发育,其中一对基因对另一对基因的表现具有遮盖作用,起遮盖作用的基因是隐性基因,则称为隐性上位。

53. **隐性性状(recessive)**:等位基因中隐性基因决定的性状,只有在隐性基因纯合时才能够表现。

54. **隐性致死(recessive lethal)或纯合致死**:基因在纯合的情况下致死。

55. **隐性致死基因(recessive lethal gene)**:隐(或显)性基因在杂合时不影响个体的生活力,但在纯合状态有致死效应的基因叫隐性致死基因。

56. **杂合体(heterozygote)**:基因座上有两个不同等位基因,或称基因的异质结合。同源染色体的某个位点上有不同的等位基因,这个细胞就称为杂合体。

57. **真实遗传(true breeding)**:子代性状永远与亲代性状相同的遗传方式。

58. **致死基因(Iethal gene)**:导致个体在生育期前死亡的基因。即指那使生物体不能存活的等位基因。致死作用可以发生在个体发育的各个时期。出生后较晚才导致死亡的致死基因称为亚致死或半致死基因。

59. **自由组合定律(law of independent assortment)**:也称孟德尔第二定律,在配子形成时各对等位基因彼此分离后,独立自由地组合到配子中。

60. **抑制基因(inhmitor,suppressor)**:在影响同一性状的两对非等位基因中一对显性基因抑制另一对显性基因的作用的表现,但前者自身无独立的表型效应,该显性基因称为抑制基因。抑制基因的作用使孟德尔比率被修饰为 13∶3。

61. **野生型(wild type)**:基因或生物体(或细胞)在自然界中常见的或非突变型的形式。野生型和突变也是相对来说的,在目前的研究中是把从大自然中获得的个体,也就是非人工诱变的,作为野生型,那么它所携带的就是野生型的基因组。

62. **颗粒遗传(particulate inheritance)**:赋有遗传功能的"因子"(基因)是颗粒性的,即这些遗传因子互不融合,互不干扰,独立分离,自由组合,具有颗粒性,其传递过程是一种各自独立、不相混淆的遗传方式。

63. **遗传命名法(genetic nomenclature)**:在遗传学的发展过程中由遗传学家们提出的并被世界公认的,包括人类在内的不同生物体的基因及其产物的符号、书写方式和命名的一整套标准化的规则与方法。

64. **系谱分析(pedigree analysis)**:系谱分析是研究人类遗传的一个常用的方法。通过系谱形式表示人类中的某些孟德尔性状在家系内的分离、传递的状况,从而推断其遗传方式和提供诊治依据。其基本方法是从先证者(proband,该家系中首次确诊的患者)入手,继而追溯调查其所有可能的家族成员中某种遗传特征(或疾病)以及正常个体的分布资料,按公认的格式和符号绘制成尽可能详细的系谱图,从而推断某性状(或疾病)在家系中的遗传方式。

65. **纯合子(homozygote)**:又称纯合体,同型综合子,同型结合体。二倍体生物中,某特定基因或在某特定基因座上具有相同等位基因的个体或细胞。相同的纯合子间交配所生后代不出现性状的分离。

经典考题汇编

1.遗传学有哪三大基本规律?各自的主要内容是什么?

答:分离规律、独立分配规律和连锁遗传规律是遗传学的三大基本规律。

①分离规律:分离规律是遗传学中最基本的一个规律。它从本质上阐明了控制生物性状的遗传物质是以自成单位的基因存在的。基因作为遗传单位在体细胞中是成对的,它在遗传上具有高度的独立性,因此,在减数分裂的配子形成过程中,成对的基因在杂种细胞中能够彼此互不干扰,独立分离,通过基因重组在子代继续表现各自的作用。这一规律从理论上说明了生物界由于杂交和分离所出现的变异的普遍性。以孟德尔的豌豆杂交试验为例:

红花与白花杂交所产生的 F_1 植株,全开红花。在 F_2 群体中出现了开红花和开白花两类;

比例 3∶1。孟德尔曾反过来做白花为花的杂交,结果完全一致,这说明 F_1 和 F_2 的性状表现不受亲本组合方式的影响,父本性状和母本性状在其后代中还将是分离的。

②独立分配规律:该定律是在分离规律基础上,进一步揭示了多对基因间自由组合的关系,解释了不同基因的独立分配是自然界生物发生变异的重要来源之一。

按照独立分配定律,在显性作用完全的条件下,亲本间有 2 对基因差异时,F_2 有 $2^2=4$ 种表现型;4 对基因差异,F_2 有 $2^4=16$ 种表现型。设两个亲本有 20 对基因的差异,这些基因都是独立遗传的,那么 F_2 将有 $2^{20}=1\ 048\ 576$ 种不同的表现型。这个规律说明通过杂交造成基因的重组,是生物界多样性的重要原因之一。

独立分配定律是指两对以上独立基因的分离和重组,是对分离规律的发展。因此分离定律的应用完全适用于独立分配规律。

③连锁遗传规律:1900 年孟德尔遗传规律被重新发现后,人们以更严格的动植物为材料进行杂交试验,其中属于两对性状遗传的结果,有的符合独立分配定律,有的不符。摩尔根以果蝇为试验材料进行研究,最后确认所谓不符合独立遗传规律的一些例证,实际上不属独立遗传,而属另一类遗传,即连锁遗传。于是继孟德尔的两条遗传规律之后,连锁遗传成为遗传学中的第三个遗传规律。连锁遗传定律,就是原来为同一亲本所具有的两个性状,在 F_2 中常常有联系在一起遗传的倾向,这种现象称为连锁遗传。

连锁遗传定律的发现,证实了染色体是控制性状遗传基因的载体。通过交换的测定进一步证明了基因在染色体上具有一定的距离和顺序,呈直线排列。这为遗传学的发展奠定了坚实的科学基础。

2. 比较测交验证法与自交验证法。

答:用测交法和自交法鉴定个体的基因型是孟德尔用于鉴定其假设是否成立而设计的实验方法。主要测定表现型是显性的个体的基因型。

测交验证的原理:由于用于测交的隐性纯合体只产生一种含隐性基因的配子,所以,测交子代的表现型类型和比例恰好决定于待测个体产生的配子的类型和比例,根据待测个体产生的配子的类型和比例可以推测出待测个体的基因型。

自交验证的原理:由于自交时两性配子来自同一个体或基因型相同的两个个体,配子类型和数目是相同的,且配子的结合是随机的,因此,可以根据自交后代的表型类型和比例推测出配子的类型和比例,从而推测出自交个体的基因型。杂合体自交,由于产生的配子类型不同,配子自由结合后,子代会产生显性纯合体、杂合体和隐性纯合体三种类型,出现性状分离。纯合体自交,由于纯合体只产生一种类型的配子,配子自由结合后产生的子代也只有一种基因型,表现型与被测个体一致,不发生性状分离。由此可以鉴定出被测个体的基因型。

3. 回交和自交在基本型纯合的内容和进度上有何差异?

答:虽然和自交纯合率的公式相同,但在基因纯合的内容和进度上则有重要区别,主要表现在以下两方面:

自交情况下纯合不定向,事先不能控制;

回交情况下纯合定向,事先可控制(纯合为轮回亲本)。

自交后代的纯合率是各种纯合基因型的累加值(如 $AaBb \xrightarrow{\otimes} AAbb, aaBB, AABB, aabb$),而回交后代的纯合率是轮回亲本一种基因型的数值。所以自交后代某一种基因型的纯合率为:

$$x\%=\left(\frac{2^n-1}{2^2}\right)^n\left(\frac{1}{2}\right)^n$$

可见在基因纯合的进度上，回交大大高于自交。

4. 所谓测交，就是把杂种或杂种后代与___①___个体交配，以测定杂种或杂种后代的___②___。

答：①隐性纯合；②基因型和表现型比例(配子比例)。

5. 基因型和表现型有何关系？举例说明。

答：基因型在环境条件的作用下，可出现各种表现型，即基因型这种内因在环境条件作为外因的影响下才出现结果，因而基因型和表现型之间的关系表现在：

①相同的基因型可有相同的表现型，如基因型 YY 的豌豆全为黄子叶，yy 全为绿子叶。

②相同的基因型可有不同的表现型，如人的一卵双生子，基因型相同，他们经过多次有丝分裂形成成体，但表现型总有相对差异，这是在个体发育过程中环境条件的影响。

③不同的基因型可有相同的表现型。如在人的眼色遗传中，基因型 BB 和 Bb 都是褐眼，这表现完全显性。

④不同的基因型可有不同的表现型。如人的肤色，黄种人和黑种人的基因型是不同的。

6. 你对显性和隐性如何理解？举例说明显、隐性的相对性。

答：显性和隐性是人为地划分，一般地 F_1 代出现的性状是显性性状，但有些性状并不那么绝对，可出现多种类型。具体地说，显性的类型有以下几类：

①完全显性：F_1 只出现一个亲本的性状，如，豌豆的黄子叶是绿子叶的显性。

②不完全显性：F_1 的性状介于双亲的中间，如，紫茉莉的双亲是红花和白花，F_1 是粉红花。

③镶嵌显性：F_1 的个体上不同部位出现双亲的性状，如，在瓢虫鞘翅色斑遗传中，F_1 个体的前缘类似于黑缘型，后缘类似于均色型。

④并显性或共显性：F_1 个体的所有细胞都同时显示双亲的性状，如，人的 MN 血型中，M 血型的红细胞上具有 M 抗原，N 血型具有 N 抗原，MN 型的具有两种抗原。

⑤条件显性：某些性状的显隐性可依环境条件而改变。如，在曼陀罗茎色的遗传中，在高温时，紫茎对绿茎是显性，而在低温时，这对性状又呈现不完全显性，即淡紫色茎。

7. 什么是复等位基因，ABO 血型共有多少种基因型和表现型。举例说明复等位基因的遗传学特点。

答：复等位基因指在二倍体生物的群体中，等位基因的数目在 2 个以上，控制同一性状的发育，但在一个二倍体生物中只能拥有其中的 2 个。

如人的 ABO 血型就是由一系列位于常染色体上的复等位基因(I^A、I^B、i)控制，其中 I^A 与 I^B 是共显性，I^A 和 I^B 对 i 为完全显性，ABO 血型共有 6 种基因型和 4 种表现型。

复等位基因在整个生物界是很普遍的现象，它主要是由于基因突变存在着多方向性。即一个基因在不同的个体内可向不同的方向发生突变，结果产生复等位基因。如，人的 ABO 血型就是由一系列基因(I^A、I^B、i)控制的，因而复等位基因表现以下几个特点：

①复等位基因系列的任何一个基因都是突变的结果，或直接由野生型基因突变而来，或由该系列的其他基因突变而来。如，$A \rightarrow a_1 \rightarrow a_2$ 等。

②不同生物的复等位基因系列的基因数各不相同，甚至同一物种的不同复等位基因成员数也不相同。如，人的 ABO 血型的基因是 I^A、I^B、i，而烟草的自交不亲和有 15 个基因。

③一个复等位基因系列中，不论基因成员数多少，在任何一个二倍体生物中，只能有其中的两个基因。如，人的 ABO 血型有：I^Ai、I^Bi、I^AI^B 等。

④复等位基因系列不同，显隐性关系的表现也不同，有不完全显性(烟草自交不亲和)，完全

显性(I^A 对 i 是显性),并显性(I^A 与 I^B)等。

⑤复等位基因在二倍体生物中都遵循各种遗传规律。

8.致死基因分为几类?举例说明。它的遗传特点如何?

答:①致死基因分为三大类:

(a)显性致死:杂合体导致个体死亡。如人的结肠息肉。

(b)隐性致死:致死基因纯合时导致个体死亡。如爬行鸡、黄鼠。

(c)伴性致死:性染色体上的基因常导致异配性别(XY型个体)死亡。如人的血友病。

②致死基因的遗传学特点是:

(a)致死基因在染色体上有正常的位置。能遵循分离和自由组合等规律。

(b)致死基因都是以其产物的缺乏影响个体的生理生化过程,从而导致个体的异常或死亡。

(c)各种致死基因在人为的环境条件下,可缓解致死效应,甚至可使个体成活。

(d)近亲繁殖可使隐性致死基因发生率明显升高。

9.用什么方法可鉴定一群体是纯种还是杂种?

答:可用自交或测交的方法进行鉴定:

①自交法:将此群体的种子播种或近亲繁殖(动物的姊妹交)。植物经套袋自交,后代的种子(动物的后代)若全部表现一致,没有分离,则表明是纯种。若有性状分离,则表明为杂种。

②测交法:植物选带有隐性性状的亲本(动物亦然)与被测亲本进行交配,收获并观察原亲本(带显性性状)的特征。若有分离,则表明被测亲本杂合;若只表现被测亲本的类型,则表明被测亲本纯合,可留下作品种或用于配种。

10.互补作用的本质是什么?举例说明。

答:生物体的很多性状都需经过一系列生化代谢过程才能表达,而每一步骤都需要酶参与,酶是蛋白质,它是在基因的控制下合成的,若某一性状表达所需的酶都存在,代谢能顺利进行,出现显性性状;若其中一种酶的基因发生了突变,而且纯合,酶不能合成,代谢过程就中断,性状则不能表现。如,鼠伤寒沙门氏菌中组氨酸的合成从ATP和磷酸核糖焦磷酸开始,通过10个反应完成。这些酶由9个基因编码。这9个基因对于组氨酸的合成都是必要的。其中任何一个发生突变都能导致同一突变性状,即组氨酸缺陷型,所以这9个基因都是互补基因。

互补基因的相互作用可用下式表示:

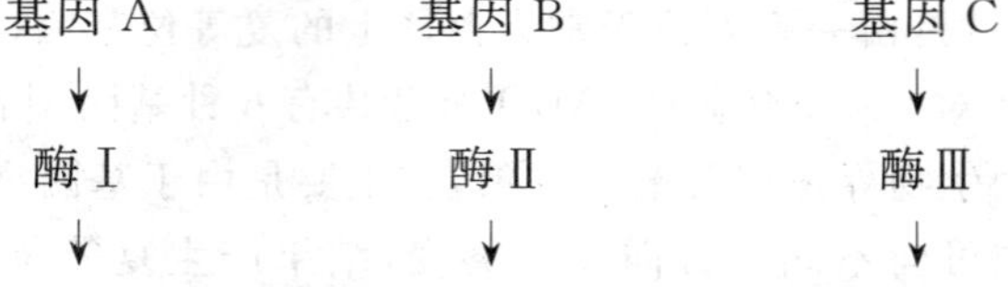

11.判断题:秃顶是由常染色体的显性基因控制,只在男性中表现,一个非秃顶的男人与一个父亲非秃顶的女人婚配,他们的儿子中可能会出现秃顶。

答:正确。

12.如果发现了某城市人群中具有比其他城市较高比例的兔唇畸形新生儿,你如何判断这是由于遗传的因素引起的还是环境影响的?

(列出三种判断的理由,并简要说明其中任一种的判断原理。)

答:①双生子调查:如果同样具有兔唇畸形则可能是生殖细胞的突变,可能是遗传的。

②家族性调查：同一家族的成员在不同环境下生育后代表型作统计分析。

③寻找畸形型相关基因：对有病家系的畸形成员和正常成员的白细胞 DNA 作相关基因的检测，如果出现不同，则说明是发育过程中的环境引起的突变形成的。如果相同，则是生殖细胞突变或遗传的突变，该突变会遗传给后代。

13. 遗传因子的颗粒性表现在哪些方面？

答：遗传因子的颗粒性体现在下列几方面：

①每一个遗传因子（基因）是一个相对独立的功能单位：也就是说控制性状发育的因子都有其相对独立的行为和功能的单位性。

②因子的纯洁性：决定圆形性状的 R 基因与决定皱缩性状的 r 基因同处于一体，却各自保持其纯洁性，互不混淆，不污染。虽然 r 基因的表型效应被掩盖，但不使 r 基因改变其原来本质，当 Rr 形成配子时，两种基因互相分开，圆的仍为圆，皱缩仍为皱。正因为如此，皱缩的性状能够在 F_2 重新出现，而且和原来纯种皱缩种子一样。

③因子的等位性：这是遗传因子的单位性、纯洁性的基础。等位性指的是在有性生殖的二倍体生物中，控制成对性状的基因是成对的，形成配子时，只有成对的等位基因才相互分离。

14. 为什么分离现象比显、隐性现象有更重要的意义？

答：因为分离规律是生物界普遍存在的一种遗传现象，而显性现象的表现是相对的、有条件的；只有遗传因子的分离和重组，才能表现出性状的显隐性。可以说无分离现象的存在，也就无显性现象的发生。

分离现象揭示了颗粒式遗传的内在关系，反映了遗传现象的本质，广泛存在于各种生物中，也是孟德尔定律的基础。而显隐性现象随环境条件的改变而改变，它只是一种生理现象。因此，从遗传学的角度来说，分离现象比显隐性现象更为重要。

15. 交换型配子产生的过程如何？

答：交换型配子产生的过程分为以下几步：

①在减数分裂的偶线期：同源染色体联会，它们带有两对杂合基因（AB/ab），每条染色单体含 2 条单体。

②在粗线期：少数的性母细胞的非姊妹染色单体发生交换，但姊妹染色单体仍相互靠近，大多数性母细胞内未发生交换。

③在后期Ⅰ：交换的性母细胞内已交换的染色单体片段随所在着丝粒到达细胞一极，结果每条染色体含一条交换的单体和未交换的单体，未交换的性母细胞内染色体只带亲型单体。

④在后期Ⅱ和末期Ⅱ：随着染色体的分裂，两条单体分开，结果原来交换的性母细胞可形成 4 种配子，两种亲型和两种交换型，未交换的性母细胞只产生亲型配子。

16. 试简述减数分裂与遗传三大规律之间的关系。

答：减数分裂是性母细胞成熟时配子形成过程中的特殊的有丝分裂，减数分裂过程中染色体的动态变化直接体现了遗传学的三大规律的本质。间期时完成了染色体的复制及相关蛋白的合成，结果每条染色体由两条染色单体构成。前期Ⅰ的细线期同源染色体联会，粗线期同源染色体的非姊妹染色单体出现交换（基因交换），中期Ⅰ同源染色体排列在赤道板的两边，后期Ⅰ同源染色体分离（基因分离），非同源染色体自由组合（基因自由组合）分别移向细胞的两极，一条染色体上的遗传物质连锁在一起（基因连锁）；减数第二次分裂重复一次有丝分裂。这样形成的配子中各自含有双亲的一套遗传信息，又有交换的遗传信息，配子结合成合子后发育成的个体既有双亲的遗传信息,又有变异的遗传物质。

17. 为什么用秋水仙素处理培养的细胞,可以增加中期细胞的比例?

答:秋水仙素(colchicine)结合的微管蛋白可加合到微管上,能阻止其他微管蛋白单体继续添加,从而破坏纺锤体结构,导致染色体不能分开,因此中期细胞的比例增加。

18. 有一个小麦品种能抗倒伏(D),但容易感染锈病(T)。另一小麦品种不能抗倒伏(d),但能抗锈病(t)。怎样才能培育出既抗倒伏又抗锈病的新品种?

答:让抗倒伏、易感锈病的小麦品种与不抗倒伏、抗锈病的小麦品种杂交,得到 F_1。让 F_1 自交得 F_2。在 F_2 中就有抗倒伏、抗锈病的品种。但其中有2/3的基因型为Ddtt,1/3的基因型为DDtt。让这些抗倒伏、抗锈病的品种再自交一代,获得的种子单株收获,按小区种植,看 F_3 植株是否出现性状分离。如不出现性状分离的即为所需要的抗倒伏、抗锈病的纯合小麦品种。

19. 有一基因型为Aa的自交群体,连续自交到 F_5 代时,群体中的纯合体占多少?

答:纯合体占:$1-(1/2)^5=32/33$。

20. 带有3对染色体的杂合个体能产生多少种配子?而还有23对染色体的杂合个体呢?

答:$2^3=8$ 种;2^{23} 种。

21. 设有三对独立遗传、彼此没有互作、并且表现完全显性的基因Aa、Bb、Cc,在杂合基因型个体AaBaCc自交所得的 F_2 群体中,试求具有五显性和一隐性基因的个体及具有2显性性状和隐性性状频率。

答:具有5显性和1隐性基因的个体的频率:$C_6^5\times(1/2)^5\times1/2=3/32$;

具有2显性性状和隐性性状的频率:$C_3^2\times(3/4)^2\times(1/4)=27/64$。

22. 这里有三种玉米籽粒。第一种是红的;第二种是白的;第三种也是白的,但若在成熟期暴露于阳光下就变成红的。第三种玉米的颜色是由哪种因素决定的?下面答案哪一个正确?

(A)遗传;(B)环境;(C)遗传和环境;(D)既不是遗传也不是环境。

答:(B)环境

23. 短指和白化病分别为AD和AR,并且基因不在同一条染色体上。现有一个家庭,父亲为短指,母亲正常,而儿子为白化病。该家庭再生育,其子女为短指白化病的概率为(　　)

A. 1/2　　B. 1/4　　C. 3/4　　D. 1/8　　E. 3/4

答:B

24. 有一对夫妇打算生5个孩子。

①他们要生出5个儿子的概率是多少?

②他们要生出5个同样性别的孩子的概率是多少?

③5个孩子中1个是儿子4个是女儿的概率是多少?

④第一个是儿子,下面4个都是女儿的概率是多少?

答:①$(1/2)^5$;②$(1/2)^4$;③$5(1/2)^5$;④$(1/2)^5$

25. 如果有一个植株对4个显性基因是纯合的,另一植株对相应的4个隐性基因是纯合的,两植株杂交,问 F_2 中基因型及表现型像亲代父母本的各有多少?

答:假如4对显性基因为AABBCCDD,对应的4对隐性基因为aabbccdd,则 F_2 中基因型为AABBCCDD的比例也为 $(1/4)^4=1/256$,基因型为aabbccdd的比例也为 $(1/4)^4=1/256$,表现型为A__B__C__D__的比例为 $(3/4)^4=81/256$。

26. 在一次果蝇的杂交实验中，用两个表型正常蝇交配，后代中有603雌果蝇和300个雄性个体。请对这个结果作出解释，并设计一种方法验正你的假设。（湖北大学2011年遗传学专业硕士研究生复试试题）

答：杂交后代中雌雄之比为2∶1，表明亲本雌果蝇可能携带有隐性致死基因，子代的雌果蝇中有一半是杂合体，一半是纯合体（不带隐性致死基因），子代雄果蝇不带隐性致死基因；子代雌雄果蝇作单对杂交，有一半的单对杂交后代雌雄之比为1∶1，有一半的单对杂交后代雌雄之比为2∶1，F_2代雌雄之比为4∶3。

27. 已知玉米籽粒颜色由一对等位基因控制，其中黄色（YY）为显性、白色（yy）为隐性。假设在某一群体中其基因型频率为：

$$(YY)D_0=0.4\ (Yy)H_0=0.4\ (yy)R_0=0.2$$

①当让其自由授粉，随机交配一代和随机交配二代的基因型频率各是多少？

②需经多少代的淘汰才能使隐性基因的频率 q_0 减少到0.01。（湖北大学，2011）

答：据题意：

①Y配子比例=0.6；y配子比例=0.4，基因频率不变，随机交配一代后，三种基因型的频率如下，以后的各代不会改变。

$(YY)D_0=0.36\ (Yy)H_0=0.48\ (yy)R_0=0.16$

②当选择淘汰纯合隐性个体时，隐性基因a的频率 q 改变为：

$$n=1/q_n-1/q_0$$

以 $q_n=0.01q_0=0.4$ 代入上式得 $n=1/(0.01)-1/(0.4)=97.5$（代）即需要98代。

28. 假定在皮肤色素的遗传中涉及两对基因，黑种人的基因型为AABB，白种人的基因型为aabb，他们之间的婚配可预期生出什么肤色的人？如果黑白混血儿（AaBb）和基因型相同的另一个黑白混血儿结婚，他们子女的肤色深浅如何？（武汉大学，2010）

答：据题意：

AABB ×aabb ⟶AaBb

基因型AaBb，表现型：肤色介于黑白之间（黑白混血儿）

AaBb×AaBb

	AB	Ab	aB	ab
AB	AABB	AABb	AaBB	AaBb
Ab	AABb	AAbb	AaBb	Aabb
aB	AaBB	AaBb	aaBB	aaBb
ab	AaBb	Aabb	aaBb	aabb

1/16黑肤色（AABB）；1/16白肤色（aabb）

14/16色素强度介于黑白之间（其中4/16深色，6/16中等色，4/16浅色）

29. 色盲是性连锁隐性遗传病。在人类，女人色盲为36‰，并且处于平衡状态。问：

①男性色盲的频率是多少？

②对于色盲基因杂合子的女人是多少？（武汉大学，2010）

答:①对色盲基因而言,已构成遗传平衡群体,并且对色盲性状的婚配是随机的。

假定色盲基因之频率为 f,则色盲女性个体之频率是:

$$q^2=36/1000$$

$$q=0.19$$

所以,当群体达到平衡时,色盲男性个体之频率即群体中色盲基因频率。因此,男性色盲人之频率为 19/100

②根据上述分析,在人类无群体中色盲基因之正常等位基因之频率(p):

$$p=1-q=81/100$$

所以,色盲基因杂合子女人的频率是:

$$2pq=2(81/100)(19/100)=31/100$$

30.已知白化病属于常染色体隐性遗传,两个白化病人结婚生子,一般情况下,人们以为他们生育的孩子都为白化病人,但是这对夫妇生育的孩子全部都是正常表型。你如何解释?(武汉大学,2013)

答:据题意:

推测这对夫妇的基因型 aaBB×Aabb;则他们的后代基因型 AaBb

A、B 代表显性基因,a、b 代表隐性基因。

课后习题全解

1.图中所示的是一个罕见的常染色体隐性遗传疾病苯丙酮尿症(PKU)的系谱图:

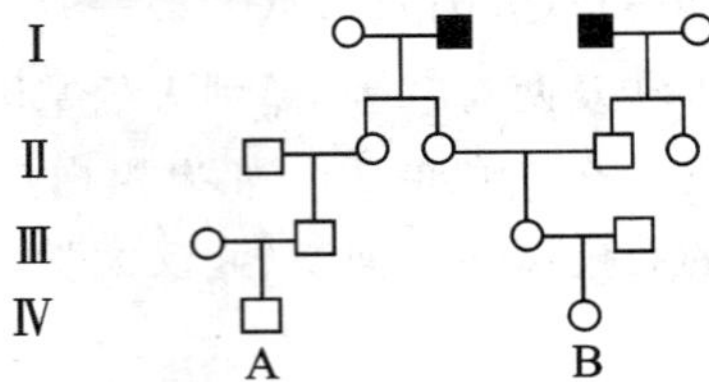

①尽可能多地列出各成员的基因型。

②如果 A 和 B 结婚,则他们的第一个孩子患 PKU 的概率有多大?

③如果他们的第一个孩子是正常的,则他们的第二个孩子患 PKU 的概率有多大?

④如果他们的第一个孩子患病,则他们的第二个孩子正常的概率有多大?

答:①系谱中各成员基因型见下图。

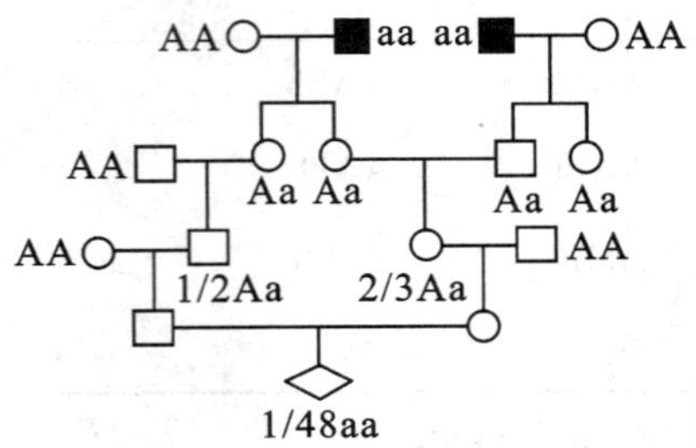

②1/4×1/3×1/4=1/48。

③第一个出生后其是否患病对第二个孩子无影响。所以他们的第二个孩子患 PKU 的概率仍然是 1/48。

④3/4。

2. 在小鼠中，等位基因 *A* 引起黄色皮毛，纯合时不致死。等位基因 *R* 可以单独引起黑色皮毛。当 *A* 和 *R* 在一起时，引起灰色皮毛；当 *a* 和 *r* 在一起时，引起白色皮毛。一个灰色的雄鼠和一个黄色的雌鼠交配，F_1 的表型如下：3/8 黄色小鼠，3/8 灰色小鼠，1/8 黑色小鼠，1/8 白色小鼠。请写出亲本的基因型。

答：根据题意，灰色的雄鼠和黄色的雌鼠交配后，产生黄色和灰色亲本性状的小鼠，且比例均为 3/8，同时产生了新组合黑色、白色小鼠，且比例均为 1/8，说明亲本基因为杂合体（AaRr），这样才有新组合黑色、白色小鼠出现。但有 1 亲本为黄色的雌鼠，其基因应该为 Aarr。这样，AaRr 亲本与 Aarr 亲本交配后，后代的基因型比例为：1AARr：2AaRr：1AArr：2Aarr：laaRr：laarr。其中 AARr、AaRr 基因型表现为灰色皮毛，AArr、Aarr 基因型表现为黄色皮毛，aaRr 基因型表现为黑色皮毛，aarr 基因型表现为白色皮毛，其结果正好与结果相符。所以亲本基因型为：AaRr；Aarr。

3. 果蝇中野生型眼色的色素的产生必需显性等位基因 A。第二个独立的显性基因 P 使得色素呈紫色，但它处于隐性地位时眼色仍为红色。不产生色素的个体的眼睛呈白色。两个纯系杂交，结果如下：

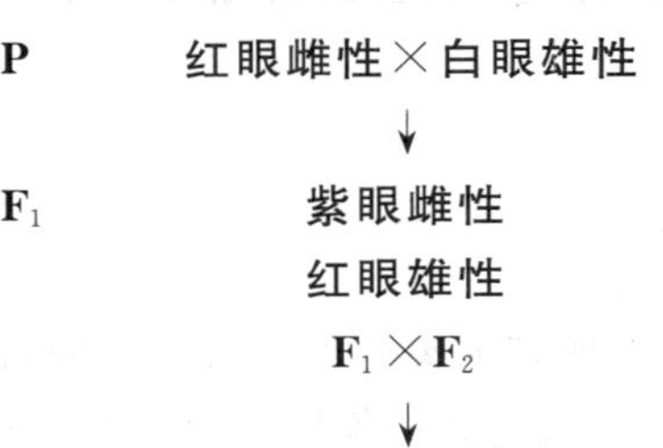

解释它的遗传模式，并写出亲本、F_1 及 F_2 的基因型。（湖北大学，2009）

答：根据题意，其遗传模式符合两对基因的自由组合，而 A，a 基因位于常染色体，P，p 位于 X 染色体上。由于 F_1 有新组合出现，但题目交代亲本是两个纯系的杂交，故亲本红眼雌果蝇的基因型为：Aapp，亲本白眼雄果蝇的基因型为：aaPY。

从 F_2 的数据可以看出，此题与上面一题有相似之处。F_1 的 2 个亲本的基因为紫眼雌性（AaPp）红眼雄性（AapY）亲本交配后，后代的基因型比例为：1AAPp：2AaPp：2AaPY：1AAPY：1AApp：2Aapp：2AapY：1AApY：laaPp：laaPY：laapp：laapY。其中前四种组合 A P 基因型表现为紫色，比例为 3/8；中间四种组合 A PP、A pY 基因型表现为红色，比例为 3/8；后四种组合 aa 基因型表现为白色，比例为 2/8。该此例正好与结果相符。所以 F_1 基因型为：AaPp：AapY。由上可以得知 F_2 的基因型为：1AAPp（紫眼雌性）：2AaPp（紫眼雌性）：2AaPY（紫眼雄性）：1AAPY（紫眼雄性）：1AApp（红眼雌性）：2Aapp（红眼雌性）：2AapY（红眼雄性）：1AApY（红眼雄性）：laaPp（白眼雌性）：laaPY（白眼雄性）：laapp（白眼雌性）：laapY（白眼雄性）。

4. 一条真实遗传的宗褐色狗和一条真实遗传的白色狗交配，所有 F_1 的表型都是白色的。F_1 自交得到的 F_2 中有 118 条白色狗、32 条黑色狗和 10 条棕色狗。给出这一结果的遗传学解释。

答：已知 F_2：118 白色：32 黑色：10 棕色。根据 F_2 的类型的分离比，非常近 12∶3∶1。表现显性上位的基因互作类型。经 χ^2 检验，$P>0.5$，符合显性上位的基因互作。

5. 假设在矮牵牛的花瓣中存在着两种色素，红色和蓝色，二者混合呈现出正常的紫色。两种色素的生化合成途径如下所示。“白色”是指该复合物不是色素。（白色的花瓣是完全缺乏色

素的结果。)红色素是由一个黄色的中间产物形成的,这个中间产物在有颜色的花瓣中的含量是很少的。

第三条途径中的复合物不影响红色素和蓝色素途径,正常情况下也不参与花瓣中的色素,但是当中间产物之一的浓度积累到一定程度时,可能会转变为红色素合成途径中的黄色中间产物。

下图中,A到E代表酶:它们相应的基因可以用同一字母的斜体来表示,假设这些基因是非连锁的。

途径1　…→白色$_1$ —E→ 蓝色

途径1　…→白色$_2$ —A→ 黄色 —B→ 红色

C↑

途径3　…→白色$_3$ —D→ 白色

假设野生型的基因是显性。并且有编码酶的功能,隐性基因表示缺乏这种功能。若已知F_2的表型及其比率如下,试推断杂交的亲本的基因型是怎样的组合方式。

①9紫色∶3绿色∶4蓝色

②9紫色∶3红色∶3蓝色∶1白色

③13紫色∶3蓝色

④9紫色∶3红色∶3绿色∶1黄色

(注意:蓝色和黄色混合形成绿色;假设所有的突变都是非致死的。)

答:①根据题意,F_2分离比为9紫色∶3绿色∶4蓝色,是两对自由组合基因间的互作。其中一对基因对另一对基因表现隐性上位。两杂交亲本的基因型是:

AABBEECCDD×aabbEECCDD或AAbbEECCDD×aaBBEECCDD。

②根据题意,F_2分离比为9紫色∶3红色∶3蓝色∶1白色。因为1/16白色植株的基因型是aaBBee。因此两杂交亲本的基因型是:

AABBEECCDD×aaBBeeCCDD或AABBeeCCDD×aaBBEECCDD。

③根据题意,F_2表现:13紫色∶3蓝色,是D基因突变对途径2产生抑制作用。因此两杂交亲本的基因型是:

AADDCCBBEE×aaddCCBBEE或AAddCCBBEE×aaDDCCBBEE。

④根据题意,F_2表现:9紫色∶3红色∶3绿色∶1黄色。由于F_2中有1/16的黄色,其基因型只能AAbbee。因此两杂交亲本的基因型是:

AABBEECCDD×AAbbeeCCDD或AABBeeCCDD×AAbbEECCDD。

6.为什么说“颗粒遗传”是孟德尔学说的核心?现代遗传学是怎样深化了这一理念?

答:“颗粒”应该就是“遗传因子”。孟德尔分离定律:在生物的体细胞中,控制同一性状的遗传因子发生分离,分离后的遗传因子分别进入不同的配子中,随配子遗传给后代。孟德尔自由组合定律:控制不同性状的遗传因子的分离和组合是互不干扰的;在形成配子时,决定同一性状的成对的遗传因子彼此分离,决定不同性状的遗传因子自由组合。

配子也就是现在所说的基因,基因的本质和作用原理是现代遗传学研究的中心问题。减数分裂时,同源染色体分离,非同源染色体自由组合,基因也就随着染色体的分离而分开。不得不说,孟德尔的伟大,仅通过实验现象就得出这一重要结论,为现代遗传学打下了重要的基础。

7. 怎样理解基因型与表型的关系，基因的作用与环境的关系，基因间的相互作用等基本概念？

答：表现型就是生物所表现的性状，是基因型与环境共同作用的结果，基因型和环境都不能单独决定生物最后的性状，只能是影响最终的性状。所以说只有在环境充分适宜的情况下，基因型才能够决定表现型（实验室中）；而在自然环境中，多数情况下的环境都是不那么完美的，所以基因型无法决定表现型，只能极大的影响表现型。

基因的作用与环境的作用实际是影响生物性状的两个并列因素，基因作用是内因，而环境作用是外因，这就是二者的关系。

生物大多数的性状都是由许多对基因控制的，在这些性状形成的过程中，会分为不同的阶段，每一个阶段都会有相应的一对或多对基因来控制，而在每一个阶段中都会有基因扮演不同的角色，比如，有的发挥促进作用，有的发挥抑制作用等等。总之，基因间的作用就是在某性状的形成过程中，相关的基因不断发挥自己的作用，而某些基因的作用又会影响其他基因的作用，从而最终达到形成最终性状的结果。

第五章　连锁遗传分析

考点综述

本章内容为各类遗传学考试重点。在名词解释、判断题、选择题、简答和计算作图等题型中都出现过。本章研究的是减数分裂形成配子的过程中，位于同源染色体上的非等位基因的传递规律，其基础是减数分裂中染色体的遗传行为及前面学过的孟德尔规律。要求考生了解性状完全连锁和不完全连锁的遗传现象及其实质，明确完全连锁和不完全连锁与减数分裂过程中染色体行为间的因果关系。掌握交换值的测定和基因定位的两点测验法和三点测验法。具体掌握性别决定、性染色体、常染色体、伴性遗传、从性遗传、限性遗传、性指数、连锁遗传、交换、单交换、双交换、完全连锁、不完全连锁、连锁群、交换值、重组值、基因定位、三点试验、并发率、遗传干涉、干涉、并发系数、相引、相斥等名词概念。掌握性染色体决定性别的类型、各种性连锁遗传的特点；交换值概念及其测定方法；用两点测验和三点测验进行基因定位；利用作图函数计算大图距；根据交换值的大小预期子代的类型和比例；人类的连锁分析和基因定位的方法。

名师串讲

本章主要内容包括：

1. 性染色体与性别决定

性染色体的发现；性别决定的类型：性染色体和性别决定(XY 型、W 型、XO 型)、环境和性别决定、基因和性别决定。

2. 性连锁遗传分析

果蝇伴性遗传的分析(摩尔根关于果蝇白眼遗传的杂交实验及 4 组验证实验，第一次证明基因在染色体上；布吉里斯(C. bridges)关于 X 染色体不分开的假设及实验进一步证明了摩尔根的理论)；人类伴 X 显性、X 隐性和伴 Y 染色体遗传的分析；鸡伴性遗传的分析；植物伴性遗传的分析。

3. 剂量补偿效应及其分子机制

剂量补偿效应与 X 染色体随机失活的理论揭示了某些真核生物尤其是哺乳类和人类在个体发育过程中，X 染色体上数以千计的基因独特的表达调节机制。

4. 连锁交换与重组

交叉型假说及其相关的细胞遗传学实验证据充分证明了连锁基因间的重组是同源染色体间发生了对应片段的交换的结果，而染色体交换是重组的物质基础。

5. 遗传的第三定律

遗传第三定律——连锁遗传定律是指位于同一染色体上的基因联合在一起遗传的频率大于重新组合的频率，重组体的产生是由于在配子形成过程中同源染色体的非姐妹染色单体间发生了局部交换的结果，可以用重组率来估计交换率。测交是估计重组率的最直接方法。

6. 染色体作图

基因定位与染色体作图，其基本原理与方法以及相关概念。连锁遗传分析时应考虑可能发生的遗传干涉现象，大图距作图时应利用作图函数原理进行校正等。

7. 人类的基因定位

人类基因定位主要是系谱分析定位法，有系谱分析定位法、基因剂量效应法和 DNA 介导基因定位等，可以确定其相对距离。

名词术语解释

1. **Turner 氏综合症(性腺发育不全)**：性 X 染色体单体，45，性染色体组成为 XO。

2. **Barr 氏小体(Barr body)或性染色质体(sex chromatin body)**：1949 年 Barr 等人发现在雌猫的神经细胞间期核中有一个染色很深的染色质小体，而雄猫中没有。后来在大部分正常女性表皮口腔颊膜，羊水等许多组织的间期核中也找到一个特征性的、浓缩的染色质小体，而男性无。由于这种染色质小体与性别及 X 染色体数目有关，所以称为性染色质体，又名巴氏小体。这是一种浓缩的、惰性的异染色质化的小体。

3. **Lyon 假说(Lyon hypothesis)**：英国遗传学家 Mary Lyon 于 1961 年提出了“剂量补偿机制”(Lyon 假说)：女性两条 X 染色体中的一条在胚胎早期发生失活；体细胞中 X 染色体失活是随机、完全、永久的。

4. **SRY 基因**：SRY 基因是英国科学家 Sinclair 在 1990 年发现的，它是人类 Y 染色体上的一个基因片段，是决定男性睾丸发育的主要基因，并负责生成睾丸分泌的一种蛋白质。SRY 基因目前被认为是唯一一个性别决定基因。从分子水平来看，人类的性别是由“SRY 基因”决定的。SRY 基因只位于 Y 染色体的非同源区段端，X 染色体一般不含其成分。SRY 基因的大小只占 Y 染色体的 1/500。SRY 通过 Y 染色体由父亲传递给儿子，雌性哺乳动物是没有这个基因的。

5. **伴性遗传(sex linkage inheritance)**：性染色体上的基因所控制的性状的遗传方式。又称性连锁(遗传)或性环连。1910 年，摩尔根在无数野生红眼果蝇中发现了一只白眼雄蝇。让这只白眼雄蝇与野生红眼雌蝇交配，F_1 全是红眼果蝇。让 F_1 的雌雄个体相互交配，则 F_2 果蝇中有 3/4 为红眼，1/4 为白眼，但所有白眼果蝇都是雄性的。这表明，白眼这种性状与性别相连系，祖父的性状通过母亲遗传给儿子。这种与性别相连的性状的遗传方式就是伴性遗传。

6. **表现型(phenotype)**：生物体的可见特征或特性，例如头发颜色，体重，或患有或没有的疾病。表现型的特征不是必定遗传的。

7. **并发系数(coefficient of coincidence，C)**：观察到的双交换率与预期的双交换率(2 个单交换率的乘积)的比值。

8. **不完全连锁(incompletelinkage)**：由于同源染色体之间的交换，使位于同一对染色体上的连锁基因发生部分的重新组合，重组型远远小于亲本型，这种现象被称为不完全连锁。

9. **常染色体(autosome)**：性染色体以外其他的染色体称为常染色体。

10. **从性遗传(sex influenced inheritance)**：常染色体上基因所控制的性状，在表现型上受个体性别的影响，只出现于雌方或雄方：或在一方为显性，另一方为隐性的现象。

11. **重组(recombination)**：由于同源染色体上的不同等位基因间的重新组合，产生不同于亲本的类型。

12. **重组频率(recombination frequency，RF)**：重组频率的计算：重组频率(RF)＝重组型数

目/(亲本型数目+重组型数目)。1%重组值为一个单位,称一个厘摩,记作1个cM。

13. **单倍体(haploid)**:具有配子染色体数的细胞、组织和个体。

14. **第一次分裂分离(first division segregation)或M_1模式**:在一对非姐妹染色单体间没有发生着丝粒和某杂合基因座交换的减数分裂称为第一次分裂分离。其产物四分子中的等位基因排列AAAAaaaa(或aaaaAAAA)或某对杂合基因在减数分裂时,基因与着丝粒间未发生交换,这对杂合等位基因在M_1时就彼此分离。

15. **第二次分裂分离(second division segregation)或M_2模式**:在一对非姐妹染色单体间发生着丝粒和某杂合基因座交换的减数分裂称为第二次分裂分离。其产物四分子中的等位基因排列AAaaAAaa(或aaAAaaAA、AaaaaaAA、aaAAAAaa)或某对等位基因与着丝粒间发生交换,在第一次减数分裂时,等位基因没有分离,而在第二次减数分裂时彼此分离。

16. **非整倍体(aneuploid)**:在体细胞染色体数目(2n)上增加或减少一个或几个的细胞、组织和个体,称为非整倍体。

17. **干扰(interference)**:一个单交换发生后,在它邻近再发生第二个单交换的机会就会减少的现象。

18. **基因定位(localize)**:是对基因于染色体上或其他载体上所在位置、线形排列顺序及距离的测定,并绘制出遗传图。基因定位对于研究基因的结构、功能和相互作用有重要意义,并可应用于基因工程中的重组体DNA操作。

19. **基因组(genome)**:一种生物所有染色体上的遗传物质,称为基因组,基因组的大小常常采用碱基对的数目来表示。

20. **基因座(locus)**:基因在染色体上所处的位置。特定的基因在染色体上都有其特定的座位。

21. **剂量补偿作用(dosage compensation effect)**:是使具有两份或两份以上的基因量的个体与只具有一份基因量的个体的基因表现趋于一致的遗传效应。

22. **剂量效应(dosage effect)**:即细胞内某基因出现的次数越多,表型效应就越显著的现象。

23. **假连锁(pseudo linkage)**:两对染色体上原来不连锁的基因,由于靠近易位断点,易位杂合体总是以交替式分离方式产生可育的配子,因此就表现出假连锁现象。

24. **交叉(crossing over)**:在减数分裂时,来自父本的染色体和来自母本的染色体有时会发生断裂,然后交换断裂部分重新组合成新的染色体,这种交叉常常会导致等位基因的交换。

25. **交叉遗传(criss-cross inherlitance)**:母亲把性状传给儿子,父亲把性状传给女儿的现象称作交叉遗传。

26. **交换(crossing over)**:在减数分裂前期Ⅰ的偶线期,各对同源染色体分别配对,出现联合现象。到粗线期形成二价体,进入双线期可在二价体之间的某些区段出现交叉,这些交叉现象标志着各对同源染色体中非姊妹染色单体的对应区段间发生了交换。是同源染色体的非姊妹染色单体之间的对应片段的交换,从而引起相应基因间的交换与重组。

27. **交换值(crossing over value,COV)**:亦称交换率,表示两个基因间所发生交换的次数(频率%);通常作为重组值的同义词。由于重组是交换的结果,所以交换率通常也称作交换值或重组率。重组值或重组率是指双杂合体产生的重组型配子的比例,即重组率=重组配子数/总配子数×100%。交换值受温度、性别、年龄等因素的影响。

28. **厘摩(cM)**:一种度量重组概率的单位。在生殖细胞形成的减数分裂过程中,常常会发生同源染色体之间的交叉现象,如果两个标记之间发生交叉的概率为1%,那么它们之间的距离就定义为 1cM。对人类来说，1cM 大致相当于 1Mbp。

29. **连锁(linkage)**：位于同一染色体上的基因之间的一种关系。两个标记之间的邻接关系。如果两个标记间距离比较近的话，那么在减数分裂发生交叉，两个标记被分离的概率就比较小。

30. **连锁群(linkage group)**：存在于同一染色体上的基因群。

31. **连锁图谱(linkage map)或(连锁图、连锁遗传图、遗传图谱)**：1 条染色体的多个基因按一定顺序，间隔一定距离作线性排列的位置图称连锁图或遗传学图。两个位点之间的距离依据它们共同遗传的频率来确定。以厘摩作为距离测量单位。

32. **连锁相(linked phase)**：连锁相是指两个显性(或隐性)基因在同源染色体上所处的位置。如果两个显(隐)性基因位于同一染色体上，则称为相偶相；如果两个显(隐)性基因分别位于一对同源染色体上，则称为相斥相。

33. **连锁遗传(linked inberitance)**：指在同一同源染色体上的非等位基因连在一起而遗传的现象。

34. **染色体图(chromosome map)**：标出各条染色体的特定部位以及染色体上各基因的相对位置的图称为染色体图。根据绘制方法的不同可分为遗传学图(genetic map)和细胞学图(cytological map)两种。遗传图是利用基因间的交换值来表示基因间的相对距离的，一般是将 F_1 与隐性纯合个体进行测交来求得基因间的重组值，如有必要需进行校正才能推算出交换值。因而基本上可通过三点试验来决定基因的相对位置。此图也叫连锁图。典型的细胞学图是果蝇的唾腺染色体图和玉米粗线期的染色体图。在唾腺染色体上可以看到有各种形状的横纹呈线状排列。将一条条染色体上这样的横纹用图来表示的这种图称为唾腺染色体图。把减数分裂粗线期所看到的染色小粒的位置和大小，以及缢痕和核仁形成部位的位置标在染色体上，这样制成的图称为粗线期染色体图。

35. **染色体组(genome)**：是指二倍体生物配子中所具有的全部染色体。每个染色体组中各个染色体具有不同的形态、结构和连锁基因，构成一个完整体系，缺少任何一条均会造成不育或变异。

36. **两点测交(two point tesscross)**：是利用三次杂交和三次测交，每次只观测两对相对性状的杂交、测交结果，由此分别求出 3 对基因之间的交换值，由此进行基因定位的方法。

37. **三点测交(three point tesscross)**：为确定三个连锁基因在染色体上的顺序和相对距离所作的一次杂交和一次测交。染色体上两连锁基因距离越远，在它们之间非姊妹染色单体互换的机会就越多，反之就越少，因此可用这两基因间的互换百分数(一般可用它们之间的重组百分数)的大小来表示它们之间距离的远近，而以 1%的互换(或重组)定为一个图距，作为连锁基因的距离单位。一次实验等于三次两点测交实验。

38. **外祖父法(grandfathermethod)**：在确定 X 染色体的连锁关系后，进一步确定其相对距离，必须测定重组率才可完成。根据双亲的基因型来判断子代中哪些是重组体，哪些是亲本型才可计算重组率。对于 X 染色体上的基因来说，只需要知道母亲的基因型是否为双重杂合体(即两对基因都处于杂合状态)。根据双重杂合体的母亲所生儿子中有关性状的重组情况，就可以估计重组率，而母亲 X 染色体上的基因组成，可以由外祖父的表型得知，因此，这种基因定位的方法称为外祖父法。

39. **双交换(double crossover)**：指在一个性母细胞内的一对染色体同时发生两次单交换。

40. **同源多倍体(autopolyploids)**：由同一染色体组加倍而成的含有三个以上的染色体组的个体称为同源多倍体。同源多倍体的多套染色体来源于同一物种。

41. **基因组计划(genome project)**:1990 年正式出台和实施了“人类基因组计划”,其主要目标是绘制基因组的图谱,对基因组进行测序。绘制出人类的遗传连锁图、物理图、序列图和转录图。共有 6 个国家参与到基因组计划中,其主要目的是①建立某个染色体的 DNA 片段的顺序;②开发分析基因图谱和测序的算法;③开发 DNA 检测和分析的新设备。现在的名称是人类基因组计划。而整个美国的有关工作则称为人类基因组项目,由美国能源部和国立卫生研究院共同领导。

42. **完全连锁(complete linkage)**:在同一染色体上的连锁基因 100%联系在一起传递到下一代。例如雄果蝇、雌蚕。

43. **位置效应(position effect)**:基因由于交换了在染色体上的位置而带来的表型效应的改变现象。一般地说,无论基因占有哪个位置,其遗传效应不变。但少数也有因为基因所处的位置不同而改变其表型的,称为位置效应(A. H. Sturtevant,1925)。位置效应有两类,一是稳定型(S);一是变动型(V)(E. B. Lewls,1950)。所谓 S 型效应,是指 2 个突变基因排列为顺式(ab/++)和反式(a+/+b)时表型不同。例如关于黄果蝇的星状眼(star)和星体眼(asteroit),顺式时(Sast/++)黄果蝇复眼大小近于正常(稍小),与之相反,反式时(S+/+ast)眼睛便显著变小。关于 V 型位置效应,已知当正常基因位于异染色质附近时,有些细胞表现为正常性状,另有些细胞表现为突变性状。例如黄果蝇 X 染色体的 w+基因经过倒位占有靠近核仁形成区异染色质的位置时,其复眼表现为嵌合性,既有正常的小眼,也有白眼小眼。如果该基因再倒位,回复到原有位置时,则复眼表现为稳定的正常表现型。因此可知,其基因本身并没有发生改变。

44. **物理图谱(physics map)**:物理图谱描绘 DNA 上可以识别的标记的位置和相互之间的距离(以碱基对的数目为衡量单位),这些可以识别的标记包括限制性内切酶的酶切位点、基因等。物理图谱不考虑两个标记共同遗传的概率等信息。对于人类基因组来说,最粗的物理图谱是染色体的条带染色模式,最精细的图谱是测出 DNA 的完整碱基序列。一个物种的染色体图谱,显示了基因在各染色体上的明确物理位置。在通过定位克隆的方法搜索疾病基因以及在 DNA 测序时,物理图谱是十分重要的。

45. **图距(mapdistance)**:指用交换单位来表示的同一条染色体上基因位点间的间隔(T. H. Morgan,1926)。等于交换值,这是根据基因间的交换频率与基因间的距离成比例而考虑的。在实验中以重组值来推断图距时,由于存在双交换等原因,必须在计算图距时进行校正。

46. **细胞学图(cytol ogical map)**:把遗传分析和细胞学观察结合起来,就可把决定性状的基因定位在某一染色体的某一区域,这样做成的图称为细胞学图。

47. **先天愚型(Down 氏综合症,21 三体型)**:“先天愚型”,是遗传病中发病率最高的一种,这种病以特殊面容、痴呆并伴多种发育异常为特征。它最早是在 1866 年由一位叫兰顿·唐恩的外国人描述的,故又叫“唐恩氏综合症”,也是最早确定由于染色体数目异常引起的一种严重遗传病。核型为 47,+21,患者的核型中比二倍体(46)多了一条第 21 号染色体。

48. **显性假说(dominance hypothesis)**:显性假说首先由布鲁斯(Bruce,1910)提出,后来琼斯(Jones,1917)又进一步补充为显性连锁基因假说,简称显性假说。该假说认为:多数显性基因有利于个体的生长和发育,相对的隐性基因不利于生长和发育。来自一个亲本的显性基因可以遮盖来自另一亲本的隐性基因,使得 F_1 中具有比亲本的显性基因组合多,从而增加了杂合子代的生长优势。显性假说是关于杂种优势的遗传解释,

49. **限性遗传(sex limited inheritance)**:是指位于 Y 染色体(XY 型)或 W 染色体(ZW 型)上

的基因所控制的遗传性状只限于雄性或雌性上表现的现象。

50. **性别决定(sex determination)**：指雌雄异体的生物决定个体的性别为雌或雄的现象。

51. **性连锁(sex linkage)(伴性遗传 sex-linked inheritance)**：指性染色体上的基因所控制的某些性状总是伴随性别而遗传的现象。

52. **性染色体(sex chromosome)**：与性别决定有直接关系的染色体叫做性染色体。在人类细胞中是X或者Y染色体，性染色体决定了个体的性别。雌性细胞中含有两个X染色体，而雄性细胞中含有1个X染色体和1个Y染色体。

53. **遗传学图(genetic map)**：把一个连锁群的基因在染色体上的相对位置和排列顺序标志出来绘制成的线性图叫遗传学图(或连锁图)。真核生物染色体是线性的，其遗传学图也是线性的；原核生物的染色体是环状的，其连锁图也是环状的。一种生物的遗传学图能把该种生物的已知基因在各自的染色体上标志出来。一般是利用基因间的交换值来表示基因间的相对距离的，将 F_1 与隐性纯合个体进行测交来求得基因间的重组值，如有必要需进行校正才能推算出交换值。因而基本上可通过三点试验来决定基因的相对位置。这种图是大量实验材料的简明总结，是以后实验工作和育种工作的重要参考资料。

54. **异配性别(heterogametic sex)**：能产生两种不同配子的性别称为异配性别，区分在雌性中两条性染色体的同形同配性别(homogametic sex)。对于XY型性别决定来说，雄性是异配性别，可产生两种配子：一种带X染色体，一种带Y染色体；对XO型性别决定来说，雄性个体只具有一条X染色体，它可以产生两种配子：一种带有X染色体，另一种没有X染色体；对ZW型性别决定来说，雌性是异配性别，雌体产生两类配子：一类带Z染色体，一类带W染色体。

55. **异源多倍体或双二倍(amphidiploid)**：指染色体组来自两个及两个以上的物种，一般是由不同种、属的杂种经染色体加倍而来的。经典的异源多倍体是由G. Katpechenko于1928年合成的。

56. **原位杂交(insitu hybridization)**：一种核酸杂交技术，可用来测定基因或特定核苷酸序列在核酸分子的所在部位，检测重组体DNA。

57. **整倍体(euploid)**：指具有基本染色体数的完整倍数的细胞、组织和个体。

58. **伴X隐性遗传 sex linked recessive inheritance)或X连锁隐性遗传(XR遗传)**：由X染色体携带的隐性基因的遗传方式。如血友病。

59. **伴X显性遗传(sex linked dominant inheritance)X连锁显性遗传(XD遗传)**：决定一些遗传性状或遗传病的显性基因在X染色体上的遗传方式。

60. **交叉型假说(chiasmatype hypothesis)**：让森斯(F. A. Janssens)于1909年提出的减数分裂中染色体交叉的一种学说。认为细胞学上可以观察到的交叉结是同源染色体的非姐妹染色单体间发生交换的结果。

61. **假常染色体区(pseudoautosomal region, PAR)**：人类X和Y染色体的长臂末端及短臂远端具有高度同源的DNA序列的区段。交换和重组事件只在其中发生。

62. **X失活中心(X inactivation center, XIC)**：位于X染色体上680～1200kb的区段内，导致X染色体特异性失活的位点。

63. **剂量补偿效应(dosagecompensationeffect)**：在XY性别决定机制的生物中，使性连锁基因在雌、雄性别中有相等或近乎相等的有效剂量的遗传效应。在哺乳动物中，剂量补偿是通过X染色体随机失活而实现的。

64. **X(染色体)失活特异性转录物(X inactive specifictranscript, XIST)**：位于XIC中，编码一

个17kb的,缺乏可读框的顺式作用RNA,XIST覆盖于X染色体上,导致X染色体上大多数基因的活性被抑制。

65. **Y连锁遗传(Y—linkage inheritance)**:又称限雄遗传(holandric inheritance)。如果致病基因位于Y染色体上,并随着Y染色体而传递,故只有男性才出现症状。这类致病基因只由父亲传给儿子,再由儿子传给孙子,女性是不会出现相应的遗传性状或遗传病。存在于人类Y染色体特异区的基因具有Y连锁遗传特征。

66. **染色单体干涉(chromatidinterference)**:一对同源染色体的四条染色单体非随机地参与多线交换的现象。即一对同源染色体的4条染色单体非随机地参与多线双交换的现象。当四线双交换的频率大于1/4时,称为正染色单体干涉;若二线双交换频率大于1/4时则发生了负染色单体干涉。

67. **外祖父法(grandfather method)**:根据外祖父的表型来确定母亲X染色体的基因组成是否为双重杂合体,从而判断其儿子是否为重组体来估计重组值,进行人类基因定位的方法。

经典考题汇编

1.果蝇作为一种遗传学材料,对遗传学的发展做了过哪些贡献?果蝇具有哪些优点是其他遗传学材料难以取代的?

答:果蝇作为一种遗传学材料,对遗传学的发展作出的贡献主要有:

①1910年,摩尔根在对黑腹果蝇的遗传研究中,发现了白眼突变的性连锁现象,首次证明了基因位于染色体上,并提出了连锁遗传规律。

②后来摩尔根和他的助手Bridges等人,以果蝇为试验材料,根据大量的事实,提出并验证了基因在染色体上直线排列的著名理论,并运用三点测验法进行基因定位,绘制出果蝇染色体的连锁图,使遗传的染色体学说得以确立,极大地推动了遗传学的发展。

果蝇处于其他遗传学材料难以取代的地位,主要是因为它具有以下优点:果蝇生活周期短、容易培养、染色体较大、染色体数目少、繁殖子代多,积累了丰富多彩的遗传资料。

2.试述连锁遗传与独立遗传的表现特征及细胞学基础。

答:独立遗传的表现特征:如两对相对性状表现独立遗传且无互作,那么将两对具有相对性状差异的纯合亲本进行杂交,其F_1表现其亲本的显性性状,F_1自交F_2产生四种类型:亲本型∶重组型∶重组型∶亲本型,其比例分别为9∶3∶3∶1。如将F_1与双隐性亲本测交,其测交后代的四种类型比例应为1∶1∶1∶1。如为n对独立基因,则F_2表现型比例为$(3:1)^n$的展开。

独立遗传的细胞学基础:控制两对或n对性状的两对或n对等位基因分别位于不同的同源染色体上,在减数分裂形成配子时,每对同源染色体上的每一对等位基因发生分离,而位于非同源染色体上的基因之间可以自由组合。

连锁遗传的表现特征:如两对相对性状表现不完全连锁,那么将两对具有相对性状差异的纯合亲本进行杂交,其F_1表现其亲本的显性性状,F_1自交F_2产生四种类型:亲本型、重组型、重组型、亲本型,但其比例不符合9∶3∶3∶1,而是亲本型组合的实际数多于该比例的理论数,重组型组合的实际数少于理论数。如将F_1与双隐性亲本测交,其测交后代形成的四种配子的比例也不符合1∶1∶1∶1,而是两种亲型配子多,且数目大致相等,两种重组型配子少,且数目也大致相等。

连锁遗传的细胞学基础:控制两对相对性状的两对等位基因位于同一同源染色体上形成两

个非等位基因，位于同一同源染色体上的两个非等位基因在减数分裂形成配子的过程中，各对同源染色体中非姐妹染色单体的对应区段间会发生交换，由于发生交换而引起同源染色体非等位基因间的重组，从而打破原有的连锁关系，出现新的重组类型。由于 F_1 植株的小孢母细胞数和大孢母细胞数是大量的，通常是一部分孢母细胞内，一对同源染色体之间的交换发生在某两对连锁基因相连区段内；而另一部分孢母细胞内该两对连锁基因相连区段内不发生交换。由于后者产生的配子全是亲本型的，前者产生的配子一半是亲本型，一半是重组型，所以就整个 F_1 植株而言，重组型的配子数就自然少于 1∶1∶1∶1 的理论数了。

3. 简述基因组遗传图谱与物理图谱的异同。

答：遗传图谱的构建是根据任一遗传性状（如已知的可鉴别的表型性状、多型性基因位点、功能未知的 DNA 标记）的分离比例，将基因定位在基因组中。因此，遗传图谱是根据等位基因在减数分裂中的重组频率，来确定其在基因组中的顺序和相对距离的。物理图谱的构建不需要检测等位基因的差异，它既可以利用具有多型性的标记，也可以利用没有多型性的标记进行图谱构建，它将标记直接定位在基因库中的某一位点。实际上这两种途径都需要利用分子遗传学的技术和方法。尽管这两种图谱是分别构建的，但是它们可以相互借鉴、互为补充，作为基因组图谱利用。构建物理图谱的原因是：遗传图谱的分辨率有限、遗传图谱的精确性不高。

4. 比较基因定位、遗传图谱、物理图谱三个概念及意义。

答：人类基因定位和基因连锁图的绘制是当今医学遗传学领域发展最快最活跃的方面，近年来已经取得重大突破，其在致病基因的鉴定与克隆、遗传病基因病理、诊断、防治肿瘤研究等方面意义重大。

基因定位就是通过适当的方法把发现的基因在特定染色体上的位置准确地标定下来。根据大量的基因定位数据，可以把每一条染色体上已发现的基因位点绘制成基因图。这也是近年来人类基因组计划正在进行的工作。基因定位的主要方法是家系分析法、体细胞杂交法、克隆嵌板法、原位杂交法、DNA 多态性连锁分析法。

遗传图谱是指基因或 DNA 标志在染色体上的连锁关系及其相对距离。基因或 DNA 片段之间的相对距离是以它们在减数分裂中的重组率来表示的。相对距离越大，基因交换和重组的概率就越高。

物理图谱是指 DNA 序列上两个位点之间的实际距离，是以两个位点相距的碱基对数为衡量标准。这是 DNA 分子水平上的基因制图，通常由 DNA 的限制酶片段和克隆的 DNA 片段有序排列而成。

5. 如何用遗传学方法（不是分子生物学方法）将基因定位到染色体上，请从人类和果蝇中各举一例予以说明。

答：对人类来说，把家系分析和细胞学观察结合起来，可以发现某一性状的遗传与某一畸变染色体的传递有平行关系，由此把决定这一性状的基因定位在某一染色体的某一区域，作成细胞学图（cytological map）。例如有一家系中，红细胞型酸性磷酸酯酶Ⅰ（acid phosphatase Ⅰ）活性的缺乏与 2 号染色体短臂的微小相关联，从而把酸性磷酸酯酶Ⅰ基因（ACP 5）定位在 2 号染色体短臂的远端。

这几年来发展了一种新技术，可以绕过减数分裂过程，应用细胞培养方法，研究体细胞融合、突变、分离以及连锁和交换等，也就是用体细胞遗传学方法，把基因定位在染色体上，作成细胞学图。

有一种病毒,如仙台病毒对细胞融合很有用处。病毒通常有一个特定附着点,附着到宿主细胞上,并由此进入细胞。仙台病毒有几个附着点,如果两个细胞靠近在一起,它就能同时附着到两个不同的细胞。一个病毒比起细胞来要小得多,所以它所附着的两个细胞靠得很近,因而在某些情况下,两个细胞的膜可以融合。近年来也有用化学药剂聚乙二醇取代仙台病毒的。这种药剂可以使细胞膜部分降解,并在细胞间形成细胞质桥,从而提高细胞融合的效率。

如果把人体细胞和营养缺陷型的小鼠细胞(或仓鼠细胞等)混合培养,再加上促融因子——紫外线灭活的仙台病毒或PEG,那么两种细胞就有可能融合。融合细胞中有两个核,是异核体(heterokaryon)。异核体的两个核融合,形成杂种细胞。如果所用的小鼠细胞是营养缺陷型,那么要使这种细胞能够生长,非得在培养基上添加某种营养物不可。我们可通过细胞融合技术,把小鼠细胞和人体细胞融合,形成杂种细胞。杂种细胞含有小鼠染色体和人体染色体,小鼠的营养缺陷可由人体染色体上的有关基因的作用来弥补,所以培养基上不添加某种营养物质,杂种细胞也可保持下去。这种细胞往往有整套的小鼠染色体和丢失后保留下来的少许人体染色体,其中当然含有能补偿小鼠营养缺陷的那个染色体。通过不同的选择技术,再加上机遇性的变化,可以形成各种杂种细胞系,含有不同数目和不同号码的人体染色体。

上述这些过程,可以在显微镜下追寻。这是因为近年来,染色体的染色技术有很大的发展,特别是应用了荧光染色法和其他特殊染色技术,已可使染色体纵长上呈现各种不同的分带(band)。这些分带的位置、宽窄和浓淡等随染色体号码的不同而不同。但就某一种分带技术来说,每一染色体的分带模式是高度专一和恒定的。所以在杂种细胞中,非但小鼠染色体很容易跟人的染色体区分开来,而且人染色体的丢失过程也可追寻,杂种细胞中留下来的人的染色体是哪条也比较容易认出。

这样我们就可以把人的基因定位在某一染色体上了。假定某人体细胞有一个或几个标记基因,这些基因可以是控制营养需要或抗药性,也可以是控制细胞表面抗原或异常蛋白的形成等。我们实验的目的是要把其中一个或几个基因定位到特定的染色体上。

我们有不同的杂种细胞系,每个细胞系中除了小鼠染色体外,还有少数人的染色体。我们检验这些细胞系,把某一标记基因的在或不在与每一细胞中人的某一染色体的在或不在联系起来,从而推断某一基因是否在某号染色体上。

在不同的杂种细胞系中,例如基因J和3或一起出现,或共同不见,所以我们可以下结论说,这两基因是连锁的。还有,基因J和3在或不在直接跟第二染色体的在或不在有关,所以我们可以认为这两基因是同线的,都在第二染色体上。

用这种方法,已有相当数目的基因被定位于特定的染色体上。可是还不能像连锁群那样,把基因的顺序和基因间的距离都推算出来。这还有待于其他技术,例如某一染色体缺少了小小的一段,某个标记基因就不存在了,这样我们就知道这个基因就在缺失了的这一段上。例如上面提过的酸性磷酸酯酶基因ACPⅠ就是通过体细胞杂交技术和染色体微小缺失方法而被进一步正确地定位于2号染色体短臂2带3区(2p23)的。

利用伴性遗传可以将果蝇的基因定位到染色体上。例如果蝇的野生型眼色都是红色,但是摩尔根在研究的早期发现一只雄蝇,复眼的颜色完全白色,这只白眼雄蝇与通常的红眼雌蝇交配时,子一代不论雌雄都是红眼,但子二代中雌的全是红眼,雄的半数是红眼,半数是白眼。如果雌雄不论,则子二代中3红眼∶1白眼。这显然是个孟德尔比数,但与一般孟德尔比数不同之处是,白眼全是雄蝇。

另外,摩尔根也做了回交试验。最初出现的那只白眼雄蝇和它的红眼女儿交配,结果产生

1/4 红眼雄蝇、1/4 红眼雌蝇、1/4 白眼雌蝇、1/4 白眼雄蝇，这也完全是孟德尔比数。

摩尔根根据实验结果，提出他的假设：控制白眼性状的基因 W 位于 X 染色体上，是隐性的。因为 Y 染色体上不带有这个基因的显性等位基因，所以最初发现的那只雄蝇(♂)的基因型是 X^WY，表现为白眼，跟这只雄蝇交配的红眼雌蝇(♀)是显性基因的纯合体，基因型是＋＋。白眼基因 W 是突变基因，红眼基因＋是野生型基因，因为这对等位基因都在 X 染色体上，所以为明确起见，分别记作 X^W 和 X^+，Y 代表 Y 染色体(图 1)。

白眼雄蝇与纯种红眼雌蝇交配(图 1)，白眼雄蝇的基因型是 X^WY，产生两种精子：一种精子带有 X，上面有 W 基因，一种精子带有 Y，上面没有相应的基因。红眼雌蝇的基因型是 X^+X^+，产生的卵都带有 X，上面都有一野生型基因。两种精子(X^W 和 Y)与卵(X^+)结合，子代雌蝇的基因型是 X^+X^W，因为＋对 W 是显性，所以表型是红眼，子代雄蝇的基因型是 X^+Y，所以表型也是红眼。

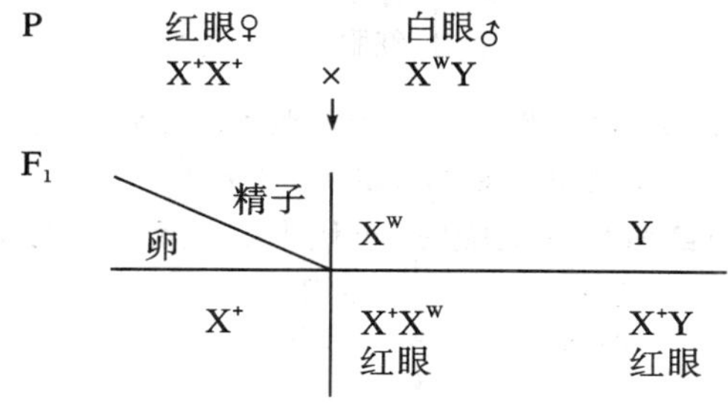

图 1 白眼雄蝇与纯种红眼雌蝇杂交，子代不论雌、雄都是红眼

X^+：带有野生型(红眼)基因的 X 染色体；

X^W：带有突变型(白眼)基因的 X 染色体；

Y：Y 染色体，上面没有相应等位基因

子一代的红眼雌蝇与红眼雄蝇交配时，红眼雌蝇(X^+X^W)产生两种卵子：一种是 X^+，一种是 X^W。红眼雄蝇也产生两种精子：一种是 X^+，一种是 Y。卵子与精子相互结合，像图 2 所示那样，形成 4 种合子，长大后，雌蝇都是红眼(X^+X^+ 和 X^+X^W)，而雄蝇中一半是红眼(X^+Y)，一半是白眼(X^WY)，表型比例是 2∶1∶1。

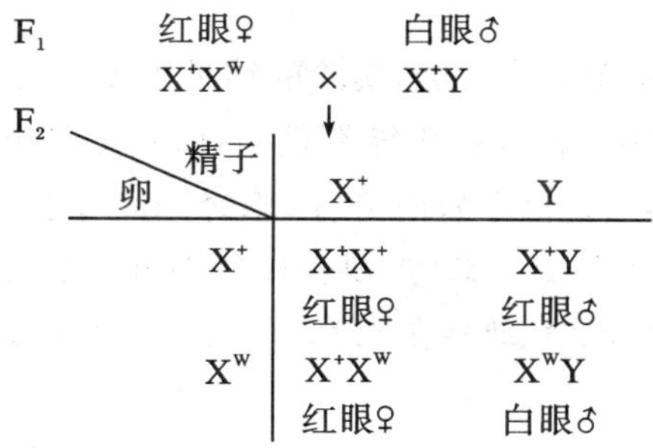

图 2 子一代红眼雌蝇与红眼雄蝇交配，子二代雌蝇全为红眼，雄蝇中红眼和白眼各占一半

在摩尔根所做的回交试验中，子一代红眼雌蝇与白眼雄蝇交配，子一代红眼雌蝇的基因型是 X^+X^W，产生两种卵子，一种是 X^+，一种是 X^W。白眼雄蝇的基因型是 X^WY，产生两种精子，一种是 X^W，一种是 Y。雌雄配子结合后，像图 3 所示那样，子一代有 4 种表型：红眼雌蝇(X^+X^W)、白眼雌蝇(X^WX^W)、红眼雄蝇(X^+Y)、白眼雄蝇(X^WY)，比例是 1∶1∶1∶1。

摩尔根圆满地说明了他的实验结果,他为了验证他的假设,设计了三个新的实验:

①根据假设,子二代雌蝇虽然都是红眼,但基因型有两种,半数是 X^+X^+,半数是 X^+X^w(图2),所以子二代雌蝇与白眼雄蝇做单对交配时,应当半数子二代雌蝇所产的后裔全部是红眼,半数子二代雌蝇则与子一代雌蝇回交一样(图3),所产的后裔是1/4红眼雌蝇∶1/4白眼雌蝇∶1/4红眼雄蝇∶1/4白眼雄蝇。

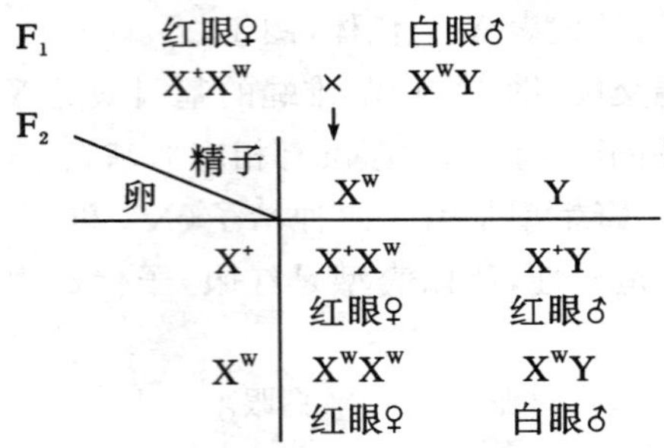

图3 白眼雌蝇与子一代红眼雄蝇交配,下代雌蝇和雄蝇中,红眼和白眼各占一半

②根据假设,白眼雌蝇与红眼雄蝇交配时,子代中雌蝇都是红眼,雄蝇都是白眼(图4)。

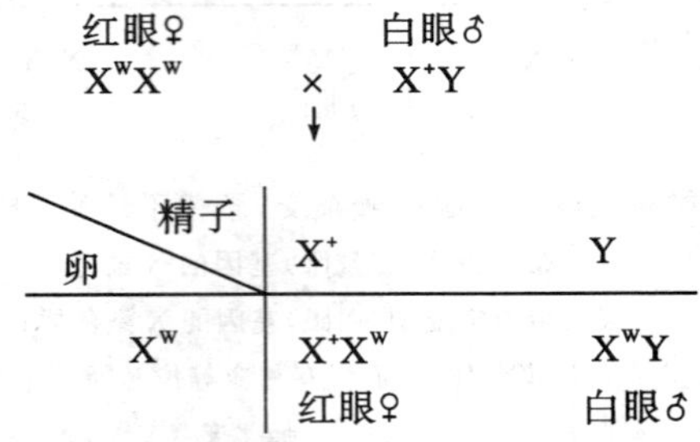

图4 白眼雌蝇与红眼雄蝇交配子代雌蝇是红眼,雄蝇是白眼

③根据假设,白眼雌蝇和白眼雄蝇交配时,子代雌雄都是白眼,而且以后也能真实传代,成为稳定的品系。

这三个实验中,以第二个实验最为关键,实验的结果跟预期完全符合,假设得到证实。

6. 蜜蜂的性别决定是奇特的,蜂皇和职蜂都是雌蜂,由受精卵发育而成,染色体数为2n=32,但蜂皇在幼时因饱食蜂皇浆,长得丰满而可育;职蜂则因少食蜂皇浆发育迟缓而不育;雄蜂由未受精的卵发育而成,为单倍体n=16。如要在蜂群中进行遗传分析,应如何配制亲本组合,选用杂交后代进行分析?蜂后、职蜂、雄蜂是否都可以作为分离群体进行分析?请说明理由,并比较各自的遗传特征。

答:如要在蜂群中进行遗传分析,应用蜂皇在雄蜂配制亲本组合。只有蜂皇和职蜂可以作为分离群体进行遗传分析,这是因为蜜蜂的性别决定方式为雄性单倍体。

雄性单倍体是指没有单独的性染色体存在,其性别决定于卵细胞是否受精。由孤雌生殖产生的单倍体卵发育为雄体,二倍体的受精卵发育为雌体。

蜜蜂2n雌体的减数分裂行为正常,产生1n卵子,但雄体减数分裂很特殊,第一次分裂时,虽然染色体也排列在赤道板上,但并不分到两极,在细胞的一端只分出一块细胞质。第二次分裂是正常均等式的,故减数分裂结果只产生两个具有单条染色体的精子。一个雄体产生的全部

精子，从遗传上讲是严格均等的。

二倍体的雌蜂有两种类型，即蜂皇和职蜂，它们的遗传组织是相同的，但大小和形态差别很大，职蜂完全没有生育能力。之所以出现这种差别，主要取决于幼虫期食物的不同。只供应2～3天蜂皇浆的幼虫，将来发育为职蜂，而供应5天蜂皇浆的幼虫就可以发育成蜂皇。

雄性单倍体生物群体中性别比例取决于受精卵与未受精卵的比例。如果群体中雄性个体较多，雌性个体就很容易发现配偶而进行正常受精，它们所产的2n受精卵都将发育为雌性。反之，如果群体中雄性个体过少，雌性可以不进行交配而孤雌生殖，它们所产生的单倍体全部发育为雄性，从而平衡群体中雌雄性别的比例，实现“自动”调节。但和异配子性别决定的生物相比，在友性单倍体生物群体中，雌雄体的比例变化范围要大得多。

7.什么是遗传学图上的图距，如何计算？有两个实验室分别用豌豆的两个不同的杂交组合测得的同一染色体上的两个基因之间的图距很不一致。你觉得会出现这种情况吗？造成这种矛盾的原因何在？有可能克服这种矛盾吗？

答：由于交换值具有相对的稳定性，所以通常用交换值表示两个基因在同一染色体上的相对距离，或称为遗传学图上的图距。在一定条件下，交换值可以用重组值表示，所以求交换值的公式为：

交换值＝重组型的配子数/总配子数×100％

应用这个公式计算交换值，首先要知道重组型的配子数，测定重组型配子数的简易方法有测交法和自交法两种。

有两个实验室分别用豌豆两个不同的杂交组合测得同一染色体上的两个基因之间的图距很不一致，完全有这种可能，这主要是因为交换值会因某种外界和内在条件的影响而发生变化。例如，测定的方法、所使用的材料、性别、年龄、温度等条件对某些生物的连锁基因间的交换值都会有所影响。染色体的部位不同、染色体发生畸变等也会影响交换值。因此在测定交换值时总是以正常条件下生长的生物为研究对象，并从大量资料中求得比较准确的结果。

8.一般生物的基因定位的方法有哪些？各有何特点？三点测交实验意义表现在哪些方面？

答：利用杂交、测交或自交，分别求出基因间的交换率和相对距离，然后在染色体上确定基因间的排列顺序，这一过程称为基因定位。普通动、植物的基因定位的方法主要有两种：

①*两点测验法*：利用3次杂交、3次测交，分别求出3对基因间的交换率，然后进行基因定位的方法称为两点测验法。此法工作量大，需做3次杂交和3次测交；精确性差，无法测知双交换、3交换或多交换；环境不一致。

②*三点测验法*：它是用一个3对基因杂合体进行测交，一次精确定位的方法，此法工作量小、精确性高，避免了环境的误差。

三点测交实验意义表现在：①比两点测交方便、准确。一次三点测交相当于3次两点测交实验所获得的结果；②能获得双交换的资料；③证实了基因在染色体上是直线排列的。

9.人类基因定位的方法有哪些？各有何特点？

答：①*系谱分析法*：利用家族各成员的表型。若某基因总是呈现伴性遗传，表明它是X连锁，这种方法只能在性染色体上进行基因定位，而常染色体上却难以定位。

②*体细胞杂交法*：利用人类细胞与啮齿类动物的细胞进行融合。在杂种细胞中，由于人类染色体有丢失现象，就可根据人类染色体保留的多寡与基因产物是否存在（同线法）确定基因所

在的染色体,也可以先把人类染色体经X射线处理。造成染色体结构变异。然后确定某个或某些基因在染色体的特定区域内(划区法)。这些方法只能大致确定基因所在的染色体或某一区域内,尚不能精确定位。

③核酸分子原位杂交法:先把染色体DNA变性成单链,然后用带有标记的已知某基因的mRNA与之杂交(退火)结合成异质双链(DNA—RNA),由于mRNA只能与信息相同的基因区段杂交,故能精确进行基因定位。

10.重组率和交换率的定义是什么?请说明二者之间的关系。

答:重组值或重组率是指双杂合体产生的重组型配子的比例,即

重组率=重组配子数/总配子数(亲组合+重组合)×100%

由于重组是交换的结果,所以重组率(recombination fraction)通常也称作交换值或交换率(crossing over percentage)。可是仔细推敲起来,这两个数值是不尽相同的。

如果我们假定,沿染色体纵长的各点上交换的发生大体上是随机的,那么可以这样认为,如果两个基因座(gene locus)相距很近,交换发生的次数较少,重组率就低;如果两基因座离开很远,交换发生的次数较多,重组率就高。所以可以根据重组率的大小作为有关基因间的相对距离,把基因顺序地排列在染色体上,绘制出基因图。遗传学家就是这样做的。

可是如果有关的两个基因座在染色体上分开较远,举例说重组率在12%~15%以上,那么进行杂交试验时,其间可能发生双交换或四交换等更高数目的偶数交换,可是形成的配子却仍然是非重组型的。这时如简单地把重组率看作是交换率,那么交换率就要低估了。因为基因图是以1%交换率作为图距单位(map unit)的,所以如交换率低估了,图距自然也随之缩小了。这就需要校正。校正的公式较多,也可根据自己得出的连锁与交换试验的结果,提出单是适用于某一生物的校正公式。不过一般地说,一个合适的校正公式应该满足下列两个条件:①最大的重组率不能超过50%,因为这数值已是两个基因的自由组合了;2对较小的重组率应该大致上是加性的。现在常用的较简单的公式是Haldane推导的作图函数(mapping function),$R=\frac{1}{2}(1-e^{-2x})$。式中R代表重组率,x代表交换率,e是自然对数的底。这公式表示重组率与图距的关系,而图距的单位是1%交换率。如图5所示。

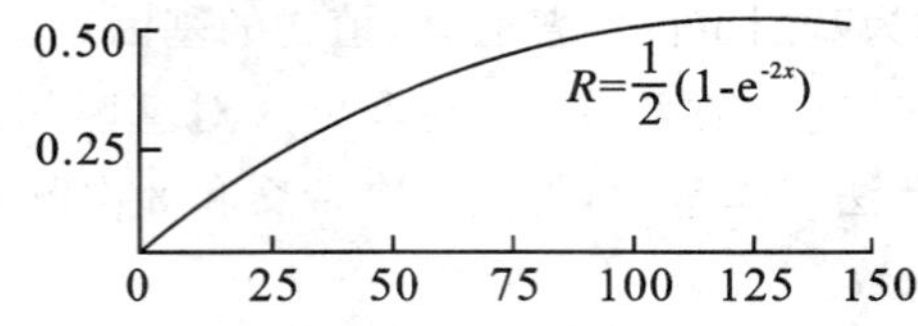

图5 重组率与图距的关系图

Haldane曲线具有以下几点性质:①曲线的起始一小段基本上是直线,斜率接近于1,重组率可以直接看作是图距,所以重组率是加性的。②在曲线的曲度较大的区域,重组率就不是加性的了;当图距比较大,两端二基因的重组率就要小于相邻两个重组率之和,即Rab+Rbc>Rac,例如a、b、c是三个连锁基因,两两间的重组率如下:

*R*值

a		*b*		*c*
	0.23		0.32	
		0.40		

R 值是非加性的，0.23+0.32>0.40。现在把 Haldane 公式加以改写：

$$x=-\frac{1}{2}\ln(1-2R)$$

式中 ln 意为取自然对数，把上面 R 值代入公式，查自然对数或借助于计算器，我们可以求得 x 值如下：

x 值

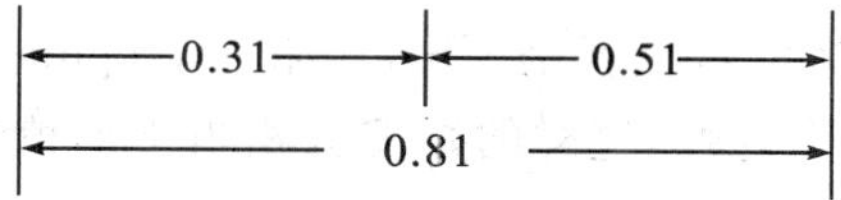

现在 0.31+0.51，稍大于 0.81，x 值大致上成为加性的了。③标记基因间的图距很大时，重组率与图距无关，接近或等于 1/2。

所以重组率大致代表交换率，但当重组率逐渐增大时，重组率往往小于交换率，而需要加以校正。但在实际应用时，要看研究的生物而定。像黑腹果蝇那样，各染色体上定位的基因已经很多，标记的区域已划分得很细，就无需用作图函数来校正了。但对一种新的生物开始进行连锁研究，可供利用的标记基因很少，这时最好用作图函数来加以校正，以期得到更近于实际的图距。

11. 有一种生物具有 12 对染色体，但在用遗传分析构建连锁群时，获得的连锁群少于 12 个，这是否可能？为什么？另有一种生物具有 10 对染色体，但在用遗传分析构建连锁群时，获得的连锁群多于 10 个，这是否可能？为什么？

答：有一种生物具有 12 对染色体，但在用遗传分析构建连锁群时，获得的连锁群少于 12 个，这是完全可能的。这是因为现有资料积累的不多，还不足以把全部连锁群绘制出来。另有一种生物具有 10 对染色体，但在用遗传分析构建连锁群时，获得的连锁群多于 10 个，这也是可能的。这是因为当可标记的基因较少时，其连锁群可能比染色体数目多。随着可标记基因数目的增加，一些可标记基因会与几个群上的标记连锁，而把它们连成一群。例如 A 基因与 B 基因连锁，B 基因与 C 基因连锁，那么 A 基因也与 C 基因连锁，A、B、C 基因就应合并为一个连锁群。当可标记基因足够多时，标记连锁群的数目与染色体数目日趋接近，直至相等。

12. 请比较人类和玉米的遗传分析方法的异同。你觉得林木的遗传学特征是接近于玉米还是人类？请具体说明。

答：对玉米进行基因连锁分析的方法主要是两点测验和三点测验。两点测验就是首先通过一次杂交和一次用隐性亲本测交来确定两对基因是否连锁，然后再根据其交换值来确定它们是否在同一染色体上的位置。例如为了确定 Aa、Bb 和 Cc 三对基因在染色体上的相对位置，采用两点测验的具体方法是：通过一次杂交和一次测交求出 Aa 和 Bb 两对基因的重组率(交换值)，根据重组率来确定它们是否连锁遗传；再通过一次杂交和一次测交，求出 Bb 和 Cc 两对基因的重组率，根据重组率来确定它们是否是连锁的；又通过同样方法和步骤来确定 Aa 和 Cc 两对基因是否连锁遗传，倘若通过这三次试验，确认 Aa 和 Bb 是连锁遗传的，Bb 和 Cc 也是连锁遗传的，就说明这三对基因都是连锁遗传的，于是可以根据三个重组率(交换值)的大小，进一步确定这三对基因在染色体上的位置。

三点测验是通过一次杂交和一次用隐性亲本测交，同时确定三对基因在染色体上的位置。采用三点测验可以达到两个目的：一是纠正两点测验的缺点，使估计的交换值更加准确；二是通过一次试验同时确定三对连锁基因的位置。利用三点测验来确定连锁的三个基因在染色体的顺序时，

首先要在 F_2 中找出双交换类型(即个体数最少的),然后以亲本类型(即个体数量多的)为对照,在双交换中居中的基因就是三个连锁基因中的中间基因,它们的排列顺序就被确定下来。

虽然一般生物的连锁分析方法也可移用到人类,但人类的家庭人员少、世代长、又不能按实验设计进行婚配,所以人类基因定位难度较大,尽管这样,但有时可得到合适的家系,利用家系分析法计算重组率。

例如一方亲体是双杂合体,而且知道连锁相(linkagephase),或者是 AB/ab(相偶,coupling,两显性基因在同一染色体上),或者是 Ab/aB(相斥,repulsiln,两显性基因分别位于一对同源染色体上),另一方亲体为双隐性,这样的婚配就相当于动植物的测交试验,所以也有可能确定连锁关系,并得出重组率。

有时把家系分析和细胞学观察结合起来,还可发现某一性状的遗传与某一畸变染色体的传递有平行关系,由此把决定这一性状的基因定位在某一染色体的某一区域,作成细胞学图(cytological map)。例如有一家系中,红细胞型酸性磷酸酯酶 I(acid phosohacase I)活性的缺乏与2号染色体短臂的微小相关联,从而把酸性磷酸酯酶工基因(ACP I)定位在2号染色体短臂的远端。

这几年来发展了一种新技术,可以绕过减数分裂过程,应用细胞培养方法,研究体细胞融合、突变、分离以及连锁和交换等,也就是用体细胞遗传学(somatic cell genetics,或简称 cell genetics)方法,把基因定位在染色体上,作成细胞学图。

如果把人体细胞和营养缺陷型的小鼠细胞(或仓鼠细胞等)混合培养,再加上促融因子——紫外线灭活的仙台病毒或 PEG,那么两种细胞就有可能融合。融合细胞中有两个核,是异核体(heterokaryon)。异核体的两个核融合,形成杂种细胞。如果所用的小鼠细胞是营养缺陷型,那么要使这种细胞能够生长,非得在培养基上添加某种营养物不可。可是我们可通过细胞融合技术,把小鼠细胞和人体细胞融合,形成杂种细胞。杂种细胞含有小鼠染色体和人体染色体,小鼠的营养缺陷可由人体染色体上的有关基因的作用来补偿,所以培养基上不添加某种营养物质,杂种细胞也可保持下去。这种细胞往往有整套的小鼠染色体和丢失后保留下来的少许人体染色体,其中当然含有能补偿小鼠营养缺陷的那个染色体。通过不同的选择技术,再加上机遇性的变化,可以形成各种杂种细胞系,含有不同数目和不同号码的人体染色体。

我们有不同的杂种细胞系,每个细胞系中除了小鼠染色体外,还有少数人的染色体。我们检验这些细胞系,把某一标记基因的在或不在与每一细胞中人的某一染色体的在或不在联系起来,从而推断某一基因是否在某号染色体上。

在不同的杂种细胞系中,例如基因 J 和 3 或一起出现,或共同不见,所以我们可以下结论说,这两基因是连锁的。还有,基因 J 和 3 的在或不在直接跟第2染色体的在或不在有关,所以我们可以认为这两基因是同线的,都在第2染色体上。

用这种方法,已有相当数目的基因被定位于特定的染色体上。可是还不能像连锁群那样,把基因的顺序和基因间的距离都推算出来。这还有待于其他技术,例如某一染色体缺少了小小的一段,某个标记基因就不存在了,这样我们就知道这个基因就在缺失了的这一段上。例如上面提过的酸性磷酸酯酶基因 ACP Ⅰ就是通过体细胞杂交技术和染色体微小缺失方法而被进一步正确地定位于2号染色体短臂2带3区(2p23)的。

从这个意义上说,林木的遗传学特征是接近于玉米的,虽然林木的生长周期较长,但林木的有性生殖过程及其他特征如繁殖子代较多、杂交容易控制等更接近于玉米,所以林木的遗传特征应更接近于玉米。

13. 酵母基因组全序列的测定业已完成，结果发现根据序列确定的相邻基因间的物理距离（千碱基对，kb）与连锁图上的相应基因间的遗传图距（厘摩，cM）不成比例，如 A、B、C、D 四个基因的物理距离为

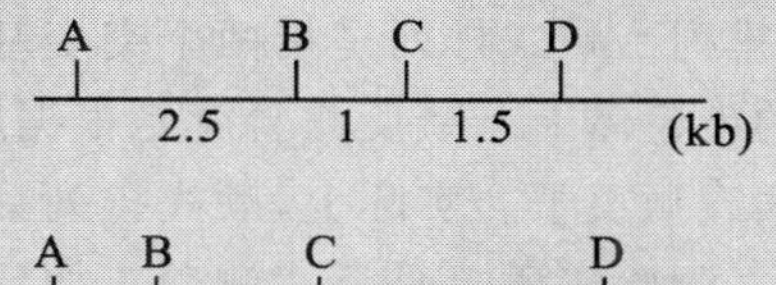

而遗传图距为

A B C D
0.5 2 4 (cM)

请问这种现象是正确的，还是不正确的？可否设计更精确的遗传分析实验解决这一矛盾？如何解决？并说明理由。

答：(1)这种现象是正常的，它是由于经典遗传学和分子遗传学关于基因概念的不同理解而引起的。按照经典遗传学对基因的概念，基因具有下列共性：

①基因具有染色体的主要特性：自我复制与相对稳定性，在有丝分裂和减数分裂中有规律地进行分配：

②基因在染色体上占有一定位置（基因座），并且是交换的最小单位，即在重组时不能再分隔的单位。

③基因是以一个整体进行突变的，故它又是一个突变单位。

④基因是一个功能单位，它控制着正在发育着的有机体的某一个或某些性状，如红花、白花等。

可以把重组单位和突变单位统称为结构单位。这样，基因既是一个结构单位，又是一个功能单位。

(2)分子遗传学的发展方面揭示了遗传密码的秘密，使基因韵概念落实到具体的物质上，获得了具体的内容。另一方同，在精密的微生物遗传分析中查明，基因并不是不可分割的最小遗传单位，而是远为复杂得多的遗传和变异单位。例如，在一个基因的区域内，仍然可以划分出若干个起作用的小单位。按照现代遗传学的概念，重组、突变、功能这三个单位应该分别是：

①突变子(muton)：它是性状突变时，产生突变的最小单位。一个突变子可以小到只是一个核苷酸对。

②重组子(reeon)：在发生性状组时，可交换的最小单位称为重组子。据微生物重组的精细研究证明，一个重组子只包含一对核苷酸。

③顺反子(cistron)：这一术语表示一个起作用的单位，基本上符合通常指的基因或略小的单位。一个顺反子所包括的一段 DNA 与一个多肽链的合成相对应。平均为 500～1500 个核苷酸。

由此可知，过去作为结构单位的基因，实际上包含大量的突变子或重组子。以往认为基因是最小的结构单位，现已不能成立了。然而关于基因是一个功能单位的概念仍然是正确的。

(3)物理距离为分子遗传学关于基因概念的范畴。基因内部可能含有内含子，而遗传图距是经典遗传学关于基因概念的范畴，所以两者不一致是正常的。为了解决这一矛盾，可设计以下更精细的遗传分析实验。

①互补作用。假定有两个独立起源的隐性突变，它们具有类似的表型。如何判断它们是属于同一个基国的突变，还是分别属于两个基因的突变？即如何测知它们是等位基因？为此，需要建立一个双突变杂合二倍体，然后测定这两个突变间有无互补作用(comqlementation)。如有互补作

用,个体应表现为野生型;如无互补作用,则个体表现为突变型。这是因为如果这两个突变型来自一个基因,则两条同源染色体都只能产生突变的 mRNA,其个体表现型应是野生型。

这种根据功能确定位基因的测验称为互补测验或顺反测验。原来,杂合的突变体有两种不同的排列形式:顺式排列和反式排列。顺式排列是指两个突变基因座在同一条染色体上,反式排列是两个突变基因座在不同的染色体上。顺反测验就是根据顺式表现型和反式表现型来确定两个突变体是否属于一个基因或顺反子。实际上,顺式排列只是作为对照,一般并不进行测试,因为它的表现永远是野生型。测验实质上是反式测验。如反式排列表现为野生型,说明这两个突变分别属于两个基因的基因座,即非等位基因;如表现为突变型,则说明两个突变属于同一个基因的不同基因座,即等位基因。

②基因的微细结构。20 世纪 50 年代的生化技术还无法进行 DNA 的序列测定,因此本泽尔利用经典的噬菌体突变和重组技术,对 T_4 噬菌体 rⅡ区基因的微细结构进行了详细分析,为研究基因的微细结构提职了范例。在噬菌体染色体的三个不同部位上有三个不同的 r 突变型:rⅠ、rⅡ和 rⅢ。研究最清楚的是 rⅡ突变型。野生型 T_4 噬菌体侵染大肠杆菌 B 株和 K12(λ)株(带有整合到大肠杆菌染色体上的噬菌体),经 6~10 小时形成小而边缘模糊的噬菌斑;而 rⅡ突变型 T_4 噬菌体,在侵染大肠杆菌 20 分钟后,即形成大而边缘清楚的噬菌斑。但是 rⅡ突变型只能在 B 株上生长,不能在 K12(λ)上生长。就是利用这个特点,让不同的两个 rⅡ突变型杂交,然后在 K12(λ)株上用选择方法把重组体 r^+ 筛选出来,从面计算出这两个 r^+ 突变基因座间的重组频率。具体作法如下:

用大量的 rⅡ突变体对大肠杆菌 B 株成对进行双重感染(doubeinfeation),这里强调要同时,不能一先一后,否则出现排斥现象。超数感染的噬菌体迅速被宿主的 DNA 酶所破坏,不能参加重组。形成噬菌斑后,收集溶菌液(内含子代噬菌体),把它接种到 B 株上,计算溶菌液中的总噬菌体数,因为两种 rⅡ突变体(r^x、r^y)、重组体(r^+r^+)和(r^xr^y)都可以在 B 株生长。同时把溶菌液也接种到 K12(λ)株上,计算野生型重组体 r^+r^+ 数目,因为只有 r^+r^+ 可以生长,而其余三种基因型不能生长(包括重组体 r^xr^y)所以在计算重组体数目时,总要乘以 2,就是因为 r^xr^y 虽然是预期的,但不能检出。

重组值的计算方法:

$$\text{重组值}=\frac{2\times(r^+r^+\text{噬菌体数})}{\text{总噬菌体数}}\times100\%$$

$$=2\times\frac{(\text{在 K12(λ)株上生长的噬菌斑数})}{\text{在 B 株上生长的噬菌斑数}}\times100\%$$

用本法可以检出小到 0.001%,即十万分之一的重组值。根据大量的二点杂交法所得的重组值,去掉%,即为两个突变座位间的距离。利用大量 rⅡ区内三点杂交的结桌,可绘前出 rⅡ区基因座间微细的遗传学图。这同二倍体通过一系列二点杂交法绘制出的连锁图是相同的。必须指出,本泽尔所用的 rⅡ突变型可分成 A 组和 B 组两类,只有当一个 A 组和一个 B 组的突变体混合感染 K12(λ)时,才发生溶菌现象,即互补现象。而用两个 A 组突变体或两个 B 组突变体则没有溶菌现象,即不发生互补作用。

14. 伴性遗传有何特点?分为几大类?

答:伴性遗传的特点有:①当同配性别传递纯合显性基因时,F_1 雌性个体都为显性性状。F_2 性状的分离呈 3 显性∶1 隐性;性别的分离呈 1∶1,其中隐性个体的性别与祖代隐性体一样,常表现交叉遗传,即外祖父的性状传递给外孙。

②当同配性别传递纯合隐性基因时，F_1 表现交叉遗传，即母亲的性状传给儿子，父亲的性状传给女儿。F_2 性状与性别的比均为 1∶10，所以性状的分离比在两性间不一致。

③正反交结果不同。性状的遗传与性别相联系。它分为五大类：伴 X 隐性遗传(XR)，如果蝇的白眼遗传；伴 X 显性遗传(XD)，如人的抗维生素 D 佝偻症；限 Y 遗传或限雄遗传，如人的毛耳遗传；伴 Z 显性遗传(ZD)，如鸡的羽毛颜色遗传；伴 Z 隐性遗传(ZR)；如家蚕的皮肤有无油层的遗传。

15. 什么是限性遗传？分为几种类型。

答：只能在某一性别表现的性状叫限性性状，限性性状的遗传方式叫限性遗传。仅能在雌性个体表现的性状叫限雌性状，这种遗传方式叫限雌遗传；仅能在雄性个体表现的性状叫限雄性状，这种遗传方式叫限雄遗传。

限性遗传的基因不是伴性遗传，也可位于常染色体上。如限雄遗传长毛耳，子宫阴道积水症(位于常染色体上的基因控制)限雌遗传。

16. 什么是从性遗传？举例说明。

答：位于常染色体上基因控制的性状在传递的过程中与性别相关的现象叫从性遗传。绵羊有角和无角为一对等位基因(H，h)控制。HH 无论雌雄都有角；hh 无论雌雄都无角；Hh 雄有角，雌无角。其表型与性别有关，且该基因位于常染色体上。人的秃顶也为从性遗传。

17. 比较从性性状和限性性状两个概念。

答：从性性状和限性性状的表现均受性激素的影响，与性别有关，但两者有根本的不同。从性性状是指常染色体上某些基因的表现在雌雄体中不一样，当基因处于杂合状态时，在两种性别中表现出不同的性状。限性性状是指，无论是常染色体基因还是性染色体基因，也无论是纯合子还是杂合子，基因控制的性状仅在一种性别中表现，而在另一性别中根本就不表现。

①从性性状：通常情况下，一对常染色体等位基因杂合子 Aa 控制的性状，在雌雄中表现出相同的性状。但有时，一对常染色体等位基因杂合子在两种性别中表现出不同的性状，这样的性状叫从性性状(sex-conditioned character)。例如绵羊的有角和无角性状受一对常染色体等位基因控制，基因型为 HH 的雌雄个体均长角，而基因型为 hh 的雌雄个体都不长角，让这两种不同基因型的个体杂交，F_1 代基因型都为 Hh，但凡公羊都长角，凡母羊都不长角。显然，控制着长角性状的常染色体基因 H，在公羊中是显性，而在母羊中是隐性，基因的显性作用受到了性激素的影响。

②限性性状：当某个或某些基因存在时，不论有关的基因是常染色体基因还是性染色体基因，它们控制的性状只在一种性别中表现，而在另一性别中不表现，这样的性状叫限性性状(sex-limited character)。如鸡的抱窝习性是由于常染色体两对独立基因互补作用的结果，即使这些基因在公鸡中都存在，公鸡也不会表现出抱窝的习性，因为这一习性的表现还必须有雌性激素的影响。

再如哺乳类动物中，生乳和泌乳性状的表现只限于有发育的乳腺和适量激素的雌性动物。根据这个道理，各奶牛场和人工授精协会在选种公牛时，就特别喜欢那些其母亲和女儿母牛都有优秀产乳记录的公牛。

18. 性别决定的理论有哪些？你对此有何看法？

答：主要有三方面：

①性染色体理论：即在精、卵结合时，由于性染色体的组成决定了个体性别发育的方向。在

人类中,XY为男性,XX则为女性。

②基因平衡理论:(a)性染色体和常染色体上都有决定性别发育的基因。常染色体和Y染色体上是雄性化基因系统占优势,X染色体上是雌性化基因系统占优势。(b)性别发育的方向决定于这两类基因系统的力量对比。若2X∶2A为雌性,若1X∶2A(A为常染色体组)为雄性,若2X∶3A则为中间性。

③环境条件和染色体倍数理论:在低等动物和两性分化的植物中,不仅环境条件(光照、温度、水分、营养等)可影响个体性别发育的方向,而且染色体倍数也可改变性别。如,蜜蜂的性别决定。

19.简述XY型性别决定方式。

答:所有哺乳动物和双翅目昆虫、两栖类都属于XY型性别决定:♀产生一种配子,♂产生两种配子。将产生一种配子的性别叫同配性别,产生两种不同配子的性别叫异配性别。在性染色体决定类型中,凡是雄性为异配性别,雌性为同配性别的性别决定类型叫XY型。

特殊类型:XO型。蚱蜢、蟋蟀和蝗虫等直翅目昆虫。该生物没有Y染色体,只有X染色体(不是有Y的生物去掉了Y染色体)。在形成配子时,XO为♂,XX为♀。

20.简述蜜蜂的性别决定方式。

答:由染色体的倍性决定,蜜蜂、蚂蚁和黄蜂等膜翅目昆虫等为此类型。自然状态下,以蜂皇为单位组成一个家族,一个蜂箱为一个单位。蜂皇一个蜂巢有一个。一次交配得到足够一生需要的精子。职蜂负责除交配生殖外的所有职能:采蜜、养育、巡警、降温、清洁、通讯等。雄峰只负责交配。蜂皇的卵经过储精囊时,精子与之结合,则形成2n的雌体。将成为职蜂的幼虫,只喂两三天的蜂皇浆,且质差量少。将成为蜂皇的幼虫被喂5天质好而量多的蜂皇浆。另外,在蜂皇产下的每一窝卵中,有少数是不受精的,这些卵发育成雄蜂。它们的染色体数为n=16。

21.简述玉米的性别决定方式。

答:性别由单基因来决定的。如玉米,正常玉米雌雄同株异花,个别的有雌株和雄株。研究发现:决定雌、雄各有一对等位基因。Ba控制雌花序,只有BaBa,Baba时,在雌穗位置才能形成正常的雌花序。当baba时,则没有雌花序。Ts控制雄花序,TsTs和Tsts时,才形成正常雄花序,tsts时,则雄花序变成了雌花序(在雄穗上结玉米粒)。

22.环境条件对性别分化的影响主要有哪些类型?

答:生物的性别分化受遗传基础和环境作用的共同影响。当内外环境条件符合正常性分化要求时,个体会按照遗传基础所决定的方向分化为正常的雌性或雄性,否则,就会影响正常两性分化。环境条件对性别分化的影响主要有以下几种类型:

①营养条件的影响。雌蜜蜂在幼虫期全部以蜂皇浆为食则发育成具有生殖能力的蜂皇;若幼虫期前两三天以蜂皇浆为食,以后以乳糜为食,则发育成生殖系统萎缩、不能生育的工蜂。

②温度的影响。鳄、乌龟、青蛙等正常情况下性别是沿性染色体决定的方向进行分化的,温度变化会影响性别发育。如某些蛙,蝌蚪在20℃时发育成的蛙雌雄比为1∶1,在30℃时发育出的蛙则全为雄蛙,而其染色体组成仍为XX或XY。

③温度、光照、肥料等因素对植物的性别分化有影响。如丰富的氮肥、短日照和高温差有利于黄瓜、南瓜的雌花发育。

④激素的影响。人的胎儿六周内为中性,性腺未分化,六周后才开始分化,由此可见,孕妇忌用性激素类药物。

另外，“自由马丁牛”也是性激素对性分化影响的典型例子。

性反转现象也是由于环境因素对性别分化的影响。许多动物在胚胎时期同时具有两种生殖腺，一种生殖腺发育，就抑制另一种生殖腺的发育，若成体原来发育的生殖腺退化，被抑制的另一种生殖腺痕迹则开始发育，就会出现性反转现象，如“牝鸡司晨”。性反转只是表型的改变而基因型不变。

生物个体的性别是可以人工控制，达到为人类服务的目的。如根据植物性分化的影响因素控制水、肥、温度等环境条件，以增减雌花的比例，根据精子的理化性质分离 X 型精子或 Y 型精子，或控制它们的受精。

23.什么叫伴 X 隐性遗传？有何特点？

答：伴 X 隐性遗传(sex linked recessive inheritance)也称 X 连锁隐性遗传(XR 遗传)：由 X 染色体携带的隐性基因的遗传方式。如人的红绿色盲，血友病等。

X 隐性遗传有以下特点：

①男性表现者远远多于女性，系谱中往往只有男性表现者。

②男性表现者的子女常不表现，而是通过他的女儿传给半数的外孙，表现为隔代遗传和交叉遗传。

③X 染色体上的连锁基因不会由父亲传给儿子。

④双亲都不表现的其儿子可能表现，但女儿不表现。

⑤由于交叉遗传，可以推断男患者的兄弟、外祖父、舅父、姨表兄弟、外甥、外孙可能表现该性状，而其他亲属不会表现。

24.什么叫伴 X 显性遗传？有何特点？

答：伴 X 显性遗传(sex linked dominant inheritance)也称 X 连锁显性遗传(XD 遗传)：指决定一些遗传性状或遗传病的显性基因在 X 染色体上的遗传方式。如人类的抗维生素 D 性佝偻病即属于 X 染色体连锁显性遗传。

X 显性遗传有以下特点：

①患者的双亲必有一方为患者；

②女性患者多于男性患者；

③男患者的母亲女儿都是患者，女患者的子女各有 1/2 为患者；

④未患病的后代真实遗传，不患病。

25.分析性染色体和常染色体的异同点。

答：性染色体和常染色体的相同点是：①结构和化学组成相同(都是 DNA)；②都载有基因；③传递规律相同。

性染色体和常染色体的不同点是：①不同的性别性染色体种类不同(不同性染色体在不同性别中种类不同)。②不同性染色体含的基因种类、数量不同。X 或 Z 上的基因远远多于 Y 或 W。③性染色体的传递是定向的。男性 XY，X 只传给女儿，Y 只传给儿子。女性随机传递。导致位于 XY 染色体上的基因在后代上的表现型不同。

26.为什么在不完全连锁中，重组合配子所占的比例总是小于 50%？

答：不完全连锁中，重组合配子所占的比例总是小于 50%，这是因为：

①即使全部性母细胞都在所观察的两个基因之间发生交换，所产生的重组型配子才占总配子数的 50%，因为配对联会的同源染色体之间的交换只能在四条染色单体中的两条非姊妹染

色单体中发生。

②同源非姊妹染色单体间发生交换的位置具有随机性,不可能所有的性母细胞都在特定的两个基因之间发生交换。

③距离较远的两个基因之间可以同时发生两次交换,结果使所观察的两个基因仍处在原来的染色体上。

④交换的发生必须出现在两个同源非姊妹染色单体的同一位置上,同源非姊妹染色单体在同一位置上断裂和错接,若断裂后出现原位连接,则不发生交换。因此,交换型配子总是小于50%。

27.什么叫干涉和并发系数?二者之间有何关系?

答:一个单交换的发生往往影响到另一个单交换的发生,这种现象叫干涉。

干涉是否发生可以通过计算得知,如果蝇杂交实验中,若两个交换互不干涉的话,两个交换同时发生的概率应为两个交换率的乘积,即10.7%×9.5%=1.02%。

这是理论上的双交换率,而实际双交换率为:(3/1926)×100%≈0.16%。

这说明两个交换之间存在着干涉现象。

干涉的程度用并发系数表示:

$$并发系数=\frac{实际双交换值勤}{理论双交换值}$$

上例中并发系数=0.16%/1.02%≈0.15。

说明实际发生的双交换只占理论双交换量的15%,其余的1-15%=85%因干涉作用而没有发生。

并发系数的范围是0~1,并发系数越大,说明干涉越小;并发系数为1时说明没有干涉,此时,实际双交换率等于理论双交换率;若并发系数为0,则说明完全干涉,在三点测验中若测定后代只有6种表型,则没有双交换类型。在病毒遗传研究中,出现并发系数大于1,即负干涉现象。

28.有人说:二倍体生物的连锁群数目等于该生物同源染色体的对数,是其正常配子染色体的数目,但有时少于正常配子染色体数。此话是否正确?为什么?

答:此话正确。因为:

①连锁群是通过基因定位获得的。二倍体生物的基因定位最初是通过杂交和测交测验出来的,是通过同源染色体上的等位基因的交换而测定的,同源染色体有两条,而测得的结果只有一个。这个结果反映了位于这两条同源染色体上所具有的各个基因及其之间的距离和顺序,这就是连锁群。1913年A. H. Sturtevant首先在果蝇中测定了6个基因在X染色体上的排列顺序,获得了第一个连锁群。

②连锁群反映了生物染色体上各个基因的连锁关系,而不是控制相对性状的等位基因的情况。一种生物所具有的基因数目是一定的,相对稳定,而其等位基因的种类和数目是可变的,如有单倍体、同源二倍体、三倍体、四倍体等。连锁群恰好表现了这种稳定的遗传物质的存在状态。

③一种生物的连锁群数不会超过其单倍体的染色体数,有时少于单倍体染色体数,原因是没有完全测定出所有连锁群。

29.剂量补偿将就的X染色质失活假设(X染色质的莱昂假设)的主要内容是什么?此假说的依据是什么?

答：1961 年，英国的 M. F. Lyon 提出 Barr body 小体是 X 染色体失活而产生的。其假设的主要内容是：

①正常雌性哺乳动物体细胞中的两个 X 染色体之一在遗传性状表达上是失活的。

②失活的染色体是随机的。在同一个体的不同细胞中，失活的 X 染色体可来源于雌性亲本，也可来源于雄性亲本。

③失活现象出现在胚胎发育的早期（第 16 天），一旦出现则从这一细胞分裂增殖而成的体细胞克隆中失活的都是同一条染色体。

④雌性在伴性基因的作用上是嵌合体。某些细胞的来自父方的伴性基因表达；某些细胞来自母方的伴性基因表达，这两类细胞随机相嵌存在。

莱昂假说的依据：玳瑁色猫的遗传：X^BX^B 黑色，X^bX^b 黄色，而 X^BX^b 型由于不同体细胞的 X 染色体发生的异固缩不同，而形成玳瑁色。

30. 家庭中所有有血缘关系的男性都发病的遗传病为（　　）

A. AR　　B. AD　　C. XR　　D. XD　　E. Y 连锁遗传

答：E

31. 存在交叉遗传和隔代遗传的遗传病为（　　）

A. 常染色体显性遗传　　B. 常染色体隐性遗传

C. X 连锁显性遗传　　D. X 连锁隐性遗传　　E. Y 连锁遗传

答：D

32. 属于从性显性的遗传病为（　　）

A. 短指病　　B. 软骨发育不全　　C. 多指病　　D. Huntington 舞蹈症　　E. 早秃

答：E

33. 在果蝇中，有一品系对三个常染色体隐性基因 a、b 和 c 是纯合的，但不一定在同一条染色体上，另一品系对显性野生型等位基因 A、B、C 是纯合体，把这两品系交配，用 F_1 雌蝇与隐性纯合雄蝇亲本回交，观察到下列结果：

表型	数目	表型	数目
abc	42	abC	6
ABC	48	ABc	4
aBC	46	aBc	5
Abc	44	AbC	5

①问这三个基因中哪两个是连锁的？

②连锁基因间重组值是多少？（湖北大学，2009）

答：据题意：

①基因 B 与 C 连锁，基因 A 与基因 B、基因 C 自由组合。

②BC＝48＋46，bc＝42＋44，Bc＝4＋5，bC＝4＋6，重组值为 10%。

课后习题全解

1. 确定基因的连锁遗传必须用双隐性（或三隐性）亲本进行测交吗？利用双重杂合子的杂

交是否也可以得到连锁遗传的数据?为什么认为前者的方法优于后者?

答:确定基因的连锁遗传可以用双隐性亲本进行测交和双重杂合子的杂交得到连锁遗传的数据。

前者的方法优于后者的原因有:

①AaBb杂合体如果发生交叉互换,产生AB、ab、Ab、aB四种配子,双隐性亲本只产生ab一种,重组配子的基因型通过测交,直接显示在子代性状中,因为双隐性基因亲本不会遮挡任何显性基因。②如果采取AaBb自交,两个亲本的显性基因就有可能遮挡了交叉互换的作用表现。因为双重杂合子可能产生突变,杂合突变成纯隐性或纯显性,这样会给结果产生误差。

2. 为什么说染色体的遗传图是根据减数分裂时配对的染色体间交换发生的平均数来确定的?

答:遗传图谱都是根据重组率来确定的,重组率由交换值来估计,交换值是指两个基因(遗传标记)只见发生交换的频率,而这个频率由两个基因间交换发生的平均数来确定。再减二分裂的时候,有一对同源染色体交叉互换;而几率是不确定的,如配对也不确定,因此用平均数。

3. 某染色体图 $A \xleftrightarrow{2.5} B \xleftrightarrow{3.6} C$(A 与 C 之间 6.0)3个基因间的数字是什么含义?绘制染色体图为什么不能以 $A \xleftrightarrow{2.5\%} B \xleftrightarrow{3.6\%} C$(A 与 C 之间 6.0)方式表示?

答:①A与B的图距是2.5cM,B与C的图距是3.6cM,A与C的图距是6.0cM。

②染色体图中的图距是以1%重组率去掉其百分率的数值来定义为一个图距单位,故染色体图中的图距不能以百分数来表示。

4. 一种基因型为AB/ab的植物与ab/ab杂交。如果这两个座位相距10cM,则后代中有多少AaBb型?

答:据题意:P:AB/ab×ab/ab,两基因间的交换值是10%,求:子代中AaBb比例?两对杂合体与双隐性纯合体测交,子代AaBb是来自AB与ab配子的结合,AaBb的比例为:(1−0.1)/2=0.45。

5. 杂交EEFF×eeff,F_1 再与隐性亲本回交。后代的基因型就可以从表型上推断出来。后代的基因型也可视为杂合的亲本的配子的贡献,比例如下:EF2/6,Efl/6,EFl/6,ef2/6。请解释这些结果。

答:据题意:EEFF与eeff杂交,F_1:EeFf与eeff进行测交,测交子代出现:EF2/6、Efl/6、EF[1]/6、ef2/6。测交子代表现不完全连锁特点:重组值=1/6+1/6=1/3=33.3%。

6. 粗糙脉孢菌的一种菌株(基因型为HI)与另一种菌株(基因型为hi)杂交,一半的后代HI型。另一半的后代为hi型。请解释该结果。

答:据题意:HI×hi→1/2 HI;1/2 hi。子代只有亲组合,无重组合,说明两基因表现完全连锁。

7. 人类常染色体基因N能导致指甲和髌骨的异常,称为指甲-髌骨综合征。一个患此症的A型血的人和一个正常的是O型血的人结婚。生的孩子中有的是A型血的该病患者。假定没有亲缘关系,但都具有这种表型的孩子 F_1 长大,并且互相通婚一些第二代的这些孩子中间,一些表型的百分比如右:

甲-髌骨综合征	A型	66%
正常	O型	16%
正常	血型	9%
甲-髌骨综合征	O型	9%

分析数据,解释上述4种表型频率的差异。

答:据题意:两基因连锁,两基因间的交换值=20%。

+	+	+	364
a	b	c	365
a	b	+	87
+	+	c	84
a	+	+	47
a	+	c	5
+	b	+	4

8. 一个果蝇家系，对隐性体细胞等位基因 a、b、c 是纯合的，这 3 个基因以 a、b、c 的顺序连锁。将这种雌性果蝇和野生型雄性果蝇杂交。F_1 的杂合子之间相互杂交，得到 F_2 如左图所示：

①a 与 b，b 与 c，a 与 c 间的重组频率是多少？

②并发系数是多少？（湖北大学，2009）

答：根据题意：a—b 重组值为 10%，

b—c 重组值为 18%，

并发系数为 0.5。

9. 玉米的第 3 号染色体有 3 个基因座，分别是等位基因 b 和 b^+、v 和 v^+，y 和 y^+。加号“+”表示野生型。与之相对应的隐性表型简写为 b(深绿色叶片)、v(淡绿色)、y(无叶舌)。将 $F_1$3 个基因的杂合体植株与 3 个基因的隐性体植株进行测交，后代的表型如右图所示：

计算基因的图距和作染色体图，求并发系数。

+	v	y	305
b	+	+	275
b	+	y	128
+	v	+	112
+	+	y	74
b	v	+	66
+	+	+	22
b	v	y	18

答：据题意用中间位点法确定基因顺序：

v __b__ y

v—b 交换值：(74+66+22+18)/1 000=18%

b—y 交换值：(128+112+22+18)/1 000=28%

染色体图：v __18__ b __28__ y。并发系数为 0.79。

x^+	y^+	z^+	雌	1 010
x	y^+	z	雄	430
x^+	y	z^+	雄	441
x	y	z	雄	39
x^+	y^+	z	雄	32
x^+	y^+	z^+	雄	30
x	y	z^+	雄	27
x^+	y	z	雄	1
x	y^+	z^+	雄	0

10. 假定果蝇中有 3 对等位基因：xx^+，yy^+，zz^+。每一个非野生型的等位基因对野生型的相应基因均为隐性。雌性三杂合子与野生型的雄性杂交。后代按雌配子的基因型分类统计如左图所示：

①这些基因在果蝇的哪条染色体上？

②画出杂合子雌性亲本的有关染色体图（标明等位基因的排列顺序和图距）。

③计算并发系数。

答：据题意：①3 个基因位于 X 染色体上；

②杂合体雌性亲本的两条 X 染色体图为：__X^+Z^+Y__，__X Z Y^+__，3 个基因的顺序和图距为：X __6__ Z __7__ Y。

③并发系数为 0.24。

11. 假设 Spock 先生的父亲是来自火星的星际飞船“企业号”的船长，他母亲是地球人。火星人有尖耳朵（由等位基因 P 决定）、无肾上腺（由等位基因 A 决定）、心脏靠右（由等位基因 R 决定）。这 3 个基因对于地球上相应的基因是显性，这 3 个基因座是在常染色体上，它们的连锁图如下：

P —15— A —20— B

如果说 Spock 先生与一位地球人结婚．不考虑干涉，则他们的孩子中有多少是

①3 个性状都像火星人；

②3个性状都像地球人;

③火星人的耳朵和心脏,但是地球人的肾上腺;

④火星人的耳朵。但是地球人的心脏和肾上腺。

答:①他们孩子中,3个性状都像火星人的概率为34%;

②他们孩子中,3个性状都像地球人的概率为34%;

③他们孩子中,3个性状是火星人的耳朵和心脏,地球人的肾上腺的概率为1.5%;

④他们孩子中,3个性状是火星人的耳朵;地球人的心脏和肾上腺的概率为6%。

12. 某种植物(二倍体)的3个基因座位A、B、C的连锁关系如下:

A　　　B　　　　　C

|← 20 →|←　30　→|

现有一亲本植株,其基因型为Abc/aBc。

①假定没有干涉,如果植物自交,后代中有多少是abc/abc?

②假定没有干涉,如果亲本植物与abc/abc杂交,后代基因型如何?

③假定有20%的干涉,则问题(b)的结果又如何?

答:据题意:

①无干涉时:自交子代中约有5个为abc:/abc。

②无干涉时:ABc、abC:两种类型各有30个;

ABC、abc两种类型各有70个;

AbC、aBc两种类型各有120个;

Abc、aBc两种类型各有280个。

③干涉=0.2时:ABc、abC两种类型各有24个;

ABC、abc两种类型各有76个;

AbC、abe两种类型各有126个;

Abc、aBC两种类型各有276个。

13. 人的色盲基因和血友病基因都在X染色体上,它们之间的重组频率大约是10%。利用一无害基因与致病基因的连锁关系,可以做遗传诊断。这里给出的是某个系谱的一部分。黑色的符号表示该个体有血友病,叉号表示该个体有色盲症。个体Ⅲ$_4$和Ⅲ$_5$谱的儿子有血友病的概率有多大?

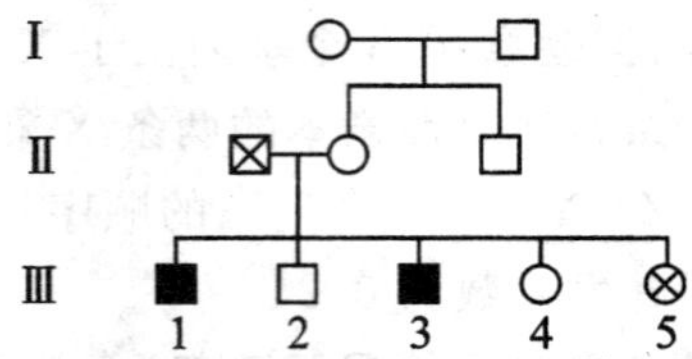

答:据题意分析,Ⅲ$_4$的儿子患血友病的概率为5%,Ⅲ$_5$的儿子患血友病的概率为45%。

第六章 真核生物的遗传分析

考点综述

本章内容为考试重点。在名词解释、判断、选择题、简答和论述题等各种题型中都出现过。要求考生掌握基因组特点、基因组复杂度、四分子分析、基因转变、基因的扩增，转录物组、同线分析、减数后分离、基因删除、基因重排、沉默子、丢失与重排、遗传标记真核生物基因组的结构特点、理解 C 值悖理和 N 值悖理的内容和实质；真核生物基因组 DNA 序列的种类及特征、基因家族的类型及特点、常见的基因家族；真菌类的四分子分析与作图；真核生物重组的分子机制；基因转变及其分子机制；体细胞交换、体细胞融合与基因定位；真核生物基因的删除与扩增及重排等。

名师串讲

本章主要内容包括：

1. 真核生物的基因组

真核生物的基因组；C 值悖理；N 值悖理；真核生物基因组 DNA 序列的复杂度，真核生物重复序列的检测方法及原理；DNA 序列的类型；卫星 DNA。

2. 真菌类的四分子分析与作图

真菌中的粗糙脉孢菌的子囊孢子在子囊中线性排列的顺序，与处在减数分裂中期赤道板上的染色单体的排列顺序完全一致，因此可以对一次减数分裂事件的所有产物做回收和研究，称为四分子分析。进行着丝粒作图需要判别某基因的分离是 MⅠ或 MⅡ的结果，因 MⅠ表示该基因座与着丝粒之间未发生交换，而 MⅡ是交换的结果，显然 MⅡ的频率是该基因座与着丝粒之间图距的反应。

3. 真核生物重组的分子机制

真核生物中的同源重组是发生在细胞减数分裂时两条染色单体的交换过程中。每条染色单体是一个双链 DNA 分子，所以二价体含有 4 个双链 DNA 分子，重组是一条姐妹染色单体的双链 DNA 与同源染色体的一条姐妹染色单体双链 DNA 相互作用。

4. 基因转变及其分子机制

双链断裂与单链断裂二者主要区别是：前者交换是对称的，而且在重组过程中不存在 DNA 复制；后者交换是不对称的，并有 DNA 片段的复制，但二者都有异源双链 DNA 和 Holliday 中间结构的形成。Holliday 结构的解离方式决定重组是剪接重组体或是补丁重组体。无论双链断裂的切口两端的基因是否发生重组，缺口中的异源 DNA 序列都会发生基因转变。

5. 体细胞交换与基因定位

基因定位一般是通过有性生殖过程中细胞减数分裂前期，同源染色体之间基因的重组频率来确定基因的位置。

6. 体细胞融合与基因定位

在有丝分裂过程中一般不发生基因重组,所以在无性繁殖的生物中无法通过重组进行基因定位,但有些真菌体细胞可以发生重组而形成重组体,根据体细胞交换产生各类分离子的规律来推断基因的位置和它们之间的距离。

7. 真核生物基因的删除与扩增及重排

某些动物在个体发育过程中,体细胞常丢掉整条或部分染色体,只有将分化形成生殖细胞的那些细胞一直保留全部染色体,这种现象称为基因删除。有些生物的基因组内某些基因的拷贝大量复制,这种现象称为基因扩增。基因删除、基因扩增、DNA 分子核苷酸序列的重排等这些作用不仅调节基因的表达,调节分化与发育,还可形成新基因。

名词术语解释

1. **真核细胞(eukaryotes)**:有核膜包围的完整细胞核结构的细胞。多细胞生物的细胞及真菌类,单细胞动物多属于这类细胞。

2. **基因组(genome)**:一个物种单倍体的染色体的数目及其所携带的全部基因被称为该物种的基因组。(或:有机体或细胞中的所有 DNA,包括核中的染色体和线粒体中的 DNA。)

3. **C 值(C value)**:一个物种单倍体基因组的 DNA 含量是相对恒定的,它通常称为该物种 DNA 的 C 值(即生物单倍体基因所含的 DNA 总量)。不同物种的 C 值差异极大,最小的 C 值是支原体(myoplasma),小于 10^6。bp,最大的是某些显花植物和两栖动物的 C 值可达 10^{11} bp。

4. **C 值悖理(C value paradox)**:物种的 C 值和它进化复杂性之间没有严格的对应关系,这种现象称为 C 值悖理。

5. **基因家族(gene families)**:真核生物的基因组中有许多来源相同、结构相似、功能相关的基因,这样的一组基因称为一个基因家族。

6. **单拷贝序列(unique sequence)**:亦称非重复序列(nonrepetitive sequence),在一个基因组中只有一个拷贝或 2～3 个拷贝。真核生物的大多数基因在单倍体中都是单拷贝的。

7. **中度重复序列(moderately repetitive sequence)**:中度重复序列中的重复单份平均长度约 300 bp,重复次数为 10～10^2,如人的珠蛋白(红血蛋白)基因属于这种少量重复序列。假基因也属于少量重复序列。另一类中度重复序列的重复次数为 10^3～10^5,该序列常以回文序列方式出现在基因组的许多位置上。

8. **高度重复序列(highly repetitive sequence)**:在基因组中存在大量拷贝的序列,一般重复次数在 10^6 以上。通常这些序列的长度为 6～200 bp,如卫星 DNA,这些重复序列大部分集中在异染色质区,特别是在着丝粒和端粒附近。

9. **卫星 DNA(satellite DNA)**:是一类高度重复的 DNA 序列,在主要 DNA 带的前面或后面有一个次要的 DNA 带相伴随,这些小的区带就像卫星一样围绕着 DNA 主带,故称卫星 DNA。

10. **隐蔽卫星 DNA(cryptic satellite DNA)**:复性动力学鉴定发现高度重复的 DNA 与卫星 DNA 一样,具有串联集中分布的特点。因此有时把这种高度重复序列称为隐蔽卫星 DNA。

11. **假基因(pseudogene)**:在多基因家族中,某些成员并不产生有功能的基因产物,但在结构和 DNA 序列上与有功能的基因具有相似性,这种成员称为假基因。

12. **基因簇(gene cluster)**:一个基因家族的成员紧密连锁成簇状排列在某一染色体上。

13. **染色体的单线性(mononemy)**:在真核细胞中每条染色体由一个DNA分子组成,即一个DNA分子从染色体一端连续地走向另一端,这就是染色体的单线性。

14. **基因丢失(gene elmination)**:通过丢失染色体,丢失某些基因而去除这些基因的活性的现象称为基因丢失。

15. **细胞分化的全能性(totipotency)**:高等植物各种组织和器官的细胞都具有脱分化和再分化而发育成完整个体的潜在能力称为细胞分化的全能性。

16. **基因扩增(gene amplification)**:指基因组内某些基因的拷贝数专一地大量增加的现象。

17. **基因重排(gene rearrangement)**:指DNA分子核苷酸序列的重新排列,这些序列的重排不仅可形成新的基因,还可调节基因的表达。

18. **家族性状(familial trait)**:由一个家族的成员显示出的性状,有的是遗传的,有的是环境造成的,如饮食造成的肥胖。

19. **基因重组(genetic recombination)**:通过两个不同基因型的亲本产生的后代中基因产生重组的过程,如亲本AB和ab产生Ab和aB的后代。

20. **核小体(nucleosome)**:真核生物染色体的基本结构单位,由八聚体组蛋白和盘绕在组蛋白上的DNA(共200bp)及连接DNA构成。

21. **核小体核心颗粒(nucleosome core particle)**:146 bp DNA片段与八聚体组蛋白结合的复合体。

22. **串联重复序列(tandem repeat sequences)**:染色体上相同碱基序列出现多个拷贝,这些相同序列在物理图谱上通常作为标记使用。

23. **小卫星DNA**:是一些重复单位在11~60 bp,总长度由数百到数千碱基组成的串联重复序列,主要存在于染色体靠近端粒(telomere)处,在不同个体间存在串联数目的差异,因此,如果用在重复序列小没有切点、而在重复序列两侧有切点的限制性内切酶切,则切割下来的片段将由于所包含的重复序列的数目不同而出现长度的变化。

24. **微卫星DNA**:微卫星DNA又称为短串联重复(short tandem repeat,STR),它们的多态性又称为简单序列长度多态性(simple sequence length polymorphism,SSLP)。这是一类由1~5个核苷酸为重复单位组成的长达几十个核苷酸的串联重复序列。同一类的微卫星DNA可分布于整个基因组的不同位置上。

25. **基因组克隆(genomic clones)或染色体DNA克隆(chromosomal DNA clones)**:一个克隆内的每个细胞的载体上都含有特定的基因组DNA片段,这样的一套克隆就称为基因组克隆(genomic clones)或染色体DNA克隆(chromosomal DNA clones),其中克隆的一套基因组片段就称为基因组文库(genome library)。

26. **双核体(dicaryon)**:指含有两个核的细胞、孢子或菌丝细胞等。这两个核通常是由遗传性不同的染色体组所构成,可以说是异核体的一种。双核体是由含有不同接合型的核的细胞融合而成。这种形成过程称为双核化(dicar-yotization,dikaryotization)。双核体无论在遗传上还是在生理上都与二倍期相似,但两个核互相具有亲和性,各自具有不同的作用。这样的核相称为双核期(dicaryophase,dikaryophase)。在子囊菌中,当子囊在产囊丝内形成时,可以看到双核体。在担子菌中,双核体被称为双核菌丝,它连续进行无性繁殖,在一定条件下形成子实体,两个核在担子内融合后发生减数分裂,成为担孢子,产生单核菌丝。在担子菌的双核体中,两个核进行偶联分裂(conjug－ate division),通过锁状结合的形成,而正确地保持着两核状态。用显微手术或药物处理能够人工造成单核化,但自然界中也有产生单核粉孢子的单核化种类。

27. **Alu 族**:人类基因组中长度约为 300bp 的弥散性中度重复序列,每一序列的两端皆有 Alu 切点。哺乳动物也有类似序列。

28. **探针(probe)**:是一种标记的可以用检测目的基因的 RNA 或 DNA 分子,并且它们只能同目的基因特定序列进行碱基配对。它们同目的基因杂交之后,可以通过放射自显影或其他技术检测出来,从而达到分离或检测的目的。

29. **非顺序四分子(unordered tetrad)**:某些真菌的每一个子囊中的 8 个子囊孢子的排列是杂乱无序的。

30. **四型(tetratype,T)**:真菌的两对基因杂交时,只考虑杂交子代中性状组合的四分子类别时,有 4 种基因型,其中两种与亲代相同,两种为重组型的子囊型。

31. **顺序四分子(ordered tetrad)**:粗糙链孢霉减数分裂后形成的孢子在子囊中有序排列,反映了减数分裂时四分体时期 4 条姐妹染色单体的相对位置,可用于特定位点对着丝粒的遗传作图。

32. **四分子分析(tetrad analysis)**:一次减数分裂的四个子细胞称为四分子,对四分子进行遗传学分析称为四分子分析。

33. **基因转变(gere conversion)**:又称基因转换。同源重组时,由于错配修复,导致生成非交互性重组链,将一个等位基因转换成另一等位基因的现象。如,在染色体倍性不发生变化或不存在重复基因的情况下,子囊菌的四分体中所出现的基因不规则分离现象、四分体是子囊菌减数分裂的产物,在子囊中常以一定的顺序排列(见连锁和交换)。

34. **转录物组(transcriptome)**:在某个细胞或某种类型的细胞中转录产生的整套 mRNA 和各种非编码的 RNA 的总称。

35. **减数后分离(post－meiotic segregation)**:亦称半染色单体转变(half－chromatid conversion)。子囊菌减数分裂的 4 个产物中的一个产物的一半或两个产物的各一半出现基因转变的现象。因为在 5∶3 或 3∶1∶1∶3 的分离中,基因转变只影响半个染色单体,分离一定发生在减数分裂后的有丝分裂过程中,故称减数后分离。

36. **负干涉(negative interference)**:当两个基因非常邻近时,特别是在同一个基因的不同突变位点之间,双交换的频率比预期高,使并发系数(C)大于 1 的现象,其本质是基因转变的结果。

37. **极化子(polaron)**:基因转变不仅是有方向的,而且是有极性的,愈接近单链断裂点的位置愈容易发生基因转变。从断裂起点开始,基因转变的频率由高到低形成一个梯度,在染色体上呈现基因转变极化现象的这样一个区域称为极化子。有时一个极化子就相当于一个基因。

38. **同线分析(synteny analysis)**:体细胞杂交产生的杂种细胞中,同一染色体上的基因称为同线的,将连锁分析原理用于判定杂种细胞中两个基因是否在同一条染色体上的方法称为同线分析。如两基因在同一染色体上,它们的分离是同步的,否则它们之间将会随机组合。

39. **基因删除(gene elimination)**:通过丢失某些染色体或染色体片段,从而删除了相应基因的活性。在某些生物的个体发育过程中,只有生殖细胞保留全套染色体,而在体细胞中只保留少数染色体,这种现象也称为染色体消减(chrosomal elimination)。

40. **基因扩增(gene amplification)**:基因组内某些基因的拷贝数专一地大量增加的现象。其本质是通过差别基因复制(differential gene replication)而完成的。即通过从染色体切除基因的重复序列再在质粒中进行染色体外复制或通过将核糖体 RNA 的全部重复序列生成 RNA 转录物再转录生成原来 DNA 分子的额外拷贝。

41. **均匀染色区(homogeneously staining region,HSR)**:染色体某区段出现均匀无带纹的浅染区,为基因重复扩增的产物,在光学显微镜下可以观察到。

42. **沉默子(silencer)**:亦称沉默基因(silent gene),帮助降低或关闭邻近基因表达活性的一段 DNA 顺式元件。

43. **活性盒(active cassettes)**:在酵母交配型转换的盒式模型中 MAT 基因座上的等位基因 MATa 与 MATα 的中心序列,具有启动基因活跃表达与超敏感位点。

44. **沉默盒(silent cassettes)**:与酵母交配类型的转变相关的序列 HMLa 和 HMRα 位于 MAT 左有两侧的同源区,在一般情况下都不表达,故称沉默盒。

经典考题汇编

1. 基因簇和基因家庭是如何形成的? 怎样才能维持重复序列的同一性?

答:①DNA 重复是进化的主要动力之一。多种机制可以引发基因组内产生重复:复制或重组中的错误可增加串联重复;染色体易位可引发复制序列分离;转座子也可直接在转座位点附近产生重复。重复单位可以是完整的基因或一系列外显子,甚至是单个外显子。当重复单位是一个完整的基因时,重复产生该基因完全相同的两个活性拷贝,但不同拷贝随后分别积累不同的突变。基因簇(gene cluster)少则仅由重复产生的两个相邻的相关基因组成,多则可以是几百个相同基因串联排列而成。由同一祖先基因重复和变异产生的一系列基因称为基因家族(gene family)。

②成簇排列是维持基因间同一性(identity)的必要因素。

2. 说出几个能证明染色体含有 DNA 的实验。一条真核细胞的染色体中含有多少 DNA 分子?

答:①能证明染色体含有 DNA 的实验:

(a)纯化的染色体可用生化方法或分光光度计法来证明它含有 DNA;

(b)Feulgen 反应在有丝分裂时能专门对染色体 DNA 显色;

(c)在有丝分裂时,应用显微分光光度计测定染色体的紫外光谱,与纯 DNA 的光谱近似。

②一条真核细胞的染色体中含有一个 DNA 分子。

3. 请扼要说明聚合酶链反应(the polymerase chain reaction,PCR)的基本原理。

答:PCR 技术是美国 Getus 公司人类遗传研究室的科学家 K. B. Mullis 于 1983 年发明的一种在体外快速扩增特定基因或 DNA 序列的方法,故又称为基因的体外扩增法。它可以在试管中建立反应,经数小时之后,就能将极微量的目的基因或某一特定的 DNA 片段扩增数万倍,乃至千百万倍,而无需通过繁琐费时的基因克隆程序,便可获得足够数量的精确的 DNA 拷贝,所以有人亦称之为无细胞分子克隆法。

PCR 技术快速敏感,简单易行,其原理并不复杂,与细胞内发生的 DNA 复制过程十分类似。首先是双链DNA分子在临近沸点的温度下加热时便会分离成两条单链的DNA分子，然后DNA聚合酶以单链DNA为模板并利用反应混合物中的四种脱氧核苷三磷酸(Dntp)合成新生的DNA互补链。此外，DNA聚合酶同样需要有一小段双链DNA来启动("引导")新链的合成。因此，新合成的DNA链的起点，事实上是由加入在反应混合物中的一对寡核苷酸引物在模板DNA链两端的退火位点决定的。这是PCR的第一个特点，即它能够指导特定DNA序列的合成。

在为每一条链均提供一段寡核苷酸引物的情况下，两条单链DNA都可作为合成新生互补链的模板。由于在PCR反应中所选用的一对引物，是按照与扩增区段两端序列彼此互补的原则设计的，因此每一条新生链的合成都是从引物的退火结合位点开始，并沿着相反链延伸。这样，在每一条新合成的DNA链上都具有新的引物结合位点。然后反应混合物经再次加热使新、旧两条链分开，并加入下轮的反应循环，即引物杂交DNA合成和链的分离。PCR反应的最后结果是，经几次循环之后，反应混合物中所含有的双链DNA分子数，即两条引物结合位点之间的DNA区段的拷贝数。这就是PCR技术的第二个特点，即使特定的DNA区段得到了迅速大量的扩增。

4.简述顺序四分子在遗传分析上有很多优越性：

答：①可以把着丝粒作为一个座位，计算某一基因与着丝粒的重组率，即着丝粒作图。

②子囊中子囊孢子的对称性，证明减数分裂是一个交互过程。

③可以检验染色单体的交换有否干涉现象，还可利用它来进行基因转变的研究。

证明双交换不仅可以包括4线中的两线，而且可以包括3线或4线。

5.作为遗传物质，染色体具有哪些特征？与原核类相比，真核生物基因组有什么特点？

答：①染色体具有自我复制与相对稳定性，在有丝分裂和减数分裂中有规律地进行分配的特征。原核生物的染色体如细菌，其化学成分主要为DNA。基因组比较简单，由于细菌细胞的DNA比它的细胞的直径长得多，因此细菌的DNA也是以一种精确折叠以致超螺旋(supercoils)环状结构组装形成染色体的。真核生物的染色体就复杂得多，除了DNA核心之外，还有蛋白质和DNA组成的线性复合结构，细胞中每条染色体由一个DNA分子组成(即一个DNA分子从染色体一端连续地走向另一端)。染色体在细胞分裂间期是以染色质的形式存在，当细胞处于有丝分裂或减数分裂过程中，染色质凝聚(chromatin agglutination)而成为棒状结构——染色体。显然两者的区别并不在于化学组成上的差异，而是不同细胞周期中构型的差异。在真核细胞的细胞周期中大部分时间是以染色质的形态存在的。

②与原核类相比，真核生物基因组的特点是：

(a)真核生物基因组大部分位于细胞核中，一般由多条染色体组成，每条染色体又是由DNA分子与蛋白质稳定地结合成染色质的多级结构。

(b)每条染色体的DNA分子具有多个复制起点，基因内存在着不表达的插入序列，即内含子。功能上密切相关的基因集中程度不如原核生物，在真核生物中尚未见到有关操纵子的报道。

(c)存在大量不编码蛋白质的DNA序列，如果蝇的基因数估计约为5 000个，占基因组DNA序列的10%左右，人的基因数推测为50 000个、约占基因组DNA序列的1%。

(d)真核生物的蛋白质编码基因往往位于基因组 DNA 单拷贝序列中，除单拷贝序列外还存在大量重复序列(repeat sequence)，重复序列的拷贝数右高达百万份以上，在人的基因组中，至少具有 20 份拷贝的 DNA 可占总 DNA 的 30%左右。

(e)真核生物基因组中，有许多结构相似、功能相关的基因组成所谓的基因家族(gene families)。同一基因家族的成员可以紧密地排列在一起，成为一个基因簇。也可以分散在同一染色体的不同部位，或位于不同的染色体上。

(f)真核生物除了主要的核基因组外，还有细胞器基因组，而且细胞器基因组对生命是必需的，不像原核生物质粒 DNA 基因对细菌生存不是必须的。大多数动物细胞只有线粒体基因组，而植物细胞既有线粒体又有叶绿体基因组，在线粒体和叶绿体中，除纤毛虫线粒体 DNA 为线状以外，其余均为环状的非重复 DNA 序列。一个细胞器中一般含几个或几十个相同的 DNA 分子，并含有一些重要的基因。

6. 真核生物的结构基因为什么不能在原核生物中很好地表达?

答:① 在真核细胞中，一条成熟的 mRNA 链只能翻译出一条多肽链，很少存在原核生物中常见的多基因操纵子形成。

② 真核细胞 DNA 与组蛋白和大量非组蛋白相结合，只有一小部分 DNA 是裸露的。

③ 真核细胞 DNA 中很大部分是不转录的，真核细胞中有部分由几个或几十个碱基组成的 DNA 序列。在整个基因组中重复几百次甚至上百万次。此外，在部分真核细胞的基因中间还存在不被翻译的内含子。

④ 真核生物能够有序地根据生长发育阶段的需要进行 DNA 序 重排，还能在需要时增加细胞内某些基因的拷贝数。

⑤ 在原核生物中，转录的调节区都很小，大都位于转录起始位点上游不远处，调控蛋白结合到调节位点上可直接促进或抑制 RNA 聚合酶对它的结合。在真核生物中，基因转录的调节则大得多，它们可能远离核心启动子达几个甚至上千个碱基对。

⑥ 真核生物的 RNA 在细胞核中合成，只有经转运穿过核膜，到达细胞质后，才能被翻译成蛋白质，原核生物中不存在这样严格的空间间隔。

⑦ 真核生物的基因只有经过复杂的成熟和剪接过程才能被顺利地翻译成蛋白质。

课后习题全解

1. 重组极性杂合 DNA 模型中的异常分离现象最早是在酵母不同交配型 A×a 的杂交中发现的。合子减数分裂产生的 4 个子囊孢子除了正常的 2A∶2a 分离外，出现了 3A∶1a 或 1A∶3a 的分离。试用某种 DNA 重组模型加以说明，并附图解。

答:据 Holliday 模型在对称的异源双链区存在着不配对碱基，形成两个杂种分子，细胞内的修复系统对其进行切除修复，有以下两种方式:

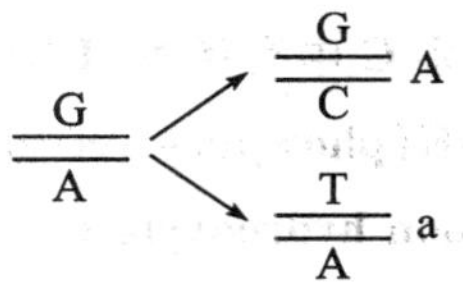

G/A → G/C (A)
G/A → T/A (a)

交换后形成异源双链区,由于基因转变可产生如下几种类型:

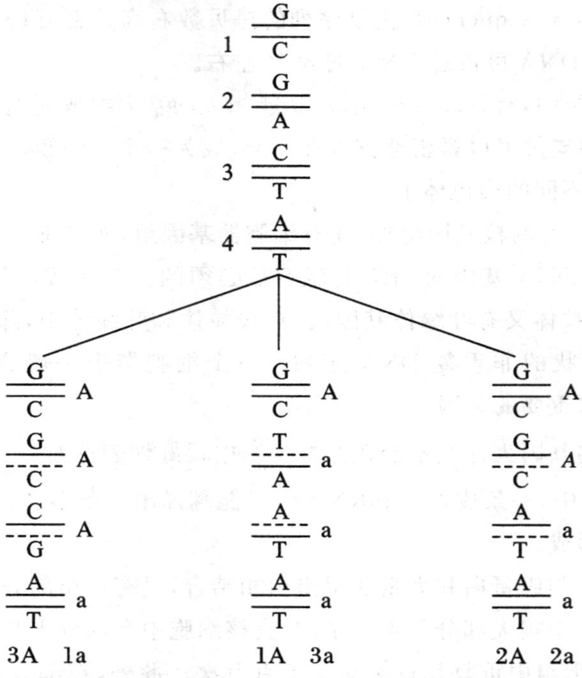

2. 子囊菌纲的一种真菌 *Ascobulus* 的一些突变产生浅色子囊孢子,称为 a 突变体。不同 a 突变体进行了以下的杂交,观察具有黑色野生型子囊孢子的子囊,杂交中出现的黑色孢子的基因型如下:

$a_1 \times a_2$		$a_1 \times a_3$		$a_2 \times a_3$	
↓		↓		↓	
a_1	+	a_1	+	a_2	+
+	+	a_1	+	a_2	+
+	a_2	+	+	+	+
+	a_2	+	a_3	+	a_3

试说明这些结果。a_1,a_2 和 a_3 这 3 个突变位点的可能次序如何?

答:据题意有:

基因转变的发生:在 $a_1 \times a_2$ 中,a_1 发生转变(1∶3);在 $a_1 \times a_3$ 和 $a_2 \times a_3$ 中,a_3 发生转变,这里显然有极性。

a_1,a_2 和 a_3 中 3 个突变位点的可能次序为:$a_3 \rightarrow a_1 \rightarrow a_2$。

3. 下图表示人-鼠杂种无性系以及它们所包含的人类染色体。检验了人的 4 种酶:TK(thymidine—kinase,胸腺激酶),只在无性系 C 中有活性;LDH(lactate dehydrogenase,乳酸脱氢酶),在 A、B、C 3 个无性系中都有活性;PGK(phos-phoglycerate Kinase,磷酸甘油酸激酶),在无性系 A 和 C 中有活性,AHH(aryl hydrocarbon hydrooxylase,芳烃羟化酶),在无性系 B 中有活性。判断编码上述酶的基因所在的染色体。

无性系	人的染色体			
	X	2	11	17
A	+	−	+	−
B	−	+	+	−
C	+	−	+	+

答：据题意：TK 在第 17 染色体上，LDH 在第 11 染色体上，AHH 在第 2 染色体上，PGK 在 X 染色体上。

4. 用体细胞杂交技术研究杂种克隆中染色体与人类 4 种酶的关系，得到下列结果。指出这 3 条染色体上的基因与 4 种酶的关系。

		杂种克隆				
		A	B	C	D	E
4 种酶	Ⅰ	−	+	−	−	−
	Ⅱ	+	−	−	+	−
	Ⅲ	+	+	−	−	−
	Ⅳ	+	−	−	+	−
人类染色体	1	−	+	−	+	−
	2	+	−	−	+	−
	3	−	−	+	+	+

答：据题意：染色体上的基因控制了酶的合成。其中第 2 条染色体的基因控制了第Ⅱ和Ⅳ种酶的合成，第 1 条染色体上的基因控制了第Ⅰ种酶的合成，而第Ⅲ种酶与 3 条染色体都无关。

5. 对某人的两个 *β*—珠蛋白基因（每个来自 11 号染色体中的一条）的 DNA 测序表明其中一个基因有突变。如果仅有这个信息，此人是否担心成为遗传病的携带者并遗传给他的孩子？还需要得到哪些信息来判断其危险性？

答：据题意：

这要看是隐性遗传还是显性，还有看是基因的哪个位点的突变（密码子第三位一般不影响蛋白功能）。

基因中存在突变并不一定意味着它所表达的蛋白质就是有缺陷的。如有的密码子突变后仍编码同一氨基酸，并不改变蛋白质的氨基酸序列，或者突变后改变了氨基酸，但此氨基酸所处的位置对蛋白质折叠或功能不重要。这样也不会有什么影响或影响不大。在确定这种突变导致有缺陷的蛋白质的可能性时，必须知道已发现的人类 β—珠蛋白突变的信息，根据此人所携带的突变基因核苷酸序列的确切的改变可预测对编码蛋白质功能的影响。另外，如此人的配偶有两份正常 β—珠蛋白基因拷贝，那么他所有的孩子都不会因有缺陷的血红蛋白而患地中海贫血症，但平均有一半孩子将是缺陷基因的携带者。

6. 在脉孢菌的单倍体中，假设两个 Val 合成的基因 $Val-1^+$ 和 $Val-2^+$，它们的突变等位基因是 Val—1 和 Val—2，这两个基因连锁，平均两次减数分裂中在它们之间发生一次交换。那么：① 该两基因之间未发生交换的减数分裂的比例是多少？② 两个基因之间重组率是多少？③ Val—1 $Val-2^+$ × $Val-1^+$ Val—2 杂交后代放在 Val 的平板上，有多少比例的后代能生长？

④ Val－1 Val－2^+ 品系积聚的中间成分是 B,而 Val－1^+ Val－2 品系积聚的中间成分是 A. Val－1 Val－2^+ 品系在有 Val 或 A 的平板上生长,但 Val－1^+ Val－2 品系仅在有 Val 平板上生长,不能在有 B 的平板上生长。说明 Val 的合成途径及基因控制的位置。

答:据题意有:

① 两基因之间未发生交换的减数分裂的比例是 60 %;

② 两个基因之间重组率是 20%(20 mu);

③ 后代能生长的有 10%;

④ B→A→Val—2。

7. 4 基因的杂合子 AaBbCcDd 与 aabbccdd 测交,得到的 1000 个子代,根据其杂合亲本配子的贡献归类如下:

abcd	42
abcd	43
abcd	140
abcd	145
abcd	6
abcd	9
abcd	305
abcd	310

①哪些基因是连锁的?

②如果该杂合子是由两个纯系杂交产生的,它们的基因型是什么?

③画连锁基因的连锁图。

④计算并发系数。

答:据题意:

①4 个基因均连锁。

②和③图谱为: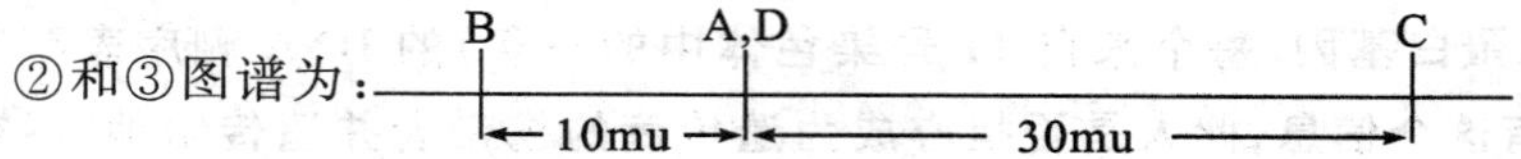

实际上亲本染色体为 B(A,d)c/b(a,D)C,其中括号里的基因顺序未知。

④并发系数为 0.5。

8. 在粗糙脉孢菌中进行 al－2^+ 与 al－2 杂交,顺序四分子分析显示发生第二次分裂分离的比例为 8%。

①画出该杂交中第二次分裂分离的两种四分子模式。

②该 8%的数值能告诉你什么信息?

答:据题意:

①第 1 种:+,+,al－2,al－2,+,+,al－2,al－2

第 2 种:al－2,al－2,+,+,al－2,al－2,+,+

②al－2 基因与着丝粒之间的重组率为 4%,即二者之间的遗传图距为 4 cM。

第七章　细菌的遗传分析

考点综述

本章内容为考试重点。在名词解释、判断、选择题、简答和论述题等各种题型中都出现过，①细菌的基因组；②细菌的表现型；③大肠杆菌的性别；④细菌的有性杂交；⑤中断杂交与重组作图；⑥性导。要求考生掌握细菌的细胞和基因组；大肠杆菌的突变型、筛选及性别；中断杂交与重组作图；F′因子与性导；转化与转导作图。考试常常涉及的内容有细菌的突变类型与重组作图；细菌的性别；细菌的转化与转导作图。要求学生掌握 *E. coli* 的性别特性和重组特征，重组作图的方法，性导、转导、转化的概念，转导作图的方法。了解细菌染色体的存在形式，细菌中断杂交的原理，熟悉 *E. coli* 的突变类型等。

名师串讲

本章主要内容包括：

1. 细菌的细胞和基因组

细菌是原核生物，无核膜(拟核)，基因组多为一条环状双链 DNA 分子。

2. 大肠杆菌的突变型及其筛选

大肠杆菌具有不同交配型和多种突变型，为基因定位与基因功能的研究奠定了基础。

3. 细菌的结合与染色体作图

大肠杆菌的细胞根据是否含 F 因子(又称性因子)和 F 因子存在状态而分为三种类型 F^+ 细胞，F^- 细胞和 Hfr 细胞。

4. 中断杂交与重组作图

$F^+ \times F^-$ 使 F^- 变为 F^+，Hfr×F^- 导致两个细胞基因组之间的重组，中断杂交作图是根据该原理进行的基因定位。

5. F′因子与性导

F′因子是一种扩大了的 F 因子。具有一附加的染色体片段附着的致育因子。细菌细胞在接合时，携带的外源 DNA 整合到细菌染色体上的过程。通常利用 F′因子(带有部分细菌染色体的性因子)来形成部分二倍体。

6. 细菌的转化与转导作图

细菌还可通过转化与转导进行基因定位：转化是指供体细胞的 DNA 直接进入感受态受体细胞，接着双链 DNA 转变成单链 DNA，一条单链被降解；未被降解的单链 DNA 插入受体细胞的 DNA 链中与同源区段形成杂合 DNA 分子，经复制和分离后导致基因重组形成多种类型的转化子，最后统计各种类型的转化子的频率进行基因定位与染色体作图。转导是以噬菌体作为载体将供体细胞的遗传物质转移至受体细胞。

转导又分为普遍性转导和局限性转导。普遍性转导是指细菌的任何基因都有可能被转导，转入的基因经重组后形成各种表型的转导子，由此进行基因定位与染色体作图。

7. 细菌同源重组的机制

细菌的接合、转化和转导重组都是同源重组，但不同于真核生物中的同源重组。因为接合、转化或转导都是由供体细胞向受体细胞转移DNA片段，这些转移的DNA序列称为外基因子。而受体细胞的完整基因组称内基因子。外基因子和内基因子组成部分二倍体，或称为部分合子。内基因子与外基因子之间只有偶数次的交换才能保持细菌染色体的完整性，产生有活性的重组子，而且没有相反的重组子。

名词术语解释

1. **合成代谢功能(anabolic functions)**：大肠杆菌野生型品系在基本培养基上具有合成所有代谢和生长所必需的复杂有机物的功能。

2. **分解代谢功能(catabolic functions)**：野生型大肠杆菌能利用比葡萄糖复杂的不同碳源，可把复杂的糖类转化成葡萄糖或其他简单的糖类，还可把复杂的分子如氨基酸或脂肪降解为乙酸或三羧酸循环的中间产物。

3. **原噬菌体(prophage)**：溶源性细菌所携带的噬菌体。它是温和噬菌体侵入细菌后通过交换整合到细菌染色体上，随染色体一起复制和遗传的噬菌体。

4. **合子诱导(zygot icinduction)**：带有原噬菌体的Hfr菌株与敏感性的F^-菌株杂交后，由于噬菌体在受体菌中随即复制，诱导细菌裂解，这种现象称为合子诱导。

5. **溶源细菌(lysogenic bacterium)**：细胞中含有以原噬菌体状态存在的温和噬菌体的细菌，此细菌对噬菌体来说是溶源的。直到诱导，噬菌体开始繁殖，细菌被裂解。

6. **溶源性(Iysogeny)**：λ噬菌体在大肠杆菌体内可以呈环形分子存在于细胞质中，也可通过整合酶的作用而整合到寄主染色体上成为原噬菌体状态，并与寄主染色体一起复制。这种状态能维持许多代，这种现象称为溶源性。

7. **感受态(competence)**：细菌吸收外源DNA时的生理状态。

8. **感受态因子(competence factor)**：促进转化作用的酶或蛋白质分子称为感受态因子。

9. **质粒(plasmid)**：染色体外能进行自主复制的遗传单位，包括内共生体、真核生物的细胞器和细菌细胞中染色体以外的单纯的DNA分子。现在专指细菌、酵母菌和放线菌等生物中染色体以外的单纯的DNA分子。

10. **F因子(F factor或F element)**：即可育因子(fertility factor)、性因子(sex factor)，是细菌的一种附加因子，它的存在使宿主具有供体的能力。

11. **F′因子(F prime factor)**：整合到染色体上的F因子，在切除中分离出携带部分染色体片段，这种带有染色体基因的附加体称为F′。

12. **F伞毛(性伞毛)[F+pili(sexpili)]**：是F^+细胞中的F因子合成的一种很细的管状蛋白，位于细胞表面，可使F^+和F^-或Hfr品系和F^-细胞彼此连接。

13. **接合(conjugation)**：细胞之间通过暂时连接，进行物质交流的现象。即遗传物质从“供体——‘雄性’转移到受体——雌性”的过程。

14. **转化(transformation)**：指细菌细胞(或其他生物)将周围的供体DNA，摄入到体内，并整合到自己染色体组的过程。

15. **转化子(transformant)**：杂合DNA经复制、分离以后，形成一个受体亲代类型的DNA和一个供体与受体DNA结合的杂种双链DNA，从而导致基因重组而形成的各种类型的重组体，即通过转化产生的重组体。

16. **共转化(cotransformation)**:同时转化两个细菌的标记基因。

17. **转导(transductant)**:以病毒作为载体把遗传信息从一个细菌细胞传到另一个细菌细胞。即细菌的一段染色体被错误地包装在噬菌体的蛋白质外壳内,通过感染转移到另一受体菌中。

18. **转导子(transduction)**:具有重组遗传结构的细菌细胞。

19. **普遍性转导(general transduction)**:能够转导细菌染色体上的任何基因。

20. **共转导(并发转导)(cotransduction)**:两个基因一起被转导的现象。

21. **流产转导(abortive transduction)**:转导 DNA 分子进入受体细胞后,既不与受体基因组发生交换,又不随细胞 DNA 复制而复制,而是很稳定地存在于细胞之中的现象。

22. **局限转导(restricted transduction)**:由温和噬菌体(λ)进行的转导称为特殊转导或限制性转导。即以 λ 噬菌体的转导,可被转导的只是 λ 噬菌体在细菌染色体上插入位点两侧的基因。

23. **F^+ 菌株**:带有 F 因子的菌株作供体,提供遗传物质。

24. **F^- 菌株**:不带有 F 因子的菌株,只能作为受体,接受遗传物质。

25. **Hfr 菌株(high frequency recombination)**:高频重组菌株,F 因子通过配对交换,整合到细菌染色体上。

26. **F'菌株**:带有 F'因子的菌株,既可转移供体的染色体片段又可转移 F 因子。

27. **性导(sexduction 或 F'-duction)**:利用 F'因子将供体细胞的基因导入受体形成部分二倍体的过程(或细菌细胞在接合时,携带的外源 DNA 整合到细菌染色体上的过程)。

28. **印迹法(replica-plated method)**:细菌和病毒遗传研究的常用方法。把长有许多菌落的母培养皿倒置于包有灭菌丝绒布的圆木柱上,然后把这一“印章”上的细菌一次接种到一系列选择培养基平板上。经培养后,就可选出适当的突变型。

29. **中断杂交实验(interrupted mating experiment)**:把接合中的细菌在不同时期取样,并把样品猛烈搅拌以中断接合中的细菌,然后分析受体细菌的基因型,这种用来研究细菌接合过程中基因转移方式的试验称为中断杂交实验。

30. **中断杂交作图**:利用中断杂交方法,以 Hfr 菌株基因最初在 F^- 菌株中出现的时间为指标,对大肠杆菌染色体基因作连锁图。

31. **附加体(episome)**:既可存在于染色体之外作为一个独立的复制因子,也可整合到细菌染色体中作为细菌复制因子的一部分的遗传因子。

32. **低频重组(low frequency recombination, Lfr)**:F^+ 与 F^- 之间杂交只有 F 因子的传递,而细菌的染色体并不转移,因此尽管 F 因子转移频率很高,但两者染色体之间重组频率很低(大约是每百万个细胞中发生一次重组),因此 F^+ 品系称为低频重组。

33. **高频重组(high freqncy recombination, Hfr)**:F 因子也可以整合到细菌染色体中,像这种带有一个整合的 F 因子的品系称为高频重组。

34. **半合子(merozygote)**:F^- 受体细胞只接受部分的供体染色体,这样的细胞就称为部分二分体(partial diploid)或半合子。

35. **外基因子(exogenote)**:在部分二倍体细胞供体提供的部分基因组。

36. **内基因子(endogenote)**:在部分二倍体中原有的染色体部分,它和外基因子同源。

37. **低频转导(low frequency transduction, LFT)**:有缺失的 λ 噬菌体转导后,gal^+ 菌株在裂解时也不产生成熟的 λ 颗粒,而且局限性转导噬菌体发生几率很低,故用这种噬菌体群体感染非溶源性的 gal^- 的受体细胞后,转导子出现的频率非常低。

38. **高频转导(high frequency transduction, HFT)**:用紫外线诱导 gal^+/gal^- 细胞裂解,所产

生的溶菌产物将包含约一半正常的噬菌体和一半 λdgal⁺ 转导噬菌体。这种溶菌产物进行转导的频率较高。

39. **鸟枪法(shotgun technique)**:将基因组 DNA 切成很多小的片断装到载体上再转化宿主细胞进行克隆,然后用特异探针通过分子杂交钓出相应的基因供研究。

40. **F′附加体(F′episome)**:在大肠杆菌中,性质粒 F 因子与细菌染色体整合以后,错位脱落,形成一个大部分仍为 F 因子的组成,但带有部分细菌基因的小的环形 DNA 分子,该种因子被称为 F′附加体。

41. **条件致死突变(conditional lethal mutation)**:在一定条件下表现致死效应,但在其他条件下能够存活的突变。

42. **完全转导(complete transduction)**:供体基因重组入受体染色体中,得到稳定转导子的转导。它区别于流产转导。

43. **辅助噬菌体(helper phage)**:通过对细菌的感染向某种缺陷性噬菌体提供后者所缺少的功能,使后者能够完成其感染生活周期的一种噬菌体。

44. **致育因子(fertility factor)**:细菌中决定其性别的一种小型环状双链 DNA。例如 *E*. coli 中的 F 因子。

经典考题汇编

1. 为什么说细菌是遗传学研究的好材料?

答:①便于找出营养缺陷型:许多微生物都能够合成全部的氨基酸和维生素,而且能在一定成分的培养基上生长,所以,不难获得这些微生物的营养缺陷型,并且不难找到各种营养缺陷型所需要的营养物质,从而使这些缺陷型得以保存。

②便于基因作用的研究:研究基因的作用时常常用到营养缺陷型,也常常需要对代谢产物或细菌体身进行化学分析,而细菌繁殖迅速,代谢作用旺盛,在培养中短时间内可积累大量的代谢产物,便于研究基因的作用。

③便于研究基因突变:基因突变的频率很低,而细菌和噬菌体繁殖迅速,可根据其繁殖的大量后代研究基因的突变率。

④便于用作研究复杂体制的生物的简单模型:高等动植物具有复杂的体制,较难着手研究一些复杂的遗传学问题。如代谢调控,发育分化及形态建成等。微生物体制简单,便于研究。其结论虽不一定能用于高等生物,但从中可得到启发。

⑤便于研究基因的精细结构:研究基因的精细结构,必须获得某一基因的大量不同位点的突变型,然后通过重组分析测定它们的位置。由于这些突变发生在同一基因中,位置非常接近,要观察大量的子代才能发现少数重组子。这只有用细菌和噬菌体作材料才能做到。

2. 中断杂交作图所得曲线有何特征?

答:把多标记的 F⁻ 菌株和 Hfr 菌株混合培养在一起,进行杂交,杂交中断后,对标记基因进行鉴定。对其作图所得曲线特征为:Hfr 菌株的各非选择性标记基因进入 F⁻ 细菌中的时间不同,到达最高水平的时间也不同。即,从 Hfr 菌株的基因在 F⁻ 细菌中出现开始,随着时间的推移,具有这一基因的菌落逐渐增加,直到某一百分数为止;而且某一基因出现的时间愈早,它所达到的百分数也愈高。

这说明 Hfr 细菌的基因按一定的时间顺序依次地出现在 F⁻ 细胞。因为基因是在染色体上，因此这也就是说，染色体从一端开始，这一端称为原点(origin)或 O，以线性方式进入 F^- 细胞中。基因离开原点越远，进入 F^- 细胞越迟。离开原点较远的基因，可能在转移过程(transfer process)停止以前，仍未转移，因而斜率较低，达到的最高值也较小。

3. 基因型 ACNRX 菌株，作为外源 DNA 用来转化基因型 acnrx 的菌株得到下列类型：AcnRx，acNrX，aCnRx，AcnrX，aCnrx。请问被转化的基因顺序是什么？

答：转化通常只是 DNA 片段。因此，同时被转化的基因肯定是连锁较紧密者。依此可以判定，上述 DNA 的基因顺序应该是：NXARC。

4. 细菌基因组有哪些特点？

答：①染色体：

环状，裸露双链 DNA 分子，分子量为 2.5×10^9 Dolton，长度为 3.2×10^6 np，是真核染色体组的 1%。每个细胞中有 1～2 个染色体，染色体附着于细胞膜的一定区域，染色体复制后，附着点复制，染色体随分开的复制点分配到两个子细胞中去。细菌的染色体也形成高度折叠螺旋化的空间结构，以适应狭小空间和复制转录。

2001 年 10 月 15 日完成了 *E. coli*K12 菌株的基因组全序列测定。总共 4 639 221 bp，4 279 个蛋白质编码基因，115 个编码 rRNA 和 tRNA 的基因。(GenBank 编号：U00096)

②细菌染色体的遗传特点：

(a)杂交是遗传物质单向转移的过程，就是一个细菌将一部分染色体传递给另一细菌，而无细胞融合过程。受体菌接受了供体菌的遗传物质后，即成为杂种后代。而真核细胞生物的杂交是精卵细胞结合的过程。

(b)杂交子代中含有受体菌的全套遗传物质和供体菌的部分遗传物质，因此称为部分二倍体。

5. 说明 F 因子的含义及其特点。

答：F 质粒是小的环状 DNA 分子，为其染色体的 2%，分子量为 6.2×10Dolton，共有9.45 kb，可编码 94 个中等大小的蛋白质分子，其中 1/3 的基因是 transfer region 转移区，tra 区，与细菌的结合作用有关。

具有 F 因子的细胞称为 F^+，1964 年，Brinton 确认，F 因子使细菌形成性伞毛，性伞毛将 F^+ 与不含 F 因子的细胞 F^- 相连接，F 因子通过性伞毛由 F^+(供体菌)转移到 F^-(受体菌)中，使受体菌也变为 F^+。

性伞毛除了能传递 F 因子以外，还可传递染色体 DNA。

F 因子是附加体，可以整合到细菌染色体上。当整合到染色体上时，由于 F 因子向受体菌转移时带着染色体 DNA 转移，使受体菌接受供体菌的染色体而使染色体基因重组率大大提高，因称 F 因子整合到染色体上的细菌为 Hfr(high frequence recombination strain)菌株(高频重组菌株)。

6. 说明 F^+、F^-、F'、Hfr 的含义。

答：F^+ 菌株是带有 F 因子的菌株，F 因子存在于细胞质中。

F^- 菌株是不带有 F 因子的菌株，可以与 F^+、Hfr、F' 接合，接受供体细胞的遗传物质。

Hfr(high frequency recombination)菌株是 F 因子整合到染色体上的菌株，由于 F 因子的转移功能而使寄主染色体高频率地转移到 F 菌株中，(因为 F 因子嵌入到细菌染色体上后，转移起点之后就是细菌染色体 DNA，当它转移时，先带着细菌染色体进入受体，而致育基因则在转移起始点的另一端，只有所有的 DNA 都进入受体细胞才能使 F^- 变为 F^+ 或 Hfr)，因而称为

Hfr(高频重组)菌株。

F′菌株是具有F′因子的菌株。整合到染色体上(Hfr)的F因子从染色体上脱落下来时，不是从原嵌入位置进行，而是发生在非正常配对区内，使脱离下来的环状F因子丢失自身的一段DNA片段而带有染色体的片段，称为F′因子。

7. 说明中断杂交作图的原理。

答：把多标记的F^-菌株和Hfr菌株混合培养在一起，进行杂交，每隔一定时间取样，通过剧烈搅拌中断杂交，然后在排除Hfr菌株的选择培养基上培养，鉴定F^-株中出现的原Hfr菌株的性状。以Hfr菌株基因最初在F^-菌株中出现的时间为指标，对大肠杆菌染色体基因进行作连锁图为中断杂交作图。

Hfr菌株的基因是按一定顺序依次进入F^-菌株的，时间越长，出现在F^-菌株中的Hfr菌株的性状越多。一个特定的Hfr菌株和一个F^-菌株接合，首先出现在F^-菌株中的Hfr菌株的性状固定不变，并且各种性状出现的顺序不变；不同的Hfr菌株的转移起点不同，方向也不相同。

8. 某种细菌的突变型不能利用乳糖作为碳源。假如将感染了噬菌体的这种细菌培养在以乳糖作为唯一碳源的培养基中，能否产生出子代噬菌体？

答：不能产生出子代噬菌体。

9. 在Hfr leu^+ strs×F^- leu^- strr杂交中，如要得到leu^+ strr重组体，应以哪个基因为选择标记，哪个基因为反选择标记？

答：应以str为选择标记，leu基因为反选择标记。

10. 假定你用两个T_2噬菌体品系感染大肠杆菌细胞，一个是小的(s)，有绒毛的边缘(f)和浑浊的(tu)噬菌斑，另一个对这三个性状是野生型。用感染的裂解液平板接种，根据噬菌斑的形态学鉴定基因型如下：

基因型	s f tu	+ + +	s f +	s + tu	s + +	+ f tu	+ + tu	+ f +	共计
噬菌斑数	6 934	7 458	1 706	326	1 040	940	1 930	344	20 676

①确定s和f，f和tu，s和tu之间的连锁反应。②这三个基因的连锁次序是什么？③并发系数是多少？

答：①连锁距离分别为s－f＝12.82，f－tu＝20.83，s－tu＝33.65；

②这三个基因的连锁次序是s f tu；

③并发系数是1.21。

11. 一个菌株的基因型为ACNRX，但基因的顺序不知道。用它的DNA去转化一个基因型为acnrx的菌株，发现下列的基因型：AcnRx、acNrX、aCnRx以及AcnrX，还有一些仅有单个基因被转化的菌株(如aCnrx)。问ACNRX基因的顺序如何？

答：基因的顺序为CRAXN。

12. 为了能在接合后检出重组子，必须要有一个可供选择用的供体标记基因，这样可以认出重组子。另一方面，在选择重组子的时候，为了不选择供体细胞本身，必须防止供体菌株的继续存在。换句话，供体菌株也应带有一个特殊的标记，能使它自己不被选择。例如供体菌株是对链霉素敏感的，这样当结合体在含有链霉素的培养基上生长时，供体菌株就被杀死了。现在要问，如果一个Hfr菌株是对链霉素敏感的，你认为这个基因应位于染色体的哪一端为好，是在起始端还是在末端？

答：末端。

13. 有1、2、3、4四个大肠杆菌菌株，其基因型为a^+b^-。另外5、6、7、8四个大肠杆菌菌株，其基因型为a^-b^+。这两种基因型进行各种杂交组合，经涂布确定a^+b^+重组体频率如下：(M为重组体数目很多，L为重组体数很少，O为没有重组体)。

a^-b^+ 菌株	a^+b^+菌株			
	1	2	3	4
5	O	M	M	O
6	O	M	M	O
7	L	O	O	M
8	O	L	L	O

根据以上结果，指出1、2、3、4、5、6、7、8各菌株性别类型是Hfr、F^+还是F^-？

答：4、5、6是Hfr；1、8是F^+；2、3、7是F^-。

14. Doerman用T_4噬菌体的两个品系感染大肠杆菌，一个品系是小噬菌斑(m)、快速溶菌(r)和浑浊噬菌斑(tu)突变型，另一品系对这三个标记都是+ + +的野生型。把这些感染的溶菌产物涂平板，并分类如下：

基因型	mrtu	+++	mr+	m+tu	m++	+rtu	+r+	++tu	共计
噬菌斑数	3 647	3 729	853	162	520	474	172	965	10 342

①确定m—r、r—tu、m—tu的连锁距离。②你认为这三个基因顺序怎样？③在这个杂交中，并发率是多少？它意味着什么？

答：①确定连锁距离m—r为12.84；r—tu为20.80；m—tu为33.64。

②三个基因顺序为m—r—tu。

③并发率是1.20，它表明一个单交换的发生对另一单交换的发生有促进作用。

15. 利用中断杂交技术，检查了5个Hfr菌株(1、2、3、4、5)，想知道这几个菌株把若干不同基因(F、G、O、P、Q、R、S、W、X、Y)转移到一个F^-菌株的顺序。结果发现，各个Hfr菌株都以自己特有的顺序转移，如下图所示：(各品系只记下最初转移进去的6个基因)

		Hfr菌株				
		1	2	3	4	5
转移顺序	第一	Q	Y	R	O	Q
	第二	S	G	S	P	W
	第三	R	F	Q	R	X
	第四	P	O	W	S	Y
	第五	O	P	X	Q	G
	第六	F	R	Y	W	F

试问：这些Hfr菌株的原始菌株的基因顺序如何？

答：菌株的基因顺序为X W Q S R P O F G Y(环状)。

16.已知大肠杆菌 HfrX 的染色体转移以 e 为起点,并且已知 S 位置在 a——e 等全部基因的后端(a——d 的相对位置是未知的)。在 $HfrXa^+b^+c^+d^+e^+S_s \times F^-a^-b^-c^-d^-d^-e^-S_r$ 杂交中,在含有链霉素和 a、b、c、d 物质的培养基上选取重组子 165 个,并分别测定重组子的标记;a^+ 70 个、b^+ 0 个、c^+ 85 个、d^+ 10 个。写出基因的排列顺序。(S_s 为对链霉素敏感,S_r 对链霉素有抗性)。

答:起点 e c a d b s 末端。

17.用噬菌体 P1 进行普遍性转导,供体菌的标记是 pur^+ nad^- pdx^+,受体菌的标记是 pur^- nad^+ pdx^-。转导后选择具有 pur^+ 的转导子,然后在 1 000 个 pur^+ 转导子中,检定其他供体菌的标记是否同时转导过来。具体结果如下:

基因型	菌落数
nad^+ pdx^+	12
nad^+ pdx^-	243
nad^- pdx^+	501
nad^- pdx^-	244
合计	1 000

请问:①pur 和 nad 的共转导频率是多少?

②pur 和 pdx 的共转导频率是多少?

③nad 和 pdx 在 pur 的同一边,还是在它的两侧?

④你能作出这三个标记基因的遗传连锁图吗?请在此基础上解释上述的实验结果。

答:①pur 和 nad 的共转导频率是:$\frac{243+12}{1\ 000}=25.5\%$。

②pur 和 pdx 的共转导频率是:$\frac{12+501}{1\ 000}=51.3\%$

③依传统重组作图原理,三个基因位点的交换重组中,位于中间的基因重组子个数最少,在这里有 12 个 pur^+ nad^- pdx^+,与供体 pur^+ nad^- pdx^+ 类型相比较,基因 nad^+ 发生了改变,所以 nad 位于中间,也就是 nad 和 pdx 在 pur 的同一边。

④根据上面的计算和推论可知,这三个标记基因的遗传连锁图为:pur nad pdxpur$^+$ nad—pdx^+ 为亲本型类型,所以其数目最多。因为 pur^+ nad^- pdx^+ 和 pur^+ nad^+ pdx^- 为单交换类型,所以数目次之。pur^+ nad^+ pdx^+ 是亲本 pur^- nad^+ pdx^- 双交换的结果,所以其数目最少。

18.比较转化、接合、性导、转导在细菌遗传物质传递上的异同。

答:①共同点:均可实现细菌遗传物质的交换重组。

②不同点:可用下表说明。

	转　化	接　合	性　导	转　导
是否有性因子	无	F	F′	无
是否需要载体	无	无	无	噬菌体

续表

	转 化	接 合	性 导	转 导
细菌之间是否需要接触	否	需要	需要	否
吸收 DNA 的方式	单链吸收	边转移边复制的滚环模式	边转移边复制的滚环模式	噬菌体直接注入
菌体的状态	受体菌感受态	供体 Hfr,受体 F^-	供体 F′;受体 F^-	噬菌体侵染范围
是否形成部分二倍体	外源 DNA 不复制的单链	会	会	会
是否整合到自身染色体上	是	是	是	是
DNA 转移方向	供体向受体单方向	供体向受体单方向	供体向受体单方向	供体向受体单方向

19. 试述发生转化作用时,供体 DNA 与受体细胞间相互作用的控制因素。

答:转化发生时,供体 DNA 分子全部进入受体细胞,立即从双链 DNA 分子转变成单链 DNA 分子,其中一条单链被降解,另一条单链 DNA 部分或整个地插入受体细胞的 DNA 链中,与同源区段形成杂合的 DNA 分子,经复制以后,形成受体亲代类型的 DNA 和一个供体与受体 DNA 结合的杂种双链 DNA,从而导致基因重组形成各种类型的转化子。

20. 构建连锁图通常需要经过生物的有性过程,大肠杆菌是原核生物,其生活史和生殖方式与动植物有很大差异,你能说明构建大肠杆菌连锁图的原理吗?有人申请自然科学基金,要构建叶绿体的遗传连锁图,你觉得可行吗?为什么?

答:细菌进行基因转移有三种途径:转化(transformation)、转导(transduction)和接合(conjugation)。此三种方法均可用于基因定位。对大肠杆菌进行基因连锁分析,主要采用细菌接合定位法。

接合是指两个单细胞通过彼此间的暂时连接,使其中一方接受另一方的遗传物质的现象在细菌的接合中,供体细胞称雄性细胞,受体细胞称雌性细胞。这种“性别”差异是根据它们是否具有 F 因子而区分的。

F 因子亦称可育因子。它在细菌中以两种状态存在,一是独立于染色体外的游离状态,此时的细胞称为 F^+ 细胞。F^+ 细胞可通过接合将 F 因子转移到 F^- 受体细胞。F 因子亦可整合在细菌的染色体上,即以整合状态存在,此时它能将细菌的染色体高频地转移到 F^- 受体细胞中,故称此细胞为高频重组(Hfr)细胞。在接合中,有三种不同的方法可用作细菌染色体的基因定位:转移梯度定位、时间单位定位与计数重组体定位。

①转移梯度定位。

Hfr 与 F^- 细胞的特性

性 质	Hfr 细胞	F^- 细胞
丝氨酸合成	Thr^+	Thr^-
亮氨酸合成	Leu^+	Leu^-

续表

性　质	Hfr 细胞	F^- 细胞
叠氮化钠敏感性	azi^s	azi^r
噬菌体 T_1 敏感性	T_1^s	T_1^r
乳糖发酵	Lac^+	Lac^-
半乳糖发酵	Gal^+	Gal^-
链霉素敏感性	Str^s	Str^r

先将 Hfr 雄性细胞与 F^- 雌性细胞在液体培养基中混合 25 分钟(所用 Hfr 及 F^- 细胞特性见上表),然后将此混合液涂布于含有链霉素的合成培养基中。Hfr 细胞因为有 str^s 故不能在含链霉素的培养基中生长;F^- 细胞由于不能合成亮氨酸和丝氨酸,故不能在缺失亮氨酸和丝氨酸的合成培养基中生长。只有那 Thr^+、Leu^+(来自 Hfr 与 str^r)的重组体,才能在 str、Leu^-、Thr^- 的培养基上生长。将上述重组体放在含有叠氮化钠、噬菌体 T_1 侵染以及乳糖或半乳糖作为唯一糖源的合成培养基中生长,上表结果表明,在所有的 Thr^+、Leu^+、str^r 的阳性克隆中,90%是 azi^s,70%是 T_1^s,40%是 Lac^+,25%是 Gal^+。其百分比正好代表了连锁强度,据此可作出连锁图。

②时间单位定位。

分钟	Hfr 转移的基因
0	0
8	Thr^+
$8\frac{1}{2}$	Thr^+ Leu^+
9	Thr^+ Leu^+ azi^s
11	Thr^+ Leu^+ azi^s T_1^s
18	Thr^+ Leu^+ azi^s T_1^s Lac^+
25	Thr^+ Leu^+ azi^s T_1^s Lac^+ Gal^+

遗传梯度定位及计数重组体定位,只能得出基因在染色体上的相对位置。为得到特定基因在染色体上排列的绝对位置,可用时间单位定位法。将上述的 Hfr 和 F^- 细胞在液体培养基中混合,每隔一定时间取样,并用搅拌器搅拌以中断接合,然后涂布于特殊的选择培养基上,检测哪些基因已从供体整合到受体染色体中。上表中的结果表明:供体染色体是线性地进入受体细胞的,假定供体染色体的转移速率是定值,则表中的数据代表了基因的确切位置,可用来作细菌染色体的细胞学图。实验表明,37℃时,大肠杆菌整个染色体的转移需要 90 分钟。已知大肠杆菌染色体为环状,故可以时间为单位作图。

③计数重组值基因定位。

通过计数重组值来推算基因的重组值,从而进行基因定位的方法称为计数重组值定位。在

细菌接合过程中，只有部分染色体呈暂时的二倍体状态，为了保证转移染色体部分包含所需研究的基因，所选择的供体染色体必须包含一个已知位点的基因。

例如将 $Thr^{+}Leu^{+}$ 的 Hfr 细胞与 $Thr^{-}Leu^{-}$ 的 F^{-} 细胞融合，从时间图数据得知，Leu 基因在 Thr^{-} 基因之后进入 F^{-} 细胞，所以任何 Leu^{+} 的重组体均有可能是 Thr^{+}。如果这两个基因之间没有发生交换，则将出现 $Thr^{+}leu^{+}$ 的重组体。若两个基因发生重组，则重组体是 $Thr^{-}Leu^{+}$。我们可以从计算重组体（$Thr^{-}Leu^{+}$）与非重组体加重组体的总数（$Thr^{+}Leu^{+}Thr^{-}Leu^{+}$）的比值来推测二基因间的重组频率。

将重组单位与时间单位相比较，可以发现一个时间单位相当于 20 个重组单位。一般来说，当基因间的距离少于 3 个时间单位时，用重组频率能得到很好的结果；若大于 3 个时间单位，即大于 60 个重组单位时，两个连锁基因重组分析的结果会不连锁。所以，在这样的情况下不能用重组频率的分析方法来定位。

在所有生物中都有分离和连锁现象。对各种生物进行连锁分析的基本前提是：

首先，基因是在染色体上的，在细胞分裂过程中，每个染色体的两个染色单体，各自进入一个细胞。染色体在间期复制时，上面所带的基因也复制一次。细胞分裂一次，形成的两个子细胞中，染色体完全一样，所有的基因也完全一样，所以双亲的遗传特性可以通过受精卵的连续有丝分裂而正确地传递下来。生殖细胞形成时，进行减数分裂。在减数分裂时，不同对的染色体彼此独立分离，同时同源染色体间又可相互部分交换，这就造成多种配子，因而造成多种合子。这是生物变异的重要原因之一，为生物进化和培育新品种提供了丰富的素材。

其次，有减数分裂，才有分离现象，没有减数分裂，就没有分离现象。只有进行有性生殖的生物，才有减数分裂，才出现分离现象，这就能解释许多遗传现象。植物中的分根、插枝、嫁接等是无性繁殖，不进行减数分裂，所以一点也没有分离，后代的基因型完全一样，遗传特性就非常一致。

最后，为什么基因主要位于染色体上，而不是坐落在细胞中其他部分呢？这是因为基因位于染色体上时，每一基因座上的基因只要两份就可保证基因的正确分离和组合。在有丝分裂时，随着染色体的等分，位于其上的基因均等地分向两极，所以就每一基因座而言，每一细胞都均等地得到二份。而在减数分裂中，随着同源染色体的分离，位于其上的基因也正确地分离，所以就每一基因座而言，每一性细胞都可正确地得到一份。而在雌雄配子的结合过程中，又随着细胞中染色体数的回复而重新组合。如果基因是在细胞中的其他部分，例如在细胞质中，那么每一基因一定要有相当多的份数，才能保证每个子细胞都能分到一部分，可是还不能保证正确的分离。

根据以上前提，不能对叶绿体基因组进行连锁分析，也就是不能构建叶绿体的遗传连锁图，因为叶绿体基因组表现为母性遗传。

21. F 因子和温和噬菌体为什么都可以称为附加体？

答：它们都可以游离于细胞质中，也可整合到宿主染色体上。

课后习题全解

1. 用一个来源于一种不能合成异亮氨酸的细菌菌株（ile^{-}）的噬菌体转导一个不能合成甲硫氨酸的细菌菌株（met^{-}）。将接合用的肉汤培养基稀释后涂布在补充有异亮氨酸的基本培养基上。另取相同量的稀释肉汤培养基涂布在基本培养基上。基本培养基上长出 18 个菌落，含有异亮氨酸的基本培养基上长出 360 个菌落。计算标准化的重组比例。

答:据题意:有20%重组率。

2. 下面表示的是一个假设的受到反馈抑制的生物合成途径,字母表示代谢物,数字代表酶。找出最可能受到反馈抑制支配的酶及其抑制剂。注意:抑制剂可能包含一个或多个代谢物。

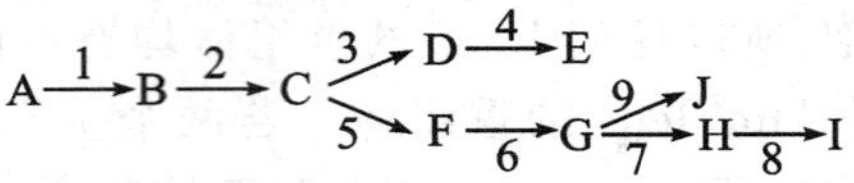

$$A \xrightarrow{1} B \xrightarrow{2} C \begin{cases} \xrightarrow{3} D \xrightarrow{4} E \\ \xrightarrow{5} F \xrightarrow{6} G \begin{cases} \xrightarrow{9} J \\ \xrightarrow{7} H \xrightarrow{8} I \end{cases} \end{cases}$$

答:据题意:I(代谢物)抑制7(酶),J(代谢物)抑制9(酶),G(代谢物)单独或(I,J)一起抑制5(酶),E(代谢物)抑制3(酶);酶1可能被(I,J,E)、(G,E)、(I,J,C)或(C,G)抑制。

3. 基因型为 $gal^- \ thr^- \ azi^r \ lac^- \ ton^r \ mal^- \ xyl^- \ leu^-$ 的链霉素抗性(Str^r)F^- 菌株跟具有与前者相反性状的原养型 Hfr 菌株杂交。在接合 60 min 后,将样品转移到含有链霉素的基本培养基上。原来的混合物中有 2×10^2 个 Hfr 和 4×10^2 个 F^-。Hfr 基因的转移百分数分别是 72% ton^s,0% mal^+,27% gal^+,91% azi^s,0% xyl^+,48% lac^+。

①原来的混合物中,对于每一个 Hfr 细胞,存在多少个 F^- 细胞?

②为了防止 Hfr 个体掩盖重组子的检出,应使用什么反选择剂?

③Hfr 菌株转移这些基因最可能的转移顺序是什么?

答:据题意:

①存在20个 F^- 细胞;

②应该选择链霉素,因为 Hfr 是链霉素敏感的(Str^s)。

③起始点—($thr^+ \ leu^+$)—Azi^s—Ton^s—lac^+—gal^+—Str^s—($mal^+ \ xyl^+$)。合成苏氨酸和亮氨酸的基因先进入,否则其他任何重组子都不能在无补充物的培养基上存活。(括号内基因的顺序没有确定)

4. 已知4个 *E. coli*Hfr 菌株可以在接合过程中以不同的顺序转移它们的遗传物质。已知遗传标记进入 F^- 受体的时间,构建一个包括所有这些标记的遗传图,并在相邻的基因之间表示出时间距离。

菌株												
菌株1	标记:	arg	—	thy	—	met	—	thr				
	时间/min:	15		21		32		48				
菌株2	标记:	mal	—	met	—	thi	—	thr	—	try		
	时间/min:	10		17		22		33		57		
菌株3	标记:	phe	—	his	—	bio	—	azi	—	thr	—	thi
	时间/min:	6		11		33		48		49		60
菌株4	标记:	his	—	phe	—	arg	—	mal				
	时间/min:	18		23		35		45				

答:据题意:

遗传图:arg—thy—mal—net—thi—thr—azi—bio—try—his—phe—arg

时间: 6 4 7 5 11 1 15 8 14 5 12

5. 已知位于 trp 基因座上的两个突变体 $trpA^-$ 和 $trpB^-$ 靠近半胱氨酸基因座(cys)。一个基因型为 $cys^+ \ trpA^-$ 的细菌菌株被来源于细菌菌株 $cys^- \ trpB^-$ 的噬菌体转导。同时做反交,即基因型为 $cys^- \ trpB^-$ 的菌株被来源于细菌菌株 $cys^+ \ trpA^-$ 的噬菌体转导。两种情况产生的原养型重组子的数目相同。确定色氨酸突变体相对半胱氨酸基因标记的顺序。

答：据题意：色氨酸突变体相对半胱氨酸基因标记的顺序为：cys—trpB—trpA

6. 测验 5 个点突变(a～e)与下面拓扑图表示的 5 个缺失杂交产生野生型重组子的情况(＋＝重组，0＝没有重组)。结果列在表格中。确定点突变的顺序。

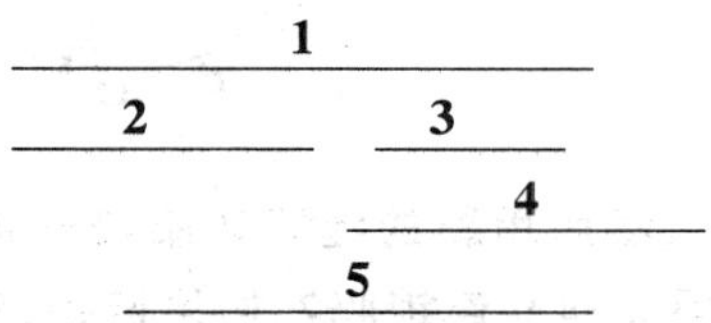

1
2　　3
4
5

突变	缺失				
		1	2	3	4
a	0	0	＋	＋	＋
b	＋	＋	＋	0	＋
c	0	0	＋	＋	0
d	0	＋	0	0	0
e	0	＋	0	0	＋

答：据题意：突变的顺序为：a—c—d—e—b。

7. 某科学家应用转化技术，在不同的枯草芽孢杆菌菌株间做大量的杂交实验。下面的资料是受体菌不能合成组氨酸(基因型表示为 his)，但对突变基因 ant、trp、ind 来说是野生型。3 个供体菌分别带有其中的一个。实验所得到的供体和受体都是野生型转化子的记录如下：

供　体	受　体	野生型转化子(＋　＋)频率
ant＋	＋his	0.450
trp＋	＋his	0.190
ind＋	＋his	0.263

作出 4 **个基因的连锁图。**

答：根据交换值愈大，两个基因在染色体上相距愈远的原理，三个两点杂交不能确定 4 个基因的顺序。排列顺序有四种可能：

ant　ind　trp　his

ant　　trp　his　　ind

ant　ind　　　his　　trp

ant　　　　his　trp　ind

8. 现有 5 个 Hfr 品系 DNA 转移到 F^- 细菌中去的基因顺序如下：

Hfr 品系	转移顺序
1	BKARM ←
2	DLQEOC ←
3	OEQLDN ←
4	MCOEQLDN ←
5	RAKBN ←

①画出这些基因在染色体图上的顺序。

②标明每个 Hfr 品系的转移方向及所包括的基因。

答：据题意：Hfr 品系转移基因顺序和方向如图。

1 ← BKARM

2 ← DLQEOC

3 ← OEQLDN

4 ← MCOEQLDN

5 ← RAKBN

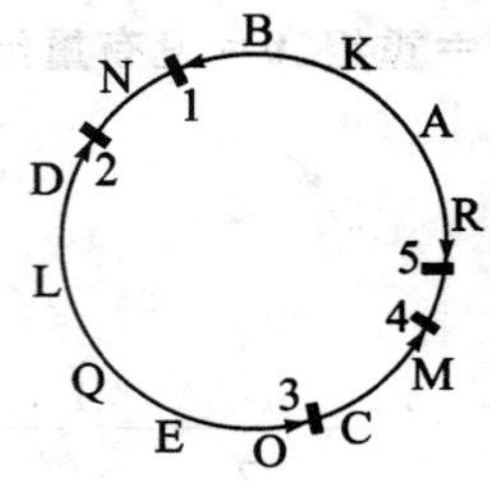

9. 一个非溶源性菌株带 a^+ 和 b^+ 基因受到噬菌体的感染，然后用新的噬菌体感染一带 ab 的溶源性细菌菌株，实验结果如下：$8ab^+$ 和 $7a^+b$，585 a^+b^+，问 a 和 b 连锁吗？如果连锁，计算 a 和 b 的连锁强度(即图距)。

答：据题意：因为亲组合特别多，说明两基因连锁。

$$重组率(\%)=\frac{ab^+ + (a^+b^+)}{a^+b^+}\times 100\%=2.5(\%)$$

10. 在接合试验中，有 Hfr $a^+b^+sfr^s \times F^-a^-b^-str^r$，已知 a 和 b 基因控制营养需要，先将杂交菌株接在有链霉素的完全培养基上生长，然后在不同的培养基上测试 100 个菌落。结果如下：①添加 a 物质，得 40 个菌落。②添加 b 物质，得 20 个菌落。③基本培养基得 10 个菌落。分别写出这 3 种菌落的基因型，计算基因 a 和 b 之间的重组频率是多少？

答：据题意：

加 a 物质	加 b 物质	基本培养基
$a^-b^+(30)$	$a^+b^-(10)$	a^+b^+
$a^+b^+(10)$	$a^+b^+(10)$	
40	20	10

Hfr a+b+str^sXa-b-str^r

安全培养基+ srt: 100个

影印培养

菌落数：

$$RF(a-b)=(10+30)/70\times 100\%=57.1\%$$

11. 在一般转导中，供体大肠杆菌细胞的基因型是 trpC⁺ pyrF⁻ trpA⁻，受体细胞的基因型为 trpC⁻ pyrF⁺ trpA⁺。由 *P*1 噬菌体媒介转导，对 trpC⁺ 进行选择，用选择的细胞进一步检查其他基因的转导情况，得到以下结果：

基因型	后代数目
$trpC^+$ $pyrF^-$ $trpA^-$	279
$trpC^+$ $pyrF^+$ $trpA^-$	279
$trpC^+$ $pyrF^-$ $trpA^+$	2
$trpC^+$ $pyrF^+$ $trpA^+$	46

①决定这 3 个基因的次序。

②计算 trpC 和 pyrF 和 trpA 的共转导频率。

③假定 P1 染色体长 10cM。计算这些基因之间的物理图距。

答：据题意：

供体菌	受体菌
$trpC^+$ $pyrF^-$ $trpA^-$ → $trpC^-$ $pyrF^+$ $trpA^+$	
转导子基因型	后代数目
$trpC^+$ $pyrF^-$ $trpA^-$	279
$trpC^+$ $pyrF^+$ $trpA^-$	279
$trpC^+$ $pyrF^-$ $trpA^+$	2(双交换)
$trpC^+$ $pyrF^+$ $trpA^+$	46

①三基因的顺序：trpC—trpA—pyrF；

②$pyrF^-$ 与 $trpC^+$ 共转率：$(279+2)/606=0.46$，

$trpA^-$ 与 $trpC^+$ 共转率：$(279+279)/606=0.92$；

③共转率与图距的关系：$d=L(1-\sqrt[3]{X})$，

pyrF 与 trpC 的图距$=10(1-\sqrt[3]{0.46})$，

trpA 与 trpC 的图距$=10(1-\sqrt[3]{0.92})$。

12. 大肠杆菌 Hfr gal^+ lac^+ (A)与会 F^- gal^- lac^- (B)杂交，A 向 B 转移 gal^+ 比较早而且频率高，但是转移 lac^+ 迟而且效率低。菌株 B 的 gal^+ 重组子仍旧是 F^-。从菌株 A 可以分离出一个变体叫做菌株 C，菌株 C 向 B 转移 lac^+ 早而且频率高，但不转移 gal^+。在 C×B 的杂交中，B 菌株的 gal^+ 重组子一般是 F^+。问菌株 C 的性质是什么？试设计一个实验分离这个菌株。

答：据题意，Hfr gal^+ lac^+ (A)×F^- gal^- lac^- (B)→F^- gal^+ 早，多；lac 晚，少。

F^+ gal^+ lac^+ (C)×F^- gal^- lac^- (B)→F^+ lac^+ 早，多；无 gdl^+

从 A×B 中知：gal 和 lac 位于 F 因子插入位点两侧，gal 原点最近。

从 C×B 中知：C 菌株是 F 因子从细菌染色体上错误切割下来，且带有细菌 lac^+ 的菌株 F′。

将菌株 A 与 B 混合培养一段时间(不到 90 分钟)后，取混合液接种在 lac^- EMB 上。紫红色菌辫带有分解 lac 的基因。将该菌落的细菌又与 F^- lacstrrB 杂交。如该细菌是 F^- lac^+ strrB，则无重组子产生。如该细菌是 F′lac^+ strrB，则有较多重组子产生。

13. 由一个野生型菌株抽提 DNA，用来转化一个基因型为 trp^- his^- tyr^- 的突变型菌株。不同类转化子的菌落数目如下：

trp^-	his^-	tyr^+	685	trp^-	his^+	try^-	418
trp^-	his^+	tyr^+	3 660	trp^+	his^-	tyr^-	2 660
trp^+	his^-	tyr^+	107	trp^+	his^+	tyr^-	1 180
trp^+	his^+	tyr^+	11 940				

①3 个基因间的连锁距离是多少？

②它们的连锁次序如何？

答：据题意：①trp—his：$(418+3660+2660+107)/19965=34.3\%$，

his—tyr：$(685+418+107+1180)/17990=13\%$，

trp—tyr：$(685+3660+2660+1180)/20232=40.5\%$；

②它们的连锁次序：trp 34.3 his 13 tyr

第八章　病毒的遗传分析

考点综述

本章内容在本科遗传学考试和分子遗传学研究生试题中相对较多。在名词解释、简答和论述题等题型中出现过。本章要求考生掌握条件致死突变、合子诱导、噬菌体、原噬菌体、两点测定、三点测交等概念。掌握噬菌体的突变型及基因重组的特点、噬菌体的互补测验与顺反子测定、T_4 突变型的两点测交与三点测交测定噬菌体交换值的方法。了解 λ 噬菌体基因组结构的特点、原噬菌体对细菌基因重组的影响、噬菌体的线状染色体与环状连锁图。

名师串讲

本章主要内容包括

1. 病毒的形态结构与基因

病毒是一类超显微、结构极简单、专性活细胞寄生的，在活体外能以无生命的化学大分子长期存在并保持侵染活性的非细胞生物。

2. 噬菌体的繁殖和突变型

烈性噬菌体感染宿主细胞后就进入裂解反应，使宿主细胞裂解；温和噬菌体感染宿主细胞后具有裂解和溶源两种发育途径；噬菌体有各种突变型，应用较多的是条件致死突变型和噬菌斑形态突变型以及寄主范围的突变型。敏感因子与抑制基因；无义与无义抑制基因。

3. 噬菌体突变型的重组测验

Benzer 的重组测验与基因的精细结构分析；T_2 突变的两点测交与作图；λ 噬菌体的基因重组与作图和 T_4 突变型的三点测交与作图等。

4. 噬菌体突变型的互补测验

互补测验的目的是确定突变的功能关系。有 ΦX174 条件致死突变型的互补测验；T_4 条件致死突变型的互补测验等。

5. 噬菌体 T_4 rⅡ 的缺失突变与用图

有一类突变是由于缺失了相邻的一些核苷酸对，为缺失突变；Benzer 的重组测验和缺失作图是将几千个 rⅡ 突变位点精确地定位在遗传图上；重组测验与缺失作图都是以图距的方式确定突变位点之间的空间关系，即进行基因定位。

6. Λ 噬菌体的基因组与位点专一性重组

染色体区段之间存在大范围的同源性是同源重组的基础，但在两个 DNA 分子之间有时只有很短的共同序列也能起始重组过程，这类重组称为位点专一性重组。λ 噬菌体在大肠杆菌染色体中的整合与切离是属于典型的位点专一性重组。

7. 环状 DNA 与末端重复

线状 DNA 的环状遗传图谱；环状排列与末端重复序列形成及意义。

名词术语解释

1. **病毒(vitus)**:一种不具备细胞结构的生物体。只有寄生在宿主细胞中才能生存。病毒一般包含量核酸以及外壳蛋白,有动物的病毒的外面也偶尔覆盖一层细胞腊。病毒进入宿主细胞之后,利用宿主的合成机制复制出大量的后代。

2. **噬菌体(bacteriophage 或 phage)**:以细菌、真菌和藻类植物为寄主的病毒,可分为裂性噬菌体和温和噬菌体。

3. **烈性噬菌体(vitulent phages)**:噬菌体感染宿主细胞后具有裂解和溶源两种发育途径。噬菌体侵染宿主细胞后,进入裂解途径,破坏宿主细胞原有的遗传物质,合成大量的自身遗传物质和蛋白质并组装成子噬菌体,最后使宿主烈解的一类噬菌体称烈性噬菌体。

4. **温和噬菌体(temperate phages)**:噬菌体感染宿主细胞后具有裂解和溶源两种发育途径。噬菌体侵染宿主细胞后,并不裂解宿主细胞,而是与宿主菌基因组整合,并随细菌分裂传至子代细菌的基因组中的一类噬菌体称温和噬菌体。

5. **溶源性细菌(lysogenic bacterium)**:含有温和噬菌体的遗传物质而又找不到噬菌体形态上可见的噬菌体粒子的宿主细菌。具有免疫性、可诱导性特性。

6. **非溶源性细菌(non lysogenict bacterium)**:失去原噬菌体的细菌。

7. **原噬菌体(prophage)或原病毒(provirus)**:某温和噬菌体侵染细菌后,其 DNA 整合到宿主细菌染色体中。整合到宿主染色体中的噬菌体基因组称为原噬菌体。它是繁殖和传递噬菌体本身遗传信息的一个重要形式。

8. **互补(complementary)**:就是两个突变型噬菌体同时感染大肠杆菌时,可以Ⅱ相弥补对方的缺陷,共同在菌体内增殖,引起溶菌,释放原来的两个突变型。

9. **合子诱导(zygotic induction)**:溶源性细菌的原噬菌体经过杂交进入受体后,原噬菌体从染色体部位上脱落下来进入自主繁殖最终使受体菌裂解的现象。雅可布和沃尔曼(1956 年)发现了合子诱导现象。

10. **末端冗余(terminally redundabct)末端重复(terminal repetition)**:T_4 噬菌体或 T_2 噬菌体双链 DNA 分子两端带有的相同的碱基顺序。

11. **无义抑制基因(nonsense suppressor)**:能抑制无义突变的抑制基因。由于发生无义突变的结果,蛋白质合成只能进行到发生这种突变的部位就终止下来。另外一个基因突变(抑制基因突变)结果使细胞内产生某种分子,可使蛋白质合成重新继续下去,因此抑制基因突变的表型和野生型几乎一样或非常近似。

12. **Attp 位点**:Attp 位点由称为 POP^1 的序列组成。是噬菌体 DNA 上一个约 240bp 的序列,其中含有一个与宿主染色体完全相同的 15bp 核心区。不在黏性末端内,而是位于噬菌体基因组中间。所以 Attp 位点断裂重组后,将改变原噬菌体基因的次序。

13. **bio 基因**:生物素基因。供体菌 DNA 上的特定基因。λ 噬菌体进入大肠埃希茵 K12 时,当处于溶源期时,噬菌体 DNA 整合在大肠埃希菌染色体的特定部位,即在半乳糖基因(gal)和生物素基因(bio)之间。

14. **黏性末端或限制酶(Restriction Enzymes)**:20 世纪 50 年代初,限制酶的发现推动分子生物学进入繁荣时期。DNA 在限制酶的作用下被准确地分割后,在由 DNA 连接酶将 DNA 片段根据需要重新连接起来。研究人员可以利用这两种酶合成目的基因。例如,研究人员能合成预先设计好的细菌,这种细菌能合成胰岛素。也能将抗病基因转入农作物上。限制酶中一个令人关注的特性是简化分子的切割与粘贴，限制酶特异识别DNA的对称序列，如*E*coR1的位点。即使DNA的骨架被切割，突出部分的碱基对也能将这两段DNA片段连在一起，所以突出部分叫做黏性末端。黏性末端在基因工程学上十分重要，研究者将切下的小片段DNA插入特异位置后，黏性末端可与之配对。

15. **条件致死突变(conditional lethal mutations)**：在特定的(非许可的)条件下杀死一个细胞或病毒的突变，但是在其他(许可的)条件下使其存活。

16. **条件致死突变型(conditional lethal mutant)**：在野生型生物可生育或增殖的条件下，而不能生育或增殖的突变型，即需要特定的营养物质的营养缺陷型以外的突变型，称为条件致死突变型。

17. **抑制突变(suppressor mutation)**：如果第一次基因突变不是通过“校正”第一次突变的碱基，而是通过抑制第一次突变效应的表现来恢复其表现型，则称为抑制突变。

18. **致环交换**：环状DNA分子在任意一处切开所形成的线状DNA分子。

19. **感染周期(infection cycle)**：噬菌体从吸附细菌到后代噬菌体从宿主细胞中释放出来的过程。

20. **裂解周期**：由于原噬菌体的自发诱导，每一代可能有万分之一的溶源性细菌被裂解，释放出大量的λ噬菌体，这一过程称为裂解周期。

21. **限制条件(restrictive condition)**：使噬菌体致死的条件。

22. **许可条件(permissive condition)**：使噬菌体进行繁殖的条件。

23. **温度敏感突变型(temperatnre sensitlve mutant)**：指仅在某个温度范围内显有与野生型不同表型的突变型。其中包括在某个温度以上显示出和野生型不同表型的高温敏感突变型，及在某个温度以下才显有与野生型不同表型的低温敏感突变型。一般来说，高温敏感突变型是由于突变基因的产物(某种特定的蛋白质或RNA)在高于某种温度时不稳定，失去了其原有功能，结果它的表型就成为高温敏感。如果发生这类突变的基因控制的特性是生长繁殖不可缺少的，那么就会形成条件致死突变型。在实验中，只要改变培养温度就可不断观察到这类突变型的表型如何从野生型变到突变型，所以这是分析生物体内基因功能的有效手段。

24. **热敏感突变型(heat sensitive, ts)**：30℃生长，42℃不生长。

25. **冷敏感突变型(cold sensitive, cs)**：较低温度下致死。

26. **毒粒(virion)**：一个完整而成熟的具有感染力的病毒颗粒，包括衣壳、核酸和任何附加的结构蛋白或被膜。

27. **阻抑基因(因子)(suppressor, Su^+)**：能部分地或全部地使另一基因的突变效果逆转的基因，又称校正基因。

28. **互补测验(complementation test)**：检验两个表型效应相同或相似的突变位点是位于同一基因还是不同基因的测验。

29. **重组测验(recombination test)**：根据不同突变型之间的重组频率来确定不同突变位点之间的图距，以绘制遗传图确定突变子之间的空间关系。

30. **顺反子(cistron)**：基因功能的单位。顺反子内部反式的两个突变位点不能互补。有时被用做互补群(complementation group)或基因的同义词。

31. **位点专一性重组(site—specific recombination)**：由位点特异性重组酶所催化，只发生在具有短的同源序列的特定的DNA区域的重组。如λ噬菌体与大肠杆菌染色体的附着位点间的重组。

经典考题汇编

1. 细菌和病毒的遗传物质的传递方式与真核生物有何不同？为什么说它们是遗传学研究的好材料？

答：细菌缺乏明确的核膜和线粒体等细胞器，也不能进行典型的有丝分裂和减数分裂，因此它的染色体传递和重组方式与真核生物不尽相同。病毒是比细菌更为简单的生物，它们只有一条染色体，即单倍体。有些病毒的染色体是 DNA，另外一些病毒的染色体是 RNA。所以病毒主要是由蛋白质外壳及其包被的核酸所组成的颗粒。由于病毒缺乏代谢和分裂所必要的细胞质和细胞器，所以它们必须侵染细胞并接管宿主细胞的代谢机器，以提供本身所需要的一切物质。它们必须生活在细胞内。真核生物的有性过程特征在于形成配子时的减数分裂。遗传物质的交换、分离和独立分配的机制都是通过减数分裂实现的。虽然细菌和病毒不具备真核生物配子进行融合的有性过程，但它们的遗传物质也必须从一个细胞传递到另一个细胞，并且也能形成重组体。细菌获取外源遗传物质有四种不同的方式：转化、接合、转导和性导。当一个细菌被一个以上的病毒粒子所侵染时，噬菌体也能在细菌体内交换遗传物质。如果两个噬菌体属于不同品系，那么它们之间可以发生遗传物质的部分交换（重组）。

与其他生物体相比，细菌和病毒能成为研究遗传学的好材料，具有以下 7 个方面的优越性；①世代周期短：每个世代以 min 或 h 计算，繁殖速度快，大大缩短了实验周期。②易于管理和进行化学分析：个体小，繁殖方便，可以大量节省人力、物力和财力；且代谢旺盛，繁殖又快，累积大量的代谢产物。③便于研究基因的突变细菌和病毒均属于单倍体，所有突变都能立即表现出来，不存在显性掩盖隐性的问题。④便于研究基因的作用，通过基本培养基和选择培养基的影印培养，很容易筛选出营养缺陷型，利于生化研究。⑤便于基因重组的研究，通过细菌的转化、转导和接合作用，在一支试管中可以产生遗传性状不相同的后代。⑥作为研究基因结构、功能及调控机制的材料，细菌和病毒的遗传物质简单，基因定位和结构分析等易于进行且可用生理生化方法进行基因的表达和调控分析。⑦便于进行遗传操作，细菌质粒和病毒作为载体已成为高等生物的分子遗传学研究和生物工程的重要工具。

2. 噬菌体三基因杂交产生以下种类和数目的后代：

+++	235	pq^r	270
pq+	62	p++	7
+q+	40	p+r	48
+qr	4	++r	60
			共：726

试问：①这一杂交中亲本噬菌体的基因型是什么？

②基因次序如何？

③基因之间的图距如何？

答：①这一杂交中亲本基因型是+++和 pqr；

②根据杂交后代中双交换类型和亲本基因型，便可推断出基因次序为 qpr 或 rpq；

③基因之间的图距：

类型	基因型	数目		比例(%)	重组率(%)		
亲本类型	+++	235	505				
	pqr	270					
单交换型Ⅰ	pq+	62	122	16.8	√		√
	++r	60					
单交换型Ⅱ	p+r	48	88	12.1		√	√
	+q+	40					
双交换型	p++	7	11	1.5	√	√	
	+qr	4					
共:		726			18.3	13.6	29

pr 之间的遗传距离为 18.3 遗传单位;pq 之间的遗传距离为 13.6 遗传单位;因为有双交换的存在,qr 之间的遗传距离为:28.9+2×1.5=31.9 遗传单位。

3. 烈性噬菌体感染大肠杆菌后,其基因表达过程如何?

答:①先是早前期基因进行表达,这些基因多为调节基因。其作用是启动自身基因表达,抑制寄主细胞的 RNA 合成。

②接着是晚前期基因进行表达,其产物是核酸酶和 DNA 复制有关的酶,核酸酶降解大肠杆菌的染色体,为自身合成 DNA 提供游离的核苷酸,DNA 复制有关的酶,合成自身 DNA。

③最后是晚期基因表达,其产物主要为结构蛋白,用以外壳的建成和尾部的装配。

④包装完成后,噬菌体裂解基因表达,产生裂解酶,消化宿主细胞壁,释放出子代细菌。

4. 噬菌体遗传体制有什么特殊性?

答:①噬菌体的杂交不同于真核生物,亲代给子代提供相等的遗传物质,也不同于细菌的二等分裂。噬菌体杂交中,每个亲代对子代提供的遗传贡献取决于感染细菌时每种亲代的相对数量,如基因型 A 与基因型 B 的亲代比例为 10∶1,则产生的重组的 A 型子代数量常多于 B 型子代数。

②噬菌体的基因重组是发生在噬菌体的 DNA 复制以后,感染细菌的噬菌体的基因组进行复制,并与其他基因组发生重组,重组的基因型(基因组)与亲代基因型(基因组)一起复制。因此,从单个混合感染的细菌中既可有亲代噬菌体,也有重组噬菌体。这些子代噬菌体代表出现在这个细菌中的交配库的基因组样本。

③在噬菌体杂交中,亲代基因型不限于两种,噬菌体不同基因型之间可以发生多次交换,如 A、B、C 三种基因型噬菌体感染同一细菌,会出现基因型为 ABC 的重组子代。

④噬菌体基因重组的频率随着宿主细胞裂解时间延长而增加。

⑤一种亲本的复制基因组并非全部具有相等的机会与另一亲本的基因组重组。

课后习题全解

1. 对 T_4 噬菌体 rⅡ 区域 A 基因中的 6 个缺失突变进行配对组合,检查野生型重组体是否

形成。在下面的表格中，+代表重组，0 代表没有重组。请为这些缺失构建一个拓扑图。

	1	2	3	4	5	6
1	0	0	0	0	0	0
2		0	0	0	0	+
3			0	+	0	0
4				0	+	+
5					0	+
6						0

答：根据题意其拓扑图如下：

```
             1
______________________________
__________________________
             2
            __________________
                     3
__________  _______  _________
    4          5         6
```

2. T_4 噬菌体的 DNA 含有大约 200 000 bp。T_4 基因组的 rⅡ 区域占据了其整个遗传物质长度的约 1%。Benzer 通过 rⅡ 区域内的重组发现有大约 300 个位点是可分离的。请确定每一个重组子内的平均核苷酸数目。

答：据题意：每一个重组子内约有 7 个核苷酸。

3. T_4 噬菌体 DNA 的相对分子质量约为 160×10^6，每个核苷酸的平均相对分子质量约为 400，T_4 噬菌体总的遗传大图约为 2 500 个重组单位。当两个不同的 r 突变体（在相邻的核苷酸上发生突变）杂交时，预期 r^+ 重组体形成的概率是多少？

答：据题意：预期 r^+ 重组体形成的概率是 0.00625%。

4. T_4 噬菌体 rⅡ 区域中发现一些突变。从下面表格中提供的重组数据，确定每一个突变体是点突变还是缺失突变（+代表重组，0 代表没有重组）。已知 4 个突变体中的 2 个经历了回复突变，而另外 2 个从未观察到回复突变。

	1	2	3	4
1	0	0	0	+
2		0	+	0
3			0	+
4				0

答：据题意：1 和 2 是重叠的缺失，3 在 1 内，4 在 2 内。

5. 用 T_4 病毒的两个品系感染大肠杆菌细胞，一个品系是小噬菌斑（m）、快速溶菌（r）和噬菌斑浑浊（tu）突变型；另一个品系对这 3 个标记都是野生型（+++）。将上述感染的溶菌产物涂平板，结果如下：

基因型	m r tu	+ + +	m r +	m + tu	m + +	+ r tu	+ r +	+ + tu	
噬菌斑数	3 467	3729	853	162	520	474	172	965	10 342

①测定 m—r,r—tu 和 m—tu 的连锁距离?

②你认为这3个基因的连锁顺序如何?

③这个杂交的并发系数是多少?它意味着什么?

答:据题意:

①m—r 两基因相距 12.84cM,r—tu 相距 20.81cM,m—tu 相距 33.6cM。

②3个基因的连锁顺序是:m r tu。

③并发系数为 1.21,说明存在负干涉,即一个单交换的发生。可促进邻近区域交换的发生。

6. 两个不同基因型的噬菌体杂交后所测定的重组频率如下:

$ab^+ \times a^+b$	3.0%
$ac^+ \times a^+c$	2.0%
$bc^+ \times b^+c$	1.5%

问①a、b、c 3个突变在连锁图上的次序如何?为什么它们之间的距离不是累加的?

②假定三因子杂交,$ab^+c \times a^+bc^+$,你预期哪两种类型的重组子频率最低?

③计算从b所假定的三因子杂交中出现的各种重组类型的频率。

答:①三个基因的顺序是:a　c　b 它们基因间距离不能累加的原因是两端两个基因间(a—b)发生了双交换,而两点试验不能发现双交换。

②假定三基因杂交,$ab^+c \times a^+bc^+$,双交换类型 ab^+c^+,a^+bc 的频率最低。

③从b所假定的三因子杂交中,各种重组类型噬菌体的频率如下:

ac^+b、a^+cb^+ 为 1.75%;

acb、$a^+c^+b^+$ 为 1.25%;

ac^+b^+、a^+cb 为 0.25%。

7. 用噬菌体的突变体进行三因子杂交,假设选择性标记相对于非选择性标记总是相互靠近的,用下列资料建立这7个基因的顺序图。

杂　交		非选择标记	优势基因型
amA×amC	ts4	ts	野生型
ts2×amC	ts4	am	野生型
ts2×amB	ts4	am	琥珀突变型
ts1×amB	ts3	am	野生型

答:据题意分析,其7个基因顺序为:amA　amC　ts4　ts2　amB　ts3　ts1

8. 在不同的噬菌体突变型之间的互补测验中,双感染细胞的(噬菌体)释放量常被用以确定互补关系。在下表中,给出了在限定条件下的双感染的释放量(在容许情况下)的数值,试确定

各突变体所属的互补群。

	sus11	sus13	sus2	sus4	sus14
sus11	0.002	0.04	0.51	0.30	0.010
sus13		0.003	0.015	0.60	0.40
sus2			0.005	0.58	0.38
sus4				0.003	0.42
sus14					0.006

答：据题意和基因互补的原理，5 种突变分属于 3 个互补群：sus11 与 sus14 属同一互补群；sus13 与 sus2 属同一互补群；sus4 单独是一个互补群。

9. 有两个 T_4 的 rⅡ 突变体同时感染大肠杆菌后裂解，将其裂解液稀释成 6×10^7，感染 *E. coliB* 后做成平板，产生 18 个斑，另一种稀释度为 2×10^5 感染 *E. coliK*，做平板得 14 个斑，请计算此两基因之间的重组值。

答：据题意两基因重组值为 3.9％。

10. 测定 λ 噬菌体的 4 个基因：co、mi、c 和 s 之间的连锁关系，得下列资料：

亲本	子代			
①co+×mi	5 162 co　+，	6 510 +　mi，	311　+　+，	341　co　mi
②mi+×+s	502 mi　+，	647 +　s，	65　+　+，	56　mi　s
③c+×+s	566 c　+，	808 +　s，	19　+　+，	20　c　s
④c+×+mi	1 213 c　+，	1 205 +　mi，	84　+　+，	75　c　mi

计算各杂交组的重组率，并画出这些基因的连锁图。

答：据题意，

co-mi 重组值＝652/12 324＝5.3％；

mi-s 重组值＝121/1 270＝9.5％；

c-s 重组值＝39/1 413＝2.8％；

c-mi 重组值＝159/2 577＝6.2％。

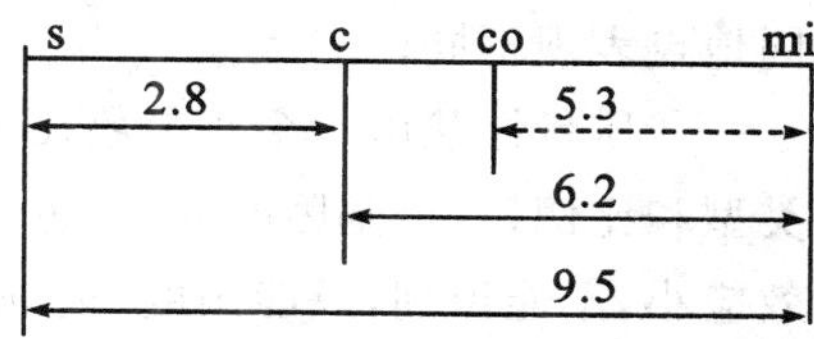

第九章　数量性状遗传分析

考点综述

生物性状分为质量性状和数量性状,数量性状遗传是经典遗传学的一个分支,研究生入学考试中涉及比例不高。在考查中以名词解释较多,同时也可能考查质量性状和数量性状的差异、广义和狭义遗传率的计算、杂种优势及其理论假说和近亲繁殖及近交系数计算等内容。主要考查的名词术语包括数量性状、广义遗传率、狭义遗传率、近交系数、杂种优势、显性假说、多基因假说等;简答和问答题中出现过考查质量性状和数量性状的区别、杂种优势理论等考题。

名师串讲

数量性状遗传,是研究个体间用程度表示而不是用种类表示其差异的数量性状的遗传。数量性状的变异是在两个极端数值之间形成一个连续的序列。质量性状之间的区别可以用文字描述,而数量性状的差异要用数据表示。本章要求了解数量性状的概念和特征及多基因学说,重点掌握数量性状研究的统计方法、遗传力的概念和估算及其应用等内容,了解自交和回交的遗传效应、近交系数和杂种优势等及其应用。具体包括以下一些内容:

1. 数量性状和质量性状的区别与联系

(1)区别:

①质量性状为不连续变异,性状分离明显,有显隐性之别,如紫花与白花,红眼与白眼;数量性状表现连续变异,难以明确分组,如产量、生育期、株高等。

②质量性状不受或不易受环境条件影响,遗传稳定;数量性状易受环境影响,不同时间、不同地点表现不同。

③质量性状由一个或少数几个基因控制,单个基因效应明显,可以识别,可以通过亲子代的类型和比例,分析基因的分离、重组及连锁等遗传行为;数量性状受多个基因的控制,单个基因效应小,不能识别,只能用度、量、衡进行测定,用统计学方法进行分析,研究其遗传变异规律。

(2)联系:

①有些性状具有质量性状和数量性状两种特性,根据区分的标准不同,既可认为是质量性状,又可认为是数量性状。

②亲本之间差异的基因对数不同,性状可表现出质量性状和数量性状特点。

③控制数量性状的基因有时同控制质量性状的基因呈连锁关系。

④某些基因既可控制质量性状又可控制数量性状,对某一性状起主基因作用,而对另一性状起微效基因作用,呈一因多效现象。

2. 遗传力及其估算

(1)广义遗传力及其估算。

群体性状的形成取决于个体的基因型和环境两个方面的作用。在群体的表型变异中包含

遗传因素(基因型)引起的变异和环境因素引异的变异。变异的程度用方差表示，则

$$V_p = V_G + V_E$$

遗传方差占表型方差的百分率称为广义遗传力：

$$h_B^2 = \frac{V_G}{V_P} \times 100\%$$

可见遗传方差占表型方差的比重越大，遗传力就越大，说明遗传因素对性状表现所起的作用越大，选择的效果越好。遗传力越小，说明性状受环境的影响越大，选择的效果越差。因此，遗传力可以作为衡量亲子代之间遗传关系的一个标准。

(2)狭义遗传力及其估算。

从基因作用来分析，基因型方差可以进一步分解成三个组成成分：加性方差 V_A、显性方差 V_D 和上位性方差 V_I。加性方差是指等位基因之间和非等位基因之间因累加作用引起的变异量，显性方差是指等位基因之间相互作用引起的变异量，而上位性方差是指非等位基因之间相互作用引起的变异量，后两部分又称为非加性遗传方差。因此，遗传方差可以用下列公式表示：

$$V_G = V_A + V_D + V_I$$

于是表型方差的公式可进一步写为：

$$V_P = V_A + V_D + V_I + V_E$$

其中加性方差是可以固定的遗传变异量，它可在上、下代之间传递，而显性方差和上位性方差是不可固定的遗传变异量。随着世代的推移，纯合的座位增加，显性方差的比例逐渐减少。上位性方差即或存在，但无法估算，也只能略而不计。因此，把能真实遗传的加性方差占表型方差的百分率称为狭义遗传力。

$$h_N^2 = \frac{V_A}{V_P} \times 100\% = \frac{V_A}{V_A + V_D + V_I + V_E} \times 100\%$$

$$h_N^2 = \frac{\frac{1}{2}V_A}{V_{F_2}} \times 100\% = \frac{2[V_{F_2} - (V_{B_1} + V_{B_2})}{V_{F_2}]} \times 100\%$$

(3)平均显性程度。

$$平均显性程度 = \sqrt{\frac{V_D}{V_A}} = \frac{d}{a}$$

3. 近亲繁殖和杂种优势

(1)近亲繁殖的类型。

自交，回交，全同胞交配，半同胞交配，表兄妹、堂兄妹间交配。

(2)自交的遗传学效应。

①杂合体通过自交，可以使后代群体的遗传组成迅速趋于纯合化。

②使有害的隐性性状通过纯合化过程而表现出来，从而经过自然选择或人工选择而淘汰。

③导致遗传性状的稳定——育成纯系。

(3)回交的遗传学效应。

回交是指杂种后代与其双亲之一的交配。用于连续回交的亲本叫轮回亲本，未用于回交的亲本叫非轮回亲本。

①连续回交使后代基因型逐渐增加轮回亲本的基因成分，相应减少非轮回亲本的基因成分，从而使后代群体的性状表现趋近于轮回亲本。

②使后代群体的基因型定向纯合,趋近于轮回亲本的基因型。

(4)近交系数(*coefficient of inbreeding*)。

一个二倍体生物任何基因座上两个等位基因来自父母共同祖先的同一基因的概率,用F表示。

4. 纯系学说

丹麦学者约翰逊(*Johannsen*)根据菜豆的选择实验提出了纯系学说。他认为,在自花授粉天然混杂群体中,经过选择可以分离出许多基因型不同的纯系,且选择是有效的;但纯系一经选出后,在纯系内继续选择是无效的。纯系内个体间的变异是由环境引起的,是不遗传的。

纯系学说的主要贡献是区别了遗传的变异和不遗传的变异,指出在纯系内选择无效,并提出了基因型和表现型两个重要的遗传学概念。在自花授粉作物中所应用的单株(穗)一次或多次选择(育种)法,其基本原理就是纯系学说。

纯系是相对的,不是绝对的,由于天然杂交以及突变的不断发生,纯系也是可变的。

5. 杂种优势

(1)杂种优势的特点。

杂种优势不是一两个性状单独地表现优势,而是多个性状的综合表现;杂种优势的大小取决于双亲性状间的互补性,还与杂种对环境条件的适应有关;双亲基因型纯合度越高,杂交子代的优势越强;杂种优势与杂种不同世代有关,杂交子一代优势最大。

(2)杂种优势的遗传理论。

①显性假说:认为多数显性基因有利于个体的生长发育,相对的隐性基因不利于个体的生长发育。用不同的自交系进行杂交,一个亲本的显性等位基因遮盖了另一亲本的相应隐性等位基因的作用,从而增进了杂合子代的生长势。杂种优势涉及很多基因,而有害的隐性基因常同有利的显性基因相连锁,所以,把较多的有利基因以纯合状态集中到一个自交后代的概率是微乎其微的,因而不可能获得一个同杂种生长势一样强的自交系。

②超显性假说:认为杂种优势是基因型不同的配子结合后产生的一种刺激发育的效应。杂合性本身是产生杂种优势的根本原因。在杂种中,等位基因无显隐性关系,杂合基因的效应值大于任何一种纯合基因型的效应值,而且基因杂合点越多,子一代的优势越明显。

名词术语解释

1. **阈性状(threshold trait)**:指它们的遗传是由多基因决定的,但它们的表型是非连续性的一类性状。

2. **广义遗传率(heritability in the broad sense)**:是遗传方差在总方差中所占的比值,可以作为杂种后代进行选择的一个指标。

3. **狭义遗传率(narrow-sense heritability)**:是遗传方差中加性方差占总方差的百分比。

4. **近交系数(coefficient of inbreeding)**:近交系数是指一个个体从某一祖先得到一对纯合的、而且遗传上等同的基因的概率。

5. **血缘系数(coefficient of relationship)**:两个个体之间由于共同祖先或直系亲属的关系而具有同源基因的概率。

6. **同型交配(assortative mating)**:即基因型相同的个体间的交配。

7. **异型交配(nonassortative mating)**:指基因型不同的纯合子之间的交配。

8. **近交(inbreeding)**:也称近亲繁殖或近亲交配,是完全的或不完全的同型交配,其完全的程度与近交程度密切相关。

9. **近交衰退(inbreeding depression)**:即近交后代表现生活力、生产力、繁殖力、抗逆性、适应性下降和生长发育缓慢等。

10. **数量性状(quantitative character)**:生物界遗传性状的变异除质量性状外,还广泛地存在另一类性状差异,这些性状的变异呈连续状态,不易分类,这类性状叫做数量性状。

11. **质量性状(qualitative character)**:其遗传性状是由一对基因所控制,相对性状之间的差异明显,可将变异的个体明显分为2～3个群,中间无过渡类型,在群体中呈不连续分布。

12. **杂种优势(heterosis 或 hybrid vigor)**:两个遗传组成不同的亲本杂交产生的杂种第一代,在生长势、生活力、繁殖力、抗逆性、产量和品质等方面都比其双亲优越的现象。

13. **累加效应(additive effect)**:许多微效基因效应的总和。被认为是在上下代遗传中可以固定的分量,所以在实践上又称为"育种值",即表示在动物、植物育种工作中我们实际能够获得的效应。

14. **显性离差(domlnance deviation)**:在一对等位基因之间有显隐性的关系,因而造成一些不同于累加效应的情况,即等位基因的相互作用,是属于非加性的,称为显性离差。

15. **上位效应(epistatic deviatio 或 interaction)**:由于非等位基因之间的相互作用对于基因型值所产生的效应,是一种非加性的基因作用,称为上位效应。

16. **显性假说(dominance hypothesis)**:显性假说是关于杂种优势的遗传解释,布鲁斯(A. B. Bruce)等人于1910年首先提出显性基因互补假说;1917年,琼斯又进一步补充为显性连锁基因假说。该假说简称为显性学,它认为杂种优势是由于双亲的显性基因全部聚集在杂种中所引起的互补作用引起的。

17. **超显性假说(overdominance hypothesis)**:伊斯特(E. M. East,1879—1938年)1936年提出,异质性本身就是杂种优势形成的根本原因。两个自交系基因型差异程度越大,杂种优势就越大。杂种的这种差异发生于同一基因位点上,这一位点具有众多的复等位微效基因,它们有着不同的遗传组成和不同的生理功能。复等位微效基因间并没有显隐性关系,但它们集合在一起时却能相互作用显示出超出显性基因的效果。假定一对纯合等位基因 a_1a_1 能支配一种代谢功能,生长量为1个单位,另一对纯合等位基因 a_2a_2 支配另一种代谢功能,生长量为2个单位。那么,杂种的等位基因 a_1 就能同时支配 a_1 和 a_2 两种代谢功能,于是可使杂种的生长量超过最优亲本而达3个单位以上。这说明异质等位基因优于同质等位基因的作用,即杂合态优于纯合态。由于这一假说很好地解释了杂种表现远远大于最优亲本的现象,所以称为超显性假说。

18. **多基因假说(polygenic hypothesis)**:数量性状的遗传基础是微效多基因,没有显隐性区别,每个基因对性状产生的影响是微小的,它们的效应是加性的。但其遗传方式仍然服从孟德尔遗传规律。

经典考题汇编

1.(填空题)解释杂种优势遗传基础的假说有__①__、__②__和__③__。(华中农业大学,2012)

答:①显性假说　②超显性假说　③上位性假说

2.简述杂种优势的理论基础。(武汉大学,2011A)

答:①显性假说:认为多数显性基因有利于个体的生长发育,相对的隐性基因不利于个体的生长发育。用不同的自交系进行杂交,一个亲本的显性等位基因遮盖了另一亲本的相应隐性等位基因的作用,从而增进了杂合子代的生长势。杂种优势涉及很多基因,而有害的隐性基因常同有利的显性基因相连锁,所以,把较多的有利基因以纯合状态集中到一个自交后代的概率是微乎其微的,因而不可能获得一个同杂种生长势一样强的自交系。

②超显性假说:认为杂种优势是基因型不同的配子结合后产生的一种刺激发育的效应。杂合性本身是产生杂种优势的根本原因。在杂种中,等位基因无显隐性关系,杂合基因的效应值大于任何一种纯合基因型的效应值,而且基因杂合点越多,子一代的优势越明显。

3.多基因假说的主要论点是哪些?(武汉大学,2011A)

答:①数量性状的遗传基础是2对以上的基因;

②这些基因呈共显性;

③这些基因对表型的影响较小,称为微效基因,但它们有累加的效应;

④环境因素对性状也有一定的影响。

4.请比较多基因决定的性状与数量性状的异同,并举例说明。如何分析这两种性状的基因?(华中农业大学,2012;武汉大学,2012C;中国科学院,1997)

答:多基因决定的性状有质量性状和数量性状:表现不连续变异的性状,称为质量性状;表现连续变异的性状,称为数量性状。质量性状在杂种后代的分离群体中,对于各个体所具有相对性状的差异,可以明确的分组并求出不同组间的比例,来研究它们的遗传动态。但是在生物界更广泛存在的是数量性状。在一个自然群体或杂交后代群体内,不同个体的性状都表现为连续的变异,很难进行明确的分组,更难求出不同组之间的比例,所以不能用分析质量性状的方法分析数量性状,而要用统计学方法对这些性状进行测量,才能研究它的遗传动态。

数量性状和多基因决定的质量性状主要有以下不同之处:

①数量性状的变异表现为连续的,杂交后的分离世代不能明确分组,而质量性状的变异表现为不连续,杂交后的分离世代可以明确分组。

②数量性状一般容易受环境条件的影响而发生变异。这种变异一般是不遗传的,它往往和那些能够遗传的数量性状相混,使问题更加复杂化。而质量性状是相对稳定的,受环境条件的影响较小。

③数量性状受许多彼此独立的基因共同作用,每个基因对性状表现作用微小,各基因的效应相等,等位基因间通常无显隐性关系,各基因的作用是累加的,呈现剂量效应。而质量性状虽也是受许多基因控制,但各基因的效应一般不相等,等位基因间通常有显隐性关系,各基因的作用方式表现多样。

尽管数量性状和多基因决定的质量性状有以上不同之处,但两者之间的区别并不是绝对的,两种性状的表现都是由基因控制的,控制数量性状的微效基因与控制质量性状的基因都存在于染色体上,它们的遗传方式都符合孟德尔遗传规律。二者间差别主要在于各基因效应的大小及有关座位数的多少,从而造成数量性状与质量性状既有区别又有关联的关系。其表现形式如下:

①某些性状既有数量性状特点,又有质量性状特点,因区分的着眼点不同而异。小麦粒色就其中一例,红粒对白粒为3∶1或15∶1,对红粒仔细研究则可发现颜色深浅之间是量的差别,而且色调与基因数量间呈现剂量效应。

②同一性状因杂交亲本类型不同,可能表现为数量或质量性状。例如,一般情况下豌豆株高为数量性状,呈现连续变异。但在矮生型与高杆型杂交的情况下,F_2 却出现差别明显的高:矮为 3∶1 的比例,表现出质量性状的特点。

③某些基因可能同时影响质量性状与数量性状,或者对某一性状起主基因作用而对另一性状起微效基因作用。例如白三叶草中,两对独立的显性基因互作产生叶斑,这与正常绿叶有质的区别,但是两种显性基因的不同剂量又影响叶片数的不同,叶片数显然是数量性状。

总之,数量性状与多基因控制的性状有着明显的区别,但并无截然分开的鸿沟,有些场合是互相渗透、互有联系的。

5. 如果给你两个水稻品系,这两个品系对于某一遗传性状来说是有差别的。你怎样证明这个性状是数量性状还是质量性状?(中山大学,2013)

答:两个品种杂交,种植 F_1 的自交种 F_2,然后考察该性状的数值,如果测量值是连续分布的即为数量性状,反之则为质量性状。

课后习题全解

1. 如何理解阈性状?常见的阈性状有哪些?全或无性状的阈值有几个?为什么?

答:阈性状是一种超越某一遗传阈值时才表现的性状。阈性状是一类重要的数量性状,动植物包括人类在内的抗病能力如"患病"或"正常";"存活"或"死亡";单胎哺乳动物中"单胎"与"多胎";哺乳动物的前后指(趾)"正常数目"与"多指"等均称为阈性状。全或无性状是二者居一性状,阈值只有一个超越某一阈值后才表现的性状。

2. 什么是 QTL?如何鉴定和定位数量性状基因座(参阅本书第 18 章作答)?

答:QTL 是指数量性状位点,也就是多基因在染色体上的座位。分子标记技术和数量遗传学的发展,使得分子遗传学与数量遗传学相互渗透和融合,借助分子标记,采用适当的统计分析方法明确 QTL 在染色体上的位置及其效应。而 QTL 定位的原理是:利用适当的分离群体,构建较高密度的、分布较均匀的、覆盖全基因组的分子标记连锁图。根据遗传连锁的基本遗传学原理,对分离群体中单株的标记基因型和性状的表型值进行一定的统计分析,将决定数量性状的 QTL 定位在分子标记连锁图中。目前,QTL 定位的方法主要有单标记分析法,区间作图法)和复合区间作图法等。

3. 如何理解亲缘系数(R_{XY})及近交系数(F_X)?两者的区别与联系是什么?

答:亲缘系数(R_{XY})是指两个个体之间亲缘关系的程度,而近交系数(F_X)是指双亲交配后所产生的合子的两个配子间遗传相关系数。近交系数是度量个体近交程度的遗传参数,亲缘系数是指两个个体间亲缘程度。

4. 果蝇腹部刚毛数是一种数量性状。一项对雌性果蝇腹部刚毛数目的研究得到以下方差的估计值:$V_P=6.08$ $V_G=-3.17$ $V_E=2.91$,试求该性状的广义遗传率(H^2)。

答:$H^2=0.52$

5. 为什么说某些数量性状的狭义遗传率(h^2)小于该数量性状的广义遗传率(H^2)?

答:广义遗传率是指基因型方差占表型方差的比值,基因型方差包括基因累加效应(A)、显性方差(D)、互做离差或上位效应(I),是三者的积加。而狭义遗传率是育种值方差也就是基因累积效应(A)占基因型方差的比值。由于显性方差(A)和互做离差或上位性效应(D)一般情况下都不为负值或零,所以广义遗传率要大于狭义遗传率。

6. 试运用通径分析的方法计算下列图中的特殊个体(以"●"表示)的亲缘系数和近交系数(注意将此图转换成通径图)。

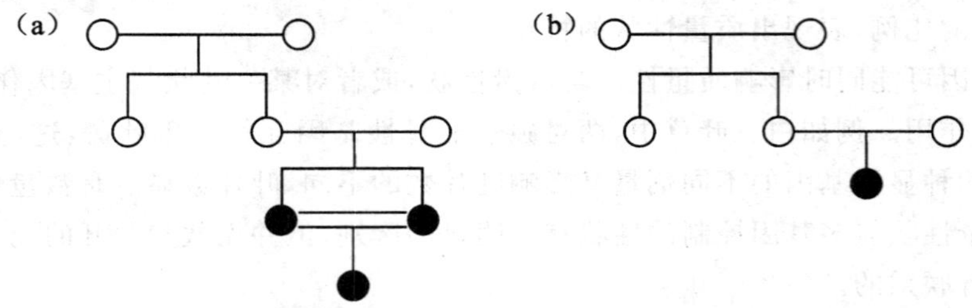

答:(a)和(b)的通径图如图1和图2所示。(a)的亲缘系数=1/2,近交系数=1/4,(b)的亲缘系数=1/4,近交系数=1/8。

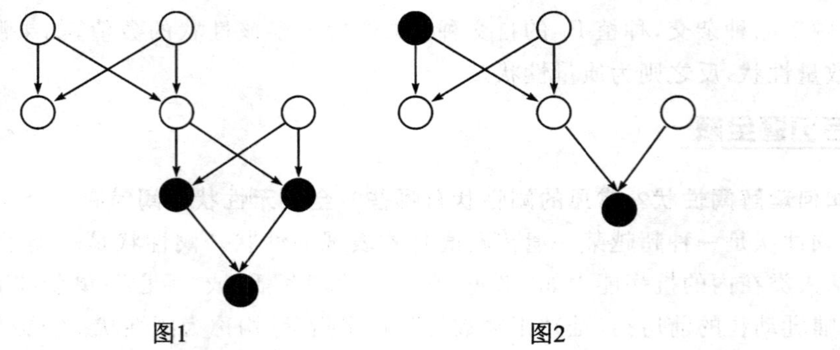

第十章　核外遗传

考点综述

核外遗传是经典遗传学的重要组成部分，也是学习和考试的重点内容，是历年各高校的研究生入学考试考查的重点章节，所占比例很高。常见的题型有名词解释、填空题、判断题、选择题、简答题和问答题等。主要重点考查相关的名词术语包括母性影响、核外遗传、雄性不育等；简答题和问答题中要重点掌握细胞质遗传的特点、母性影响和细胞质遗传的区别、草履虫放毒型遗传、质核互作雄性不育以及三系两区杂交育种等内容。

名师串讲

本章的主要内容是细胞质遗传的主要特征，细胞质遗传的物质基础，细胞质基因与细胞核基因遗传的相互关系（表现在细胞质基因和细胞核基因共同控制的性状的遗传）及植物雄性不育及其利用。细胞质遗传是与核基因遗传完全不同的一种遗传方式。细胞质基因和细胞核基因在许多地方，如化学组成、复制、转录翻译的基本过程、基因的特性等方面相同，但由于细胞质基因在所在位置等方面不同于核基因，而表现出自己的特点。核外遗传主要指的是细胞质中的细胞器遗传，是细胞的第二大遗传体系，在考试中经常考到细胞核内染色体遗传与核外细胞质细胞器遗传的差别与联系，母性影响和细胞质遗传的差别与联系，卡巴粒的毒性遗传以及雄性不育等内容。具体包括以下几个方面：

1. 细胞质遗传的主要特征

①呈母系遗传：细胞质遗传的物质基础是细胞质基因，细胞质基因是通过母体产生的卵细胞由亲代传给子代的。受精时，父本产生的精子只有细胞核进入卵细胞中，受精卵的细胞质基本上完全由母体提供，因此表现为母性遗传。

②后代不出现性状分离：细胞质基因在减数分裂时，卵母细胞的细胞质基因都随细胞质存在于卵细胞中，由此控制的性状不会出现分离。

③性状随细胞质成分的转移而改变：在有丝分裂时，细胞质成分的分裂具有随机性，具有不均等分裂现象。另外，细胞质从一个细胞转移到另一个细胞中时，也会把细胞质基因转移到受体细胞中。

④正反交结果不同：细胞质基因来自母本，改变了父母本的关系，细胞质基因和控制的性状因母体的改变而改变。

⑤性状与染色体的转移无关，不能在染色体上进行定位：连续回交，可以改变细胞核基因，使之换成轮回亲本——父本的核基因，但细胞质基因不改变。

2. 母性影响

母性影响从亲子代的表现上看与母系遗传相似，但两者有本质的区别，母性影响是由于卵母细胞核基因的产物积累在卵细胞质中，影响或决定受精卵早期发育而形成的。母性影响表现为孟德尔式分离，其表现型由母本的基因型决定。

3. 草履虫放毒型遗传——卡巴粒遗传

一种放毒型的草履虫体内含有一种细胞质因子——卡巴粒,能够产生毒素,杀死无卡巴粒的草履虫。无卡巴粒的草履虫为敏感型。卡巴粒依赖显性核基因 K 而存在,当细胞核具有 K 基因时,卡巴粒能够正常存在,当细胞核没有 K 基因时,卡巴粒逐渐消失。当放毒型与敏感型草履虫进行接合生殖时,由于交换了一个小核,它们双方的基因型都成为 Kk,若接合时间短,没有交换细胞质,原来敏感型的个体仍不能产生毒素。以后两个个体分别进行自体受精,分别产生 KK、kk 两种后代,敏感型仍为敏感型,原来放毒型的个体产生的 kk 个体,由于无 K 基因而卡巴粒逐渐消失,成为敏感型。若让两个个体接合时间延长,使两个个体除交换小核外还能交换部分细胞质,则两个个体的核基因均为 Kk,细胞质内均有卡巴粒,自体受精后,两个个体均产生 KK 和 kk 两种后代,则 kk 型后代均失去卡巴粒,成为敏感型,KK 后代均为放毒型。

4. 雄性不育

雄性不育分为孢子体不育和配子体不育两种类型。孢子体不育是指合子体(植株)基因型控制的花粉不育,不育性与花粉本身的基因型无关。配子体不育是指由配子基因型控制的小育。

雄性不育从形态上分为三类,即:

花药退化型:花药高度退化。

无花粉型:有花药,无花粉。

花粉败育型:有花粉,但花药不开裂或花粉无受精能力。

①细胞质控制雄性不育。雄性不育是由细胞质基因控制的,不受核基因的影响,表现为母性遗传。多数学者认为线粒体 DNA 是雄性不育的载体,也有人认为叶绿体 DNA 也可能是雄性不育的基因载体。常用 N 表示可育基因,S 表示不育基因,不育型的后代仍为不育型。

②细胞核控制雄性不育。大多数核控制不育型受一对隐性基因 msms 的控制,也有显性核不育型。核不育型的遗传符合孟德尔规律。

③质核互作控制雄性不育。质核不育型是由细胞质基因和核基因共同决定的,细胞质不育基因为 S,可育基因为 N;核不育基因为 rf,可育基因为显性 Rf。个体不育性必须有不育的细胞质基因和相应的隐性核基因相配合,即当细胞质存在不育基因 S 时,核内必须是相应的隐性基因(rfrf),个体才表现雄性不育。细胞质基因是可育基因 N 时,无论核基因型如何,个体仍正常可育;核基因为显性基因 Rf 时,不沦细胞质基因如何,都是雄性可育的。几种基因型的育性如下:

用雄性不育个体作为母体,与几种能育型杂交,可出现下列结果:

S[rfrf]×N[rfrf]→S[rfrf],F_1 雄性不育,说明 N[rfrf]具有保持不育性在后代中稳定传递的能力,因此称为保持系。

S[rfrf]×N[RfRf]→S[Rfrf],或 S[rfrf]×S[RfRf]→S[Rfrf],F_1 全部正常能育,说明 N[RfRf]或 S[RfRf]作为父本,都具有使后代恢复育性的能力,因此称为恢复系。

5. 癌基因的激活与遗传

掌握原癌基因的调控机制与致癌机制。

名词术语解释

1. **母性影响(maternal inheritance)**:母性影响表现的遗传现象与细胞质遗传十分相似,但是这种遗传不是由细胞质基因组所决定的,而是由核基因的产物积累在卵细胞中的物质所决定的。通常正交 AA×aa 或反交 aa×AA,子代的表型是一样的。这是因为两亲本在核基因的贡

献上是相等的，子代的基因型都是 Aa，所以在同一环境下，表型是一样的。可是有时两种交配的结果并不相同，子代的表型受到母亲基因型的影响，而和母亲的表型一样，这种现象叫做母性影响。母性影响有两种，一种是短暂的，仅影响子代个体的幼龄期；一种是持久的，影响子代个体的终生。母性影响所表现的遗传现象与细胞质遗传十分相似，但是它在本质上是不同的另一类遗传现象。这种遗传现象并不是由于细胞质基因所决定的，而是由于核基因的产物积累在卵细胞中的物质所决定的。

2. **随意内含子(optional intron)**：在酵母中，相同的线粒体在一个品系中可能有内含子而在另一个品系中则无内含子，有点像转座因子那样可以在基因组内移进移出。

3. **雄性不育(male sterilitry)**：由于花粉发育不良或功能不正常，导致不能产生有功能的雄配子。

4. **核外遗传(extranuclear inheritance)**：从整个生物界来讲，位于核或类核体以外的遗传物质所表现的遗传现象，叫做细胞质遗传，又称核外遗传，非染色体遗传。

5. **卡巴粒(kappaparticle)**：放毒型草履虫所以能产生毒素，是由两方面因素决定的，一是在它的细胞质中含有一种称为卡巴粒的特殊颗粒，卡巴粒的直径约 0.2 微米，长约 1～5 微米，含有 DNA、RNA、蛋白质、糖类等，现已公认是一种内共生体。它可进行自我复制和发生突变，每个细胞中的卡巴粒数目可从几个到几百个，草履虫素就是由卡巴粒控制产生的。

6. **细胞质遗传(cytoplasmic inheritance)**：染色体以外的遗传因子，即细胞质基因所控制的遗传现象。遗传研究发现，真核生物细胞质中的遗传物质主要存在于线粒体、质体、中心体等细胞器中。但是原核生物和某些真核生物的细胞质中，除了细胞器之外，还有另一类称为附加体和共生体的细胞质颗粒。它们是细胞的非固定成分，并且也能影响细胞的代谢活动，但是它们并不是细胞生存不可缺少的组成部分。通常把上述所有细胞器和细胞质颗粒中的遗传物质统称为细胞质基因组。把细胞质基因所决定的遗传现象和遗传规律称为细胞质遗传。

7. **非染色体类别(non-chromosome strip)**：在植物中，有一些非正常生长的突变体是线粒体 DNA 突变引起的，这变称为非染色体类别。

8. **线粒体遗传病(mitochondrial diseases)**：由于线粒体基因突变所引起的疾病，呈母系传递。

经典考题汇编

1.(选择题)在杂种优势利用中，可使不育系产生可育花粉的为(　　)。(浙江师范大学，2012)

A. 不育系　　B. 保持系　　C. 恢复系　　D. 自交系

答：C。

2. 人类线粒体基因组的遗传学特征有哪些？(武汉大学，2012)

答：与核基因组相比较，线粒体基因组具有下面几个显著的特点：

①半自主性。mtDNA 虽能独立复制、转录和翻译，但由于核基因编码大量的维持线粒体结构和功能的大分子复合物及大多数氧化磷酸化酶的蛋白质亚单位，故 mtDNA 的功能又受核 DNA 的影响。

②基因排列紧密。除与 mtDNA 复制与转录有关的一小段 DNA 区域外，人的线粒体基因之间无插入顺序，基因内也不含内含子，两条链都有编码功能，且部分区域出现基因的重叠。

③在胞液内有30或30种以上与氨基酸对应的tRNA,而在线粒体中tRNA兼用性较强,仅用22个tRNA来识别48个密码子。因此,线粒体基质内仅有22种tRNA用于线粒体蛋白质的合成。

④遗传密码和通用密码不同。在线粒体遗传密码中,有4种密码子与核基因的"通用"密码不同。最显著的是UGA编码色氨酸,而非终止信号。

⑤母系遗传。即母亲将她的mtDNA传递给她的所有子女,但只有她的女儿们能将mtDNA传递给下一代。这是因为精卵结合时精子提供的只是核DNA,受精卵中的细胞质全部来自卵子,即使精子中有少量mtDNA,与卵子所含的上万数目相比,几乎对基因型不产生影响。

⑥同质性与异质性。人的细胞一般含有成百上千个mtDNA拷贝,在细胞分裂时它们又被随机分配到子细胞中。在正常组织中,所有的mtDNA都是一致的,称为同质性。如果mtDNA发生突变,这将影响部分线粒体基因组,或者造成在同一细胞或组织中两种mtDNA共存,一种为野生型,另一种为突变型,称为异质性。

⑦阈值效应。线粒体遗传病的发生有一阈值,即只有当突变的mtDNA达到一定的比例时才发病,其表型与氧化磷酸化缺陷的严重程度及各种器官系统对能量的依赖程度密切相关。

⑧突变率高。mtDNA既无组蛋白保护,又缺乏有效的DNA损伤修复系统,且直接暴露于氧化磷酸化过程中产生的ATP中,其突变率比核DNA高10~20倍。

⑨mtDNA可以稳定地整合到核基因组中。在人的胎盘组织、白细胞等基因组中均发现整合的mtDNA。

3.简述线粒体基因组的特点。(武汉大学,2011)

答:①为环状DNA,长度为16569bp,双链DNA中,富含G的称为重链,富含C的为轻链;

②能自主复制,在细胞内具多拷贝;

③编码序列占93%,编码37个基因,其中13个编码蛋白质基因,2个rRNA基因和22个tRNA基因;28个基因由重链编码,9个由轻链编码;

④基因内无内含子,基因排列紧凑,基因之间间隔极短或无间隔,有些甚至重叠;

⑤部分密码子不同于核基因组密码子。

4.简述细胞质遗传的原理及其特征。举例说明其应用价值。(中国科学院研究生院,2012)

答:细胞质遗传的原理是交配产生后代的过程中,子代细胞质由母本提供,父本基本不提供细胞质给后代,所以细胞质的遗传与母本一样。

细胞质遗传的特征有:①遗传方式是非孟德尔式的;②F_1通常只表现母本的性状;③杂交的后代一般不出现一定比例;④正交和反交的遗传表现不同,某性状只在表现于母本时才能遗传给子代,故细胞质遗传又称为母性遗传,但是一般由核基因所决定的性状,正交和反交的遗传表现是完全一致的(伴性遗传基因除外),因为杂交形成的合子核的遗传物质完全是由雌核和雄核共同提供的;⑤通过连续的回交能把母本的核基因全部置换掉,但母本的细胞质基因及其控制的性状仍不消失;⑥由附加体或共生体决定的性状,其表现往往类似病毒的转导或感染。

以水稻三系配套制种为例介绍细胞质遗传的应用,现在推广的杂交水稻就是利用细胞质遗传的核质型雄性不育性,实现"三系"配套所生产的杂交种。植物雄性不育是指不能产生有功能花粉粒的现象,其主要特征是雄蕊发育不正常,不能产生正常功能的花粉;但是它的雌蕊发育正常,能够接受正常花粉而受精结实。雄性不育性主要应用在杂种优势的利用上,杂交母本获得了雄性不育性,就可以免去大面积繁殖制种时的去雄工作,并保证杂交种子的纯度。但是,应用

时必须“三系”配套，即必须具备雄性不育系、保持系和恢复系。核质型不育性是由不育的细胞质基因和相对应的核基因所决定的。当胞质不育基因S存在时，核内必须有相对应的一对(或一对以上)隐性基因rr，个体才能表现不育。杂交或回交时，只要父本核内没有R基因，则杂交子一代一直保持雄性不育，表现了细胞质遗传的特征。如果细胞质基因是正常可育基因N(即一般正常状态)，即使核基因仍然是rr，个体仍是正常可育的；如果核内存在显性基因R，不论细胞质基因是S还是N，个体均表现育性正常。不育系的基因型为S(rr)，保持系的基因型为N(rr)，恢复系的基因型为N(RR)或S(RR)。

S(rr)×N(rr)→S(rr)，F_1 表现不育，说明N(rr)具有保持不育性在世代中稳定传递的能力，因此称为保持系。S(rr)由于能够被N(rr)所保持，从而在后代中出现全部稳定不育的个体，因此称为不育系。

S(rr)×N(RR)→S(Rr)或S(rr)×S(RR)→S(Rr)，F_1 全部正常能育，说明N(RR)或S(RR)具有恢复育性的能力，因此称为恢复系。

三系配套的一般原理是首先把杂交母本转育成不育系。例如，希望优良杂交组合(甲×乙)利用雄性不育性进行制种，则必须先把母本甲转育成甲不育系。常用的做法是利用已有的雄性不育材料与甲杂交，然后连续回交若干次，就得到甲不育系。原来雄性正常的甲即成为甲不育系的同型保持系，它除了具有雄性可育的性状以外，其他性状完全与甲不育系相同，它能为不育系提供花粉，保证不育系的繁殖留种。父本乙必须是恢复系。如果乙原来就带有恢复基因，经过测定，就可以直接利用配制杂交种，供大田生产用。否则，也要利用带有恢复基因的材料，进行转育工作，转育的方法与转育不育系基本相同。

5. 核外遗传的特点？设计一个实验区别核内遗传，核外遗传，母体影响？(武汉大学，2010)

答：核外遗传的特点如下：

①呈母系遗传：细胞质遗传的物质基础是细胞质基因，细胞质基因是通过母体产生的卵细胞由亲代传给子代的。受精时，父本产生的精子只有细胞核进入卵细胞中，受精卵的细胞质基本上完全由母体提供，因此表现为母性遗传。②后代不出现性状分离：细胞质基因在减数分裂时，卵母细胞的胞质基因都随胞质存在于卵细胞中，由此控制的性状不会出现分离。③性状随细胞质成分转移而改变：在有丝分裂时，细胞质成分的分裂具有随机性，具有不均等分裂现象。另外，细胞质从一个细胞转移到另一个细胞中时，也会把胞质基因转移到受体细胞中。④正反交结果不同：因胞质基因来自母本，改变了父母本的关系，胞质基因和控制的性状因母体的改变而改变。⑤性状与染色体的转移无关，不能在染色体上进行定位：连续回交，可以改变细胞核基因，使之换成轮回亲本—父本的核基因，但细胞质基因不改变。

可设计如下实验证明性状是核内遗传、核外遗传或是母体影响：

选择一对相对性状，进行正反交，如果正反交的表型一样，证明是核内遗传，正反交结果不一样证明可能属于细胞质遗传或是母性影响。将 F_1 自交，F_2 自交得到 F_3，出现性状分离，表明该性状是母体影响，没有分离，与母本一样则为细胞质遗传。

课后习题全解

1. 请举例说明核外遗传的特点。

答：一般核外遗传因子是由一个亲本而来的，不经过有丝分裂或减数分裂，它们的行为不按核基因的方式进行，所以：

①正反交的结果不一样，F_1 表现母系遗传(有些细胞质基因在遗传时并不表现母系遗传现

象)。②遗传方式是非孟德尔式的,杂交后代一般不出现一定的分离比例。③与核基因不连锁。④细胞质基因在一定程度上是独立的,能自主复制。

例如:玉米的埃条斑有关的基因称为iojap(ij),属于第7连锁群。纯合体ijij的植株或是不能成活的白化苗,或是有特征的白色条斑。如果条斑植株总是用作父本,那么条斑性状按孟德尔方式遗传。然而如果把条斑植株用作母本,那么不论父本的基因型是什么,叶绿体的特征将持续下去,子代没有典型的孟德尔比数,它们的表型可以是绿的、白的或条斑的,看不到核基因和质体表型的对应关系。

2. 分析下列系谱,回答以下问题:

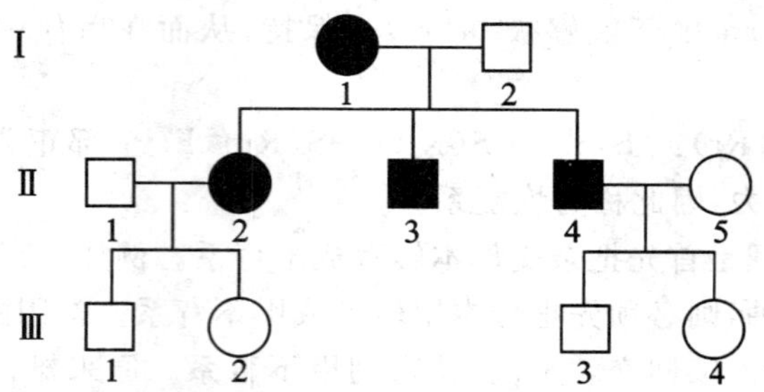

①上面这一系谱是否为线粒体遗传?为什么?

②上述系谱还能适用于其他类型遗传吗?

答:①分析上面系谱,其遗传规律表明符合线粒体遗传方式,即所有的标记个体性状都遗传与母亲。但不能肯定一定是线粒体遗传。

②该系谱实际上还可用于性染色体携带性状的遗传,即母亲XX染色体上的完全显性遗传模式。

3. 如果有一条多肽,其中含有Trp、His、Ile、Met这几种氨基酸,那么

①在哺乳动物核DNA序列中其密码子如何(包括全部可能的密码子)?

②在哺乳动物线粒体DNA序列中其密码子如何(包括全部可能的密码子)?

答:①哺乳动核DNA序列中Trp的密码子为UGG,His的密码子为CAU、CAC,Ile的密码子为AUU、AUC、AUA;Met的密码子为AUG。

②哺乳动物线粒体DNA序列中Trp的密码子为UGA,His密码子为CAU、CAC;Ile的密码子为AUU、AUC、AUA,Met的密码子为AUA。

4. 请列表比较人类与酵母粒体基因组结构的差异。

答:人类线粒体基因组具有下列特点:

①人类线粒体的基因排列得非常紧凑,除与mtlDNA复制及转录有关的一小段区域外,无内含子序列。在37个基因之间,基因间隔区总共只有87hp,只占DNA总长度的0.5%,有些基因之间没有间隔,有些基因有重叠,即前一个基因的最后一段碱基与下一个基因的第一段碱基相衔接。因此,mtDNA的任何突变都会累及到基因组中一个重要功能区域。

②mtDNA为高效利用DNA,有5个阅读框架,缺少终止密码子,仅以U或UA结尾。

③mtDNA的突变率高于核中DNA,并且缺乏修复能力。

④mtDNA为母系遗传。

⑤部分mtDNA的密码子不同于核内DNA的密码子。

列表比较人类线粒体基因组与酵母线粒体基因组之间的差别:

	人类线粒体基因组	酵母线粒体基因组
K 度	16Kb	84Kb
编码的 mRNA 数	13 个	9 个
编码的 rRNA 数	15S,21S	16S,21S
编码的 tRNA 数	22 个	24 个
间隔序列	无间隔序列	有间隔序列
内含子	无内含子	有内含子(核酶)
密码子	相同的密码子代表的氨基酸有差异	

5. 草履虫的放毒型品系与敏感型品系接合,产生的 F_1 是放毒者(Kk)和敏感者(kk)。在下述几种情况下预期的结果如何?

①F_1 中的两个放毒之间接合。

②F_1 中的放毒者和敏感者接合。

③F_1 中敏感者自体受精。

④由上述③中产生的 Kk 敏感者与 F_1 中的放毒者接合。

答:①全是放毒者,因为细胞质中有 κ 粒。注意核有三种基因型:KK、Kk 或 kk,只是 kk 不能持续维持 κ 粒的毒性,但最初的子代中是最有毒性的。

②长时间结合产生的全是放毒者,核有 KK、Kk 或 kk 三种,都有 κ 粒;短时代结合既有放毒者(核仍然为 KK、Kk 或 kk,细胞质来自放毒者,具有 κ 粒),也有敏感者(核 KK、Kk 或 kk,细胞质来自敏感者,不具有 κ 粒)。

③全是敏感者,核 KK 或 kk,但都无 κ 粒。

④结果与上②完全一样(③中不会产生 Kk 的敏感者)。

6. 你怎样理解叶绿体基因组半自主性?

答:半自主性细胞器的概念:自身含有遗传表达系统(自主性);但编码的遗传信息十分有限,其 RNA 转录、蛋白质翻译、自身构建和功能发挥等必须依赖核基因组编码的遗传信息(自主性有限)。很多学者把线粒体和叶绿体的遗传信息系统称为真核细胞的第二遗传信息系统,或核外基因及其表达体系。叶绿体中除有 DNA 外,还有 RNA(mRNA、tRNA、rRNA)、核糖体、氨基酸活化酶等。细胞器都具有独立进行转录和转译的功能。但迄今为止,发现叶绿体仅能合成 13 种蛋白质,而参与组成叶绿体的蛋白质却分别有上千种。叶绿体中自身编码合成的蛋白质并不多,它们中的绝大多数蛋白质是由核基因编码,在细胞质核糖体上合成的。也就是说,叶绿体的自主程度是有限的,它们对核遗传系统有很大的依赖性。叶绿体的生长和增殖是受核基因组及自身的基因组两套遗传信息系统控制的,所以它们都被称为半自主性细胞器。

7. 请以下述线粒体基因病系谱图简要说明线粒体基因病的传递与发病规律。

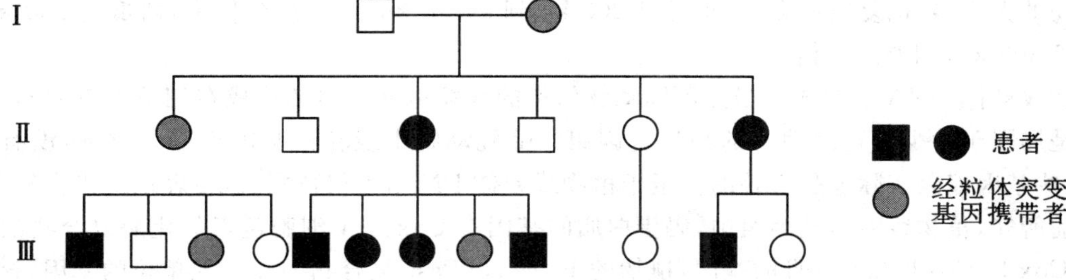

答:线粒体突变发生纯质性的可能性较小,大部分是异质性的,所以Ⅰ代中尽管母亲只是携带者,但由于在Ⅱ中某些子女的细胞质带病的突变体量大而形成致病者,也有些子女的细胞质携带的突变体线粒体少而未患病;患病的子女线粒体遗传均是由母亲传递。线粒体遗传的发生规律总结如下:

①线粒体基因病表现为母性遗传,基因突变位于 mtDNA 上,大部分情况突变 mtDNA 是通过母本雌性配子传递给后代。

②当突变 mtDNA 为纯质性个体,线粒体基因病的症状非常严重,至于突变 mtDNA 异质性个体是否受累,取决于突变 mtDNA 所占比例是否超过正常 mtDNA,症状的表现度与受累组织中突变 mtDNA 的数量有关。

③传递突变 mtDNA 的母方可以是纯质性的或是异质性的患者,也可以是表型正常的异质性携带者。

8. 请以两个遗传实例简要说明核外遗传现象。

答:一般,核外遗传因子是由一个亲本而来的,不经过的有丝分裂或减数分裂,它们的行为不按核基因的同方式进行,所以:

①正反交的结果不一样,F_1 表现母系遗传。(有些细胞质基因在遗传时并不表现母系遗传现象)

②遗传方式是非孟德尔式的,杂交后代一般不出现一定的分离比例。

③与核基因不连锁。

④细胞质基因在一定程度上是独立的,能自主复制。

例如:玉米的埃条斑有关的基因称为 iojap(ij),属于第 7 连锁群。纯合体 ijij 的植株或是不能成活的白化苗,或是有特征的白色条斑。如果条斑植株总是用作父本,那么条斑性状按孟德尔方式遗传。然而如果把条斑植株用作母本,那么不论父本的基因型是什么,叶绿体的特征将持续下去,子代没有典型的孟德尔比数,它们的表型可以是绿的,白的或条斑的,看不到核基因和质体表型的对应关系。

又如:紫茉莉枝条颜色的白色、绿色和白斑的性状,子代的枝条颜色总是来源于双亲中的母本,子代中同样没有孟德尔比数。

9. 当生长在富含葡萄糖培养基上的一个酵母突变株的小菌落与一个野生型酵母菌株杂交,所有后代都是野生型。请问是什么突变作用产生这种小菌落?

答:酵母线粒体基因突变可造成这种结果。细胞质中线粒体突变后形成小菌落,与野生型杂交后,正常与突变的线粒体混合,使得后代获得正常的线粒体,形成正常野生型菌落。

10. 植物与动物两者的 mtDNA 之间的主要区别如何?

答:①大小区别:动物细胞中的线粒体基因组较小,为 10～39 kb;酵母为 8～80 kb,都是环状;四膜虫属(Te trahymena)和草履虫等原生动物为 50 kb,是线性分子。植物的线粒体基因组比动物的大许多,也复杂得多,大小可以 200 kb 到 2 500 kb,如在葫芦科中,西瓜是 330 kb,香瓜是 2 500 kb,相差达 7 倍 。

②线粒体 DNA 的组成。虽然不同动物门类的线粒体基因组的构成在细节上有差异,但基本上是局限于为少数基因编码的小型基因组。哺乳动物中线粒体基因组最为致密,没有内含子,有些基因编码实际上是重叠的。至于植物线粒体 DNA,不仅特别大,还表现出诸多复杂性。据目前所知,植物线粒体基因组中,码蛋白质的基因有 Cox、3 个细胞色素氧化酶复合物的大亚单位 CoxⅠ、CoxⅡ和 CoxⅢ的基因,植物的 F_0F_1 ATPase 复合物的 4 个亚单位的基因、核糖体

蛋白小亚单位 rps4、rps13 rps14 以及编码 NADH 辅酶 Q 氧化还原酶复合物的几个亚单位的基因；另外，还有线粒体自身蛋白质合成系统中的 3 个 rRNA(5S、18S 和 26S)基因和一些 tRNA 基因。除上述编码基因外，线粒体基因组中还含有一些可读框和尚未确定的读框(URF)，并存在大量的非编码序列。

11. 用 DNA 重组技术将哺乳动物的一个线粒体基因与细菌基因融合，使线粒体基因 3′端的一半(编码 278 个氨基酸)连接到细菌 5′端的一半(编码 200 个氨基酸)上，通过转化将此融合基因引入细菌细胞，能否产生具有 478 个氨基酸长的多肽？请解释。

答：不一定能够得到 478 的多肽，因为在线粒体中有些氨基酸的密码子在核 DNA 中是终止密码子。

第十一章　转座子的遗传分析

考点综述

本章内容为考试重点，在名词解释、判断、选择题、简答和论述题等各种题型中都出现过。要求考生掌握生物中转座因子的种类及转座机制、遗传学效应和意义；反转录病毒、反转座子、逆转录转座、复制型转座、非复制型转座、酵母转座子、杂种劣育、激活-解离系统、外显子混编、gypsy 反转录座子等的概念和分子机制；了解位点专一性重组的分子结构特征，转座子的结构特点及生物中常见的转座子示例等。

名师串讲

本章主要内容包括：

1. 转座子的发现与分类

转座因子首先在玉米中被发现，后在病毒、细菌、酵母、昆虫、动物和其他植物以及人类基因组中都发现了转座因子。转座因子有两种不同类型：DNA 自身介导转座和由 RNA 介导转座。

2. 原核生物中的转座子

原核生物中的转座因子分为插入序列(IS)、转座子(Tn)和转座噬菌体(Mu)。

3. 真核生物中的转座子

在真核生物中，除酵母中的 Ty 因子和果蝇中的 copia 因子是反转座子外，在哺乳动物基因组中也存在反转座子，最常见的 LINE 是 LI 因子。在人类基因组中 SINE 序列的成员 Alu 有 30 万～50 万个长度约 300 bp 的拷贝，它们能被特异的 DNA 酶 Alu1 切割，因而称为 Alu 家族。

4. 转座作用的分子机制

转座因子能移动与其相邻的 DNA 序列引起突变或基因组内的重组事件。有 DNA 的转座机制和反转录座子的转录机制等。

5. 转座因子的遗传学效应及其应用

转座因子的遗传效应是引起染色体结构变异、诱发基因突变、调节基因表达、产生新的变异等，有利于进化或增强生物对逆境的适应能力。

名词术语解释

1. **转座子(transposon)**：能够进行复制并将一个拷贝插入新位点的 DNA 序列单位。

2. **反转录转座子(retrotransposon)**：指通过 RNA 为中介，反转录成 DNA 后进行转座的可动元件(被转移的遗传信息单位)称为反转录转座子。这样的转座过程称为反转座作用(retro-trans－position)，反转座作用出现在真核生物，包括能自由地感染宿主细胞的反转录病毒，以及通过以 RNA 为中介进行转座的 DNA 序列。除反转录病毒外，反转录转座子可以分成两类：一类是病毒超家族(viral superfamily)，这类反转录转座子编码反转录酶或整合酶(integrases)，能自主地进行转录，其转座的机制同反转录病毒相似，但不能像反转录病毒那样以独立感染的方

式进行传播；另一类是非病毒超家族(nonviral superfamily)，自身没有转座酶或整合酶的编码能力，而在细胞内已有的酶系统作用下进行转座。病毒超家族同非病毒超家族都来源于细胞内的转录物，两者的明显区别在于病毒超家族成员的DNA分子两端有长末端重复序列(long terminalrepeats，LTR)，这是反转录病毒DNA基因组的特征性结构，非病毒超家族的成员没有LTR结构。同时，病毒超家族成员都能编码产生转座酶或整合酶，或者二者兼而有之，所以能自主地进行转座。非病毒超家族成员不产生有生物学活性的酶，因此不能进行自主转座。但所有反转录转座子都有一个共同的特点，即在其插入位点上产生短的正向重复序列。

3. **负干涉(negative interference)**：当两个基因非常邻近时，特别是在同一个基因的不同突变位点之间，双交换的频率反而比预期的要高，这称为负干涉。

4. **位点专一性重组(site-specific recombination)**：又称保守性重组(conservative recombination)，λ噬菌体DNA通过其attP位点和大肠杆菌DNA的attB位点之间专一性重组而实现整合过程。在重组部分有一段15bp的同源序列，这一同源序列是重组的必要条件，但不是充分条件，还需位点专一性的蛋白质因子参与催化。这些蛋白质因子不能催化其他任何两条不论是同源的还是非同源序列间的重组，这就保证了λ噬菌体DNA整合方式的专一性和高度保守性，因此位点专一性重组又称为保守性重组，这一重组不需要RecA蛋白质的参与。

5. **插入序列(inserted sequence，IS)**：在20世纪60年代末Starlinger在大肠杆菌中发现半乳糖基因的突变体，称为那gal^-。λ噬菌体的整合位置在gal基因的旁边，易于得到带有gal^-基因的转导噬菌体λdgal。实验证明，这种突变不能被核酸置换所回复，说明它不是一般的点突变。又由于这种突变可回复，因此也不是缺失突变。最终通过密度梯度离心实验证明；$\lambda dgal^-$的比重大于$\lambda dgalI^+$的比重。进一步将两者DNA变性并相互复性，在电镜下可观察到一部分杂合双链上出现一个多余的DNA环，从而证明这种突变体是由于DNA片段插入而产生的，这一插入序列是最先发现的最小的一种转座因子，称为IS_1。

6. **反向重复序列(invened repeat sequence，IR)**：如每种IS两端的核苷酸顺序完全相同或相近，但方向相反，所以称为反向重复序列。

7. **转座(transposition)**：IS本身没任何表型效应，只携带和它转座作用有关的基因，称为转座酶基因，它们是一类较小的转座因子，可以从染色体的一个位置转移到另一个位置，或从质粒转移到染色体上，它们改变位置的行为称为转座。

8. **极化子(polaron)**：在染色体上呈现基因转变极化现象的这样一个区域称为一个极化子，有时一个极化子就相当于一个基因。

9. **转座噬菌体(mntator phage，Mu)**：Mu是一种DNA噬菌体，它是含有37 000 bp的线状DNA，两端各带一小段大肠杆菌的DNA，这与该噬菌体插入大肠杆菌染色体上有关。距末端不远处也有类似于IS的序列，靠近一端处存在与转座有关的A、B基因。Mu的转座频率比一般的转座子要高。Mu的复制能力和它的转座能力是密切相关的，Mu的生存依靠转座。在转座过程中，它摆脱两端原有的细菌DNA而转座到新的某个位点上。

10. **基因转变(gene conversiion)**：一个基因转变为它的等位基因，这种现象称为基因转变。

11. **转座激活因子(transpositionactivator)**：McClintock深入研究玉米籽粒色斑不稳定遗传现象中发现，Ds解离因子(dissociator，Ds)既能停留在原位，对C基因起着抑制作用，又能在玉米籽粒发育的不同阶段发生断裂和转座。Ds的作用还要受到另一个基因的控制，这个基因称为激活因子(activator，Ac)，Ac和Ds并存在不同的染色体上，显然Ac是通过所产生的某种扩散性物质作用于Ds的。

12. **跳跃基因(jumping gene)**:可作为插入因子和转座因子移动的DNA序列,也称转座因子。

13. **转座因子(transposable element,TE)**:可移动位置的遗传因子的总称。亦称转座遗传因子(transposable genetic element,TGE)。

14. **转座(作用)(transposition)**:染色体片段从一个部位移位到另一个部位而不需要相互交换该染色体的片段。这种转座常是由转座子上编码的转座酶所控制。转座可发生在真核和原核生物基因组中,此术语常特指DNA介导的转座。

15. **反转座子(retroposon)**:通过RNA反转录实现转座的遗传元件。亦称逆转录转座子(retrotransposon)。即先转录为RNA再反转录成DNA而进行转座的遗传元件。

16. **逆(反)转录转座(作用)(retrotransposition)**:RNA反转录成cDNA后进行的转座作用。即RNA介导的转座。转座子RNA中间物转变成DNA拷贝,并随后整合进入基因组的过程。

17. **复制型转座(replicative transposition)**:当发生转座时,转座子以复制生成的一份拷贝进行转座的方式。

18. **非复制型转座(nonreplicative transposition)**:当转座时,转座单元从供体部位切下插入靶部位,转座因子不经复制而直接进行转座的方式。但在每一转座子的靶接头部位可能进行极少量的DNA修复合成。

19. **内源性反转录病毒(endogenous retrovirus,ERV)**:已经整合到脊椎动物细胞的染色体或生殖细胞DNA中不活动的病毒。这些病毒基因组如同细胞内其他基因一样从亲代传递给子代,但在一定条件下可被激活。

20. **酵母转座子(transposon yeast,Ty)**:酿酒酵母基因组中可转座的序列,具有长末端重复单位,是酵母中第一个被鉴定的转座元件。Ty因子转座是通过RNA介导的,其过程类似反转录病毒的复制与整合,因此Ty因子也称为反转座子(retrotransponson)。

21. **杂种劣育(hybrid dysgenesis)**:又可称杂种不育或杂种劣化。在黑腹果蝇中携带P因子的雄性果蝇与缺乏P因子的雌性果蝇杂交时,杂种子一代中由于高活性的转座子导致的雌性卵巢劣育、分离比异常和突变率高等现象。

22. ***P*因子(*P* element)**:黑腹果蝇的一种转座子。长约2.9 kb,两端各有31 bp的反向重复序列,中央有4个编码区。

23. **激活—解离系统(Activator—Dissociator system)**:简称Ac—Ds系统。这是玉米子粒色素花斑不稳定遗传的一个双因子转座系统。Ac是激活因子,编码转座酶,可自主转座,并调节受体因子移动。Ds是解离因子,也称受体因子,本身没有基因产物。这两个因子都位于玉米第9号染色体短臂。当没有Ds时,基因C表达,玉米子粒呈有色表型;当有Ds时,C基因表达受抑制,玉米子粒中无色素合成。在胚乳发育期间有些细胞里的Ds可因Ac而转座,使基因C不受抑制而合成色素,所以玉米子粒出现色素斑点。当没有Ac时,Ds固定在基因C处,基因C表达受阻,所以玉米子粒为无色。

24. **切离(excision)**:噬菌体DNA、转座子或其他DNA序列从宿主DNA分子上被切割呈游离状态释放出来。

25. **外显子混编(exon shuffling)**:源自一个或几个基因的若干个外显子像“洗牌”那样地进行重排,产生具有两种或更多种不同功能的嵌合蛋白。或者说因加工位点和组合方式的改变,使同一基因有不同的外显子组合。转座作用有时可引起外显子混编而形成新的基因。

26. **转座爆发(炸)(transposition burst)**:转座子在染色体中经过较长期沉寂后,几种类型的转座子几乎同时地进入一个活跃转座时期,它们的转座诱变效应将在群体的少数个体中不时地

被激活。这种突发的变化称之为转座爆发。

27. **gypsy 反转录转座子(gypsy retrotransposon)**:黑腹果蝇基因组中的一种反转录转座子。全长 7.5 kb,有 482 个核苷酸的 LTR,含 3 个可读框,其中之一编码产物类似于 gag 特异性蛋白酶、反转录酶及内切核酸酶。

经典考题汇编

1. 简述转座元和共合体的异同。

答:基因组中的可转移成分叫转座单元,简称转座元(transposons)。转座涉及转座元的复制。当一个拷贝插入到的新位点后,原来的位点上仍然保留有一个拷贝。转座作用不依赖于转座元和靶点间任何的序列同源性。其转座插入还表现出极性效应:转座元在操纵元上游基因的插入影响到下游基因的表达。其原因是转座元中有终止信号,其插人造成 mRNA 转录的终止,其无义密码子也使翻译终止。转座的作用有:造成直接或间接的基因重排。直接的效应有:复制元融合,基因缺失、倒位(易位)。间接的效应有:①使插入不同染色体或同一染色体不同位置上的同一转座元可以作为袖珍同源区域而允许重组发生,从而导致缺失、插入、基因扩增、倒位、易位;②可能是某些细菌质粒的进化方式;③细胞或噬菌体能捕获一些转座元,使之变成的一个组分,负责具有某种调节功能的特异性转座作用。

当含有一相转座元的复制元和另一个复制元处在同一个胞中时,它们可以融合在一起形成共合体(cointegrate),也叫复制元融合。参与融合的复制元可以是质粒、噬菌体或细菌染色体。所形成的共合体同时含有两个转座元,他们分别处在两个复制元的交界处,具有形同虚设的方向。由复合转座元所导致产生的共合体中新的转座元拷贝可能是整个的复合转座元,也可以是其中的一个 IS 组件(形成 IS 共合体)。所有的转座元都可以导致共合体的产生,但产生频率、稳定性不同。有共合体的细胞,多个世代后共合体消失,其构成质粒又单独存在。每个质粒均有一个转座元拷贝。原来单独存在有一个转座元的质粒,多个世代后可能形成共合体,也可能质粒单独存在,但均有一个转座元[illegible]拷贝。

2. 转座子引起的表型突变有哪些原因?

答:转座子引起表型突变的原因有:①插入突变;②引入新的基因;③不准确切离造成的缺失。

3. 请说明细菌的 Tn10 转座子与玉米的 Ac-Ds 转座系统的主要异同点。

答:Tn10 是一种复合转座子,其大小为 9 300bp,所带的抗性基因为抗四环素基因。

Tn10 两端的末端重复有 22bp 长,但只有最靠外侧的 13bp 是转座必需的,改变这段序列的突变使转座作用丧失。这些突变的效应表现为顺式,与它并存于同一细胞中的野生型末端组件不能恢复突变体的转座能力。

Ac—Ds 体系的自主转座子 Ac 长 4 563bp,转录生成单一 RNA;剪接后的 mRNA 长 3 500bp,并含有 807 个密码子的可读框一个,被 4 个内含子分隔成 5 个外显子。Ac 转座子的两端有 11bp 的反向重复序列。在其靶 DNA 位点复制形成 8bp 正向重复。已知所有 Ds 都是 Ac 转座子的缺失突变体,如 Ds9 KW 缺失 194bp,而 Ds6 缺失了约 2.5kb,非自主性转座子虽然缺失内源序列,但其两端转座特征序列却是完整的,只要细胞内有相应的转座酶活性,它就能恢复转座性能。

Tn10 和 Ac-Ds 系统的主要相同点为:

①在转位因子的两端,都存在末端重复序列。

②都含有可读框,它可编码转座酶,其功能是促进转位因子的转位。

③受体 DNA 上都有很短的一段靶序列,由于转位因子的插入,靶序列在转位因子的两侧

正向重复序列。

Tn10 和 Ac-Ds 系统的不同之处在于：

①Tn10 带有抗四环素的抗药性基因，当其转入宿主细胞后，可使宿主细胞具有抗药性。

②Ac-Ds 系统由自主性因子 Ac 和非自主性因子 Ds 组成。Ac 具有自主剪接和转座的功能，Ds 单独存在时是稳定的，不能转座。

4. 转座子可以由一位点移到另一位点，所以转座的跳动可以导致

①缺失空变；②缺失突变和插入突变；③缺失突变、插入突变和易位突变；

④缺失突变、插入突变、易位突变和倒位突变等。

答：转座子的跳动可以导致，④缺失突变、插入突变、易位突变和倒位突变等。

5. 假如某一转座子在染色体内部转座，其转座前的染色体状态和转座位置如箭头左方所示，请图示出在转座以后经过复制所形成的两条子染色体中转座子的位置。

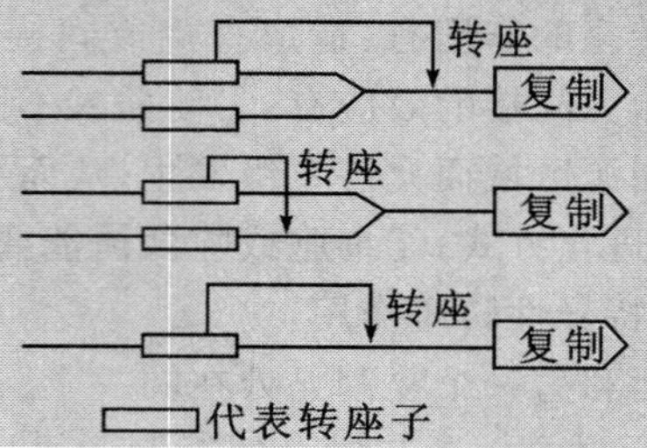

答：据题意有，①见下图：

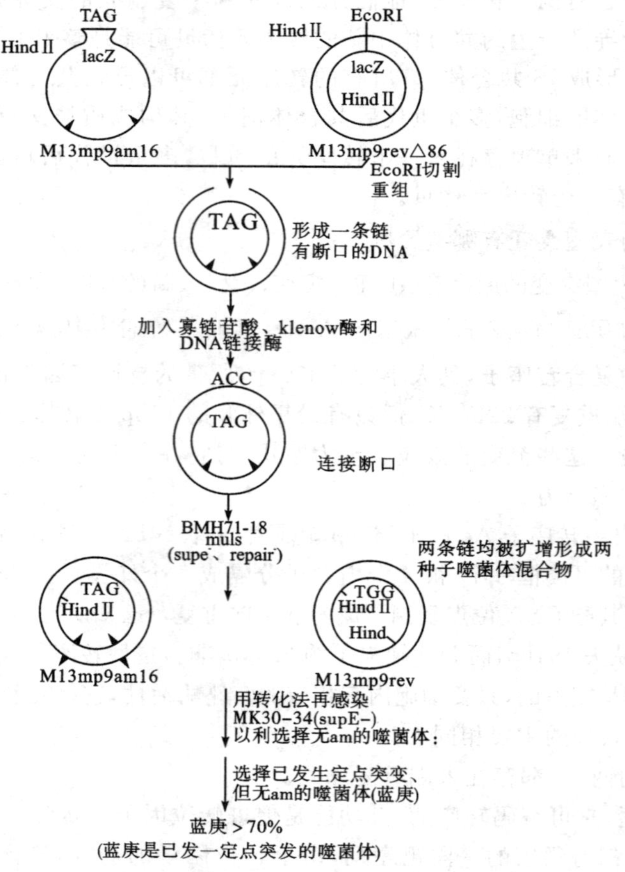

②见下图：

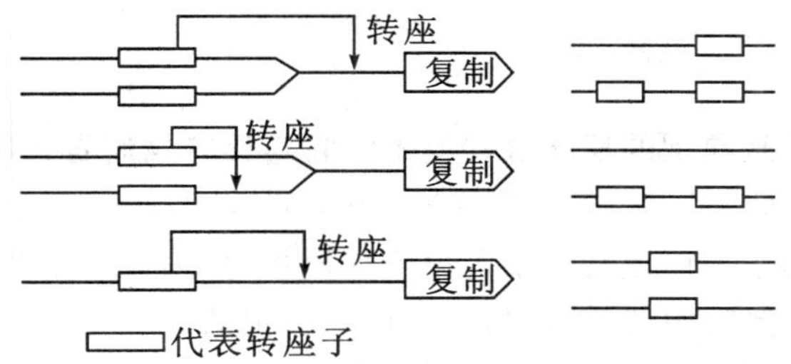

6. 什么是极性突变？

答：极性突变仅影响突变位点一侧（大多是下游）的基因或操纵子的转录或翻译，例如无义突变、移码突变和插入序列（IS）引起的突变。

7. 描述多抗性质粒的产生过程。

答：R 质粒是抗药性的主要载体，抗药性依靠位于 IR 之间的抗药性基因的转座而获得。如果 R 质粒上有抗药基因，则可以通过接合而传递，或整合于宿主染色体上。

8. 果蝇的 P 因子用于转基因实验。解释其相关性质。

答：因为 P 因子是转座子，可以插入染色体。若在 P 因子反向重复序列之间插入特异 DNA，并将其注入细胞，就可以产生高频基因转移。

9. 当 Rhoades 以 alalDtDt 植株上的全色花粉给 alaldtdt 植株授粉时，他得到了全色的和斑点的果实。试解释这两种表型的起源。

答：转座。

10. 酵母中，his 4 区有 *A*、*B*、*C* 3 个依次排列的顺反子，并分别介导组氨酸合成中的 3 步酶促反应。*A* 上有某一个自发突变，但这样的突变体中 *A*、*B*、*C* 的功能均有缺陷，且突变不被无义或移码突变的抑制基因所抑制；自发的回复突变频率较高，但不为任何诱变剂所增强。试讨论可能的突变机制。

答：因转座因子的插入。

11. M. Green 在果蝇中发现了一个特殊的 *X* 连锁的焦刚毛（sn）基因。雌性纯合体具有焦刚毛，但在它们的头、胸、腹部有许多区域具有 sn^+（野生型）刚毛。该雌性纯合体果蝇与 sn 雄性杂交时，一些雌性亲本仅产生焦刚毛后代，而另一些雌性亲本则以可变的频率产生焦刚毛和野生型的后代。试解释之。

答：因为焦刚毛为插入突变的结果。

12. 许多双子叶植物被土壤农杆菌感染时，会产生冠瘿瘤。这种瘤是由土壤农杆菌中一个大型质粒（Ti）的 DNA 插入植物 DNA 中造成的。假设某种 A 型烟草（烟草有很多类型）被感染会产生瘤，其瘤组织被取下并于合成培养基中培养，其中的一些产生出气生根。将气生根嫁接至正常的 B 型烟草上，可以生长出外表正常的 A 型枝芽与花。

①取自嫁接植株的细胞在合成培养基中会长成肿瘤细胞，为什么嫁接植株生长正常？

②嫁接植株的种子可生产正常的 A 型植株，插入的质粒 DNA 片段在其中消失。试解释这种“回复”现象。

答：①肿瘤的表达在 B 中被阻断。有两种原因：B 抑制了 Ti 质粒的功能，或 A 可提供给含 Ti 质粒的组织某种必需物质而 B 则不能。

②减数分裂中插入的片段被丢失。

课后习题全解

1. 如何证明 *Ty* 元件是典型的反转录转座子？它与反转录病毒有哪些相似的性质？

答：如果在 Ty 中插入一个内含子，并标记 Ty 启动子 δ，产生一个独特 Ty 元件，将此内含子置于质粒的 GAL 启动子后面使其受半乳糖诱导调控，然后导入酵母细胞。结果酵母基因组中含大量的转座子拷贝，但它们都没有内含子，而有标记的 δ。只有一种途径可除去内含子，那就是 RNA 剪接，说明了 Ty 转座是跟反转录病毒相同机制进行的。而且 Ty 还有与反转录病毒相似的性质：①在 5′和 3′端具有相似的加工过程。②转座也是由 Ty 自身基因所控制。③细胞内可积累不具感染力的病毒样颗粒(virus－like particle，VLP)。

2. 一个特定的转座因子以一个相当恒定的速率(尽管这一速率通常不高)进行复制加倍。因此，在进化过程中，预期一个细菌细胞的后代可能含有几千个这种转座子的拷贝。然而，细菌转座子的拷贝数却很低(通常每个细胞只有一个或两个)。

①为这种低拷贝数提供一个解释。

②为什么大多数细菌转座子是从质粒中，而不是从细菌染色体中分离出来的？

答：据题意：

①与真核细胞的 DNA 不同，细菌中的大多数 DNA 是编码信息，几乎所有的 DNA 都有一定的功能。因此大多数转座子从一个位置移动到一个新的位置，会引起一个或多个重要基因的失活，导致细胞死亡或者降低它的活力，使其不能与正常细胞竞争。

②质粒很少对于它们的宿主细胞是必需的，因此在不干扰重要基因功能的前提下质粒能够容忍转座因子的整合。

3. 发现一个特定转座因子的转座依赖于反转录酶的活性。请提供一种机制，解释这种转座过程。

答：因为转座因子必须首先被复制形成 RNA，然后该 RNA 被反转录酶合成为 cDNA。这种双链的 cDNA 就能够整合到基因组的一个不同位点。

4. 列举转座事件导致癌症发生的可能机制。

答：因为转座能引起多种类型的插入和重组突变事件。插入到原癌基因的编码区导致其功能丧失；插入到原癌基因的启动子区导致其功能丧失；插入一个基因的调控区附近作为一个启动子，导致基因表达调控的改变；导致易位或缺失等各种类型的重组事件，转座子在“跳跃”时可能将其附近的基因序列一起带走，产生缺失。

5. 给出至少两种 RNA 病毒产生 mRNA 的机制。

答：①负链 RNA 病毒将一个能从负链模板合成 mRNA 的复制酶运输到细胞中。

②正链 RNA 病毒(不是反转录病毒)，利用宿主细胞的 RNA 聚合酶合成负链 RNA，再以负链 RNA 为模板，转录形成 mRNA。

③反转录病毒用它们的正链作为 DNA 合成的模板，DNA 随后被转录成 mRNA。

6. 关于反转录病毒：

①明确它们的定义特征。

②给出它们的病毒体中所包含的酶的名称，并列举该酶进行的 3 种生化活动。

③确定合成反转录病毒 mRNA 的模板。

④确定反转录病毒复制的胞内定位。

⑤指出反转录病毒中提示 DNA 插入机制与转座相关的特征。

答:①它们由一个 DNA 中间体复制产生。

②依赖 RNA 的 DNA 聚合酶。酶的功能:①将单链的病毒 RNA 转变为 DNA—RNA 杂种分子。②将 DNA—RNA 杂种分子中的 RNA 链消化掉。③复制带有引物的单链 DNA 产生双链 DNA。

③通过反转录酶从反转录病毒 RNA 合成的双链 DNA。

④DNA—RNA 杂种分子在细胞质中合成。杂种分子被转变成为双链 DNA 并被插入宿主染色体中。信使 RNA 由宿主 RNA 聚合酶在核中以原病毒 DNA 为模板合成。

⑤整合的原病毒:DNA 的每个末端由一个长的末端重复和一个短的反向重复构 成,整合的原病毒 DNA 的两侧排列的是短的同向重复。

7. 在哺乳动物基因组中存在很多拷贝高度重复的 Alu 序列家族成员。试问:

①Alu 家族的祖先是什么结构? 该序列又是如何在进化中产生的?

②Alu 序列可通过什么途径去影响邻近基因?

答:①Alu 家族的祖先是编码一种结构 RNA(7SL RNA 的小基因),7SL RNA 存在于所有的真核细胞中,它的功能是引导蛋白质到达在细胞中的正确位置。Alu 序列缺乏 7SL RNA 的中间部分。推测是发生了一个切割和重新连接事件而留下一个变短的 RNA 中间体(下图);此 RNA 中间体反转录形成单链 DNA 分子,并以此 DNA 为模板合成双链 DNA 分子,然后整合到宿主基因组中。

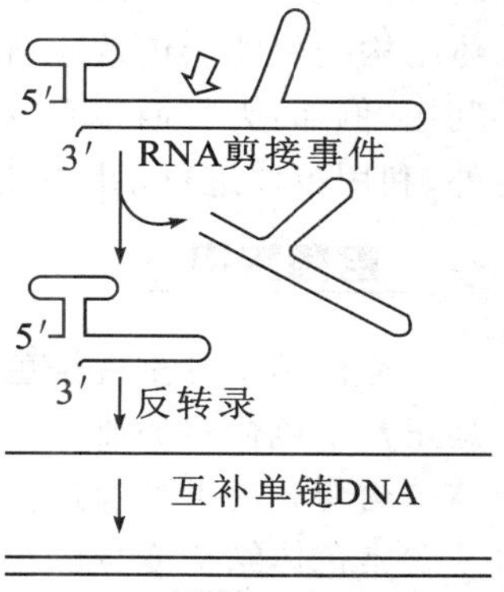

②Alu 序列缺乏 7SL RNA 的中间部分,如果发生了一个切割和重新连接事件,留下一个变短的 RNA 中间体,如右上图所示。此 RNA 中间体的反转录产生一个单链 DNA 分子。去除 RNA 模板后,此 DNA 分子可作为模板由反转录酶合成另一条链成为双链 DNA 分子。然后此双链 DNA 片段被整合进染色体 DNA。一旦转录和反转录转变成 DNA,转座因子能在宿主基因组的其他地方插入自身的另外拷贝。

8. 反转座子与反转录病毒的主要区别是什么?

答:反转座子与反转录病毒的主要区别是:反转录转座子是指通过 RNA 实现转座的遗传元件。反转录病毒是由一系列反转录转座子构成含 RNA 基因组的侵染性颗粒。

9. 如果动物细胞的细胞质中含有高水平的反转录酶,你认为将对 mRNA 产生什么后果? 该细胞的命运又如何?

答:mRNA 能被转换回 DNA 序列。这些 DNA 序列和基因的 DNA 序列会有差异,它们存在突变,且反转录酶并不像 DNA 聚合酶那样准确复制。它们也可能缺乏内含子,因为在 mRNA 进入胞质前内含子已由剪接作用除去。这些 DNA 序列能经历同源重组事件并取代染色体 DNA 序列。此过程最终将在基因组中引进许多突变,使此物种面临灭绝的危险。

10. 假设动物细胞中的 mRNA 被反转录成 DNA(由于反转录病毒感染时,或反转座子产生的反转录酶),接着形成双链 DNA 并整合到染色体上和原先基因不同位置。那么这个 DNA 序列和原先产生 mRNA 的那个基因有什么不同? 这个 DNA 序列能被转录吗?

答:因为这些基因没有内含子,它们是由已经剪接过的 mRNA 衍生而来。它们可能也没有启动子,所以不可能被转录。在哺乳动物基因组中已发现许多此类失活假基因,它们被看做是物种进化历史中一些偶然的反转录事件的遗迹。假基因通常不完整,因为反转录酶可能未曾复制完整的 mRNA。

第十二章　染色体畸变的遗传分析

考点综述

本章内容是经典遗传学的重要组成部分，是遗传学教学的难点和重点，也是研究生入学考试中的重点肉容，所占比例较高。考查重点中在染色体结构畸变的4种类型，缺失、倒位和易位的细胞学特性和遗传效应以及染色体数目变异产生的遗传效应。常见的题型包括名词解释、判断题、填空题、选择题、简答题和问答题等。常考的名词包括缺失、重复、易位杂合体、倒位、罗伯逊易位、永久杂种、同源多倍体、假基因、三体、双三体、单体等；简答和问答题中常考查四种染色体结构畸变的遗传效应(特别是倒位和易位杂合体的配子分离方式和育性)、多倍体在育种中的利用(例如：无籽西瓜和小黑麦等)以及普通小麦(AABBDD)的缺体、单体等的遗传规律。此外，利用单体进行基因定位的历年考题很少，但却是农学专业随时考查的重点内容。

名师串讲

遗传学十分重视染色体的结构、数目、功能及其行为等多方面的变异的研究。染色体畸变是正常染色体组的改变，包括染色体数目的改变和染色体结构的改变。本章要求重点掌握染色体结构变异的类型及遗传学效应，以及染色体组、单倍体、多倍体、单体、三体等概念，另外，要求了解染色体结构变异的细胞学鉴别和染色体畸变在生产和实践中的应用。具体包括以下内容：

1. 染色体结构变异

①染色体结构变异的类型：当染色体在不同的区段发生断裂后，在同一条染色体内或不同的染色体之间以不同的方式发生黏合时，可出现以下四种畸变：缺失、重复、倒位、易位。

②染色体结构变异的细胞学鉴别：由于减数分裂前期的染色体配对是高度专一的，在序列中的任何变化都会在染色体配对方面表现出来。因此可以根据杂合体减数分裂时偶线期或粗线期染色体联会的形式，在细胞学上对缺失、重复、倒位、易位加以鉴别。

缺失：有瘤或环状突起，染色粒、染色节缺少。

重复：有瘤或环状突起，染色粒、染色节增多。

倒位：出现倒位环，或染色体中间配对，两端不配对。

易位：十字形图像。

③染色体结构变异的遗传学效应

缺失的遗传效应：

(a)影响个体的生活力，特别是缺失纯合体，往往会致死。

(b)短小缺失导致变异，有时会出现“假显性现象”。

重复的遗传效应：

(a)影响个体的生活和发育，但不如缺失那样明显。

(b)特定区段的重复会产生特定的表型效应。

(c)剂量效应和位置效应。

倒位的遗传效应：

(a)改变了基因排列的顺序，从而引起表型遗传变异。

(b)由于倒位环的存在，抑制或大大降低了倒位环内基因的重组，因而形成不平衡配子。

易位的遗传效应：

(a)打破了原来的连锁群，形成新的连锁关系。

(b)降低交换率，形成的配子半不育。

(c)易位可造成物种变种或变系。

(d)易位有时还能引起染色体数目的改变。

(e)易位造成假连锁现象。

2. 染色体数目变异的主要类型：

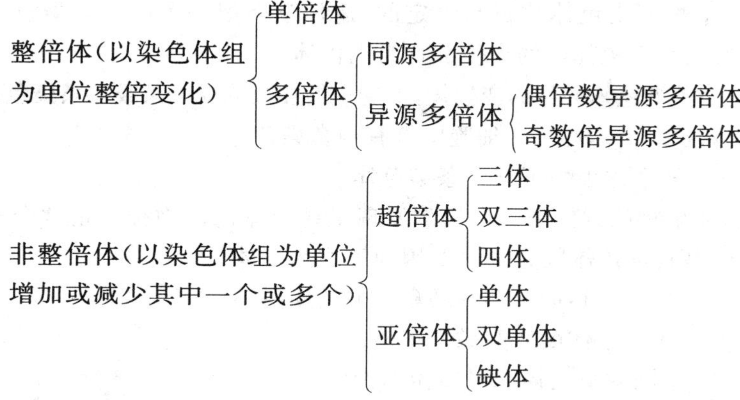

名词术语解释

1. **缺失(deletion)**：染色体丢失一个片段，使之位于这个片段上的基因也随之发生丢失。

2. **重复(duplication)**：一个染色体上某一个片段出现两份或两份以上的现象。使位于这些片段上的基因多了一份或几份。

3. **倒位(inversion)**：在同一染色体上某一个片段作 180°的颠倒，造成染色体上基因顺序的重排。

4. **易位(translocation)**：一个染色体臂的一段移接到另一非同源染色体的臂上的结构变异。

5. **罗伯逊易位(robertsonian translocation)**：指两个近端着丝粒染色体在着丝处或其附近断裂后融合成为一个染色体，这称为罗伯逊易位。

6. **交换抑制因子(crossover repressor)**：这种因子实际上是倒位的，它的存在能减少重组交换；即使出现细胞学的重组交换，但它也能有效地抑制遗传学的重组交换，根据倒位的程度不同，而抑制交换的程度也不同，这些都概括地称为 C 因子。

7. **永久杂种(permanent hybrid)**：这是利用倒位的交换抑制效应，为了同时保存两个致死基因而设计建立的果蝇品系，保存一个隐性基因必须使之处于纯合状态，因为只有纯合体才是真实遗传的，但致死基因不能以纯合状态保存，因为纯合体是致死的，只能以杂合状态保存。它又称平衡致死系。

8. **双着丝粒染色体(dicentric chromosome)**：两条染色体断裂后，具有着丝粒的两个片段相连接，形成一个双着丝粒染色体，两个着丝粒都具有主缢痕功能。

9. **假显性(pseudodominance)**：和隐性基因相对应的同源染色体上的显性基因缺失了，个体就表现出隐性性状(一条染色体缺失后,另一条同源染色体上的隐性基因便会表现出来),这一现象称为假显性。

10. **一倍体(monopioid)**:细胞核中仅含有一个染色体组的个体。

11. **单倍体(haploid)**:凡细胞核中含有一个完整染色体组的称为单倍体,即具有配子染色体数的个体。

12. **同源多倍体(autopolyploid)**:具有3个以上相同染色体的细胞或个体称为同源染色体。

13. **异源多倍体(allopolyploid)**:两个或两个以上的不同的物种杂交,它们的杂种经染色体加倍形成的多倍体。

14. **双单倍体(double haploid)**:由单倍体植株经过染色体加倍而得到的植株,这些植株的基因是纯合的。

15. **三倍体(triploid)**:各种生物的染色体数目是恒定的,遗传学上把一个配子的染色体数称为染色体组,凡是细胞核含有三个染色体组的个体都称为三倍体。

16. **非整倍体(aneuploid)**:一种染色体数目的变异体,细胞中增加或减少一条或几条染色体。

17. **二倍体(diploid)**:一个细胞或个体的每个细胞中具有两套染色体。

18. **单体(monosomy)**:2n−1,即个体丢失了某一条染色体。

19. **三体(trisomy)**:2n+1,在生物的群体中。会偶尔发现某些个体比该物种的正常合子染色体数(2n)多一条染色体,也就是其染色体数为2n+1,因而称之为三体。

20. **双三体(double trisomy)**:2n+1+1,即个体多两条不同的染色体。

21. **三价体(trivalents)**:3条同源染色体配对叫做三价体。

22. **四价体(quadrivalents)**:4条同源染色体配对叫做四价体。

23. **单价体(univalent)**:不配对的单条染色体叫做单价体。

24. **缺体(nullisomy)**:2n−2,即个体丢失了一对同源染色体,又称零体,一般是致死的。

25. **多倍体(polyploid)**:凡是体细胞中含有三个以上染色体组的个体,就叫做多倍体。

26. **易位杂合体(translocation heterozygote)**:发生易位的染色体只涉及同源染色体中的一条,产生的一对同源染色体中,一条是没有发生易位的染色体,而另一条是发生了易位的染色体。

27. **整倍体(euploid)**:以单倍体数成倍增加的染色体数。

经典考题汇编

1.(判断题)倒位区段涉及着丝点是臂间倒位,不涉及则是臂内倒位。(浙江师范大学,2012)

答:正确。

2.(选择题)某植物体细胞内只有一套染色体,所以它是( )。(浙江师范大学,2012)

A. 缺体　　B. 单价体　　C. 单体　　D. 一倍体

答:D。

3. 常见的染色体结构畸变的类型有哪些?(武汉大学,2013A)

答:常见的染色体结构畸变的类型有:①缺失;②倒位;③异位;④重复;⑤环状染色体;⑥等臂染色体;⑦插入;⑧双着丝粒染色体。

4. 什么是非整倍体?如何应用整倍体材料进行基因定位?请举例说明。(中国科学院遗传所1998年)

答：染色体数目不是整倍数的个体称为非整倍体。二倍体缺少一条染色体为单体(2n－1)。二倍体增加一条染色体为三体(2n＋1)。非整倍体本身虽然没有任何直接的实用价值，但可利用它们进行基因定位。例如普通烟草曾经出现一种黄绿型的突变，是由隐性基因 yg_2 决定的。用单体测验法进行测验，确定 Yg_2(绿)为 yg_2(黄绿)这对基因是在S染色体上。测定的方法是用 yg_2yg_2 纯合的黄绿型双体植株(2n)与24个绿叶单体：[$2n-I_A$]×黄绿型、[$2n-I_B$]×黄绿型……[$2n-I_W$]×黄绿型、[$2n-I_Z$]×黄绿型分别杂交，分别得到24个不同组合的 F_1，然后检查各个组合的 F_1 群体内绿株和黄绿株的染色体数，发现唯独[$2n-I_S$]×黄绿型的 F_1 群体内，单体都是黄绿型的，双体(2n)都是绿叶的，而在其他23个杂交组合的 F_1 群体内，单体和双体都是绿叶的。这就证明 Yg_2yg_2 这对基因是在S染色体上。下面是对这一测验过程的机制的分析。

①当隐性基因(a)在某染色体上时，则aa基因型的双体(2n)与A表现型的该染色体的单体($2n-I_A$)杂交后，F_1 群体的表现为：

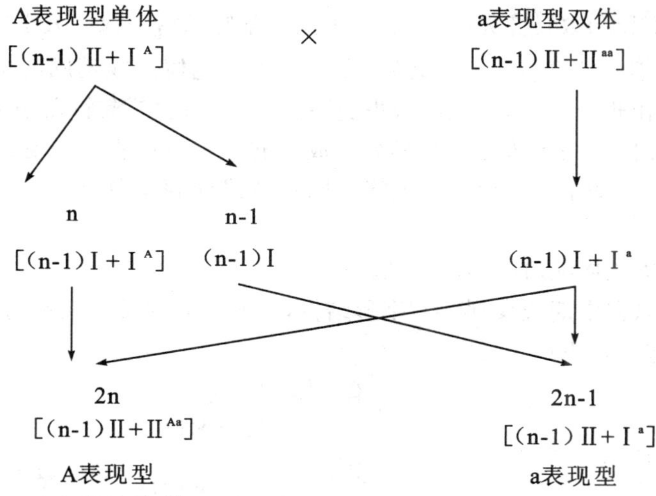

②当隐性基因(a)不在某染色体上时，则aa基因型的双体(2n)与A表现型的该染色体的单体($2n-I_A$)杂交后，F_1 群体的表现为：

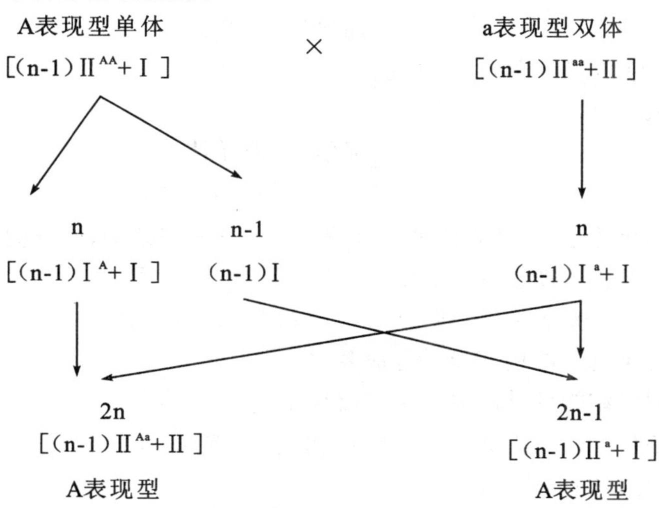

倘若某基因是显性(A)的，同样可以用单体测验法进行测验。同上述的测验过程一样，先使A表现型的AA纯合双体植株(2n)与各个a表现型单体：$(2n-I^1)^a\times(2n)^A$、$(2n-I^2)Ia\times$

$(2n)A\cdots\cdots(2n-I^{n})^{a}\times(2n)^{A}$ 分别杂交，分别得到 n 个不同的 F_1，但由于各个 F_1 群体内的双体和单体植株一律是 A 表现型，无法鉴定 A 基因是在哪个单体的单体染色体上，所以必须使 F_1 单体植株进行自交，根据 F_2 的表现来鉴定。如果 A 基因在某单体亲本的单体染色体上，则其 F_1 单体所自交的 F_2 群体内除缺体植株(2n－Ⅱ)外，双体和单体植株一律是 A 表现型。如果 A 基因不在某单体亲本的单体染色体上，则其 F_1 单体所自交的 F_2 群体内，双体、单体和缺体植株都会有少数是 a 表现型的。对于异源多倍体植物来说，利用单体测定某基因的所在染色体，是确定连锁基因群的一个重要的方法。因为，就像前面多次指出的那样，异源多倍体的不同染色体组之间常存在部分同源的关系，有许多异位同效基因(polymeric gene)。这些异位同效基因，是不能应用常规的两点或三点定位法，根据重组率(交换值)确定它们属于哪个基因连锁群的。利用单体测验法已经鉴定了普通烟草和普通小麦的许多异位同效基因所在染色体，使育种工作能够有目标地替换染色体。

5. 染色体结构变异和数目变异的类型。(中国科学院，2012；武汉大学，2010)

答：当染色体在不同的区段发生断裂后，在同一条染色体内或不同的染色体之间以不同的方式发生黏合时，可出现以下四种畸变：缺失、重复、倒位、易位。其特点如下：

①缺失和重复在同源染色体配对时都会形成突起。重复能在形成突起的相邻位置和同源染色体上找到与之相同的带纹。而缺失不能在同一条或同源染色体上观察到与之相同的带纹(仅 1 次)。

② 倒位在同源染色体配对时形成倒位环。

③ 相互易位可以在中期观察到“十”字形结构，有时在后期可以观察到“8”或“0”结构。

数目变异类型包括以下内容：

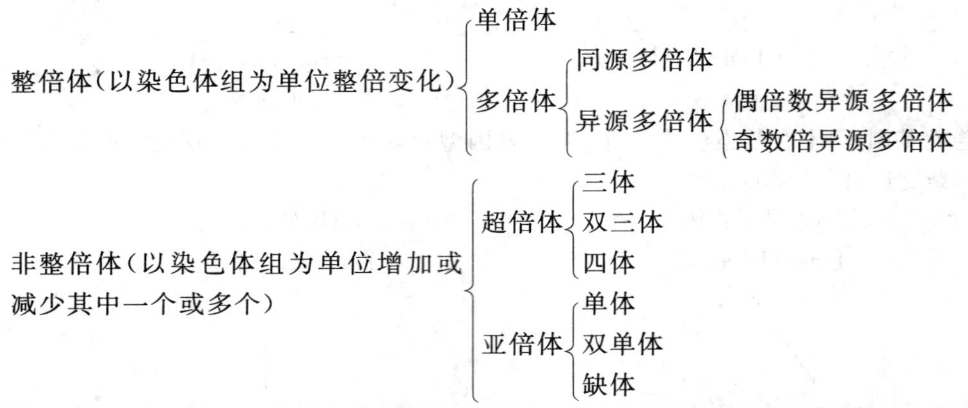

6. 果蝇的一条染色体上，正常基因的排列顺序为 123・456789，中间的点代表着丝粒，染色体异常的果蝇有如下结构：(浙江师范大学，2012)

(a)123・476589　(b)123・46789　(c)1654・32789　(d)123・4566789

①请对以上各种染色体结构变异进行命名。

②请问(a)和(b)的结构变异的遗传学效应是什么？

答：①(a)臂内倒位；(b)臂内缺失；(C)臂间倒位；(d)臂内重复。

②(a)形成半不育；(b)形成假显性。

课后习题全解

1. 列举遗传学上以及细胞学上的特征，用以识别和区分缺失、重复、倒位和易位。

答：主要应用染色体染色结合分带可以加以区别。

①缺失和重复在同源染色体配对时都会形成突起。重复能在形成突起的相邻位置和同源染色体上找到与之相同的带纹。而缺失不能在同一条或同源染色体上观察到与之相同的带纹（仅 1 次）。

②倒位在同源染色体配对时形成倒位环。

③相互易位可以在中期观察到"十"字形结构，有时在后期可以观察到"8"或"0"字形结构。

2. 阅读全书或其他参考资料，思考造成染色体结构变异的机制（或原因）有哪些。

答：导致染色体结构改变的机制在染色体水平上是断裂（breakage）后的异常重接（rejoin）。若染色体受射线（X 射线或 γ 射线）等物理因素的作用后发生断裂，断裂端原位重接将不会引起遗传效应。若断裂后的染色体未发生重接或未原位重接，则将引起染色体的各种结构畸变亦称染色体重排（rearrangement）。在 DNA 分子水平上可能的机制则是重排发生在重复 DNA 片段之间的交换。同一染色体上的短的重复 DNA 片段，或不同染色体上的重复 DNA 片段，在减数分裂后，不同位置上的重复 DNA 片段配对时发生交换，将产生畸变染色体，出现平衡重排和不平衡重排。平衡重排改变染色体上基因顺序但没有 DNA 的丢失或重复（倒位与相互易位），非平衡重排则会改变染色体片段上基因的剂量（重复与缺失）。

3. 两个基因 P、Bz 通常相距 36cM，却在某植物染色体的同一臂上。在这 36cM 的区域内，大约有 1/4 的长度是一个臂内倒位，但这个倒位不包括这两个基因座。在下列两种情况下，你如何估计这两个基因间的重组频率？

答：臂内倒位的杂合子，虽然能够发生交换，但由于交换以后形成的配子中往往有染色体缺失或重复，使配子中缺少大片段的基因，致死，所以交换后的结果在下一代中检测不出来，类似于没有发生交换，因此实际能够检测的只是易位杂合体片段以外的部分。则能检测到的易位杂合体的重组频率是 36cM×3/4＝27cM。

臂内倒位的纯合子，倒位片段发生交换以后能够在子代中检测出来，所以测定的遗传距离仍为 36cM。

4. 假定果蝇中有按下列顺序连锁的 6 个基因：a-b-c-d-e-f。将果蝇 abcdef/abcdef 与野生型果蝇杂交。大约一半的后代表现出完全的野生型表型，但一半后代呈现出 d、e 的隐性表型。请解释该实验结果。

答：由于亲本之一是 abcdef/abcdef，可能被检测的野生型果蝇为缺失显性基因 DE 的缺失杂合体 ABCDEF/AB__CF 所以一半表现出完全的野生型表型，但一半后代呈现出 d、e 的隐性表型。

5. 果蝇的一条染色体上，正常基因的排列顺序为 123・456789，（中间的点代表着丝粒），染色体异常的果蝇有如下的结构：①123・476589，②123・46789，③1654・32789，④123・4566789。对以上各种染色体结构变异命名，并画图说明它们是怎样由正常的染色体得到的。

答：①123・476589 臂内倒位；在 567 基因处发生臂内倒位，形成 765 基因结构，图略。

②123・46789 为缺失；在正常的 456 基因处缺失了 5 基因，形成 46789 基因排列结构，图略。

③1654・32789 为臂间倒位；在123・456789 上23・456 发生了臂间倒位，形成654・32 结

构的排列,图略。

④123·4566789 为重复;在456789 的结构上重复了基因6,变成了4566789 结构,图略。

6. 有一个倒位杂合子,它的一条染色体上基因的连锁关系如下:

a　b　c　d　e　f　g

另一条染色体上的 cdef 区域的 de 有一个倒位。

①这是什么类型的倒位?

②画出这两条染色体的联会图。

答:①臂内倒位;②形成倒位环,图略。

7. 预测易位杂合子在减数分裂后期Ⅰ时的染色体图像,假定这个易位杂合子是:

①相间分离;②相邻－1 分离。

答:①相间分离为"8"型,图略;②相邻分离为"0"型,图略。

8. 卷翅(Cy)是果蝇第2染色体上的一个显性突变,$Cy\ Cy^+$ 雄性经辐射诱变后与 $Cy^+\ Cy^+$ 雌性杂交。后代中 $Cy\ Cy^+$ 的雄性再与 $Cy^+\ Cy^+$ 雌性果蝇单对杂交。其中一个杂交的后代统计如下:

卷翅	雄性	146
野生型	雄性	0
卷翅	雌性	0
野生型	雌性	163

根据这些结果判断最有可能发生了什么类型的染色体畸变,用染色体图说明。(注意:交换在雄性果蝇中是不发生的)

答:染色体发生单向易位,使含 Cy 的染色体与 Y 染色体融合为一条染色体,在细胞分裂发生染色体组合时,Cy 染色体和 Y 染色体一起移向细胞的一极,Cy^+ 染色体只有和 X 染色体移向另一极,造成在子代中卷翅全为雄性,而野生型全为雌性。(图略)

第十三章　基因突变与 DNA 损伤修复

考点综述

基因突变与 DNA 损伤修复是遗传性变异中的重要内容，基因突变与生物进化、良种选育和人类健康的关系极为密切。本章重点考查基因突变的种类和一般特点，突变发生的原因和机制，突变检出的方法等内容。在历年考试中所占比例较高，常见的题型包括名词解释、填空题、简答题和问答题等。经常考查的名词术语包括错义突变、无义突变、同义突变、移码突变、诱发突变、自发突变、致死突变等；简答和问答题常考查突变类型、基因突变的多方向性、基因回复突变的机制、镰孢霉突变的检出方法、物理化学诱变的机制等内容。

名师串讲

本章要求掌握基因突变的概念及类别，基因突变的一般特征；理解诱变因素及突变的分子机理，以及 DNA 损伤的修复，突变的检出。本章内容的学习需要 DNA 分子的组成、结构，基因的结构等基础知识，突变的检出与鉴定是本章的学习难点。基因突变检出的方法因生物的不同而有所不同，但其共同特点是让突变的基因有机会表达。因此，弄清不同生物突变检出的机理是掌握这部分内容的关键。具体内容包括以下几个方面：

1. 基因突变的类型

根据起源，基因突变可分为自发突变和诱发突变。

根据表型效应可分为形态突变、生化突变、致死突变和条件致死突变。

根据遗传密码的变化分为同义突变、错义突变、无义突变、移码突变和抑制突变。

根据性质分为结构突变和重排突变。结构突变包括置换突变（转换和颠换）、缺失突变和插入突变；重排突变是基因组内一个基因的位置改变而引起的“位置效应”。

根据突变的方向又可分为正突变和回复突变。

根据发生突变的细胞类型分为体细胞突变和配子突变。

2. 基因突变的特性

稀有性（稳定性）：任何基因都以极低的突变率发生突变。有性生殖个体的突变率用每一配子发生突变的概率，即用一定数目配子中突变型配子所占的百分率表示；无性生殖的细菌中，突变率是用每一细胞世代中每一细菌发生突变的概率表示。

随机性：基因突变的发生具有时间、个体、细胞和基因上的随机性。发生在体细胞中的突变常引起部分机体具有突变表型，发生在性细胞中的突变可遗传给子代。

独立性：一个基因突变的发生不影响其等位基因和其他基因发生突变。

可逆性：基因突变可以是从野生型变为突变型的正突变，也可以是从突变型变为野生型的回复突变。

多方向性：基因内不同位点上发生的突变可产生复等位基因，其控制的相对性状也各不相同。复等位基因可以由野生型基因突变而成，也可以由任何一个突变型基因突变产生。

平行性：具有类似遗传基础和性状的不同物种可发生同类型基因突变型。如作物抗倒伏性。

重演性：相同的基因突变可以在同种生物的不同个体、不同世代中重复出现。

有害性与有利性：基因突变常因影响生物体内的正常生理生化状态，打破生物体结构、生理及与外界环境的协调关系而对生物有害。但少数突变能促进或加强某些生命活动，对生物的生存是有利的。

3. 诱变因素及其作用机理

(1)物理诱变：

物理诱变因素包括X射线、γ射线、中子线、β射线、紫外线及激光、超声波等辐射。

①电离辐射：能引起分子电离、电子激发的射线为电离辐射，有X射线、γ射线等电磁波辐射及α射线、β射线及中子线等粒子辐射。电离辐射的射线波长短、能量较高、穿透力强，所以诱变力较强。

②非电离辐射：常用紫外线作为非电离辐射诱变剂。紫外线波长较长，带有的能量小，穿透力弱，只能损伤表层细胞的DNA分子。紫外线引起突变的原因主要是引起DNA分子中相邻的胸腺嘧啶形成二聚体。DNA双链之间胸腺嘧啶二聚体的形成会阻碍双链的分开和下一步复制，同一DNA单链上相邻的胸腺嘧啶二聚体的形成会阻碍碱基的正常配对和腺嘌呤的正常掺入，使复制在此点上停止或错误进行，使新形成链的碱基顺序改变，从而导致突变。

电离辐射诱发的基因突变和染色体断裂频率在一定范围内与辐射剂量成正比；辐射效应具有累积作用，连续辐射或间歇多次辐射总积累量相同时，产生的突变次数也相同；辐射效应也与剂量率(单位时间内辐射能量的多少，也称照射强度)有关，大多数生物在总剂量相同的情况下，低剂量率处理多表现生长正常，而过高的剂量率处理常引起生长异常或死亡。

(2)化学诱变：

化学诱变主要通过碱基替代和移码突变两种方式而实现。引起碱基替代的化学物质有碱基类似物，如5—溴尿嘧啶、2—腺嘌呤；脱氨基剂，如亚硝酸；烷化剂，如乙烯亚胺(El)、硫酸二乙酯(DES)、甲基磺酸乙酯(EMS)、亚硝基甲脲(NMU)。移码突变的诱变剂主要为吖啶类物质，如吖啶橙、原黄素、ICR-191等。

化学诱变可引起缺失突变、同义突变、错义突变、无义突变、移码突变等遗传学效应。

当tRNA基因突变引起反密码子改变时，这种tRNA参与翻译错义突变或无义突变的改变了信息的密码子的转译时，“以错就错”转译出某种氨基酸，表现出抑制突变效应。

(3)DNA损伤的类型：

引起基因突变的因素对DNA的损伤可归为下列类型：①碱基损伤与丢失；②产生错误碱基；③碱基甲基化；④产生嘧啶二聚体；⑤DNA单链或双链连接；⑥DNA的两条链发生交联，DNA与蛋白质之间发生交联。

(4)基因突变的检出：

基因突变从表型上进行检测时，需要使突变基因处于二倍性纯合体或单倍性个体状态存在，以使隐性基因能够得以表现，各种生物基因突变的检出都遵循这一规律。

①植物基因突变的检出。植物基因突变的检出，无论是显性突变还是隐性突变，都需要经过自交使基因纯合才能完成。显性突变在杂合体中能够表现，但仍需要通过自交使突变基因纯合——自交后代不分离才能鉴定利用。隐性突变通过自交，产生隐性纯合体后才能表现，表现的世代就可以鉴定利用。植物突变必须用种植单株(单穗)的自交后代的方法测定和检出。

②果蝇突变的测定。

(a)X染色体上隐性突变的测定。ClB法:ClB是X染色体,其上面有一大倒位(C),能抑制与其同源染色体进行交换;另有一个隐性致死基因(l),使具有这种染色体的雄蝇不能存活;还有一个显性棒眼基因,使具有这种染色体的个体从表型上可以鉴别。

Muller-5品系法:Muller-5品系的X染色体上无致死基因,而是带有一个棒眼基因B和一个杏色眼基因Wa;还有两个倒位,使Muller-5的X染色体不能和被检测的X染色体之间发生重组。

(b)常染色体上的基因突变的测定。用平衡致死品系的雌蝇与被检雄蝇杂交,最终获得被检测染色体的纯合体(个体的某条染色体来自被检个体的同一条同源染色体),从而使被检染色体上的基因均得到表达而测出突变基因。

4. 修复机制

(1)光复活修复。

紫外线可造成彼此相邻的嘧啶碱基形成二聚体,该二聚体可被一种光裂解酶打开,从而直接恢复到正常碱基状态。光复活酶(photo reactivating enzyme)在正常情况下与DNA松散结合,并沿着DNA链滑动,在遇到嘧啶二聚体时可与之特异结合,但在无可见光(有效波长为400 nm左右)条件下,并不能打开该二聚体,经可见光激发后,该酶转化为活性方式,并利用其能量打开嘧啶二聚体之间的共价键,然后该酶又可沿DNA链滑动,寻找新的结合位点。

(2)切除修复。

①切除修复(excision repair)。切除修复是在DNA内切酶、DNA聚合酶、DNA外切酶、DNA连接酶等共同作用下,将DNA分子受损伤的部分切除,并以完整的一条链为模板,合成切除的部分使DNA恢复正常结构的过程。

②DNA糖苷酶修复及AP核酸酶修复途径。DNA糖苷酶(DNA glycosylase)并不水解磷脂链,但可以水解糖苷键。如果碱基发生修饰而发生结构改变可由DNA糖苷酶水解产生无嘌呤或无嘧啶位点,两者皆称为AP位点。这些AP位点就可以由AP核酸内切酶修复途径完成修复。经糖苷酶作用后会产生大量的AP位点,AP核酸内切酶在所有细胞中均有较高的活性,可以识别细胞内的AP位点,切开AP位点附近的DNA链,然后在DNA外切酶、DNA聚合酶Ⅰ和DNA连接酶的作用下完成修复过程。

(3)错配修复系统。

错配修复系统(DNA mismatch repair system)可能在DNA重组过程中对于杂种DNA错配碱基的修复和由此产生的基因转换发挥一定的作用,现在已知许多生物包括人类中均存在具有一定方向性的错配修复体系。看来这种修复对方向性的判断并非随机。因而可能是基因极性突变中的基因转换和正常重组所必需的。

(4)复制后修复—重组修复系统。

所谓重组修复(recombinational repair)是指一种复制后修复,而这个过程必须依赖重组后的过程,原DNA损伤可能永远存在于子代细胞并遗传下去,也可能被其他机制修复,不过该修复必须跨越DNA损伤部位,当复制进行到损伤处时,可能发生短时间的停顿,然后越过该DNA损伤处,在其下游又以一种未知的机制起始DNA复制(可能并不需要引发),这样在合成的子链上就会产生一个缺口,而另一条DNA互补链则正常完成复制形成双链。两新合成的双链DNA间发生重组,则带有缺口的子链以正常互补母链为模板在DNA多聚酶的作用下完成修复,而带损伤的母链则与一条正常的亲代子链配对,这样随着复制的进行,经若干代后,即使这种母链上的DNA损伤仍存在,在后代中所占比例也越来越少,对表型的影响也越来越小,就好像已经修复正常。

(5)SOS修复。

①SOS修复(SOS repair)。这也称差错倾向修复(error prone repair),是细胞中的DNA受到大规模损伤,严重影响其生存,在其他修复难以见效的情况下,被诱发出来的一种高效修复系统,这种修复系统以损失一定的保真性,可以修复其他修复系统难以完成的DNA损伤,但准确性较差,是一种倾向差错性修复系统。这也是生物为了维持其生命的延续,不得已采取的一种以牺牲遗传物质的忠实性,冒着产生大量基因突变风险的"保命"措施。

②SOS反应。机体受到大剂量的诱变产生大规模DNA损伤时,可产生一系列复杂的诱导效应,称为应急反应(SOS response),包括生长抑制、分裂停止、呼吸受阻、整合在宿主基因组上的原噬菌体释放、细胞正常生长发育的许多基因关闭,同时有一些应激状态下的新基因开放等,这些基因使机体DNA损伤得以高效修复,细菌又可逐渐回复到正常状态。

③SOS修复的机制。一般认为SOS修复可通过两种机制对DNA损伤进行修复,即通过式修复与切除式修复。这两种修复均可造成损伤位点产生突变,是名副其实的倾向差错式修复。

(a)通过式修复:当DNA上的损伤无法通过其他修复途径完成时,可诱导产生一种新的DNA聚合酶,该酶不会对损伤部位新合成的碱基配对状态进行严格的检查,就可通过该损伤部位。在这一过程中诱变点上往往会加上一个不配对的碱基,从而导致基因突变。正常的DNA多聚酶由于有严格的配对检查和校正系统,当发现DNA损伤部位所新加碱基不能正确配对时就由DNA合成活性转为3′—5′外切活性,切去该不配对碱基,如此反复循环造成空转和DNA合成停止,如果不能修复对机体可能是致死的。

(b)切除式修复:如果DNA双链上均有损伤,而且距离较近,机体可能先对其中一条链式修复,一个位点修复正常,另一个则产生错误,再对另一条链切除式修复,又会保留这个基也可能在复制后由外切酶的作用下扩大缺口,发生通过式修复产生错误,形成新的突变。

名词术语解释

1. **转换(transitions)**:指一种瞟呤-嘧啶对变为另一种嘌呤嘧啶对,或一种嘧啶嘌呤对变为另一种嘧啶-嘌呤对。

2. **颠换(transverions)**:指一种嘧啶嘌呤对变为另一种嘌呤-嘧啶对,或反过来一种嘌呤嘧啶对变为另一种嘧啶—嘌呤对。

3. **错义突变(missense mutation)**:由于一对或几对碱基对的改变而使决定某一氨基酸的密码子变为决定另一种氨基酸的密码子的基因突变叫错义突变。

4. **无义突变(nonsense mutation)**:由于一对或几对碱基对的改变而使决定某一氨基酸的密码子变成一个终止密码子的基因突变叫无义突变。

5. **同义突变(samesense mutation)**:碱基的突变没有导致氨基酸的密码子发生变化,与密码子的简并性有关。

6. **自发突变(spontaneous mutation)**:在自然状况下产生的突变是自发突变。

7. **诱发突变(induced mutations)**:由人为物理因素或化学物质引起的突变为诱发突变。

8. **渗漏突变(leaky mutation)**:指能使突变基因仍能部分表达(残余水平)原先活性的突变。

9. **移码突变(frameshift mutation)**:移码突变是由于碱基数目的减少(缺失)或增加(插入),而使以后一系列三联体密码移码。例如原来的mRNA是GAA、GAA、GAA、GAA……按照密码子所合成的肽链是一个谷氨酸多肽。如果开头增加一个G,那么mRNA就变成为GGA、

AGA、AGA、AGA……按照这密码子合成的肽链是一个以甘氨酸开头的精氨酸多肽。移码突变的结果将引起阶段肽链的改变，肽链的改变将引起蛋白质性质的改变，最终引起性状的变异，严重时会造成个体死亡。

10. **回复突变(back mutation)**：由突变型变为野生型的突变。

11. **正向突变(forward mutation)**：其突变方向是从野生型向突变型；另一种是回复突变，其突变方向是从突变型向野生型。回复突变可使突变基因产生的无功能或有部分功能的多肽恢复部分功能或完全功能。当DNA碱基对发生改变，使其mRNA中相应的无义密码子得到回复，可以编码某种特殊的氨基酸，这个改变的密码子可以是原来野生型的相应密码子或者是其他氨基酸的密码子。

12. **中性突变(neutral mutation)**：是在基因中有一对碱基对发生替换，引起mRNA中密码子的改变，但多肽链中相应位点发生的氨基酸的取代并不影响蛋白质的功能，我们就称之为中性突变。例如密码子AGG→AAG，那么导致了Lys取代了Arg，这两种氨基酸都是碱性氨基酸，性质十分相似，所以蛋白质的功能并不发生重大的改变。

13. **染色体突变(chromosome mutation)**：染色体结构和数目的改变叫做染色体突变。

14. **基因组突变(genome mutation)**：当染色体畸变涉及基因组中染色体套数的改变称为基因组突变。

15. **基因突变(gene mutation)**：发生在基因水平上的突变称为基因突变。

16. **点突变(pointmutation)**：由于DNA碱基对的改变引起的基因突变称为点突变。

17. **形态突变(morphological mutations)**：突变主要影响生物的形态结构，导致形状、大小、色泽等的改变。

18. **生化突变(biochemical mutations)**：突变主要影响生物的代谢过程，导致一个特定的生化功能的改变或丧失。

19. **致死突变(lethal mutations)**：突变主要影响生活力，导致个体死亡。致死突变可分为显性致死或隐性致死。显性致死在杂合态即有致死效应，而隐性致死则要在纯合态时才有致死效应。

20. **条件致死突变(conditional lethal mutation)**：在某些条件下是能成活的，而在另一些条件下是致死的。

21. **基因的定点突变(site specific mutagenesis of gene)**：指按照人们的意愿对基因的编码区和表达调控区(包括启动子区)定向进行缺失、插入或碱基替换等过程。

经典考题汇编

1. 基因突变的种类有哪些？(武汉大学，2012C)

答：①碱基替换指单个碱基被另一个碱基替代，这是最常见的突变。如果只是嘧啶之间或嘌呤之间的替代称转换；如果是嘌呤和嘧啶之间的替代称颠换。转换突变多于颠换突变。

碱基替换可以发生在基因组DNA序列的任何部位。当碱基替换发生在基因的调控区域，如转录因子结合的顺式作用元件，可能造成基因表达的提高和降低。如果突变发生在基因的编码序列，导致mRNA的密码子改变，对多肽链中氨基酸序列的影响，可能出现不同突变效应。

(a)同义突变：是指碱基替换后，一个密码子变成另一个密码子，但是所编码的氨基酸没有改变；这是由于遗传密码的兼并性。同义突变常发生在密码子的第三碱基，因此并不影响蛋白质的功能。

(b)错义突变：是指碱基替换后使mRNA的密码子变成编码另一个氨基酸的密码子，改变了氨基酸序列,影响蛋白质的功能。这种突变常发生在密码子的第一和第二碱基。

(c)无义突变:指碱基替换后,使一个编码氨基酸的密码子变为不编码任何氨基酸的一个终止密码子,造成多肽链合成的提前终止,肽链长度缩短,成为无活性的多肽片段。

(d)终止密码突变:当DNA分子中一个终止密码发生突变,成为编码氨基酸的密码子时,多肽链的合成将继续进行下去,肽链延长直到遇到下一个终止密码子时方停止,因而形成了延长的异常肽链,这种突变称为终止密码突变,这也是种延长突变。

(e)抑制基因突变:当基因内部不同位置上的不同碱基发生了两次突变,其中一次抑制了另一次突变的遗传效应,这种突变称为抑制基因突变。

②碱基的插入和缺失:指在DNA编码序列中插入或丢失一个或几个碱基。如果造成插入点或缺失点下游的DNA编码框架全部改变,其结果是突变点以后的氨基酸序列都发生改变,这种突变又称移码突变。如果在DNA链的密码子之间插入或丢失一个或几个密码子,则合成的肽链将增加或减少一个或几个氨基酸,但插入或丢失部位的前后氨基酸顺序不变,称为整码突变或密码子插入或丢失。

③动态突变:人类基因组中的短串联重复序列,尤其是基因编码序列或侧翼序列的三核苷酸重复,在一代代传递过程中重复次数发生明显增加,从而导致某些遗传病的发生,称为动态突变。例如Huntington病,是由于HD基因5′端CAG重复序列的拷贝数增加所致。在正常人体中CAG拷贝数在6～35范围,而患者拷贝数多在35～100范围。动态突变可能的机制是姐妹染色单体的不等交换或重复序列中的断裂错位。

④染色体错误配对不等交换:减数分裂期间,同源染色体间的同源部分发生联会和交换,如果联会时配对不精确,会发生不等交换,造成一部分基因缺失和部分基因重复,这种突变常用解释大段多核苷酸的丢失和重复。

2.在用X射线照射链孢霉的分子孢子后,如何检测和分析链孢霉的突变基因?

答:培养野生型链孢霉,用X线或紫外线等照射分生孢子后,把这些处理过的分生孢子,与相对交配型的野生型链孢霉交配,由此长出子囊孢子。然后从子囊中取出子囊孢子,分别培养在完全培养基上。链孢霉的突变型一般能在这里生长和发育。从完全培养基生长起来的链孢霉又形成分生孢子。取出一部分分生孢子培养在基本培养基里,观察它们的生长,如生长正常,表示没有发生突变;如果不能生长,表示已发生了突变。接着要分析,发生了什么突变,把这突变型的分生孢子从完全培养基里取出来,分别培养在不同的培养基上:

①完全培养基,突变型一般能在这里生长;

②基本培养基,突变型不能在这里生长;

③基本培养基,加上各种氨基酸,如突变型还是不能在这里生长,表示加了氨基酸也没有用,不是控制氨基酸合成的基因发生突变,它是能合成各种氨基酸的;

④基本培养基,加上各种维生素,如突变型能在这里生长,表明突变型是在控制某种维生素合成的基因发生了突变,使它不能合成某种维生素,所以在基本培养基中添加了这种维生素后就能生长。

这样依次分析下去,就可知道是哪一种维生素不能合成。如果发现它只能在含有泛酸的基本培养基里生长,那就表明这种生化突变型是控制泛酸合成的基因发生了突变,其他基因没有发生突变。

为了进一步确定发生的变异是由一个基因控制的,还要做这样的工作。把经过上述方法检查出来的突变型,跟不同交配型的野生型交配,看由此产生的子囊孢子的发育,表现出什么样的

分离现象，如表现为1：1的分离，即4个是野生型，4个是突变型，那就表明是一个基因的突变。用上述的分析方法，发现了几百种生化突变型。这些生化突变型的研究，不仅阐明了基因和代谢的一些关系，而且丰富了生物化学的内容。

3. 为什么一个基因座(Locus)正向突变(forward mutation)的频率，往往要比其回复突变(back mutation)的频率高出几个数量级？

答：在遗传学上，将自然界大量存在的或是实验室中存在的一种标准品系的野生型等位基因的形式，作为研究生物体变化的一种标准类型或出发点。任何离开野生型等位基因的变化称为正向突变(forward mutation)；与正向突变概念相对应的是任何回复到野生型的变化，称回复突变(back mutation)。

一个基因座正向突变的频率比其回复突变的频率高很多，至少有以下几个原因：①并非所有正向突变都可以自发地回复到野生状态；②对于双重突变，其回复突变发生率是两个单位点回复突变的乘积；③对于大片段的缺失突变，产生完全的回复突变，几率几乎为0，即基本上不可能有回复突变。

4. 假如你所研究的基因发生了突变，你将如何从遗传学的角度判断它是错义突变、无义突变或移码突变？如果它是无义突变，你又如何判断它是amber、ochre或opal突变？

答：错义突变是指碱基替换的结果引起氨基酸顺序的改变。有些错义突变严重影响到蛋白质的活性，甚至活性丧失，从而引起表型的变化。而另一些对表型却无影响。

无义突变是指编码区的单碱基突变导致终止密码子(UAG、UGA或UAA)的形成，使mRNA的翻译提前终止，形成不完全的肽链，因而其产物一般是没有活性的。

移码突变是由于在DNA分子中的外显子部分插入或缺失1、2或4个核苷酸而导致可读框的位移。

在无义突变中，如果突变后形成的密码子为UAG，则称为琥珀型(amber)突变；如果形成的密码子为UAA，则称为赭石型(ochre)突变；如果形成的密码子为UGA，则称为乳石型(opal)突变。

5. 何谓突变和突变体，突变有哪几种类型？

答：突变是一种遗传状态，可以通过复制而遗传的DNA结构的任何永久性改变，都叫突变。所有的突变都是DNA结构中碱基所发生的改变。携带突变的生物个体或群体或株系，叫做突变体。

按照突变生成的过程可以分为自发突变和诱发突变。引起突变的物理因素(如X射线)和化学因素(如亚硝酸盐)，称为突变剂(mutagen)。由于突变剂的作用而产生突变称为突变生成作用(mutagenesis)，中文有时亦简称突变。如果这一作用是在自然界中发生的，不管是由于自然界中突变剂作用的结果还是由于偶然的复制错误被保留下来，都叫做自发突变生成(spontneous mutagenesls)。其结果是产生一种称为自发突变(spontaneous mutation)的遗传状态，携带这种突变的个体或群体或株系就称为自发突变体(spontaneous mutant)。自发突变的频率平均为每一核苷酸每一世代10^{-9}～10^{-10}。相反，如果这种作用是由于人们使用突变剂处理生物体而产生的，就叫做诱发突变生成，简称诱变(induceed mutagenesls)。它产生的遗传状态叫做诱发突变(intrudemutation)，携带这种遗传状态的有机体就叫做诱发突变体(induced mutant)。诱发突变的频率较高，而且现在可以在离体条件下进行定向诱变。

根据DNA碱基序列改变多少来分.可以分为单点突变(point mutation)，即只有一个碱基对发生改变，和多点突变(multiple moutation)，即有两个或两个以上的碱基对发生改变。点突变可以是碱基替代(base substitution)、碱基插入(base insertion)或碱基缺失(base deletion)。但点突变这个术语常常是指碱基替代。碱基替代可以分为两类,一类叫转换(transition),即嘌呤到嘌呤或嘧啶到嘧啶的变化;另一类叫颠换(transversion),即嘌呤到嘧啶或嘧啶到嘌呤的变化。点突变的重要特点之一是它具有很高的回复突变率。缺失突变和插入突变通常指较长的碱基序列的缺少或增加。这样的突变,特别是缺失突变,其回复突变率极低。有时,插入序列本身携带遗传信息,如转座成分。转座成分的插入可使插入位的基因失活,同时又带进新的基因。插入序列可以通过切离而失去,准确的切离可使突变基因又回复成野生型基因。

从对可读框的影响来看,有移框突变(frameshift mutation)。插入、缺失一个或两个碱基都能引起移框突变;扁平的碱性染料分子的嵌合也常引起移框突变。移框突变不但改变了产物的氨基酸组成,而且会出现蛋白质合成的过早终止。如果移框突变发生在必需基因上,常常是致死的。如果插入或缺失三个碱基,则可读框架不变,其产物常常有活性或有部分活性。

从对遗传信息的改变来看,点突变中的碱基替代突变可以进一步分为同义突变(synonymous mutation)、错义突变(missense mutation)和无义突变(nonsense mutation)。同义突变是指没有改变产物氨基酸序列的密码子变化,显然这是与密码子的简并性相关的。错义突变是指碱基序列的改变引起了产物氨基酸序列的改变。有些错义突变严重影响到蛋白质活性甚至完全无活性,从而影响了表现型。如果该基因是必需基因,则该突变为致死突变(lethal routation)。也有不少错义突变的产物仍然有部分活性,使表现型介于完全的突变型和野生型之间的某种中间类型,这样的突变又称为渗漏突变(leaky mutation)。有一些错义突变不影响或基本上不影响蛋白质活性,不表现出明显的性状变化,这种突变常被称为中性突变(neutral mutation)。中性突变连同同义突变一起常被称为无声突变(silent mutation)。无义突变是指某个碱基的改变使代表某种氨基酸的密码子变为蛋白质合成的终止密码子,如赖氨酸的密码子AAG 突变为终止密码子 TAG(即 UAG)。无义突变使肽链过早终止,因而蛋白质产物一般是没有活性的。但是由点突变中的碱基替代突变产生的无义突变,如果发生在靠近 3′末端处,那么它所产生的多肽链常有一定的活性,表现为渗漏型。这类多肽还有一个特点,它们多半已具有野生型多肽链的抗原特异性。这样,用野生型基因产物的抗体作免疫学反应就可以鉴定这些不完全多肽链的存在。这种方法在无表型性状可利用时显得更为重要。

从突变表现型对外界环境的敏感性来区分,可分为非条件型突变(nonconditional mutation)和条件型突变(conditional mutation)。最常见的条件型突变为温度敏感突变(temperature-sen-sitive mutation)。

如果从突变的效应背离或返回到野生型这两种方向上来讲,可以分为正向突变(forward mutation)和回复突变(back mutation 或 reverse mutation)。正向突变是指改变了野生型性状的突变。突变体所失去的野生型性状可以通过第二次突变得到恢复,这种第二次突变就叫做回复突变。真正的原位回复突变(回复到野生型的 DNA 序列)很少,而大多数是第二点突变,即原来的突变位点依然存在,而它的表现型效应被基因组第二位点的突变所抑制,因而又称为抑制突变(suppressor mutation)。

突变位点也可能存在于负责基因调控的 DNA 序列当中,比如存在于启动子区域。这类突变中,有的能增强启动子对于转录的发动作用,就称为启动子上升突变(promoterup mutatibn);有的突变则降低启动子的效能,称为启动子下降突变(promoter down nutation)。如果突变位点发生在操作子(operator)上,其位点不能为阻抑蛋白所识别,或者由于调节基因发生突变,不能产生有功能的阻抑蛋白。这两种情况或二者之一都使结构基因失去了负向控制,产生

不依赖于需要、在细胞中有固定数量的蛋白质。基因的这种表达方式叫做组成型表达，产生这种表达方式的操作子突变或调节基因的突变就叫做组成型突变(constitutive mutation)。

突变后出现的表型改变是多种多样的。根据突变对表型的最明显效应，可以分为形态突变、生化突变、致死性突变和条件致死突变。形态突变(morphological mutations)是指突变主要影响生物的形态结构，导致形状、大小、色泽等的改变。例如普通绵羊的四肢有一定的长度，但安康羊(ancon sheep)的四肢很短，因为这类突变可在外观上看到，所以又称可见突变(visible-mutation)。生化突变(biochemical mutation)是指突变主要影响生物的代谢过程，导致一个特定的生化功能的改变或丧失。例如链孢霉的生长本来不需要在培养基中另添氨基酸，而在突变后，一定要在培养基中添加某种氨基酸才能生长，这就发生了生化突变。致死突变(lethal mutation)是指突变主要影响生活力，导致个体死亡。致死突变可分为显性致死和隐性致死。显性致死在杂合态即有致死效应，而隐性致死则要在纯合态时才有致死效应。一般以隐性致死突变较为常见，如镰形细胞贫血症的基因就是隐性致死突变。植物中常见的白化基因也是隐性致死的，因为不能形成叶绿素，最后导致植株死亡。当然，有时致死突变不一定伴有可见的表型改变。致死突变的致死作用可以发生在不同的发育阶段，在配子期、胚胎期、幼龄期或成年期都可发生。如女娄菜的细叶基因 b 是配子致死，而小鼠的黄鼠基因 A^Y 在纯合时是合子致死。致死基因的作用也有变化。基因型上属于致死的个体，有全部死亡的，有一部分或大部分活下来的。从而根据基因的致死程度，可以分为全致死(使 90%以上个体死亡)、半致死(semilethals，使 50%～90%个体死亡)和低活性(subvitals，使 50%～10%个体死亡)等。条件致死突变(conditonal lethal mutation)是指在某些条件下能成活的，而在另一些条件下致死的突变。例如噬菌体 T_4 的温度敏感突变型在 25℃时能在 *E. coli* 宿主中正常生长，形成噬菌斑，但在 42°C 时就不能。

课后习题全解

1. 基因突变产生的原因是什么？人工诱发基因突变的主要方法和原理是什么？

答：基因突变的产生，是在一定的外界环境条件或生物内部因素作用下，DNA 在复制过程中发生偶然差错，使个别碱基发生缺失、增添、代换，因而改变遗传信息，形成基因突变。实验表明，突变发生的时期一般都在形成生殖细胞的减数分裂的末期。基因突变包括自然突变和人工诱变两大类。

人工诱发基因突变(人工诱变)：根据自然突变的原理，人工使用物理、化学的方法处理生物，促使其发生基因突变，以提高突变频率的方法。其方法分为物理(各种射线，例如：紫外线、X、γ 射线)诱变和化学(各种化学试剂，例如：EMS、烷化剂等)诱变。原理主要是造成碱基的增减或者错位，导致 mRNA 密码子的改变，从而使得蛋白质发生改变或不能翻译。

2. 回复突变的性质如何确定？基因内抑制和基因间抑制突变有何区别？

答：回复突变有两种类型，一种是对原来突变的严格逆转，称为真正回复(true reversion)；另外一种回复突变类型是另一次突变可能发生在基因的其他位置，正好补偿了第一次突变的效应使其恢复到野生型的表型，这种情况称为抑制(基因)突变(suppressor mutation)。

对于抑制基因突变，包括基因内抑制突变(intragenic suppressor mutation)和基因间抑制突变(intergenic suppressor mutation)。前者是指能抑制同一基因内某一突变的另一突变 ；后者则是指能抑制其他基因的突变的另一突变 。它们正好能互补正向突变，其突变率也是比较低的。基因内抑制突变的机制可能是在第一次正向突变导致基因产物结构和功能改变的基础上，又发生另一位点的突变使基因产物的构型发生变化，恢复了其原有功能的结构。

3. 何为动态突变？其产生的原因是什么？对基因的进化和人类健康有什么意义？ 答：动态突变(dynamic mutation)是在基因的编码区、3′或5′UTR、启动子区、内含子区出现三核苷酸重复，及其他长短不等的小卫星、微卫星序列的重复拷贝数，在减数分裂或体细胞的有丝分裂过程中发生扩增而造成遗传物质的不稳定状态。

插入、缺失突变可影响基因组的任何部分，在DNA复制时，当模板DNA含有短重复序列时尤为普遍，因为重复序列可诱发复制滑动(replication slippage)，即模板链及其拷贝发生位置的相对移动，即滑动错配，其结果使部分模板被重复复制或被遗漏，造成新的多聚核苷酸拥有或多或少的重复单位。复制滑动可能是导致多变的微卫星序列的主要原因。这种机制也可不时地在业已存在的等位基因群体中产生新的长度不同的变异体；也可能与人类三核苷酸重复序列扩增疾病(trinucleotide repeat expansion disease)有关。

这类特殊的突变可造成基因功能丧失或获得异常改变的产物，从而导致人类的多种疾病与动态突变有关的人类疾病最少有20种以上，其中以三核苷酸重复的异常扩增引起的神经退行性疾病为多。

4. 何为基因定点突变？如何实现体外基因的定点突变？基因定点突变与基因打靶和基因治疗有怎样的联系？

答：基因的定点突变(site specific mutagenesis of gene)是指按照人们的意愿对基因的编码区和表达调控区(包括启动子区)定向进行缺失、插入或碱基替换等过程。

定点突变通常采用以下方法：

① 寡核苷酸诱导的基因定点突变。将某基因克隆到质粒载体中，人工合成含有突变位点的一对引物，使该突变位点位于引物中心附近，两端有足够的序列以保证其互补配对(通常应在15～18 nt以上)，进行PCR扩增；经DpnⅠ酶切DNA；将突变DNA转入受体，筛选重组子即可得到特定位点发生突变的基因。

②双引物法。将克隆到任一质粒上某基因的特定位点，设计两个互补的含有突变碱基的引物，该引物应有足够的长度，以保证与该突变位点对应的质粒DNA配对，在基因的上游和下游各设计一个引物，分别与突变位置处的一个引物进行PCR扩增，两个PCR扩增产物混合，延伸后就可获得有特定位点突变的基因，为了保证PCR延伸过程中尽量不出现错误碱基的掺入，应采用高保真的Pfu Taq酶进行PCR反应。

此外，利用易错PCR和外显子混编技术可以获得某基因的突变，但是其位点并不固定，需要大规模筛选突变体方可获得所需的突变。

5. 错义突变可能导致错误氨基酸的掺入，但为什么有时并不能表现突变性状？

答：错义突变并不都能使基因表达产物失去活性，有时仅表现为蛋白质功能的下降(例如酶的活性下降)，这类突变被称为渗漏突变(leaky mutation)。如果错义突变导致化学性质相同的另一氨基酸的替换时，则这种替换很可能对其蛋白质的结构和功能影响较小，此类错义突变称为保守性的错义突变(conservative missense mutation)。非保守性的错义突变(nonconservative missense mutation)则是指发生化学性质完全不同的氨基酸间的替换而导致其蛋白质的结构和功能发生严重的改变。

6. 果蝇X连锁隐性突变的检测中为什么要求杂交一代单对交配？

答：ClB系统可以检测到X染色体上任何致死突变或其他非致死突变。ClB品系中：B为棒眼(Bar eye，B)基因，它对于野生型的复眼(＋)为不完全显性，是X染色体上的一个重要的标记基因。l是X染色体上的隐性致死基因(lethal，l)，它的出现必然引起子代雄蝇的死亡，改变

了1∶1的性别比，为新的隐性致死突变的分析带来方便。C是交换抑制因子。l基因与B基因之间有一段很长的倒位，它有效地抑制了l与B基因的交换，使B和l永远保持在一条染色体上。棒眼的存在，标志着l基因的存在。先用不同剂量的X射线处理野生型雄蝇，因为精子只带一条X染色体，如果这条X染色体受到辐射影响，整个配子就受到影响。然后和带有ClB/＋＋＋杂合的雌蝇交配，在其F_1中会产生2雌∶1雄，这1/3的雄蝇只能是野生型，而在雌蝇中，却有两种，一种带ClB，另一种是野生型。此后，将带有ClB的F_1雌蝇挑选出来以备测交。因为这样的雌蝇中的一条X染色体是来自未被照射的母本的ClB，另一条必定来自照射过的父本。如果这条X染色体产生了一个新的致死突变基因l′，而这个l′基因一般不可能正好与ClB的致死基因l具有等位性，何况它们如果是等位基因的话，卵子受精后就成为纯合子而死亡。将这些准备测交的雌蝇一对一地与F_1正常的雄蝇交配。在下一代中，如果没有雄蝇出现，则表明发生了新的隐性致死突变，否则后代的性别比例应为2雌∶1雄 。

7.你所知道的生物大规模突变库是如何建成的？其原理是什么？

答：目前来说最常见的生物大规模突变体库有以下几种构建方式：化学诱变（包括EMS、EI、NEU、NMU、DES、MNNG、NTG等）、辐射诱变（紫外线，X—射线，γ—射线，快中子，激光，微波，离子束等）、T－DNA插入、RNAi等方法。化学诱变是利用化学试剂使DNA的碱基发生配对错误而形成的突变；辐射诱变可改变DNA的结构造成配对错误或是直接打断染色体造成重排。RNAi是直接降解基因相关DNA转录的RNA而使得基因不表达，形成突变表型。

8.为防止DNA复制中产生错误，生物如何修正已出现的潜在突变位点？

答：生命状态的生存和延续必须要求DNA分子保持高度的精确性和完整性。生物体有至少5种方式可对错误DNA进行修复。

①光复活修复。主要针对紫外线造成的复制错误，紫外线可造成彼此相邻的嘧啶碱基形成二聚体，该二聚体可被一种光裂解酶打开，从而直接恢复到正常碱基状态。光复活酶（photo reativating enzyme）在正常情况下与DNA松散结合，并沿着DNA链滑动，在遇到嘧啶二聚体时可与之特异结合，但在无可见光（有效波长为400nm左右）条件下，并不能打开该二聚体，经可见光激发后，该酶转化为活性方式，并利用其能量打开嘧啶二聚体之间的共价键，然后该酶又可沿DNA链滑动，寻找新的结合位点。

②切除修复。切除修复是在DNA内切酶、DNA聚合酶、DNA外切酶、DNA连接酶等共同作用下，将DNA分子受损伤的部分切除，并以完整的一条链为模板，合成切除的部分使DNA恢复正常结构的过程。

③错配修复系统。错配修复系统（DNA mismatch repair system，MMR）可能在DNA重组过程中对于杂种DNA错配碱基的修复和由此产生的基因转换发挥一定的作用，现在已知许多生物包括人类中均存在具有一定方向性的错配修复体系。看来这种修复对方向性的判断并非随机。因而可能是基因极性突变中的基因转换和正常重组所必需的。

④复制后修复—重组修复系统。所谓重组修复（recombinational repair）是指一种复制后修复，而这个过程必须依赖重组后的过程，原DNA损伤可能永远存在于子代细胞并遗传下去，也可能被其他机制修复，不过该修复必须跨越DNA损伤部位，当复制进行到损伤处时，可能发生短时间的停顿，然后越过该DNA损伤处，在其下游又以一种未知的机制起始DNA复制（可能并不需要引发），这样在合成的子链上就会产生一个缺口，而另一条DNA互补链则正常完成复制形成双链。

⑤SOS修复。这也称差错倾向修复（error prone repair），是细胞中的DNA受到大规模损

伤,严重影响其生存,在其他修复难以见效的情况下,被诱发出来的一种高效修复系统,这种修复系统以损失一定的保真性,可以修复其他修复系统难以完成的DNA损伤,但准确性较差,是一种倾向差错性修复系统。

9. 在生物的修复系统中属于无误修复的机制有哪些?属于倾向差错的修复的机制有哪些?为什么这两种系统同时存在?如何调节?

答:生物系统中光复活修复、切除修复、错配系统修复和复制后修复—重组修复系统属于无误修复机制。倾向差错修复机制是SOS修复,包括通过式修复和切除式修复。通过修复是指当DNA上的损伤无法通过其他修复途径完成时,可诱导产生一种新的DNA聚合酶,该酶不会对损伤部位新合成的碱基配对状态进行严格的检查,就可通过该损伤部位。在这一过程中诱变点上往往会加上一个不配对的碱基,从而导致基因突变。切除修复是指如果DNA双链上均有损伤,而且距离较近,机体可能先对其中一条链采取切除式修复,一个位点修复正常,另一个则产生错误,再对另一条链切除式修复,又会保留这个基因突变。也可能在复制后由外切酶的作用下扩大缺口,发生通过式修复产生错误,形成新的突变。

10. 一男性工人在某核电站工作数年后有一白血病儿子,在该核电站工作另一男性工人有一侏儒女儿,两人及妻子家庭各个成员均无任何遗传病史,两人向法院起诉该核电站为其孩子的伤害负责,你作为法院聘请的遗传学专家,对此有何看法?(白血病X连锁隐性遗传,侏儒为常染色体显性遗传)

答:白血病X性染色体隐性遗传,而白血病的儿子的X染色体来源于母亲,故不可能是因为父亲在核电站辐射造成的。而侏儒症有可能是父亲X染色体受到辐射引起的,但还需要更多证据。

11. 为什么要检测日本广岛和长崎原子弹受害者后裔的性比?

答:①应为在性染色体中只有一个Y,如果射线对Y染色体有较大影响,那么结果女孩子会生的较多。

②射线如果引起X染色体上的隐性突变,那么就会在男孩子中表现出来。

12. 正常羊群中突然出现一只矮脚羊,请设计实验证明该羊的产生可能是单基因突变(包括显性和隐性)、基因互作、环境作用还是隐性携带者偶然交配的结果?

答:将矮脚羊与正常羊进行交配,若子代均为矮脚羊,姊妹交得到群体中矮脚与正常羊比例为3∶1,则说明矮脚为单基因显性突变。若子代羊全为正常羊,姊妹羊出同矮脚羊与正常羊的比例为1∶3,则说明矮脚羊为隐性单基因突变;若正常羊与矮脚羊比例不为1∶3(1∶2(中间型)∶1)或3∶1(1∶2(中间型)∶1),则说明存在基因互作;若姊妹交后代全部为正常羊,则说明矮脚为环境影响所致。将羊群的正常羊之间进行交配,还产生矮脚羊,则为隐性携带者偶然交配所致。

13. 通过逐渐提高抗生素的浓度可以获得高抗该抗生素的细菌,试分析其产生的原因?如何区分适应、依赖、选择三种现象?

答:细菌的生命周期很短,自然界中遗传物质时刻不停地在突变,基因突变后会产生各种表现型,提高抗生素浓度相当于不断地给细菌更恶劣的环境,环境的恶劣使抗药性不强的细菌被淘汰,存活的是突变而来的抗药性强的细菌。在低浓度和高浓度抗生素条件下均可正常生长是适应,在高浓度下生长优于低浓度抗生素是依赖,在高浓度下生长良好,而低浓度下不能生长是选择。

第十四章　原核生物基因的表达调控

考点综述

本章内容为考试重点。在名词解释、判断、选择题、简答题和论述题等各种题型中都出现过。要求考生掌握原核生物 RNA 聚合酶各亚基的功能，掌握操纵子的作用及各个位点的功能，转录终止的结构特点和作用机理，大肠杆菌乳糖操纵子的调控机制，原核生物 RNA 加工的过程及意义，SD 序列的特点和作用，操纵子的结构特点和作用，乳糖操纵子的正负调控，半乳糖操纵子模型，阿拉伯糖操纵子模型，色氨酸操纵子的转录调控，λ 噬菌体基因组的表达调控，蛋白质合成的自体调控，反义 RNA 的概念、作用及机制。

名师串讲

本章主要内容包括：

1. 大肠杆菌乳糖操纵子的调控机制

细菌中的操纵子是基因表达调控的。操纵子由几个相关基因组成，共同组成一个协调的遗传单位，实现基因表达的调控。如乳糖操纵子，在缺乏乳糖时，一种阻遏蛋白结合到操纵基因所在的 DNA 上，阻止转录的发生，这是负调节。在乳糖操纵子的正调控中，需要由蛋白质因子来激活转录。大肠杆菌中，对乳糖的利用正是通过正、负两条调控途径的配合，有效地调控着相应基因的转录。

2. 其他类型的操纵子

为适应不同生理代谢以及各种环境条件，细菌还利用具有其他调控机制的一些操纵子来调控相应基因的表达，具有双启动子的半乳糖操纵子的双重控制、阿拉伯糖操纵子的双向调控、色氨酸操纵忆的转录调控及衰减作用等。

3. λ 噬菌体基因组的表达调控

λ 噬菌体基因组及其感染宿主后的转录次序、λ 噬菌体的转录调控、关于 λ 噬菌体的调控模型、裂解或溶源化途径与 CI 蛋白同 Cro 蛋白的竞争，对于裂解或溶源化生长途径的取向具有关键性的意义。

4. 原核生物基因的翻译调节和蛋白质合成的自身调控

原核生物的基因表达调控主要在转录水平上进行，但 mRNA 转录出来后，再从翻译的层次上的调节，使不同基因之间的表达程度有所区分。还有核糖核蛋白质的自体调控、严谨反应与核糖体合成的调控等。

5. 原核生物中小分子 RNA 在基因表达中的调控

反义 RNA，细菌中的 RNA 调节物在基因表达中的作用，是原核生物基因表达中翻译水平的调控。

名词术语解释

1. **调控基因(regulator gene)**：其产物参与调控其他结构基因表达的基因。

2. **操纵子(operon)**:很多功能上相关的结构基因在染色体上串联排列,由一个共同的控制区来操纵这些基因的转录。包含这些结构基因和控制区的整个核苷酸序列就称为操纵子。

3. **终止子(terminator)**:DNA上提供转录停止信号的一段序列,是一个基因的末端或是一个操纵子的末端的一段特定序列。如大肠杆菌的终止因子又可分为依赖ρ的终止子和不依赖于ρ的终止子两类。

4. **启动子(promoter)**:DNA分子上结合RNA聚合酶并形成转录起始复合物的区域,在许多情况下还包括促进这一过程的调节蛋白结合位点。

5. **ρ因子**:蛋白质辅助因子,也称为释放因子,通常称为ρ因子。

6. **抗终止作用(anti-termination)**:ρ因子的作用可以被抗终止因子所抵消,这样,RNA聚合酶便可通过终止子(依赖于ρ因子的)继续转录后面的基因。这种现象称为抗终止作用。

7. **调节基因(regulatory gene)或阻遏基因(repressor gene)**:编码调节蛋白的基因称调节基因。调节基因是位于操纵子附近的一个抑制位点(inhibitory site,i),也是一个独立的转录单位,它有自己的启动子,其表达产物即阻遏物(repressor),所以在操纵子中此基因又称为阻遏基因。

8. **正调控(positive control)**:指没有调节蛋白存在时,基因是关闭的,当加入调节蛋白分子后,基因活性开启,能进行转录。

9. **负调控(negative control)**:在无调节蛋白时基因表达具有转录活性,一旦加入调节蛋白,则基因活性被关闭,转录受到抑制,这就是负调控。

10. **无辅基诱导蛋白(apoinducer)**:正调控系统中的调节蛋白称为无辅基诱导蛋白。

11. **诱导物(inducer)**:不论是正调控还是负调控,操纵子还可以通过调节蛋白与小分子物质的相互作用而达到诱导状态或阻遏状态。在可诱导系统中,产生诱导作用的小分子称为诱导物。

12. **辅阻遏物(corepressor)**:不论是正调控还是负调控,操纵子还可以通过调节蛋白与小分子物质的相互作用而达到诱导状态或阻遏状态。在可阻遏系统中,产生阻遏作用的小分子物质则叫做辅阻遏物。

13. **SD序列**:在起始密码子上游约4~7个核苷酸之前还有一段富含嘌呤的5′…AGGAGG…3′短小序列,它可以与16S Rrna3′端的3′…UCCUCC…5′区段完全互补。mRNA上的这段序列称为Shine Dalgarno序列(简称SD序列)。

14. **非底物诱导物(gratuitous inducer)**:既能诱导酶的产生而本身又不被分解的诱导物称为非底物诱导物。

15. **顺式显性(cis-dominant)**:显性效应只对处于同一染色体上它所调控的基因才起作用的现象,称为顺式显性。

16. **超阻遏突变体(superrepression mutant)**:不论细胞内是否存在诱导物,阻遏物都不再被诱导而始终结合在操纵基因上,以致突变株丧失了合成酶系统的全部能力,这样的突变体又称为超阻遏突变体。

17. **葡萄糖敏感操纵子**:一些分别控制某一种糖如乳糖、半乳糖、阿拉伯糖和麦芽糖等的分解代谢的操纵子,当培养基中含有葡萄糖时就会阻止这些操纵子的功能,因此这些操纵子也称为葡萄糖敏感操纵子。

18. **分解物阻遏(catabolite repression)**:只要培养基中有葡萄糖存在,便抑制了葡萄糖敏感操纵子利用其他各种糖的酶的产生,这种现象称为分解物阻遏。

19. **分解物基因激活蛋白或cAMP受体蛋白(catobolite gene activatorin protein,CAP,或**

camp, receptor protein, CRP)：大肠杆菌菌株内，cAMP 的浓度能影响到 β 半乳糖苷酶的合成速率，这一过程与一种诱导蛋白有关，这种蛋白称为分解物基因激活蛋白或 cAMP 受体蛋白。

20. **歧化转录或背驰转录(divergent transcription)**：在阿拉伯糖操纵子的双向控制中，调节基因 araC 与 araBAD 各有自己的启动子(arpc 和 araPBAD)，它们的转录方向相反。araBAD 和 araC 之间这种含有两个反向转录启动区域以进行转录的方式，称为歧化转录或背驰转录。

21. **自我调控(autogenous regulation)**：在阿拉伯糖操纵子的双向控制中，araC 的蛋白质合成也是受到调节的，但这是由 araC 蛋白本身作为 araPc 的负调节物来控制其自身的合成过程。这种现象称为自我调控。

22. **色氨酸操纵子(tryptophan operon, trpoperon)**：就是负责色氨酸合成的操纵子，即在无外源色氨酸存在时，trp 操纵子表达为合成色氨酸，以供应蛋白质合成的需要，但是当有足够的色氨酸时，细菌的这个合成途径便关闭。

23. **可阻遏系统(repressibIe systen)**：像 trp 操纵子那样。其转录可被最终合成的产物所阻遏的一类操纵子称为可阻遏系统。

24. **结构基因(structural gene)**：可编码 RNA 或蛋白质的一段 DNA 序列。

25. **反馈抑制(feedback suppression)**：在末端产物与 trp 系统的控制中，色氨酸是最终产物，它的产量水平控制着色氨酸酶系统的活性和色氨酸的合成，这种末端产物的抑制作用就称为反馈抑制。

26. **衰减子或弱化子(attenuator)**：在 trp 操纵子的调控中，在前导序列中直接参与色氨酸操纵子调控的这一区段就称为衰减子或弱化子。

27. **衰减作用(attenuation)**：衰减子系统的调控同阻遏蛋白的控制在方向上是相同的，都取决于细胞内色氨酸的水平，而在有或无色氨酸时，衰减子系统实现其对转录终止与否的控制，这种调节方式便是衰减作用。

28. **相变(phase variation)**：如一个细菌细胞 H_1 基因表达，则产生 H_1 型鞭毛蛋白，这时细菌就处于Ⅰ相(phase Ⅰ)；若是 H_2 基因表达就产生 H_2 鞭毛蛋白，细菌处于Ⅱ相(phaseⅡ)。处于Ⅰ相的细菌生长时，其中少数细菌以 10/每次细胞分裂的频率而自发转变为Ⅱ相细菌；处于Ⅱ相的细菌也以同样的频率转变为Ⅰ相细菌，这一过程称为相变。(H_1、H_2 这两个结构基因并不紧密连锁，通常一个细胞只表达其中的一个基因)

29. **严谨反应(stringent response)或严谨控制(stringent control)**：当细胞饥饿时，蛋白质合成会骤然下降，细胞中的核糖体数目随之减少，rRNA 的合成也突然停止。这种 rRNA 合成受控于氨基酸饥饿的现象就称为严谨反应或严谨控制。

30. **反义 RNA(antisense RNA)**：指能与所调控的 RNA 序列互补的 RNA 片段。

31. **干扰 mRNA 的互补 RNA(mRNA-interfering complementary RNA, micRNA)**：反义 RNA 与特定的 mRNA 结合的位点通常是 SD 序列、起始密码子 AUG 和部分 N 端的密码子，从而抑制 mRNA 的翻译，所以又称这类 RNA 为干扰 mRNA 的互补 RNA。

32. **组成型基因(constitutive genes)**：基因的产物维持了生长和细胞分裂的正常功能，在生长的细胞中这些基因总是处于活性状态，这些基因就叫做组成型基因也叫看家基因(House-keeping genes)。例如编码合成蛋白的基因，合成蛋白时需要的一系列酶的基因及葡萄糖代谢所需的基因。探索各种基因在什么水平上进行调控是重要的。若环境突然变得对正常细胞功能不利的话，例如对包括组成型基因在内的各种基因的表达的影响，那么就会通过特殊调节机制来降低表达，这样调节型基因和组成型基因间的差别也就淡化了。

33. **外显子(exon)**：外显子是最后出现在成熟 RNA 中的基因序列，又称表达序列。

34. **操纵基因(operator, operator gene, O)**:在操纵子中,与一个或一组结构基因相邻近,并能与一些特异的阻遏蛋白相互作用,从而控制邻近的结构基因表达的一段DNA序列。能结合调节蛋白以调控一个或一组结构基因转录的一段DNA序列。

35. **操纵子(operon)**:指启动基因、操纵基因和一系列紧密连锁的结构基因的总称。原核生物中由启动子、结构基因、操纵基因组成的一种DNA单元。它们共同作用以调节结构基因对外界环境变化作出反应。如乳糖操纵子、阿拉伯糖操纵子、组氨酸操纵子、色氨酸操纵子等。

36. **空转反应(idling reaction)**:又称空载反应。氨基酸饥饿时,无氨基酸负载的tRNA在核糖体A位的应急性应答反应。

37. **超阻遏物突变体(superrepressor mutant)**:调节基因I突变为超阻遏型(I S)菌株,I S对I +为显性。该突变基因的编码产物——阻遏物蛋白发生构型变化,不能与诱导物结合,从而不可逆地结合于操纵基因,结果这种突变株丧失了所有合成结构基因产物的能力。

38. **立即早期基因(immediate early gene)**:又称即早期基因。噬菌体进入宿主细胞后,利用宿主RNA聚合酶立即进行转录的基因,如λ噬菌体的N基因。另外在真核生物中,静息细胞内表达量极少的一类基因,但当受到细胞外刺激时(如添加生长因子)几分钟内即被激活,如原癌基因c—fos、c—myc。一些立即早期基因编码转录因子,具有调节作用。

经典考题汇编

1. 大肠杆菌RNA聚合酶在转录过程中的功能有哪些?

答:①选择模板链,识别起始区的启动子;

②解开DNA部分双螺旋,产生约17bp的单链DNA模板;

③选择正确的核糖核苷三磷酸底物并催化形成磷酸二酯键,使合成的RNA链不断延伸;

④识别转录终止信号,停止转录。

2. 有一个环境条件能使T偶数噬菌体(T-even phages)吸附到寄主细胞上,这个环境条件就是色氨酸的存在。这种噬菌体称为色氨酸需要型(C)。然而某些噬菌体突变成色氨酸非依赖型(C^+)。有趣的是当用C和C^+噬菌体感染细胞时,将近一半的色氨酸非依赖型子代在进一步的实验中表现为基因型C。你如何解释这个发现。

答:首先,这不可能是回复突变,因为这里的频率是1/2。应该注意的是,这里进行的是C和C^+对宿主的混合感染。当两种类型噬菌体同时感染同一宿主细胞时,两者在同一宿主细胞中增殖,同时,各自按照本身的遗传组成指导合成其外壳蛋白质,以便组装成成熟的噬菌体颗粒。也就是说,在宿主细胞中,同时存在两种类型的噬菌体DNA和蛋白质外壳。蛋白质外壳包装噬菌体DNA是随机的。C^+DNA指导合成的蛋白质外壳可以包装C^+型DNA,也可包装C型DNA。从随机事件发生的频率上可以理解,C^+外壳有1/2包装了C^+DNA,另外1/2包装了C型DNA,反之亦然。而感染决定于噬菌体外壳蛋白的特异结构。所以当C^+蛋白质外壳C型DNA的噬菌体感染宿主细胞时,表现为C^+,但其内含DNA为C型。因此,在宿主中增殖,组装以至成为有感染能力的子代噬菌体时,再度感染新的宿主,当然完全是C型噬菌体。

3. 简述*E*. ColiDNA复制起始的主要步骤。

答:大肠杆菌DNA复制起始的步骤如下:

①转录激活。由RNA聚合酶发动的转录作用主要从16Kda基因的启动子(P1)以及asnC的启动子(P1)开始,由右至左进入oriC。这些转录物在oriC内大约有20个终止点簇。其中大部分位于oriC的左半边。

②起始复合物的形成。需要负超螺旋的 oriC、ATP、DnaA、HU 蛋白、TopI。DnaA 结合于 R1～R4 位点；HU 蛋白识别并刺激 oriC 复制而抑制其他潜在的复制原点上的复制；TopI 也是 oriC 特异性复制所必需。ATP 是必需的但不被水解。

③预引发体的形成。其前提条件是 DnaA 已经结合于 R1～R4 位点。DnaB～DnaC 六聚体与 oriC 结合预引发体。

④RFI * 的形成。在 DnaB 的螺旋酶活性和 DNA 旋转酶的拓扑异构酶活性作用下，以水解 ATP 为能源，促进大范围的解链（SSB 与单链 DNA 结合），在 oriC 区域负超螺旋提高 10～15 倍，形成一个具有很高迁移率的复制形式，称 RFI * 。

⑤引发体的形成。高度解链的模板与蛋白质的复合体促进 DNA 引发酶加入进来形成引发体，然后合成引物 RNA。

⑥DNA 的合成。由 DNA 聚合酶Ⅲ全酶担任，其中 α^- 亚基为聚合酶，ε^- 亚基为 $3'\rightarrow5'$ 外切核酸酶，β^- 亚基保证全酶作用的进行性，τ^- 亚基和 γ^- 亚基复合体则保证了 β^- 亚基作用的发挥。

4. 简述原核细胞表达的基因调控。

答：原核细胞表达的基因调控，比真核细胞要相对简单，这里以大肠杆菌乳糖操纵子为例来说明。大肠杆菌能以乳糖为唯一碳源生长，这是由于它能产生一套利用乳糖的酶。这些酶受乳糖操纵子的控制。大肠杆菌乳糖操纵子是大肠杆菌 DNA 的一个特定区段，由调节基因 Ⅰ，启动基因 P，操纵基因 O 和结构基因 Z、Y、A 组成。P 区是转录起始时 RNA 聚合酶的结合部位。O 区是阻遏蛋白的结合部位，其功能是控制结构基因的转录。平时 Ⅰ 基因经常进行转录和翻译，产生有活性的阻遏蛋白。当大肠杆菌在含有葡萄糖而不含乳糖的培养基中培养时，阻遏蛋白与操纵基因结合，从而阻挡了 RNA 聚合酶的前移，使结构基因不能转录，也就不产生利用乳糖的三种酶。当大肠杆菌在只含乳糖而不含葡萄糖的培养基中培养时，乳糖便与结合在操纵基因上的阻遏蛋白以及游离的阻遏蛋白相结合，并改变阻遏蛋白的构型，使其失活，从而使阻遏蛋白不能与操纵基因结合，这时 RNA 聚合酶可以通过 O 区而到达结构基因，使结构基因开始转录和翻译，产生出利用乳糖的三种酶。如果培养基中同时含有葡萄糖和乳糖，细菌只利用葡萄糖而不利用乳糖，原因是在这种情况下 RNA 不能与启动基因结合，因此也就不能使结构基因进行转录和翻译。

5. 下面这些蛋白质，哪些起正控作用（促进基因表达）？哪些起反控作用（抑制基因表达）？哪些起正、反双重控制作用？（在每种蛋白质名称后面的括号内填“＋”、“－”或“±”即可）

①大肠杆菌　LacI

②大肠杆菌　Ara C

③大肠杆菌　Trp　R

④大肠杆菌　δ 因子

⑤大肠杆菌　CRP(cAMP receptor protein)＝CAP (catabolite activator protein)

⑥高等动物　hormone receptor protein

⑦λ 噬菌体　cI

⑧λ 噬菌体　Cro

⑨高等真核生物　homoetic gene products?

⑩高等动物 SPl 蛋白

答：①大肠杆菌　LacI　（－）

②大肠杆菌　Ara C　（±）

③大肠杆菌　Trp R　(－)

④大肠杆菌　δ因子　(＋)

⑤大肠杆菌　CRP(cAMP receptor protein)＝CAP (cataboliteactlVatOiprotein)　(＋)

⑥高等动物 hormone receptor protein　(＋)

⑦λ噬菌体　cI　(－)

⑧λ噬菌体　Cro　(＋)

⑨高等真核生物　homoetic gene products　(＋)

⑩高等动物 SPl 蛋白　(＋)

6.简述大肠杆菌转录起始,延伸和终止的基本机制。

答:起始(inutiation):指 RNA 中第一个磷酸二酯键合成。合成前9个核苷酸键时,酶仍旧位于启动子上处。如果此时候发生了故障,起始阶段将会延长一段时间,聚合酶进行短的转录(<9个碱基),接着释放出来,然后又开始合成 RNA。当聚合酶成功地完成了 RNA 链的延伸并离开启动子时,起始阶段就结束了。RNA 聚合酶结合到模板并完成起始步骤所需的 DNA 序列即为启动子(promoter)。

延伸(elongation):聚合酶沿 DNA 移动,RNA 链逐渐延长,酶一边移动一边将 DNA 解螺旋,使一段新的模板以单链形式暴露出来。核苷酸以共价键形式被添加到 RNA 链的 3′末端,在解旋区形成一个 RNA－DNA 杂交链。解旋区之后的 DNA 模板链又与另一条单链 DNA 配对并形成双螺旋。RNA 形成游离的单链。延伸阶段包括 DNA 结构的改变带来的转录泡前移。在转录泡中,模板链的瞬间解旋区与新生 RNA 链在延伸点发生配对。

终止(termtnation):包括对那些不再被加到 RNA 上的碱基位点进行识别。磷酸二酯键停止形成,转录复合体分离,转录终止。当最后一个碱基加入到 RNA 链上,转录泡崩解,RNA-DNA 杂交被破坏,DNA 重新形成双螺旋,聚合酶和 RNA 都释放下来。这些反应所必需的 DNA 序列称为终止子(terminator)。内源性终止子有两个明显的结构特点,一个二级结构中的发夹和转录单位最末端的连续约6个U残基的区段。ρ^-赖型终止子,ρ因子的活性形式是六聚体,能结合新生的 RNA 链并利用水解 NTP 所释放的能量从5′向3′方向移动。RNA 聚合酶在终止子处的延宕,使ρ因子追赶上并与β亚基作用,促进转录终止。

7.在大肠杆菌 StrsF$^+$ lac$^+$ 与 lac$^-$ Strr 两种菌株的杂交中,预期的菌株将在下列哪种培养基中被选择出来?

①乳糖培养基　　②含有链霉素的基本培养基

③葡萄糖、链霉素培养基　　④阿拉伯糖培养基

答:预期的菌株将在第②种培养基中被选择出来,即含有链霉素的基本培养基。

8.娃娃体菌株为 Hfr arg$^-$ leu$^+$ azi$^-$ s str$^-$ r,受体菌株为 F$^-$ arg$^+$ leu$^-$ azi$^-$ r str$^-$ s。为了检出和收集重组子 F$^-$ arg$^+$ leu$^+$ azi$^-$ r,应用下列哪一种培养基可以完成这一任务,为什么其他的培养基不可以?

①基本培养基加链霉素

②基本培养基加叠氮化钠(注意:az$^-$ r 代表抗叠氯化钠的基因)和亮氨酸

③基本培养基加叠氮化钠

④在选择培养基中,不加精氨酸和亮氨酸,加链霉素

⑤基本培养基加链霉素和叠氮化钠。

答：①不能。链霉素将杀死 F^-。

②不能。亮氨酸能使非重组的 F^- 生长。

③可以。

④不能。链霉素将杀死 F^-。

⑤不能。链霉素将杀死 F^-。

9. *E. coli* 的 8 个突变株都不能在没有组氨酸的培养基上生长，两两进行重组测验，发现所有的顺式杂合体都能在基本培养基上生长。而反式杂合体中，有的能在基本培养基上生长（＋）有的则不能（－），如图所示，确定这 8 个突变位点分属于几个不同的顺反子？

反式杂合体在基本培养基上的生长情况

突变体	1	2	3	4	5	6	7	8
8	0	0	0	0	0	0	＋	0
7	＋	＋	＋	＋	＋	＋	0	
6	0	0	0	0	0	0	0	
5	0	0	0	0	0	0		
4	0	0	0	0	0			
3	0	0	0	0				
2	0	0						
1	0							

答：两个顺反子：1、2、3、4、5、6、8、7。

10. 假如上题的 8 个突变体测试产出了下列结果，结论又如何？

反式杂合体在基本培养基上的生长情况

突变体	1	2	3	4	5	6	7	9
8	＋	＋	＋	＋	＋	＋	0	0
7	＋	＋	＋	＋	＋	＋	0	
6	＋	＋	＋	＋	0	0		
5	＋	＋	＋	＋	0			
7	＋	＋	0	0				
6	＋	＋	0					
5	0	0						
1	0							

答：四个顺反子：1、2 3、4 5、6 7、8

11. σ 和 ρ 蛋白质因子在基因表达中的作用是什么？

答：①σ 因子可识别－35 序列（识别序列），使 RNA 多聚酶与－35 序列形成封闭式启动子复合物。

②ρ因子与转录的终止有关。

12. 下表是Jacob的Monod建立乳糖操纵子时的实验结果，试解释之(表中数字指在有各种单倍体和二倍体基因组的*E. coli*中Z酶和A酶的相对浓度)。

编　号		1	2	3	4	5	6	7	8
基因型		$i^+z^+a^+$	$i^-z^+a^+$	$\frac{i^-z^+a^+}{i^+z^+a^+}$	$i^sz^+a^+$	$\frac{i^sz^+a^+}{i+a^+z^+}$	$o^cz^+a^+$	$\frac{o^+z^-a^+}{o^cz^+a^-}$	$\frac{i^so^+z^+a^+}{i^+o^cz^+a^+}$
Z酶	未诱导	0.1	100	1	0.1	0.1	75	38	190
	诱导	100	100	240	0.3	0.2	80	390	209
A酶	未诱导	1	90	1	0.1	1	90	1	150
	诱导	100	90	270	0.3	1.2	95	220	158

答：①因为i、z、a都是野生型基因，所以是诱导型。

②因为i是突变型，不能产生正常的阻遏蛋白，所以SG升高，是组成型。

③$i^+>i$，所以是诱导型。

④i^s是超阻遏突变，永远和o结合，SG下降。

⑤$i^s>i^+$，所以SG下降。

⑥o^C是突变型，i产物不能和它结合，SG上升，组成型。

⑦o^Cz^+顺式，$o^C>o^+$，阻遏蛋白不能和o^C结合，Z酶组成型。

o^Ca^-反式，$o^+>o^C$，阻遏蛋白可和o^+结合，a酶诱导型。

⑧o^C和z^+，o^C和a^+都是顺式，$o^c>O^+$，但$i^S>i^+$，i^s产物不能和o^C结合，所以Z、A酶都是组成型。

13. 图示说明转座子的插入如何产生顺向重复序列。

答：

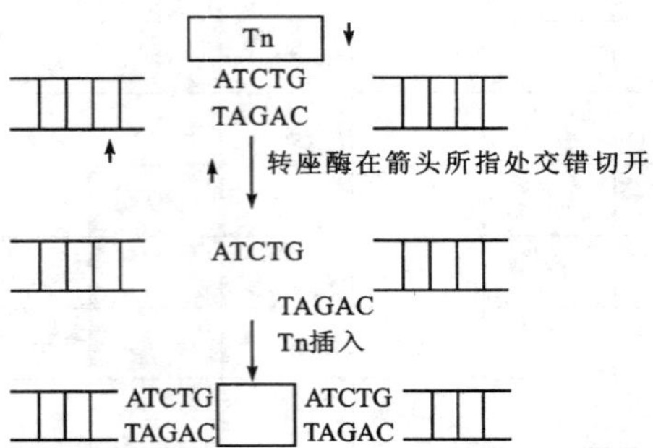

14. 以乳糖操纵子为例(lac operon，由lacI、lacP、lacO、lacZ、lacY及lacA组成)，说明什么是顺式作用要素(cis-element)？什么是反式作用因子(trans-element)？它们各自如何发挥作用？

答：lac操纵子模型最早是由Jacob和Monod于1961年提出的，它是DNA分子上一段有方向性的核苷酸顺序，由阻抑蛋白基因(1acI)，启动子(P)，操纵基因(O)和编码三个与乳糖利用有关的蛋白质的结构基因(Z、Y、A)所组成。操纵子的大部分核苷酸顺序属于结构基因，调控基因除Ⅰ基因(1 080bp)外，主要为P、O基因，占122bp，其中P与O有重叠部分。此操纵子含有三个编码酶蛋白Z、Y、A，它们在乳糖代谢中分别起不同的作用，其中Z基因的产物为p—

半乳糖苷酶,它可水解乳糖,生成葡萄糖和半乳糖,以使细菌细胞可以利用;Y 基因的产物是与乳糖有关的通透酶,无此酶乳糖无法进入细胞;A 基因的产物为半乳糖苷乙酰化酶,是个去毒作用的酶。lad 基因为编码阻抑蛋白的基因,它属于组成型的调控,是经常表达的。启动基因(P),又称启动子,是转录起始时 RNA 聚合酶结合部位;操纵基因(O),是阻抑蛋白结合部位,它们都位于结构基因之前。在此区域内还有一个能与 CAP-cAMP 复合物结合的部位,位于 I 基因与 P 基因之间。

lac 操纵子基因平时因受阻抑是关闭的,经变构后可出现一个十字架结构,这是因为阻抑蛋白与 O 基因结合,O 基因顺序中有反转重复顺序,在空间上能妨碍 RNA 聚合酶转录。当受到诱导物作用时转录即开始,转录酶即 RNA 聚合酶可同启动子(P)结合,然后向右移动到达一定部位开始转录。

如上面所述,操纵基因片段是个反转重复顺序,可形成十字架结构,正好可以接受阻抑蛋白的结合(阻抑蛋白是四聚体),因而在阻抑状态下的操纵子就不能产生这些与乳糖代谢有关的酶。加入诱导物(如乳糖或某些类似物)后,可与阻抑蛋白形成复合物而使阻抑蛋白构型改变,阻抑蛋白不能再与 O 基因结合,基因表达开放,经过延长就会转录出一条多顺反子的 mRNA 链,继而翻译出三个相关的酶。另外在 RNA 聚合酶结合部位的上游(即 P 基因上游)处,还有一个 CAP-cAMP 结合部位,又可进一步诱导加强此操纵子的表达。当细胞内乳糖分解出的葡萄糖被利用后,会使 cAMP 的浓度上升,因而可结合 CAP 共同作用于乳糖操纵子的 CAP-cAMP 结合部位上。CAP-cAMP 是一个正诱导调节因子,故又可使转录产物大量增加。但当有大量葡萄糖供应时,此 cAMP 浓度会下降,又会妨碍许多分解代谢基因包括乳糖操纵子基因的表达,以减少这类操纵子的表达。CAP-cAMP 同 DNA 结合后的作用,现在认为可能是有利于 RNA 聚合酶同启动子结合,从而发挥进一步的诱导作用,它们的作用与对阻抑蛋白质诱导作用相辅相成。乳糖操纵子的上述调控方式是很合理的。在葡萄糖供应充分时,细菌即利用葡萄糖作为碳源;在葡萄糖耗尽后而需利用乳糖时,经过一个短的潜伏期就会开放乳糖操纵子产生分解乳糖的酶,由乳糖作为碳源,使细菌能在仅有乳糖的条件下生长。

生物的启动子、终止子、增加子和衰减子等是由若干可区分的 DNA 序列组成的,由于它们和特定的功能基因连锁在一起,因此称为顺式作用因子。这些序列组成转录的调控区,影响基因的表达。

反式作用因子是指能够直接或间接地识别各顺式作用元件,参与调控靶基因转录效率的一类蛋白质。不同 DNA 顺式作用元件与相应的反式作用元件的相互作用,以及不同反式作用因子之间的相互作用是基因表达调控机制的基础。在 lac 操纵子中,启动子 P 及操纵基因 lacO 为顺式作用因子,而阻抑蛋白是反式作用因子。

15. 为什么操纵区和启动子突变总是顺式显性、反式隐性突变?而编码阻抑蛋白(repressor protein)的基因突变,则既是顺式显性、又是反式显性呢?

答:所谓顺式作用,是指对处于同一条染色体上的基因起作用的现象。反式作用是指通过产生可扩散的物质(RNA 或蛋白质)来发生作用。

在顺式作用的情况下,操纵区(现称操纵基因)或启动子的突变,使 RNA 聚合酶无法结合和进入该位点,导致转录不能进行,基因不能表达,其效应表现为显性;在反式作用下,RNA 聚合酶可选择没有突变的操纵基因和启动子结合,使基因能够转录和表达,此时突变的效应没有表现出来,表现为隐性。

无论是顺式作用还是反式作用,编码阻抑蛋白基因的突变,都导致阻抑蛋白的失活。此时

RNA 聚合酶可以与操纵基因和启动子结合，使基因能够转录和表达，其突变效应均可表现出来，即既是顺式显性又是反式显性。

16. 何谓可阻遏操纵元与衰减子？原核生物的氨基酸合成通常具有这两种调控系统，其生物学意义何在？

答：lac，gal，are 三种操纵子都是可诱导的系统，它们负责某一营养基质的分解。而它们的诱导物就是需要分解的底物或其变构形式。细菌中还有负责某些物质合成的操纵子。比如负责氨基酸合成的操纵子。在没有外源氨基酸时，这类操纵子表达，使细胞内有足够的氨基酸以进行蛋白质合成。如果有外源氨基酸存在，则细菌就不必自己合成，这类操纵子就受到阻抑。这类可以被最终合成产物所阻抑的操纵子就叫做可阻遏操纵元(现称可阻抑操纵子)。色氨酸(Trp)操纵子就是一个典型的可阻抑操纵子。

衰减子是指一个受到翻译控制的转录终止子结构。由于翻译作用的影响，衰减子后面的基因或者继续被转录，或者在衰减子处实现转录的终止即产生衰减作用。色氨酸操纵子的衰减子系统就是一个典型的例子。衰减子系统的控制和阻抑物的控制在方向上是相同的。在色氨酸存在时，两种系统都具有使转录水平降低的功能。衰减作用的幅度大约为 10 倍。在无色氨酸存在时，所有转录 Trp 操纵子的 RNA 聚合酶都可以通过衰减子。当有色氨酸存在时，一部分 RNA 聚合酶逃过阻抑蛋白的监督而起始转录。而这些 RNA 聚合酶在衰减子处大部分被扣留，只有大约 10% 的 RNA 聚合酶能侥幸通过。这样，使 Trp 操纵子在缺乏色氨酸以及含有不同浓度的色氨酸时能在大约 700 倍的范围内进行调节(70×10=700)。

一般说来，衰减子的作用机制可以看成是这样一种调控机制：其中核糖体的功能相当于一个正调控蛋白，它在停顿位点的结合是 RNA 继续合成(防止终止作用)所必需的；而相应的氨酰 tRNA 与之结合则使核糖体不能与停顿位点结合，这个氨酰 tRNA 的功能则相当于辅阻抑物。这样，通过前导肽的翻译来控制 mRNA 合成的机制就是一种可阻抑的正控制。

细菌演化出可阻抑操纵子和衰减子调控系统，其生物学意义可能是：

①活性阻抑物和非活性阻抑物的转变可能较慢，而 tRNA 荷载与否可能更为灵敏；

②氨基酸的主要用途是合成蛋白质，因而以 tRNA 荷载情况为标准来进行控制可能更为恰当；

③为什么大多数这样的操纵子又同时需要阻抑物呢？因为衰减子系统需要先转录出前导肽 mRNA，然后再根据前导肽的翻译情况来决定 mRNA 是否继续转录。然而当氨基酸供应充足时，就没有必要通过这样的步骤，而直接关闭 mRNA 的转录活性。也就是说，需要一个决定基础水平的控制系统：当细胞内氨基酸高于某一水平时，可以实现完全的阻抑，而只有低于这一水平时，才需要用衰减子这个细调节旋钮来进行调节。两种调节机制都是为了避免浪费，提高效率。

17. 何谓细菌的严紧(谨)型反应(stringent response)？它是如何产生的？

答：当细菌在不良的营养条件下生长时，由于缺乏足够的氨基酸，蛋白质合成受到抑制，并由此影响到细胞的许多生理生化活性，代谢水平下降，生长速度变慢。细菌对于不良的营养条件所产生的这一系列的反应叫做严紧反应(stringent response)。细菌为了度过困难时期，在严紧反应中关闭许多生理活动。稳定 RNA(tRNA 和 rRNA)的合成速度下降了 10～20 倍，从而使 RNA 合成水平下降到正常状态下的 5%～10%。部分种类的 mRNA 合成减少，但 mRNA 的总合成量减少约 3 倍。蛋白质降解速度增加，核苷酸、碳水化合物、脂类的合成均明显减少。严紧反应不仅调控了蛋白质合成，而且也调控基因转录、DNA 复制等许多细胞生理过程。

缺乏任何一种氨基酸或引起任何一种氨酰 tRNA 合成酶失活的突变都能导致严紧反应。这就说明严紧反应的触发器是位于核糖体 A 位的无负载的 tRNA。当这种无负载的 tRNA 进入 A 位以后，无法形成新的肽链，而 GTP 却在不断地消耗，这就是所谓空转反应。细胞内出现空转反应时，就发出一种报警信号，这就是鸟苷—5′二磷酸—3′—、二磷酸(ppGpp)和鸟苷—5′—三磷酸—3′—二磷酸(pppGpp)。人们很早就发现，当大肠杆菌处于氨基酸饥饿时，在体内出现了两种异常的核苷酸，在薄层层析图谱上的迁移率与常见的核苷酸不同，人们称之为魔斑Ⅰ和魔斑Ⅱ。后来才知道，魔斑Ⅰ就是 ppGpp，魔斑Ⅱ就是 pppGpp。

ppGpp 和 pppGpp 又是如何产生的呢？人们通过遗传学方法分离到不表现严紧反应的突变体，即所谓松弛型突变体。各种松弛型突变位点分布在几个不同的基因中，其中大部分分布在 recA 基因中。recA 基因编码一种蛋白质，称为严紧因子。在正常情况下，recA 基因表达很少，大约 200 个以上的核糖体中才有一个核糖体结合有一个严紧因子。

18. 将大肠杆菌培养在以甘油为唯一碳源的低限培养基中，lac 操纵子表达吗？加入乳糖之后呢？除了乳糖，还加葡萄糖吗？为什么？

答：将大肠杆菌培养在以甘油为唯一碳源的低限基本培养基中，lac 操纵子是不表达的，因为细胞内没有乳糖作为诱导物，调节基因 lacⅠ产生的阻抑蛋白与操纵子结合，阻止了基因的转录。

当加入了乳糖之后，由于细胞中缺少葡萄糖，腺苷酸环化酶将 ATP 转变成 cAMP，cAMP 与其受体蛋白 CAP 结合成复合物，这个复合物再与启动子上的 CAP 位点结合，这样，启动子上的进入位点方能与 RNA 聚合酶结合。此时，乳糖与阻抑蛋白结合，变成无活性的阻抑蛋白复合物，从操作子上解离下来。RNA 聚合酶与操作子结合，开始转录，合成分解乳糖的相关酶。

当加入葡萄糖时，cAMP 不能形成，CAP 也就不能与启动子上的 CAP 位点相结合，启动子上的 RNA 聚合酶位点就不能结合 RNA 聚合酶，与乳糖分解利用相关的酶就不转录，也不会利用乳糖。

19. 为什么细菌的 RNA 聚合酶能在恰当的区域停止转录？

答：RNA 聚合酶能在恰当的区域停止转录，是因为终止信号存在于 RNA 聚合酶已经转录过的序列中，这种提供终止信号的序列就称为终止子。终止子可以分为两类：一类是不依赖蛋白质辅助因子而能实现终止作用；另一类是依赖蛋白质辅助因子才能实现终止作用，这种蛋白质辅助因子称为释放因子，通常又称为 ρ 因子。

两类终止子有共同的序列特征，在转录终止点之前都有一段回文序列。两类终止子的不同点是：不依赖 ρ 因子的终止子的回文序列中富含 GC 碱基对，在回文序列的下游方向又常有 6～8 个 AT 碱基对；而依赖 ρ 因子的终止子回文序列中的 GC 碱基对含量较少，在回文序列下游方向的序列没有固定特征，其 AT 碱基对含量比前一种终止子低。

课后习题全解

1. 比较正、负调控作用的特点。

答：正调控：在没有调节蛋白存在时，基因是关闭的，当加入调节蛋白分子后，基因活性开启，能进行转录。正调控系统中的调节蛋白称为无辅基诱导蛋白。

负调控：在无调节蛋白时基因表达具有转录活性，一旦加入调节蛋白，则基因活性被关闭，转录受到抑制。负调控系统中的调节蛋白称为阻遏蛋白或阻遏物。

2. 在乳糖系统中 I^- 对 I^+ 为正常隐性，而 I^+ 对 I^s 为隐性，为什么？

答：遗传学分析证明：I 基因是一个控制因子，但它的控制需要在细胞内扩散的组分来协助。

如果一个基因所编码的蛋白质能结合到细胞内任何 DNA 分子的靶位点，那么只要该基因的任何一等位基因为显性，它就能抑制细胞内该基因的其他等位基因。对于 lacI 突变体来说，不论有无诱导物，其操纵子中结构基因均能恒定地表达，这是由于阻遏物失活。但 $lacI^-$ 突变体是隐性的，引入正常的 lac^+，它便能恢复控制。

而 I^S 突变体的突变是发生在阻遏物亚基核心部位的第一功能域，从诱导物结合位置延伸到铰链部位。这类突变或是改变诱导物结合位点，使阻遏物不能与诱导物结合；或是虽能与诱导物结合，但并不能产生变构效应(变构效应传导过程中断，不能到达操纵基因结合位点)。所以，不论有无诱导物都与它无关。$lacI^S$ 突变对野生型为显性。

3. 为什么说在 lac 系统中 O^C 突变是顺式作用？

答：在 lac 系统中因为 O^+ 变成 O^C 后，它们产生的野生型阻遏物不能结合到已改变了的操纵基因上。F' $lacI^+ O^+ lacZ^-$ 质粒的导入也不能改变细胞内持续产生 β—半乳糖苷酶的状态。由此显示，在 O^+/O^C 菌株中 O^+ 只能控制处于同一染色体上的结构基因，而与 O^C 相连的结构基因并不受其他 DNA 分子上的 O^+ 基因的影响，O^C 突变体是顺式作用(cis-action)。它的显性作用只是对同一 DNA 分子上直接相邻的基因施加影响。在部分二倍体中虽在另一染色体上有野生型的 O^+，也无法改变 O^C 突变所在染色体上其相邻结构基因的恒定表达。

4. 根据下表中所列出的几种二倍体基因型细胞中乳糖操纵子的具体情况，指出每种情况下的细胞是否能合成相应的产物(用"十、一"表示)，并说明其原因。

基因型	Z 基因		Y 基因	
	无诱导物	诱导物	无诱导物	诱导物
1. $\frac{I^- P^- O^C Z^+ Y^+}{I^+ P^+ O^+ Z^- Y^-}$				
2. $\frac{I^+ P^- O^+ Z^+ Y^+}{I^- P^+ O^+ Z^+ Y^-}$				
3. $\frac{I^+ P^+ O^C Z^- Y^+}{I^+ P^- O^+ Z^+ Y^-}$				
4. $\frac{I^S P^+ O^+ Z^+ Y^-}{I^- P^+ O^C Z^- Y^+}$				

答：据题意：

基因型	Z 基因		Y 基因	
	无诱导物	诱导物	无诱导物	诱导物
1. $\frac{I^- P^- O^C Z^+ Y^+}{I^+ P^+ O^+ Z^- Y^-}$	+	−	−	−
2. $\frac{I^+ P^- O^+ Z^+ Y^+}{I^- P^+ O^+ Z^+ Y^-}$	−	+	−	−
3. $\frac{I^+ P^+ O^C Z^- Y^+}{I^+ P^- O^+ Z^+ Y^-}$	−	−	+	+
4. $\frac{I^S P^+ O^+ Z^+ Y^-}{I^- P^+ O^C Z^- Y^+}$	−	−	+	+

5. 请根据你所学的知识说明在原核生物的代谢调控系统中，哪些是有调节基因参与作用？

哪些没有调控基因参与作用？为什么？

答：蛋白质参与并控制细胞的一切代谢活动，蛋白质合成的结构信息和时间信息则编码在特定的核苷酸序列中，原核生物必须不断调节各种不同基因的表达来适应内外环境的变化。由于原核生物是单细胞生物，基因组和染色体结构简单，转录和翻译可在同一时间和位置上发生，功能相近的基因往往组成一个转录单位协同表达，基因调节主要是在转录水平上进行，也存在翻译水平的调节。原核生物转录水平上的调节均有调节基因的参与，翻译水平的调节上，有些没有基因的参与。

原核转录水平调节中的调节蛋白(调节基因编码)可分为三类：特异因子、阻遏蛋白和激活蛋白。特异因子决定 RNA 聚合酶对一个或一套启动序列的特异性识别及结合能力，σ 因子就是一种典型的特异因子。阻遏蛋白可结合操纵序列，阻断 RNA 聚合酶与启动序列的结合，或阻遏 RNA 聚合酶的转录活性，介导负性调节。激活蛋白可结合启动序列邻近的 DNA 序列，促进 RNA 聚合酶与启动序列的结合，增强 RNA 聚合酶活性。分解代谢基因激活蛋白 CAP 就是一种激活蛋白，介导正性调节。

原核生物翻译水平的调节主要表现有：不同 mRNA 翻译能力的差异、翻译阻遏作用、反义 RNA 的作用等，其中 mRNA 的茎环结构、mRNA 采用的密码系统会影响 mRNA 翻译能力，没有基因的参与。

6. 色氨酸操纵子中调控系统的特点是如何？意义何在？

答：trp 操纵子的调控系统比较复杂，除阻遏机制外，还受到衰减机制的控制。

①阻遏机制。在 trp 操纵子这个可阻遏系统中，起负调控作用的 trpR 的产物是一个无活性的阻遏蛋白，只有当它与其辅阻遏物结合之后才能转变成有活性的阻遏物。所以在培养基中有充足的色氨酸形成时，阻遏蛋白因子与色氨酸结合而被激活，从而可结合到操纵基因上，抑制结构基因的表达，当色氨酸不足时，阻遏蛋白无活性，就减少了与操纵基因结合的特异性。由于像色氨酸这样的物质是反应的最终产物，它的产量水平控制着色氨酸系统的活性和色氨酸的合成，这种末端产物的抑制作用就称为反馈抑制(feedback suppression)。由此可见，色氨酸操纵子正是通过一种反馈抑制机制，使细胞内的色氨酸浓度维持在一定水平上。

②衰减机制。用遗传学方法和限制酶技术相结合，对色氨酸操纵子表达的情况进行了分析，发现在 trpE 基因起始密码子与 repP 之间有一段 162bp 长的前导序列。当这一序列中第 123～150 bp(共 28bp)缺失时，不仅能提高基础表达的效率，而且还能提高去阻遏转录的效率 6～8 倍，大大增加了 Trp 酶的产量。此外，还发现在 mRNA 合成起始之后，细胞没有色氨酸时，RNA 聚合酶可以继续转录，而有色氨酸存在时，则大多数 RNA 聚合酶不再前进，mRNA 分子的合成便终止于这一区域，仅形成一个约 140 个核苷酸的 RNA。在前导序列中直接参与色氨酸操纵子调控的这一区段就称为衰减子或弱化子(attenuator)。它含有一个不依赖于 ρ 因子的终止子，是一段富含 G/C 的回文序列，可以形成发夹结构，因此可在此处终止转录。这表明衰减子实际是一个转录暂停信号，因此衰减作用的实质是以翻译手段控制基因的转录。衰减子系统的调控同阻遏蛋白的控制在方向上是相同的，都取决于细胞内色氨酸的水平，而在有或无色氨酸时，衰减子系统实现其对转录终止与否的控制，这种调节方式便是衰减作用(attenuation)。正是由于前导序列中衰减子对转录强度的进一步调节可使表达产物在不同条件下更为精确地达到最适水平。但是，衰减子序列本身并不能实施其调控作用，而必须借助前导序列中一个小肽编码区的翻译才能实现。

从生物进化的角度来看，在细菌中像 trp 操纵子这样的除阻遏作用外，还演化出衰减子调控系统,应是有其生物学意义的。从衰减机制的分析来看,它不仅能够把几种水平如DNA和RNA的构象变化、mRNA上内部终止(衰减)子的重建以及核糖体上tRNA对终止密码的识别等统一起来,严格控制表达,而且衰减子还可依细胞内某一氨基酸水平的高低而行止。所以它是一种应答灵敏、调节灵活的多重调控方式。在色氨酸操纵子中,阻遏作用与衰减机制一起协同控制其基因表达,显然比单一的阻遏负调控系统更为有效。例如,一方面,当有活性的阻遏物向无活性阻遏物的转变速度极低时,衰减系统能更迅速地作出反应,使色氨酸从较高浓度快速下降到中等浓度;另一方面,若外源色氨酸浓度实在太低,细菌本身又没有其他的内源性色氨酸合成体系,以致细菌难以支持自身的生长时,就需要有衰减体系加以调节——通过不终止mRNA的合成来增加Trp酶的合成从而提高内源色氨酸的浓度。可见,衰减机制在控制基因产物的量和产物种类的配比上起着快速灵敏的调节作用,使操纵基因表达更为精密、高效。

7. 为什么λ噬菌体中,CⅠ蛋白与Cro蛋白的竞争,关系到λ噬菌体两条发育途径的选择?

答:在λ噬菌体在裂解途径和溶源途径中基因表达调控中,我们已经知道cro基因的产物Cro蛋白是裂解生长必不可少的,而CⅠ基因产物阻遏物则是溶源途径的关键因子。

溶源化和裂解途径的选择实质上是取决于Cro蛋白与λ阻遏物竞争占据OR和OL操纵区的结果。CⅡ蛋白对这种关系的调整具有重要作用。CⅡ蛋白激活PE合成阻遏物,同时激活PI合成Int蛋白,有利于建立溶源化。至于Cro蛋白则对PE和PM起阻遏作用,使CⅡ和CⅢ不可能大量合成,因而不利于溶源化。通常,在感染系数低和适合的碳源及温度条件下,Cro蛋白显然大于CⅡ/CⅢ,裂解占优势;反之,则溶源化占优势。另外,关于λ阻遏蛋白和Cro蛋白竞争的结果,则要看在具体条件下,哪些基因在转录和翻译的时间和频率上占优势,而细胞的许多生理、生化条件都可能对此产生影响。

8. 如何区分顺式与反式作用元件?

答:顺式作用元件:指存在于DNA分子上的一些与基因转录调控有关的特殊顺序,即能够激活或阻遏基因转录的DNA序列。具有转录激活效应的元件称为正调控元件;具有阻遏基因转录效应的元件称为负调控元件。

原核生物基因转录是以操纵元为基本的组成单位,它的顺式元件包括启动子、操纵子和其他DNA序列。顺式作用元件是相对同一染色体上的一段DNA序列,通常都是非编码序列。原核生物启动子(promoter)是RNA聚合酶结合并启动转录的特异DNA序列。通常在转录起始点上游-10~35区域存在一些相似序列。它是决定转录起始活性的基本元件。

反式作用因子:能与顺式作用元件相互作用,并调控基因转录表达的蛋白质因子称为反式作用因子(trans-acting factor)。具有转录激活作用的反式作用因子称为正调控反式作用因子;反之,称为负调控反式作用因子。反式作用因子是蛋白质。原核生物中的反式作用因子叫做调节蛋白,包括特异因子,阻遏蛋白(repressor)和激活蛋白(activator)。它们分别对基因表达起促进作用和抑制作用。

特异因子决定RNA聚合酶对一个或一套启动序列的特异性识别和结合能力。阻遏蛋白可以结合特异DNA序列——操纵序列,从而阻遏基因的转录。阻遏蛋白介导的负性调节机制在原核生物普遍存在。激活蛋白可以结合启动序列,附近的DNA序列,促进RNA聚合酶与启动序列的结合,增强RNA聚合酶活性,促进基因的转录。

9. 在大肠杆菌的乳糖操纵子中,下述基因或位点的作用各如何?

(a)调节基因　(b)操纵基因　(c)启动子　(d)结构基因Z　(e)结构基因Y

答:(a)调节基因:主要功能是产生一类抑制物,以制约其他基因的活动。也就是,一段有效的 DNA 片段，它可转录翻译而产生调节蛋白，该蛋白质与操纵基因相互作用，而对操纵子的活动进行控制。它在细胞中的作用犹如自动控制系统，它能使细胞在需要时合成某种酶，在不需要时则停止合成(调节分泌阻遏物)。

(b)操纵基因：不编码任何蛋白质，它是调节基因所编码阻遏蛋白的结合部位(与乳糖的结合部位)。

(c)启动子：启动基因的转录和翻译。

(d)、(e)结构基因 Z、Y、A。

结构基因：是一类编码蛋白质或 RNA 的基因。在大肠杆菌乳糖代谢的基因调节系统中有 3 个连锁在一起的结构基因。lacZ 基因：决定 β—半乳糖苷酶的形成。而 β—半乳糖苷酶将乳糖水解成葡萄糖和半乳糖，作为细菌代谢活动的碳源。lacY 基因：决定 β—半乳糖苷透性酶的合成。该酶的作用是使乳糖易于进入 *E. coli* 的细胞中。lacA 基因：编码 β一半乳糖苷乙酰基转移酶，此酶的功能尚不清楚。这 3 个结构基因具有两方面的特征：①它们彼此紧密连锁。按 Z、Y、A 顺序排列，而且在一起转录形成一个多顺反子的 mRNA；②只有当乳糖存在时，这些基因才迅速转录，形成多顺反子的 mRNA，并翻译成相应的酶。所以这些酶，就是由乳糖诱导产生的诱导酶，其活性的产生和活性的提高不是已有的酶被激活所致，而是在诱导物的诱导下酶的重新合成，并随着合成的进行，酶的浓度迅速增加的结果。

10. CAP—cAMP 对 lac 操纵子的效应是正调节，还是负调节？为什么？

答：分解代谢物基因激活蛋白 CAP 是同二聚体，在其分子内有 DNA 结合区及 cAMP 结合位点。当没有葡萄糖及 cAMP 浓度较高时，cAMP 与 CAP 结合，这时 CAP 结合在乳糖启动序列附近的 CAP 位点，可刺激 RNA 转录活性，使之提高 50 倍；当葡萄糖存在时，cAMP 浓度降低，cAMP 与 CAP 结合受阻，因此乳糖操纵子表达下降。由此可见，对乳糖操纵子来说 CAP 是正性调节因素。

11. λ 噬菌体的 N 蛋白是一个转录终止因子，在 λ 调节级差中具有什么作用？

答：λ 噬菌体的 N 蛋白是一个转录终止因子，在转录水平上，λ 噬菌体的 N 蛋白是一个抗转录终止的正向调控因子；在翻译水平上，具有阻遏自身基因表达的负调控功能。

第十五章　真核生物基因的表达调控

考点综述

本章内容为考试重点，在名词解释、判断题、选择题、简答题和论述题等各种题型中都出现过。要求考生掌握真核生物的基因表达与调控，染色质的结构特征，蛋白质修饰，DNA 甲基化和去甲基化和基因活化调节的关系，真核生物 RNA 聚合酶的特征，真核生物顺式作用元件的类型、结构和作用，真核生物反式作用元件的类型、结构和作用，RNA 前体加工的类型、意义 RNA 编辑的概念和作用，mRNA 的结构特点和作用，翻译起始因子与蛋白质合成起始反应的调控。

名师串讲

本章主要内容包括：

1. 真核基因转录调节中的两种主要成分

①顺式调节元件。顺式调节元件(cis－acting regulatory element)是指 DNA 序列上的一些对基因表达有调节活性的特定调控序列(regulatory sequence)。这种序列上分布着调节蛋白的结合位点(regulator site)。为使 RNA 聚合酶Ⅱ以最大速率把基因转录为 RNA，许多顺式作用的调节元件必须协同作用。根据这些元件在 DNA 上的相对位置可以把它们大致分为三类：靠近转录起始位点的启动子，这是 RNA 聚合酶Ⅱ结合的位置；近启动子元件(promo te r-proximalelement)，其序列上的一些位点在与调节蛋白结合后可反过来协助 RNA 聚合酶Ⅱ结合到启动子上，以及增强子(enhancer)和沉默子(silencer)。不论是启动子、近启动子元件，还是远距离的增强子或沉默子，都是不同反式作用的 DNA 结合蛋白的靶位点。

②转录调节蛋白。DNA 上的顺式作用元件不论是启动子还是增强子或沉默子，都需要与专一序列 DNA 结合蛋白(sequence specific DNA-binding protein)相结合，才能行使对转录及其相应过程的调节功能。人们便把这样一些直接或间接地识别或结合各顺式作用元件 8～12 bp 核心序列，并参与调控靶基因转录效率的一组蛋白统称为基因转录调节的反式作用因子(trans-acting factor)。它们的功能不同，分别由 DNA 上不同的基因座编码。依据它们的功能大致可分为转录因子(transcription factor)、激活因子(activator)、辅激活因子(coactivator)和阻遏物(repressor)。

2. 转录调节蛋白的结构和功能

(1)转录调节蛋白的结构。

与近启动子或增强子、沉默子相互作用的转录调节蛋白，为行使其结合 DNA 和激活或阻遏转录的功能，在结构上至少有两个功能域：一个结合顺式元件的 DNA 结合域和另一个与其他结合蛋白相结合以调节转录的激活域。

①转录调节蛋白的 DNA 结合功能域。与原核生物类似，大多数真核生物的调节蛋白也是采用二聚体的方式与 DNA 结合，以 α 螺旋插入大沟来识别特定的 DNA 序列中的碱基对。这

种螺旋称为识别螺旋(recognition helix,HTH)或序列阅读螺旋(sequence－redeading helix)。大多数DNA结合结构域都是带正电荷的,因之能与带负电荷的DNA磷酸基相吸引。当调节蛋白插入到识别区域的DNA双螺旋大沟中后,便与其中的碱基对产生一系列的分子接触点,氨基酸和DNA碱基对的接触边缘形成氢键、离子键来调节相互间的作用。

②转录调节蛋白的激活域。激活域与DNA结合域不同,它没有特定的结构模式,而是以一种黏性表面与前起始复合物之间形成接触点来起作用。激活域是由许多重复的、活化能力较弱的小单元组成,每个单元是一段短的氨基酸序列。这样的小单元越多,激活域的活力也就越强。激活域是按其所含的基本氨基酸的成分归类,大致可分为以下三类。酸性功能域(acidic domain):富含酸性氨基酸(如天冬氨酸和谷氨酸),是最常见的一类激活功能域,如GAL4。富含谷氨酰胺的功能域(glutamine－rich domain):多见于DNA结合域是同源异形域的转录因子,曾在哺乳动物激活因子SP1中发现。富含脯氨酸的功能域(proline－rich domain):只在哺乳动物激活因子TF_1中发现。

③转录调节蛋白的模块式结构特征。有关酵母、果蝇、哺乳动物中的一些激活因子的研究已经证实,这些调节蛋白都是由结构上独立的DNA结合域和激活域共同组成的模块式结构。模块中含有一个或几个激活功能域,它们通过可弯曲的蛋白质区域连接到一个专一序列的DNA结合功能域上。DNA结合域不仅履行其结合DNA的功能,有时还可对转录激活起一定的作用。激活功能域是通过与转录相关的其他蛋白质的结合来发挥功能。由于有把DNA结合域连接到激活域上的可弯曲区,这就使行为上独立的DNA结合域和转录激活域发生距离变动时,还能保持着它们之间的协同功能。甚至,当转录因子结合DNA的位置错移,其对应的激活域仍能彼此共同作用。

(2)转录调节蛋白的主要功能。

激活因子可协助前起始复合物的组装,并整合信息,以增强转录效率。在真核基因转录中,聚合酶与启动子的结合较为复杂。基因转录的起始除需要一系列的通用转录因子外,还要有其他转录调节蛋白,如激活因子、中介蛋白复合体等的协助,才能使RNA聚合酶组合到转录装置上,并稳定地结合于启动子。在这一组合过程中,结合于DNA的激活因子与转录装置之间所发生的相互作用是借助于中介蛋白复合体(mediator complex)来完成的。中介蛋白由一些亚基组装而成,它实际上是一种辅激活因子,通过蛋白质 蛋白质之间的相互作用,在激活因子与基础装置间起到"桥梁"的作用。中介蛋白表面有一个部位与聚合酶的羧基末端域(carboxy－terminal domain,CTD)结合,另一个部位则与激活因子相互作用。于是激活因子通过中介蛋白把聚合酶引导到基因上。除RNA聚合酶外,激活因子还可与转录装置中其他复合物(如TFⅡD)相互作用,把它们引领到基因上。正是通过上述这些作用,激活因子促进完整的前起始复合物的形成。

3.染色质修饰与基因表达

(1)核小体重塑与转录起始。

核小体的修饰有两种形式:一种是增加组蛋白肽链末端的化学基团,如乙酰转移酶可增加组蛋白N端的乙酰基团,可以激活染色质内那些难以接触到的基因;而组蛋白N端某些部位的甲基化则可抑制基因转录。另一种则是重塑核小体,修饰物是利用ATP水解释放的能量,使核小体组蛋白核心改变位置,暂时脱开DNA,或是使核小体核心沿DNA滑动,促进高度有序的染色质结构松开。这种在一定能量下核小体移动或改组的过程称为染色质重塑(chromatin remodeling)。而那些有助于核小体移动的蛋白质复合物便称为核小体重塑复合物(nucleosome remodeling complex)或染色质重塑复合物(chromatin remodeling complex)。

(2)组蛋白修饰与组蛋白密码假说。

①组蛋白乙酰化和脱乙酰化与基因表达。转录前染色质结构变化是转录的前提条件，染色质结构通过某些修饰而发生相应的改变，如核小体核心组蛋白上某氨基酸就可被共价修饰。修饰作用有多种类型，乙酰化、甲基化、磷酸化、泛素化等。其中，组蛋N端的乙酰化修饰与基因表达的增强相关，直接影响核小体的结构，使组蛋白八聚体与DNA的结合松动，有利于基因转录。体外实验显示，组蛋白端的乙酰化能够使DNA更容易受到DNA酶的攻击，也更容易与转录因子结合。组蛋白乙酰化是由组蛋白乙酰基转移酶(histone acetyltransferase，HAT)来介导的。真核生物的HAT酶有两群：A群与转录有关，B群与核小体组装有关。大量研究证明，基因表达的活性与启动子序列附近的组蛋白N端乙酰化和HAT复合体在这个区域的聚集程度呈正相关性。乙酰化作用是可逆的，组蛋白N端氨基酸上的乙酰化基因可以被组蛋白脱乙酰基酶(histone deacetylase，HDAC)移走。许多研究也显示，启动子附近组蛋白的脱乙酰基化和HDAC在该区域的聚集与基因表达受到抑制有关。在酵母中已发现Rpd3、Sir3、Sir4这样一些转录阻遏物，它们具有HDAC活性，当结合到基因调节区时，由于使附近组蛋白发生脱乙酰基作用而抑制基因转录。

②组蛋白甲基化与转录调控。组蛋白N端的甲基化发生在精氨酸(R)和赖氨酸(K)残基上。组蛋白甲基化的这些反应由不同的甲基化转移酶(methyltransferase)催化。从目前发现的情况看，组蛋白上精氨酸的甲基化常伴随着转录的激活，而赖氨酸残基的甲基化则因赖氨酸所在的位置不同而有差异。组蛋白甲基化除在基因转录表达方面起重要作用外，其功能还体现在X染色体失活、基因印记(gene imprinting)中。因而组蛋白甲基化也是表观遗传(epigenetic)修饰的一种方式。

③组蛋白密码假说。结合在核小体中的组蛋白，其N端尾从DNA缠绕的核小体中伸出，在几个特定位置上的氨基酸能被各种修饰酶所修饰。组蛋白尾上的这些修饰为其效应蛋白提供了结合位点。通过这些效应蛋白本身的作用，或是借助它们募集其他辅助蛋白(辅激活因子或辅阻遏物)的间接作用，来改变核小体的构象以及染色质的性质，从而进一步影响DNA的复制和基因表达的调控等。所谓组蛋白密码假说(histone code hypothesis)也就是指在组蛋白N端特定位置上的独特修饰组合，可以构成一个个“密码”，能影响与组蛋白DNA复合物相互作用的那些蛋白质，以及后续的基因调节状况。

(3)DNA甲基化与基因表达。

① DNA甲基化调节基因的转录。在染色质中，甲基化作用不仅发生在组蛋白上，而且也发生在DNA上。DNA中大多数甲基化的位点为胞嘧啶，尤其是CpG岛(pG island)。DNA甲基化是由DNA甲基化酶(DNA methylase)催化，最常见的甲基化形式是把甲基基团加到胞嘧啶环的5′位置上，形成5′甲基胞嘧啶(mCpG)。哺乳动物约有5%的胞嘧啶被甲基化成为mCpG的形式。DNA的甲基化可调节基因转录活性。在原核生物中，虽有A、C两种甲基化核苷酸，但其转录活性相差几千倍。而在真核生物中，DNA甲基化与否，转录活性的差别可达上百万倍。可见，甲基化的调节作用在真核生物中更为重要。另外，在一些酵母、果蝇等低等真核生物的基因组中没有明显的DNA甲基化，表明DNA甲基化是脊椎动物细胞中转录调节的重要环节。DNA甲基化对基因表达的调节主要表现为抑制转录活性。在特异表达某些基因的组织中，活性基因附近的甲基化程度远低于30%左右；而哺乳动物异染色质内的核DNA约有80%的CpG被甲基化，说明甲基化程度与基因表达呈负相关性。“印记”基因并非编码在DNA

序列中，它是通过配子发生时 DNA 或染色质的某些表观变化来实行其效应。

②甲基化与亲本印记。亲本印记是指一个基因的活性要依靠其亲本来源而决定，又可称为基因组印记(genomic imprinting)。在亲本印记中，某些常染色体基因由于 DNA 中的 CpG 双核苷酸中的 C 被甲基化而具有异常的遗传模式。

4. 真核生物基因转录后水平的调控

①选择性剪接。基因转录合成前体 mRNA 后调节的第一步就是对此转录本的加工剪接。除常规的恒定剪接外，还可以进行其他的剪接修饰，如选择性剪接、反式剪接等。选择性剪接(alternative splicing)是指同一种 hnRNA 由于加工不同，而产生出不同的 mRNA 和蛋白质。这也就是说，来自一个基因的 RNA 前体分子不只包含一个内含子时，剪接发生在某个内含子 5′的供点和另一个内含子 3′受点，从而将两个内含子以及它们之间的全部外显子和内含子都剪接掉。由一个基因所合成的 RNA 前体因选择性剪接而产生多种 mRNA，翻译出不同的蛋白质。这样就形成了一个相关的蛋白质家族，它们可以在不同发育阶段，不同组织或在细胞内不同的亚细胞结构中出现并发挥其功能。选择性剪接是一种重要的调节手段，使得一个基因所携带的遗传信。

②反式剪接。反式剪接(trans-splicing)方式，是把分别处在两条甚至 3 条前体 mRNA 上的外显子经过剪接，连接成为一条成熟 mRNA。通常，经过剪接在成熟的 mRNA 上游非编码区的 5′端拼接上一段剪接前导序列(splicing leader，SL)或小外显子(mini－exon)的 RNA 片段。这些片段原本不存在于相应的编码基因，而是由其他 DNA 链转录而来。

③RNA 编辑。RNA 编辑(RNA editing)也是改变 mRNA 序列的一种方式，是指对转录后的 mRNA 编码区进行碱基插入、删除或替换，以改变来源于 DNA 模板的遗传信息，翻译出不同于基因原编码的氨基酸序列的蛋白质。

5. 真核生物基因翻译水平调控

(1)mRNA 的稳定性。

mRNA 翻译水平的调控主要是在翻译过程的起始阶段，其中包括两个水平上的调控：一是全局调控(global regulation)，这种调控主要涉及蛋白质合成数量的整体变化，对所有 mRNA 的翻译都有影响，如翻译因子的可逆磷酸化。二是转录物专一性调控(transcript －specific regulation)，这种机制只作用于单个转录物或一小群编码相关蛋白的转录物，如哺乳动物中铁蛋白 mRNA 的调节。

(2)mRNA 非翻译区与翻译调控的关系。

真核 mRNA 分子的非翻译区(untranslated region，UTR)既包括 5′端的帽子结构和 3′端的 poly(A)尾，也包括在 5′和 3′端的其他非编码序列。已知蛋白质的生物合成不仅与其 mRNA 的编码序列有关，而且还受到 5′端和 3′端非翻译区结构的调控。

①5′非翻译区与翻译调控的关系。翻译起始时，起始因子对“帽子”的识别非常重要。一般来说，尽管未甲基化的帽结构就可以保护转录本不会受 5′外切酶的降解，但还有许多研究进一步表明，只有当此帽被甲基化形成 m7G 状态时，mRNA 的翻译才更为有效。5′非翻译区除“帽子”外，其起始密码 AUG 所在位置旁侧序列的状况，先导序列的长度，以及 5－UTR 本身的结构等也都对 mRNA 的翻译有不同的影响。

②3′非翻译区与翻译的调控。真核 mRNA 的 3′UTR 包括终止密码、poly(A)尾以及前二者间的非编码序列，它们在翻译过程中同样具有重要的调控作用。真核生物 mRNA 翻译中 3 个终止密码的使用情况不同：UGA 在脊椎动物和单子叶植物中的使用频率最高；UAA 是其他

真核生物中最主要的终止密码;而UAG的使用频率最低。对终止密码旁侧序列相对GC含量的分析并与5′非翻译区进行比较之后,发现终止密码的选用在很大程度上受mRNA中GC含量的影响。3′poly(A)尾的功能不仅是对mRNA由核内向细胞质运转时具有保护作用,而且对mRNA的稳定性和翻译效率还具有调控作用。有关植物、动物如爪蟾卵母细胞的体内实验,还有网织红细胞抽提物这样的高活性体外翻译体系中,都已观察到mRNA poly(A)尾结构与翻译效率之间的直接关系。

(3)翻译起始因子的可逆磷酸化与翻译调控

翻译因子的磷酸化修饰直接关系到翻译作用的激活和抑制。eIF4E是识别和结合mRNA 5′ m7G帽子结构的翻译起始因子,在哺乳动物中,此因子是由α、β、γ3个亚基组成,其中相对分子质量最小的α－eIF－4E(2.4×104)能直接结合到mRNA 5′m7G帽子上,所以又称帽子结合蛋白;β亚基相对分子质量4.6×104,是依赖于RNA的ATP酶,为mRNA与40S亚基结合时所必需;至于相对分子质量2.20×105最大亚基的确切作用则还待进一步研究,推测在eIF 3和40S核糖体亚基相互作用中此p220亚基可能为RNA与主要蛋白的彼此结合提供静电接触。

6. 真核生物基因翻译后调节

(1)新生肽链的剪接。

翻译不是基因表达过程的最后一步。从mRNA翻译新合成的肽链多数无活性,还必须在细胞质中加工和修饰才具有功能。新生肽链通过蛋白酶催化进行剪接加工,除去非功能片段。这些切割反应或是从N末端和(或)C末端切除一小段,并折叠成有活性的蛋白分子,或是把含有多蛋白的肽链切割成数个有活性的成熟片段。

①多肽链末端的切割和多蛋白的水解加工。多肽链末端的裂解加工常见于分泌型多肽,如胰岛素多肽链的翻译后剪接加工。胰岛素是由胰岛的B细胞合成,最初在内质网膜上合成的肽链由信号肽、A、B和C四个片段组成,这一肽链称为前胰岛素原(preproinsulin)。信号肽段在内质网中被信号肽酶切除,产生了胰岛素原(pro insulin)。胰岛素原进入高尔基体中,被PC3和PC2两种转变酶(convertase)从C片段两端切割,除去C片段。剩下的A和B片段通过二硫键结合,成为具有活性的胰岛素(insulin)。有些多肽链在形成之初就是多蛋白肽链,经过剪接加工,才分解成几个各具不同功能的蛋白质。有几种病毒就是以这种方式利用小的基因组,编码多种蛋白质,几个基因共用一个启动子和一个终止子。真核生物中,多蛋白肽链并不罕见。

②内含肽剪接。内含肽剪接(intein splicing)是指类似于前体mRNA剪接的修饰。内含肽(intein)是蛋白质肽链的内部片段,长300～600个氨基酸不等,在肽链剪接中被切除。剩下的肽片段称为外显肽(extein),拼接成成熟蛋白质。由于这个剪接过程与前体RNA的剪接极为相似,所以被称为蛋白质剪接(protein splicing)。内含肽的剪接不需要消耗能量,是通过一系列键的重排实现的,为一种自我催化反应。内含肽还有一个突出的特性,即有些内含肽具有归巢内切核酸酶(homing endonuclease)活性,归巢内切核酸酶切割靶DNA,产生一个为该内含肽编码的DNA序列可插入的位点,从而将一个原来无内含肽编码序列的基因转变为含有内含肽编码的基因。蛋白质剪接与归巢内切核酸酶活性是彼此独立的。

(2)新生肽链的化学修饰。

一般,蛋白质的氨基酸有20种,但在成熟蛋白质中常存在有非常规氨基酸,这些氨基酸是在翻译后经化学修饰形成的,从而增加了氨基酸的种类,以适应蛋白质功能的需要。最简单的化学修饰类型是氨基酸的侧链或多肽链末端氨基酸的氨基或羧基剪接小的化学基团,如乙酰基、甲基或磷酸基。在蛋白质的修饰中最为复杂的是糖基化(glycosylation)。糖基化是指多肽

链上连接多糖链，常见的有两种类型：O 连接的糖基化和 N 连接的糖基化。前者是把糖基链连接到肽链中丝氨酸或苏氨酸的羟基上；后者是糖链连接到天冬酰胺的氨基上。蛋白质的糖基化不仅关系到信号分拣，而且在蛋白质正确折叠、增加蛋白质的稳定性、抵御酶降解以及参与细胞识别等方面均具有重要作用。

(3)肽链的折叠。

有功能的成熟蛋白质分子具有一定的三维构型和构象。新生肽链经过上述几种方式修饰后，还必须进行正确的折叠才能成为有功能的蛋白质，折叠错误则无功能，甚至可引起疾病。无论是原核细胞还是真核细胞，都含有一类能使蛋白质肽链正确折叠的蛋白质，这类蛋白质称为分子伴侣(chaperone)。在蛋白质折叠和组装过程中，分子伴侣能够防止多肽链的链内和链间错误折叠或聚集作用，且还能破坏多肽链中已形成的错误结构，但自身不参加最终产物的组成。在真核生物中，蛋白质折叠主要依赖于 H sp70 及其同系物，因为它们可以在 mRNA 翻译的同时进行肽链折叠；另外，还有一种 Hsp40 辅分子伴侣(co－chaperone)可以加速这一折叠过程。

(4)蛋白质更换。

在真核生物中，一个细胞内各种蛋白质的数量，既取决于新生肽链的合成速率，又取决于它们存活的寿命，所以在一定时期内，细胞内的一些蛋白质降解为氨基酸，用以调节其特定蛋白质的数量。细胞内的蛋白质除可以通过溶酶体水解外，还具有蛋白酶解(proteolysis)的专门途径。这一专门的蛋白酶解活动与细胞的生理活动、细胞周期以及细胞分化等过程密切相关。在真核细胞内，注定要降解的蛋白质首先经过专一性的蛋白质泛素化酶(ubiquitin enzyme)催化，和泛素(ubiquitin)分子共价结合，挂上“清除标签”。短寿命的蛋白质常具有一段短的氨基酸序列，它是蛋白质降解的信号序列。至于那些变性的或折叠错误的蛋白质，以及含有氧化氨基酸或其他异常氨基酸的蛋白质，都可被依赖泛素的蛋白质酶的酶解系统所识别，并降解。

7. 真核生物基因表达中的 RNA 调节

(1)RNA 干扰。

近年来发现，一些 RNA 在基因表达调节中扮演着重要角色。它们以阻止 mRNA 翻译、降解 mRNA，或是通过控 mRNA 表达的启动子以及发生转录后沉默等方式来抑制其同源基因(homologous gene)的表达。这种 RNA 有效阻断同源基因表达的现象即称为 RNA 干扰(RNA interference，RNAi)。由于双链 RNA 对同源基因破坏的专一性，几乎能使体内任何特定基因发生表达沉默。因而，与从基因组内打断编码序列的方法相比，就更为简单。作为一种实验技术，RNA 干扰已成为研究基因功能的有力手段之一。

(2)小 RNA 在基因表达中的调节作用。

①微 RNA 在基因表达中的调节作用。与一些调节蛋白(阻遏物和激活因子)一样，一些 RNA 在细胞中也具有调节基因表达的作用。它们的作用方式是：通过碱基配对，与目的核苷酸序列互补形成双链区，直接阻止后者功能的发挥，或是与目的核苷酸序列中的某一部分形成双链区，以使后者的构象发生改变，抑制其发挥作用。这类由 RNA 介导的调节作用，其目的核苷酸序列是同源目的 mRNA 的一部分。二者相互作用，发生了二级结构变化，形成一个双链 RNA 的发夹结构，阻遏目的序列发挥作用。miRNA 产生的机制十分恒定，是由非蛋白编码基因转录而来的大前体物加工而成。这种转录物有 70～90 个核苷酸长，含有形成发夹结构的序列，因而可形成双链区。而这个双链区恰好成为双链 DNA 切丁酶(Dicer)的靶子，Dicer 酶将转录本加工，产生了具有活性的 miRNA。

②小干扰 RNA 对基因表达的抑制。RNA 干扰发现不久，人们进一步在线虫、拟南芥、链

孢霉、衣藻,以及果蝇等真核生物中鉴定出与基因沉默有关的基因。这些基因表达的抑制都是发生在细胞质内,因而特称为转录后基因沉默(post-transcriptional gene silence,PTGS)。经序列分析和分子杂交鉴定表明,这类沉默现象和 RNA 干扰一样都是由一种很小的双链 RNA 造成的。这种小双链 RNA 只有 21～23 个核苷酸长,3′端还常有 2 个核苷酸单独伸出。由于它们能够与同源 mRNA 互补配对,进而诱导相关的酶降解其所互补的 mRNA。因此,就把这些极小的 RNA 分子称为小干扰 RNA(small interference RNA,siRNA)。

(3)RNA 干扰的机制。

根据对一些不同物种中 RNA 干扰的生物化学和遗传学研究,已对这一反应过程的机制提出了一个基本模式。鉴定出的几种与 RNA i 相关的蛋白质和蛋白质复合物,以及反应中介物,为模型建立提供了实验依据。如 Dicer 酶,这是一种类似核苷酸酶Ⅲ的生物酶,它负责切割双链 RNA,产生大约 23 个核苷酸残基的双链片段。还有一种可和 siRNA 组装成包含有多种蛋白质的 RNA 沉默复合体(RNA-induced silencing complex,RISC),也是 RNA 干扰过程中必需的一种成分。RNAi 反应的几个基本特点是:①在 RNA i 过程中,目的基因的内源序列没有改变,也就是说 RNAi 并不会造成稳定的遗传变化,但有些 RNA i 的效应却可以传递一两个世代。②目的 mRNA 的衰减是发生在细胞质中,并不影响核内的前体 mRNA。在实际观察中也表明,RNAi 与位于染色体上的基因并没有交叉反应。这就有力地说明 RNAi 是通过增加 mRNA 特异性的速率周转,来行使对基因转录后的调控作用。这种现象在植物中表现得尤为突出,使人们认识到 RNAi 与转录后的基因沉默间的联系。③RNAi 沉默的一个突出特征是作用的效率极高。少量的 dsRNA 就足以影响一个大的 mRNA 库,促使目标基因彻底关闭。④RNAi效应还可以在生物个体内扩散,如秀丽隐杆线虫中,把 dsRNA 注入生殖腺,其效应可扩散到虫体全身。

名词术语解释

1. **丰余度(redundance)**:如果已知一个细胞的 mRNA 总量,便可求出某一组分 mRNA 的平均数目或丰余度,其计算公式为:

$$丰余度=\frac{每个细胞\ mRNA\ 含量\times 待测\ mRNA\ 组分(\%)\times 6\times 10^{23}}{待测组分的复杂度(相对分子质量)}$$

2. **丰余 mRNA(redundant mRNA)**:根据各种 mRNA 在细胞中的丰余度可分为两类,一类是在绝大多数真核生物特定组织的细胞内,其丰余度可达数千或数万个拷贝,这类 mRNA 称作丰余 RNA。

3. **稀少或复杂 mRNA(scarce or complex mRNA)**:根据各种 mRNA 在细胞中的丰余度可分为两类,另一类是在细胞中含有上万种左右的 mRNA 序列,每种 mRNA 的拷贝数多在 10 以下,它们称为稀少或复杂 mRNA。

4. **持家基因和奢侈基因(housekeeping gene and luxury gene)**:在各类细胞中都有相同的一些基因在表达,它们的产物是维持细胞正常结构、运动,以及参与细胞新陈代谢等生命活动所必须的蛋白质和酶类,由于它们的功能对于每个细胞都必须,所以将这类基因称为持家基因。在哺乳动物细胞中这组基因的数目约有 10 000 个左右。此外,不同类型的细胞还存在着一些种类不多且只在自身细胞中表达的基因,称为奢侈基因。

5. **超敏感位点(hypersensitive site)**:当用极低浓度的 DNA 酶Ⅰ处理染色质时,切割将发生在少数特异性位点上,这些特异性位点即是活跃表达基因所在染色体上含有的对 DNA 酶Ⅰ的

超敏感位点，即优先降解位点。

6. **相位(phase positioning)**：指在同一类型的所有细胞中，组蛋白八聚体在DNA序列上特殊的定位。

7. **高迁移率群蛋白质(high-mobility group protein, HMG蛋白)**：是一组较丰富而不均一、富含电荷的非组蛋白。它们的相对分子质量不大，一般 $\leqslant 3.0\times10^4$，因在聚丙烯酰胺电泳中迁移率很高而被命名。

8. **7肽重复序列(carboxy-terminal repeating heptamer, CT7n)**：RNA聚合酶Ⅱ中最大的亚基相当于细菌RNA聚合酶的β′亚基。其羧基末端有多磷酸化位点的羧基末端结构域(carboxy-terminal domaint, CTD)。这个序列是Tyr—Ser—Pro—Thr—Ser—Pro—Ser，为RNA聚合酶Ⅱ所独有。

9. **顺式作用元件(cis-acting element)**：指DNA上对基因表达有调节活性的某些特定的调控序列，其活性仅影响与其自身处于同一DNA分子上的基因。

10. **增强子(enhancer)**：在真核细胞中，一般位于mRNA转录起始上游至少100bp以上的远端控制元件，可通过启动子来增强转录效率，又称上游激活序列(upstream activator sequence, UAS)或远上游序列(far upstream sequence)。

11. **静止子或称沉默基因(silencer)**：是一种类似增强子但起负调控作用的顺式元件。静止子与它相应的反式因子结合后，可以使正调控系统失去作用。

12. **辅助激活因子(coactivator, TAF)**：TAF的主要作用是作为中介物，把反式作用因子的转录调控结构域与基本转录复合物相连接，控制转录起始复合物的组装或影响其稳定性，以调节基因转录。因而TAF又称为辅助激活因子。

13. **反式作用因子(trans-acting factor)**：把由不同染色体上基因座位编码的、能直接或间接地识别或结合在各顺式作用元件8～12bp核心序列上并参与调控靶基因转录效率的这些结合蛋白，称作反式作用因子。

14. **锌指(sinc finger)**：是由一小群氨基酸与一个锌原子结合，在蛋白质中形成相对独立的一个结构域，称为锌指。在研究非洲爪蟾RNA聚合酶Ⅲ介导的5SrRNA基因转录因子TFⅢA蛋白的氨基酸序列时，发现该蛋白含有一个接一个小的重复单元，每一个重复单元结合一个Zn原子，形成一个独立的结构域，此后在RNA聚合酶Ⅱ转录基因的其他转录因子中也发现相似的结构单元，因为这类结构域含有Zn原子，形状像指形，所以根据其结构特征将此类结构域称为锌指结构。

15. **亮氨酸拉链(leucine zipper, ZIP)**：肽链羧基端的约35个氨基酸残基有形成α螺旋的特点，每7个氨基酸中的第7个氨基酸是亮氨酸，亮氨酸是疏水性氨基酸，排列在螺旋的一侧，所有带电荷的氨基酸残基排在另一侧。当2个蛋白质分子平行排列时，亮氨酸之间相互作用形成二聚体，靠亮氨酶残基的疏水作用力形成拉链式结构。在“拉链”式的蛋白质分子中，亮氨酸以外带电荷的氨基酸形式同DNA结合。

原癌基因c-fos的蛋白产物是磷酸化蛋白，有一个亮氨酸“拉链”区，却不能形成同源二聚体。可是，它可以同c-jun的蛋白产物中的“拉链”区形成异源二聚体。c-fos的蛋白质产物本身不能同DNA结合，可是一旦同c-jun的蛋白质产物形成“拉链”式的异源二聚体后，却能与jun-jun同源二聚体一样具有DNA结合能力，且表现出更高的亲和力。

16. **共同(有)序列(consensus sequence)**：近年来，根据DNA序列分析表明，某些不连锁的相关基因的上游确实存在着短的重复序列，它们保守性较强，称为共同序列。

17. **核内不均一 RNA(heterogeneous nucleus RNA,hnRNA)**:真核生物结构基因先转录出一个很大的 mRNA 前体分子,由于基因的长度和性质的差异,原始转录产物很不均匀,因此被统称为核内不均一 RNA。

18. **逆剪接(reverse splicing)和内含子回巢或称内含子寻靶(intron homing)**:Ⅰ类内含子还可作为移动元件,这在 DNA 水平上是被内含子自身编码的产物促进其移位,而在 RNA 水平上则是通过自我剪接逆反应而使内含子转移,是逆剪接。由于逆剪接是把已剪下的内含子重新插入到两个外显子之间,所以又把内含子的这种可动性现象称为内含子回巢或称内含子寻靶。

19. **双内含子(twintron)**:在眼虫(Euglena)叶绿体基因组中含有至少 12 个内含子,其中包含较小的内含子,故称这种特殊组成形式的内含子为双内含子。

20. **内部引导序列(internal guide sequence,IGS)**:内含子中能与剪接点边界序列配对的这一区段,称内部引导序列。

21. **剪接体(spliceosome)**:(1991 年中国科学院遗传所分子遗传学硕士研究生入学试题)是包括 mRNA 前体在内的多组分复合物,由至少 5 种 snRNA 和几十种蛋白质构成。snRNA 和蛋白质形成的小分子核 rRNA 蛋白(small nuclear RNA protein,snRNP)参与剪接反应。此外,还有非 snRNA 蛋白因子,它们或是依赖 RNA 的 ATP 酶,或是解链酶,或是脱分支酶(可使套索中间体分支处的 2′-5 磷酸二酯键解开),在剪接反应中也都有着非常重要的作用。

22. **剪接前体(pre-spliceosome)**:在剪接体的组装中,最初由 U1 通过碱基互补方式与 5′剪接位点处的序列结合,组成剪接前体。

23. **顺式剪接(cis splicing)**:指在同一条 pre—mRNA 上经过剪接,去除内含子,得到成熟的 mRNA,是属于分子内的剪接,一般称作顺式剪接。

24. **反式剪接(trans splicing)**:在自然界中还存在另一种特殊的剪接方式,是把分别处在 2 条甚至 3 条 pre-mRNA 上的外显子,剪接成为一条成熟的 mRNA。这种分子之间的剪接反应称为反式剪接。

25. **组成型剪接(constitutive splicing)**:在高等真核生物中,大多数的前体 mRNA 含有多个内含子,通常它们是被有序地逐一切除,最后各外显子连接为一个成熟的 mRNA。这是一种组成型剪接。

26. **交替剪接(alternative splicing)**:同一个前体 mRNA 就可因剪接方式不同产生多种 mRNA,转译出多个不同蛋白质,这样的剪接方式称为交替剪接。

27. **RNA 编辑(RNA editing)**:是一种较为独特的遗传信息的加工方式,即转录后的 mRNA 在编码区发生碱基插入、删除或转换的现象,是在 RNA 分子上的一种修饰。

28. **指导 RNA(guide RNA,gRNA)**:在锥虫线粒体 mRNA 的研究中发现有一类小分子 DNA(55～70 核苷酸),可以按 G-U 配对方式在前体 mRNA 上为插入或删除 U 提供模板。这类 RNA 就被称作指导 RNA。

29. **“帽”结合蛋白(cap binding protein,CBP)**:专一性识别 mRNA 5′末端“帽”的蛋白质,称为“帽”结合蛋白。

30. **扫描模型(scanning model)**:在蛋白质生物合成起始过程中,一旦 40S 小亚基— eIF2 —GRP · Met—tRNAi^{met}复合物形成之后,沿 5′端非翻译区向 mRNA 3′端方向滑动,搜寻起始密码 AUG。到达 AUG 位时,60S 亚基结合上来完成核糖体的组构,就起始翻译。通常,40S 亚基复合物总是在遇到 mRNA 上第一个 AUG 时就停下来。

31. **内部起始机制(internal initiation)**:内部起始机制是针对一些无“帽”结构的 mRNA 和

病毒 RNA 翻译起始反应而提出的假设，是在小 RNA 病毒家族中发现的。它们的 RNA 5′端非翻译区(untranslational region，5′UTR)长约 610～1 200 碱基，存在多个 AUG 起始密码子和可供内部核糖体进入位点(internal ribosomal entry site，IRES)。目前所知，长度约 450～500 碱基的 5′UTR 中形成了内部起始所必需的复杂的二级结构，核糖体与其中的特殊序列结合。靠近 IRES3′端有一个具有多嘧啶结构特征的区域，紧靠其下游约距 20 个核苷酸处有一个 AUG 密码，这段序列可能与原核生物的 SD 序列作用相同。

32. **UA 序列**：对翻译起抑制作用的元件，由几个相间分布的 UUAUUUAU 八核苷酸序列组成。在为生长因子、癌基因编码蛋白等许多细胞因子编码的 mRNA 的 3′UTR 中，有富含 UA 的保守序列，当去除这段序列，mRNA 的稳定性明显提高，说明 UA 序列是对翻译起抑制作用的元件。

33. **内含子(intron)**：大多数真核结构基因中的间插序列(intervening sequence)或不编码序列。它们可以转录，但在基因转录后，由这些间插序列转录的部分(也可用内含子这个术语表示)经加工被从初级转录本中准确除去，才产生有功能的 RNA。基因的编码部分称外显子。内含子常比外显子长，且占基因的更大比例。真核基因所含内含子的数目、位置和长度不尽相同，如鸡卵清蛋白基因的外显子被 7 个内含子隔开，鸡卵伴清蛋白基因有 17 个内含子，α 一珠蛋白基因有 2 个内含子，卵粘蛋白基因有 6 个内含子等。

34. **起始密码子(initiation codon)**：mRNA 上的碱基顺序每 3 个碱基用解读框架划分开，可决定其所生成蛋白质的氨基酸顺序，为了使碱基顺序作为遗传信息能正确转译，通常需要从某个特定的位置开始转译。这个起始点的密码子就叫做起始密码子，被认为对应于 AUG，但因 AUG 也是甲硫氨酸的密码子，所以必须区别是以什么机理开始作用的。

35. **核酶(ribozyme)**：核酶一词用于描述具有催化活性的 RNA，即化学本质是核糖核酸(RNA)，却具有酶的催化功能。核酶的作用底物可以是不同的分子，有些作用底物就是同一 RNA 分子中的某些部位。核酶的功能很多，有的能够切割 RNA，有的能够切割 DNA，有些还具有 RNA 连接酶、磷酸酶等活性。与蛋白质酶相比，核酶的催化效率较低，是一种较为原始的催化酶。

36. **snRNA(small nuclear RNA)**：小 RNA，即 small nuclear RNA 之缩写，也称为核内低分子 RNA。广泛存在于真核生物的细胞核中，为一组代谢稳定的低分子 RNA 之总称。因分子种类不同，有的可出现于细胞质中。已知在哺乳类动物中有多种，如 U1A，U1B，U1C，U2U3A，U3B，U4，U6，4.5SⅠ.4.5SⅡ，4.5SⅢ，5SⅢ等。由于这些 snRNA 命名法不统一，所以同一种分子常有不同的名称。例如 U2 也称为 SnC，U3 称为 SnA，U1A 称为 SnF，U1B 称为 SnD，4.5S(Ⅰ、Ⅱ、Ⅲ)称为 SnH，U6 称为 4.8S 等等。SnRNA 的大小，虽决定于分子种类，但大致为 90～200 个核苷酸的程度。每个细胞中，推测各种 SnRNA 约有 104～106 个分子存在。因分子种类不同，有的含有修饰核苷酸，有的不含有修饰核苷酸：另外有的 5′末端具有三磷酸(4 5SI、U6 等)，有的具有帽状结构(UIA、U2 等)。这种帽状结构是一种含 2，2，7 一三甲基鸟嘌呤核苷酸的特殊结构。此外存在部位和存在形态也不一样，有的仅存在于核仁(U3)，有的在核内与核仁以外的地方作为非组蛋白的复合体而存在(U1、U2 等)。关于其机能，现在不明之点还很多，但一般认为，U1A 在 hnRNA 的基因内区的 5′末端和 3′末端附近具有共同的排列，并也有相辅的核苷酸排列，对于 U1A 等的若干个 snRNA，认为是蛋白质的复合体，与 hnRNA 的接合有关系。

37. **hnRNA(heterogeneous nuclear RNA)**：hnRNA 系 heterogeneous nuclear 之缩写。为存在于真核生物细胞核中的不稳定、大小不均的一组高分子 RNA(分子量约为 10^5～2×10^7，沉降

系数约为30～100S)之总称。占细胞全部RNA的百分之几,在核内主要存在于核仁的外侧。认为hnRNA多属信使RNA(messenger ribonucleic acid,mRNA)之先驱体,包括各种基因的转录产物及其成为mRNA前的各中间阶段的分子,在5′末端多附有间隙结构,而3′的末端附有多聚腺苷酸聚合酶分子。这些hnRNA在受到加工之后,移至细胞质,作为mRNA而发挥其功能。大部分的hnRNA在核内与各种特异的蛋白质形成复合体而存在着。

38. **反向调节(retroregulation)**:指mRNA下游某一区段(如sib序列等)能对其翻译进行调节的能力,因下游区对上游的mRNA进行调节,故称反向调节。

39. **TATAbox**:通过对大量的启动子进行分子遗传学分析,发现蛋白质基因启动子的一般模式:大多数启动子在－25附近都有一个TATA框。TATA框又称Hogness框或Goldherg-Hogness,其一致序列为TATAA/TAA/T,基本上都由A・T碱基组组成,只在很少的启动子中有G・C碱基对的存在。

40. **CAAT box**:大多数启动子在－75附近处有一个CAAT框,其一致序列为CG(C/T)CAATCT。虽然名为CAAT框,但其中头两个G的重要性并不亚于CAAT部分。如果缺失这两个G,则兔子的β-珠蛋白基因的CAAT框变为TTCCAATCT,其转录只有原来的12%,该框中其他碱基的缺失也导致转录效率的急剧降低,这就说明,CAAT框可能控制着转录起始的频率。

41. **m^7Gppp**:在真核细胞mRNA的5′末端还有一个称为"帽子"的特异结构。这就是在5′末端的鸟嘌呤的N—7位上被甲基化成7—甲基鸟苷(m^7G),这个甲基鸟苷的5′位C通过三个磷酸残基与相邻的2′—O—甲基核苷的C—5′连接,具有这样结构的"帽子"称为帽子O,其符号为m^7Gppp。

42. **poly(A)**:在大多数的真核mRNA3′末端都有一条150～200个腺苷酸的序列称为多聚A,也即polyA。具有这种特征的mRNA表示为poly$(A)^+$;不具有这一特征的则写作poly$(A)^-$。多聚(A)尾巴大约为200b,poly(A)尾巴不是由DNA编码的,而是在一个300kDa的RNA末端腺苷酸转移酶催化下,以ATP为前体,一个一个地聚合到mRNA的3′末端。poly(A)对mRNA的稳定性有一定作用,而且可能对mRNA进入细胞质有帮助。

经典考题汇编

1. 列表比较原核细胞与真核细胞的主要区别。(武汉大学,2010A)

答:主要区别如下表:

	原核细胞	真核细胞
细胞核	无核膜和核仁	有核膜和核仁
细胞器	仅有核糖体	有核糖体、内质网等多种细胞器
细胞骨架	无	有微管和微丝等
DNA	环状,与蛋白质不联结	与蛋白质联结在一起形成超螺旋结构,即染色体
细胞分裂	不能进行有丝分裂(进行无丝分裂)	进行有丝分裂(不排除无丝分裂)
转录与翻译	出现在同一时间与地点	转录在细胞核内;翻译在细胞质中

2. 简述小RNA在真核生物基因表达中的调节作用。(中科院水生生物所,2012)

答:与一些调节蛋白(阻遏物和激活因子)一样,一些RNA在细胞中也具有调节基因表达的作

用。它们的作用方式是：通过碱基配对，与目的核苷酸序列互补形成双链区，直接阻止后者功能的发挥，或是与目的核苷酸序列中的某一部分形成双链区，以使后者的构象发生改变，抑制其发挥作用。这类由 RNA 介导的调节作用，其目的核苷酸序列是同源目的 mRNA 的一部分。二者相互作用，发生了二级结构变化，形成一个双链 RNA 的发夹结构，阻遏目的序列发挥作用。

3. 真核基因和原核基因的转录，有什么共同之处？有什么不同之处？

答：以 DNA 为模板，在 RNA 聚合酶的作用下合成 RNA 的过程叫转录。无论是真核基因还是原核基因，在转录过程中均需 RNA 聚合酶的作用，且新链的合成不需要引物的存在，但需有终止子的结构。

①细菌的 RNA 聚合酶是全酶，而真核生物有三种 RNA 聚合酶，分别转录 RNA 基因，且细胞器中有自己的 RNA 聚合酶。

②原核生物中，功能相近的基因通常前后相连成为操纵子，由一个共同的控制区进行转录的控制。而真核生物的三种 RNA 聚合酶有着各自的启动子类型。

③原核生物的终止子在 RNA 水平上发生作用，不依赖于 ρ 因子的终止子在柄部富含 G/C 碱基对，且紧接一串富含 U 的柄—loop 结构；而依赖于 ρ 因子的终止子通过 ρ 因子与 ρ 亚基的作用，促使转录终止。真核生物三类 RNA 聚合酶的转录终止子可能都需要富含 UA 的序列。

④几乎所有的真核 mRNA 的 5′端都有帽子结构，3′端具有多聚 A 尾部。

4. 扼要说明原核生物、真核生物启动子(promoter)的结构和功能，并解释什么叫共有序列(consensus sequence)。

答：启动子是在基因转录过程中，具有识别并结合 RNA 聚合酶的那段 DNA 序列，与基因转录的启动有关。

①原核生物的基因启动子区均位于基因转录起始点的上游，其启动子可以分为两部分，上游部分是 CAP—cAMP 结合位点，下游部分是 RNA 聚合酶进入位点，每个位点也分为两部分。CAP—cAMP 结合位点包括了位点Ⅰ和位点Ⅱ，RNA 聚合酶进入位点包括结合位点和识别位点。

RNA 聚合酶的结合位点，又称为 Pribnow 框，存在于起始转录的上游 10 bp 左右的一段核苷酸序列中，大多包含 TATAAT 序列，又称为－10 序列，是 RNA 聚合酶的牢固结合位点。它与 RNA 聚合酶形成开放性启动子复合物，从而使 RNA 聚合酶定向，使之按顺流方向移动而行使其转录功能。

RNA 聚合酶识别位点，又称为 Sextama 框，存在于起始转录的上游 35 bp 左右的一段核苷酸序列中，大多包含 TTGACA 序列，又称为－35 序列，是 RNA 聚合酶的识别位点。这一序列的核苷酸结构在很大程度上决定了启动子的强度。Pribnow 框和 Sextama 框之间的碱基序列并不重要，而这两段序列间的距离却十分重要。

CAP－cAMP 结合位点有两个，一个是在－70 到－50(位点Ⅰ)，另一个是在－50 到～40(位点Ⅱ)。位点Ⅰ包含一个反向重复序列，位点Ⅱ是一个很弱的结合位点，但当 CAP－cAMP 复合物结合于位点Ⅰ时，位点Ⅱ结合 CAP—cAMP 复合物的能力便显著提高。一旦位点Ⅱ被占据，RNA 聚合酶就很快与－35 序列结合，然后再与－10 序列结合，并开始转录。

②真核生物有三种 RNA 聚合酶，每一种都有自己的启动子类型。RNA 聚合酶Ⅰ只转录 rRNA，只有一种启动子类型；RNA 聚合酶Ⅱ负责蛋白质基因和部分 snRNA 基因的转录，其启动子结构最为复杂；RNA 聚合酶Ⅲ负责转录 tRNA 和 5S rRNA，其启动子位于转录的 DNA 序列之内，称为下游启动子。

RNA 聚合酶Ⅱ的启动子结构是多部位结构，主要有以下几个部位：

帽子位点：即转录起始位点，其碱基大多为 A，两侧各有若干个嘧啶核苷酸。

TATA 框:又称(Hogness box 或 Goldberg－Hogness box),其一致序列为 TATAATAAT,基本上由 A、T 碱基对组成,其两侧倾向于富含 GC 碱基对。TATA 框一般位于－25 附近,其结构和功能类似于原核生物的 Pribnow 框,TATA 框决定了转录起始点的选择。

CAAT 框:其一致序列为 GGCTCAATCT,一般位于－75 附近,它可能控制着转录起始的频率。

GC 框:在－90bp 左右的 GGGCGG 序列又称为 GC 框,它在启动子中可有多个拷贝,并能以任何方向存在而不影响其功能。最近位置的 GC 框是在起始点上游－40～－70bp 处,但在不同启动子中其位置各异,如在胸腺嘧啶激酶启动子中,GC 框既可与 CAAT 框相邻,也可紧靠于 TATA 框;而在 SV40 启动子中,串联重复的 GC 框是在 TATA 框的上游。

增强子:又称远上游序列,一般都在－100bp 以上,能以组织特异性的方式来增强基因的表达,位置不固定。

RNA 聚合酶Ⅲ的下游启动子,位于转录区内,在转录起始点下游 50bp 之后。

RNA 聚合酶的启动子,可分为两部分:－40 到＋5 称为近启动子,其功能决定转录起始的精确位置;－165 到－40 称为远启动子,其功能是影响转录的频率。

总之,真核生物启动子和原核生物的启动子有很多不同,主要表现为:

(a)有多种元件:TATA 框、GC 框、CATT 框、OCT 框等;

(b)结构不恒定;

(c)它们的位置、序列、距离和方向都完全不同;

(d)有的有远距离的调控元件存在,如增强子;

(e)这些元件常常起到控制转录效率和选择起始位点的作用;

(f)不直接和 RNA pol 结合;

(g)需多种转录介入因子。

③所谓共有序列,是指一种理想化的序列,其中的每一个核苷酸在一系列可比较的实际序列中最常出现(保守),并按一定位置排列。

课后习题全解

1. 请列表说明真核与原核基因表达的差异。

答:列表如下:

原核生物与真核生物基因表达差异

阶段	原核生物	真核生物
转录与翻译	无细胞核,遗传信息的转录与翻译同步	RNA 转录在细胞核内完成,翻译在线细胞质中进行,RNA 需要转运
RNA 聚合酶种类与组成	一种 RNA 聚合酶,核心酶($\alpha_2 2\beta\beta'\omega$)负责转录的延长,全酶($\alpha_2\beta\beta'\omega\sigma$)负责转录得起始阶段	3 种 RNA 聚合酶,RNA Pol Ⅰ、RNA Pol Ⅱ、RNAⅢ
转录起始复合物的形成	RNA 合成起始阶段 RNA 聚合酶全酶与 DNA 以较低的亲和力疏松结合延 DNA 双链滑动,当 σ 亚识别到启动子序列 RNA 聚合酶在此紧密处结合 DNA 模板形成转录起始转录复合物。	转录起始复合物需要 RNA 聚合酶和转录因子,TBP、TFⅡF、TFⅡE 分别与 DNA 模板和 RNA 聚合酶Ⅱ的相应位子结合形成闭合转录复合物;在 ATP、TFⅡH 和各种 NTP 的作用下 RNA 聚合酶Ⅱ转录模板链合成新的 RNA 链;

续表

阶段	原核生物	真核生物
初级转录物的加工修饰	mRNA 在合成的同时即被翻译，无需复杂的加工修饰。	需要修饰，步骤如下：①hnRNA 在 5′末端加入帽子结构；②hnRNA 在 3′端特异位点断裂并加上多聚腺苷酸尾巴；除去 hnRNA 中的内含子，将外显子连接。
翻译起始复合物	起始密码子上游存在 SD 序列与核糖体的 16SrRNA 共同决定原核 mRNA 上的起始复合物形成。起始氨基酰－tRNA：fMet－tRNAfMet	起始部位由 Met－tRNAiMet 对起始密码的识别、核糖体中的 RNA 和蛋白质共同决定。
翻译起始因子	3 种 IF1、IF2、IF3	10 种以上起始因子，eIF-1、eIF-2、eIF-2B、eIF-3、eIF-4A、eIF-4B、eIF-4E、eIF-4F、eIF-4G 等。
肽链合成释放因子	3 种 RF 因子，RF－1 特异识别 UAA、UAG，RF－2 特异识别 UAA、UGA，RF－3 可与核蛋白其他部位结合，有 GTP 酶活性，能介导 RF－1 和 RF－2 与核蛋白体的相互作用。	只有 1 种释放因子 eRF，能识别所有终止密码子，具有原核生物各类 RF 的功能。

2. 为什么说核小体修饰与 DNA 甲基化是表观遗传的基础？

答：表观遗传，就是不依赖于遗传物质碱基顺序，但能体现在表型上的可遗传的性状。之所以产生表观遗传，就是由于遗传物质，或影响遗传物质的蛋白被修饰，进而影响某一个或某些基因的表达，导致产生或是去某种性状而各种修饰中，最常见的就是甲基化修饰包括 DNA 甲基化和组蛋白甲基化(就是核小体甲基化)。一般 DNA 甲基化发生在 CpG 岛上，影响转录起始，进而 抑制基因活性组蛋白甲基化后，核小体变得难以解体，就不能释放缠绕其上的 DNA，增大空间位阻，使蛋白质与 DNA 难以相互作用，进而抑制基因活性。

3. 基因转录水平的调节是真核基因表达中最为关键的步骤，你同意吗？为什么？

答：是的，在遗传信息传递过程中基因的转录是第一个具有高度选择性的环节，而转录起始作为基因表达调控的第一步就更具有关键性的意义，因为在这一步的调控对细胞的生化性质将具有极大的影响，既决定基因表达的类型，又关系到基因表达的水平。

4. 选择性剪接、RNA 编辑等转录后的特殊调控有什么生物学意义？

答：选择性剪接(alternative splicing)是指同一种 hnRNA 由于加工不同，而产生出不同的 mRNA 和蛋白质。由一个基因所合成的 RNA 前体因选择性剪接而产生多种 mRNA，翻译出不同的蛋白质。这样就形成了一个相关的蛋白质家族，它们可以在不同发育阶段，不同组织或在细胞内不同的亚细胞结构中出现并发挥其功能。选择性剪接是一种重要的调节手段，使得一个基因所携带的遗传信息在转录后有所扩展。

反式剪接(trans－splicing)方式，是把分别处在两条甚至 3 条前体 mRNA 上的外显子经过剪接，连接成为一条成熟 mRNA。反式剪接这样一种特殊的剪接方式也具有多种形式，可以用于克服基因所携带信息量的限制，提高遗传信息的使用率。

RNA 编辑(RNA editing)也是改变 mRNA 序列的一种方式，是指对转录后的 mRNA 编码区进行碱基插入、删除或替换，以改变来源于 DNA 模板的遗传信息，翻译出不同于基因原编码的氨基酸序列的蛋白质。RNA 编辑的结果不仅扩大了遗传信息，还可能是生物适应中的一种保护措施。

5. 如果一个基因为父本印记,一个受到影响的男孩,是从哪个亲本遗传了这一突变基因?

答:母方。

6. 在真核基因表达中辅激活物具有什么作用?

答:①使 mRNA 更稳定;②增加蛋白质合成的效率;③帽子结构对 mRNA 前体的剪接是必需的

7. 请简述染色质重塑在真核基因表达中的作用。

答:在真核生物中,由于 DNA 是包装到核心组蛋白上,根据机体发育的需要,基因活性时常发生改变,因而染色质构型的状态对基因表达有着重要的影响。转录时,DNA 区段可从紧密相互作用的组蛋白八聚体上暂时解离出来,染色质中核小体的动态变化受到多蛋白复合物的修饰调节。

8. mRNA 中的非编码序列与 mRNA 翻译调控有何关系?

答:真核 mRNA 分子的非翻译区(untranslated region,UTR)既包括 5′端的帽子结构和 3′端的 poly(A)尾,也包括在 5′和 3′端的其他非编码序列。已知蛋白质的生物合成不仅与其 mRNA 的编码序列有关,而且还受到 5′端和 3′端非翻译区结构的调控。

①5′非翻译区与翻译调控的关系。翻译起始时,起始因子对"帽子"的识别非常重要。一般来说,尽管未甲基化的帽结构就可以保护转录本不会受 5′外切酶的降解,但还有许多研究进一步表明,只有当此帽被甲基化形成 m7G 状态时,mRNA 的翻译才更为有效。5′非翻译区除"帽子"外,其起始密码 AUG 所在位置旁侧序列的状况,先导序列的长度,以及 5-UTR 本身的结构等也都对 mRNA 的翻译有不同的影响。

②3′非翻译区与翻译的调控。真核 mRNA 的 3′UTR 包括终止密码、poly(A)尾以及前二者间的非编码序列,它们在翻译过程中同样具有重要的调控作用。真核生物 mRNA 翻译中 3 个终止密码的使用情况不同:UGA 在脊椎动物和单子叶植物中的使用频率最高;UAA 是其他真核生物中最主要的终止密码;而 UAG 的使用频率最低。终止密码的选用在很大程度上受 mRNA 中 GC 含量的影响,不同种类 mRNA 中,紧邻终止密码 3′端的核苷酸在分布上具的倾向性:嘌呤核苷酸(A 与 G)的频率高达 60%~70%,而 C 的出现频率小于 17%。与原核生物 mRNA 相比,后者该位置上的核苷酸多为 U,可能是此位置上的核苷酸与终止作用的调节有关。

9. 在真核基因调控中一些小 RNA 分子发挥了什么作用? 其机制如何?

答:①微 RNA 在基因表达中的调节作用。与一些调节蛋白(阻遏物和激活因子)一样,一些 RNA 在细胞中也具有调节基因表达的作用。它们的作用方式是:通过碱基配对,与目的核苷酸序列互补形成双链区,直接阻止后者功能的发挥,或是与目的核苷酸序列中的某一部分形成双链区,以使后者的构象发生改变,抑制其发挥作用。这类由 RNA 介导的调节作用,其目的核苷酸序列是同源目的 mRNA 的一部分。二者相互作用,发生了二级结构变化,形成一个双链 RNA 的发夹结构,阻遏目的序列发挥作用。

②小干扰 RNA 对基因表达的抑制。这种小双链 RNA 只有 21~23 个核苷酸长,3′端还常有 2 个核苷酸单独伸出,由于它们能够与同源 mRNA 互补配对,进而诱导相关的酶降解其所互补的 mRNA。

第十六章　发育的遗传分析

考点综述

本章主要介绍发育与遗传的内容，是遗传学与发育生物学的交叉部位。发育是生物的共同属性，它是生物体在其生活史开始后复杂程序提高的有序变化过程。本章在本科遗传学和历年的硕士研究生入学考试中所占的比例很小，且多为名词术语解释。重点掌握的名词术语是同源异型基因、同源异型突变、细胞程序性死亡、持家基因等。

名师串讲

本章主要内容包括以下要点：

1. 发育遗传学的发展历程

发育遗传学的产生、创立和发展过程，以及在发育遗传学的创立和发展过程中做出过杰出贡献的科学家和他们的主要功绩。

2. 单细胞和多细胞的细胞分化与发育

分化是产生器官形态和功能差异的重要过程，要了解单细胞和多细胞分化的调控。

3. 细胞程序性死亡的意义与调控基因

该方法是生物自我调节的重要方式，对于细胞的程序性死亡的意义、控制基因和调控机理要了解。

4. 基因在果蝇胚胎极性发育中的作用

果蝇是重要的生物模式昆虫，通过对果蝇胚胎极性发育中基因的调控作用学习了解非哺乳动物的发育过程。

5. 果蝇及哺乳动物的性别决定机制

掌握性别决定的机制和机理，尤其是哺乳动物的性别决定中 Y 染色体的性别决定原理。

6. 基因差别表达研究的方法

掌握基因差别表达研究的原理与方法。

名词术语解释

1. **决定(determination)**：指细胞或组织即使处在胚胎的另一区域中，仍不受周围其他细胞或组织的影响，按原先被指定的命运自主地进行分化。决定意味着原先指定的发育命运是不可改变的。

2. **特化(specification)**：指细胞或组织在一个中性环境中，例如，在一个周围没有其他细胞或组织影响的体外培养环境中，仍按原先被指定的命运自主进行分化。

3. **细胞程序性死亡(programmed cell death，PCD)**：多细胞生物体的一些细胞当不再为生物体所需时，或是已受到损伤时，会激活受遗传控制的自杀机构而自我毁灭，出现细胞程序性死亡(PCD)。

4. **超敏感反应(supersensitivity response)**:当植物细胞遭到细菌感染时,往往不仅会杀死自身,而且会使周围的细胞发生变化乃至死亡。

5. **细胞凋亡(apoptosis)**:细胞的生理性死亡。

6. **裂隙基因(gap genes)**:这是一些受到母体效应基因调控的合子基因,在胚胎的一定区域(约2个体节的宽度)内表达。这些基因如果发生突变,则会使胚胎体节图式出现裂隙,这是胚胎中转录的第一批基因。

7. **级联反应(cascade reaction)**:一些基因的表达产物可以激活另一些基因的活性,这些被激活的基因产物,又调控另一些基因的表达。这样,最初表达的基因可以逐级地激活和调控其他基因的活性,其效应也是逐级放大。

8. **卵裂(cleavage)**:受精卵形成后不断分裂成较小细胞,这个过程称为卵裂。

9. **自主特化(autonomous specification)**:合子卵裂产生的子细胞获得了合子细胞质的不同部分,从而使不同的子细胞有不同的发育命运,这是由该细胞的细胞质成分决定的,而与其四周细胞无关。

10. **条件特化(condition specification)**:细胞原先具有朝多种方向分化的能力,在与周围细胞相互作用后限定了其分化途径。这种特化途径取决于细胞在胚胎中所处的位置。

11. **合细胞特化(syncytial specification)**:合细胞体胚层(syncytical blastoderm)在生成细胞膜分离细胞核之前由母体细胞质相互作用所决定,即细胞的命运在细胞形成之前就已被指定了。

12. **母体效应基因(maternal effect)**:经典的胚胎遗传学实验提出昆虫卵里至少有2个组织中心(organizing centers),即前端组织中心和后端组织中心。分别从这两端开始,形成两个梯度而产生两个组织区域。每个梯度在胚胎的端部生成其自身的结构;两个梯度间的相互作用,则生成胚胎的中间部分。

13. **体节极性基因(segment polarity genes)**:这类基因的转录图式受 pair-rule 基因所调控,功能是保持每一节体的某些重复结构,当这些基因发生突变后,会使每一体节的一部分结构缺失,而被该体节的另一部分的镜像结构所替代。

14. **同源异形基因(homeotic genes)**:在胚胎体节的划分确定以后,负责确定每一体节特征结构的基因。

15. **同源异形框(homeobox)**:同源异形基因序列中都有一个180个核苷酸的保守序列,编码60个氨基酸,这180个核苷酸序列称为同源异形框。

16. **雌雄嵌合体现象(gynandromorphism)**:身体的一部分是雄性性状,另一部分是雌性性状。

17. **持家基因(house-keeping gene)**:基因组的有些基因,在生物的一生中,在各种细胞里始终处于表达状态,这些基因称为持家基因。

18. **同源异型突变(homeotic mutation)**:果蝇的某些突变能引起严重的发育紊乱。例如有一类显性突变,称为触角脚突变,能够使果蝇头上触角的部位长出脚来。这种脚与正常的脚形状相同,但生长的位置却完全不同。这种现象称为同源异型现象(homeosis),引起同源异型现象的突变则称为同源异型突变。

19. **异位表边(ectoplc expression)**:一个基因在通常不会表达的组织中表达。

20. **原癌基因(oncogene)**:是存在于人体细胞中的正常基因,本是细胞生长分化等生命活动所不可缺少的基因,其本身并无致癌作用。但是这些基因可以被激活为癌基因,进而导致细胞

的恶性转化。

21. **肿瘤抑制基因(tumor suppressor gene)**:又称为抑癌基因或抗癌基因,是正常细胞组中存在的抑制肿瘤形成的基因。当一对抗癌基因均丢失或突变时,也就是说,当该基因隐性纯合时,细胞就会癌变,因此抑癌基因也称为隐性癌基因。

经典考题汇编

1. 简述原癌基因的激活途径。(武汉大学,2010A)

答:原癌基因是存在于人体细胞中的正常基因,当它被激活后,就可以导致细胞恶性转化。原癌基因的激活方式又以下几种:点突变、原癌基因扩增、插入启动子、染色体易位及 DNA 去甲基化。当原癌基因被诱导发生点突变时,该基因可以产生异常的基因产物,导致细胞的恶性转化。若原癌基因大量扩增,就会使得它的产物异常增多,从而导致细胞恶性转化。原癌基因都是一些低表达基因,若在它的附近插入一个强大的启动子,则该基因的表达增加,使得细胞癌变。染色体易位可以使原癌基因转移到某些较强的启动子或增强子附近而得到过量表达,使得细胞恶变。去甲基化可提高基因的表达水平,过量的表达促使细胞癌变,从而导致肿瘤的发生。

2. 请说明单克隆学说的内容。(武汉大学,2010A)

答:单克隆学说认为,同一肿瘤的恶性细胞转化都来源于一个突变的细胞,但是由于内外环境的影响,使得细胞不断发生变异,演化成不同核型的细胞系。在整个肿瘤发展过程中,逐渐形成干系和旁系。干系和旁系并非一成不变,他们是可以发生改变和相互转化的。有的肿瘤没有明显的干系,而有的肿瘤又有两个或两个以上的干系。

3. 简述精子发生和卵子发生的差异。(武汉大学,2010A)

答:尽管在精子、卵子发生过程的减数分裂中染色体的行为基本相同,如出现同源染色体的联会和分离;非同源染色体的自由组合;非姐妹染色单体之间的交换等。但精子的发生和卵子的发生过程也有一些差异:

①1 个初级精母细胞经过减数分裂后,最终可形成 4 个精子;而 1 个初级卵母细胞经过减数分裂,最终形成 1 个卵子和 3 个极体。

②精子的生成有变形期。

③时间上的差异。

男性:胎儿时期的细精管内,精原细胞已经存在,但直到青春期才进入精子发生期。

女性:胎儿卵巢里卵原已分化成初级卵母细胞,约在第 4 个半月到第 5 个半月期间,胎儿卵巢里的卵原细胞和初级卵母细胞增殖到最大限度,约有 700 万个,以后逐渐退化,出生时只剩下 200 万个,其中约 400 多个在生育年龄里排出。

初级卵母细胞在胎儿时期已进入第一次减数分裂,在双线期末,染色体重新解旋,变成松散的核网状态,叫做核网期。此时初级卵母细胞终止分裂。从青春期起,在排卵之前,才完成第一次减数分裂,形成次级卵母细胞和 1 个较小的第一极体。排出卵巢的次级卵母细胞,在输卵管内进行第二次分裂,到中期停止,此时如果受精,即可完成第二次减数分裂,形成 1 个成熟的卵子,排出第二极体;如未受精,次级卵母细胞就不能完成第二次减数分裂而退化、死亡。

4. 简述癌症发生的遗传学说。(武汉大学,2011A)

答:①遗传物质两次突变假说。癌症并不是由单一的突变造成的,而是多次突变的结果。也就是说,一个细胞中要有多个突变发生才可能癌变。偶然地,一个单独的突变也足以诱导癌症。例如,某些癌症表现出高外显率的孟德尔单因子遗传的特点,如家族性视网膜母细胞瘤。但是,更常见的情况是,突变的等位基因往往具有较低的外显率,只是会提高某种特定癌症发病的可能性。Kundson 和 Strong 以视网膜母细胞瘤的分析为基础,根据肿瘤的遗传流行病学特点,提出肿瘤发生的"两次突变"假说。他们认为肿瘤的发生必须经过两次或两次以上的突变。遗传型恶性肿瘤第一次突变是发生在生殖细胞中;继而在体细胞中又发生了第二次突变,只有发生了两次或两次以上的突变才能使细胞癌变。

②肿瘤的单克隆起源。对肿瘤细胞遗传学和分子生物学的研究表明癌组织起源于单细胞,是经过不断增殖而形成克隆,然后才变成恶性肿瘤。这就是说细胞是在遗传物质变异的基础上发生癌变,癌组织的细胞应具有原发癌细胞的遗传学特性。

③癌基因的协同作用与细胞转化。对癌症发生的理化因子和生物因素分析以及肿瘤的临床观察,肿瘤的形成需要经过多阶段的发展变化过程。从不同组织来源的人类癌症细胞的DNA 中分离出相同和不同类型癌基因表达来看,单个癌基因的活化还不足以引起细胞癌变,至少有两种功能完全不同的癌基因先后表达且协同作用才能使正常细胞发生恶变。

④癌的复杂性。如前所述,很多突变都可以促进肿瘤生长。这些突变改变了机体对细胞的增殖和凋亡的正常调控过程。但是实际情况并没有这么简单。一些证据表明,其他的一些基因失活方式,如基因组印记,也可以导致肿瘤形成;另有证据表明,端粒酶的过量表达能够使细胞长寿,这同样是癌细胞的一个特征。人类正常的体细胞由于受到端粒长度的限制只能进行有限次的分裂,而在肿瘤细胞中,端粒的长度似乎得到了很大的延伸,这很可能是端粒酶的过量表达造成的。不同的恶性肿瘤具有不同的增殖或转移能力。毫无疑问,肿瘤到了恶性阶段并没有停止发展,细胞内仍会继续积累更多的突变,这些突变会进一步促进肿瘤的增殖或转移。因此,我们要彻底地了解肿瘤发生和发展的规律,任重而道远。

5.细胞癌基因的激活方式有哪些?(武汉大学,2012C)

答:①点突变:原癌基因中由于单个碱基突变而改变编码蛋白的功能,或使基因激活并出现功能变异;②染色体易位:由于染色体断裂与重排导致细胞癌基因在染色体上的位置发生改变,使原来无活性或低表达的癌基因易位至一个强大的启动子、增强子或转录调节元件附近,或由于易位而改变了基因的结构并与其他高表达的基因形成所谓的融合基因,进而控制癌基因的正常调控机制的作用减弱,并使其激活及具有恶性转化的功能;③基因扩增:细胞癌基因通过复制可使其拷贝数大量增加,从而激活并导致细胞恶性转化;④病毒诱导与启动子插入:原癌基因附近一旦被插入一个强大的启动子,如逆转录病毒基因组中的长末端重复序列,也可被激活。

6.什么是标记染色体,在临床上有何意义。(武汉大学,2010B)

答:若某种结构异常的染色体经常出现在某种肿瘤细胞内,则这种染色体就称为该肿瘤的标记染色体。在临床上可以用来作为诊断的指标。又因为它常常出现于症状出现之前,所以还是肿瘤诊断的早期指标。

课后习题全解

1.试述果蝇触角足突变以及四翅突变的可能原因。

答:在胚胎体节的划分确定以后,同源异形基因负责确定每一体节的特征。如果它们发生突变,会使某一体节上长出另一体节。Antp 基因负责特化第二胸节,Antp 显性突变基因在头部和胸节中表达,使头区的成虫盘被特化成胸节的成虫盘,结果在头槽长触角的地方长出了一

条腿。隐形突变型的 Antp 基因在第二胸节中不表达，于是在长腿的地方长出了触角。同样的，缺失了 Ubx，以长有平衡器为特征的第三胸节变成了另一个第二胸节，结果长出了 4 只翅膀。

2. 果蝇的背腹轴的极性是怎样发育形成的？

答：果蝇胚胎出现腹背极化已知涉及 10 个基因。当卵细胞的这 10 个基因中任何一个基因发生突变和缺失时，即使精子可提供一份正常的野生型基因，胚胎也无法正常发育。这表明在受精后，这 10 个基因的正常产物对胚胎的发育已不起作用。研究表明，这 10 种或更多种背化基因各自产生不同的基因产物，作用于形成背腹极性的复杂的分子结构；而且这些产物在功能上是可以互补的。沿着胚胎的腹背轴存在一种位置信息梯度，在没有背部基因产物的情况下，细胞不能在这个梯度中找到自己应处的位置，也不能正常的分化。近年来的研究结果指出，区分腹背的是背部基因。母体背部基因的 mRNA 在卵受精后 90 分钟时才翻译产生背部蛋白。此时，在合胞体内到处都有背部蛋白，并不局限于背侧和腹侧。可是，当合胞体细胞形成许多细胞时，只有在合胞体腹侧的细胞核才与这种蛋白质形成细胞。背部蛋白质与某些核基因结合后，可激活或抑制这些基因的转录。如果背部蛋白质没有进入细胞核，则细胞核的腹化基因不能激活，背化基因不被抑制，于是胚胎分化出背化细胞。背部蛋白质未进入任何细胞的细胞核，则出现所有细胞都是背化细胞的突变胚胎。

3. 果蝇前后轴的形成是怎样受基因调控的？

答：果蝇前后轴极性的决定在卵受精之前就已经开始，并在受精后通过一系列相关基因的依次激活逐渐明朗，同时各体节的发育命运也被逐步固定。这实际上就是胚胎的前后轴图式形成的过程。这一过程的分子基础是在基因表达调控上形成了层次清晰的级联反应。由于每一层次被激活的基因大都为转录因子，因此调控主要集中在转录水平。参与这一系列级联反应的基因包括母体效应基因、裂隙基因（gap gene）、成对规则基因（pair－rule gene）、体节极性基因（segment polarity gene）和同源异形基因（homeotic gene），它们共同作用决定果蝇的体节发育和沿前后轴的形态建成，这实质上反映的是基因在各种层次上的相互作用。

①果蝇的前端形态发生素 BICOID。BICOID 蛋白（BCD）控制胚胎前端结构的生成，由雌蝇卵巢内滋养细胞的 bcd 基因产生 mRNA，通过滋养细胞与卵母细胞之间的连接进入卵母细胞质，并被锚定于卵的前端，因此 bcd 基因是一种母体效应基因。它在卵母细胞中的正确定位依赖于其 3′UTR。3′UTR 中的某些序列能够特异地被某种蛋白识别并结合，这种蛋白则能够与微管的“－”极特异结合，卵母细胞中微管的“－”极是集中在前端的。在受精卵开始发育的最初数分钟内开始由母体来源的 bcdmRN A 翻译出 BCD 蛋白，由于此 mRNA 被锚定在受精卵的前端，因此造成 BCD 蛋白在合胞体胚盘中呈现沿前后轴分布的浓度梯度，前端浓度最高。BCD 是一种转录因子，其重要功能包括：抑制 caudal 基因（也是一种母体效应基因）的翻译；激活合子 hunchback（hb z）基因的表达；与母源的 hunchback（hbm）基因产物共同调控某些合子基因的表达。bcd 突变型果蝇的胚胎不再是顶部－头部－胸部－腹部－尾部的正常结构，而是形成尾部－腹部－尾部的结构。

②果蝇的后端形态发生素 NANOS。控制果蝇胚胎后端结构生成的 nos（nanos）基因也属于母体效应基因。nanosmRNA 在卵巢内由滋养细胞合成后运送到卵母细胞内，并被锚定在卵母细胞的尾端，即距滋养细胞最远的一端。它的锚定机制与 bcd 类似，其 3′UTR 的某些序列能够特异地被某种蛋白识别并结合；但是与 bcd 不同的是，这种蛋白是与微管的“＋”极特异结合。不难想象，NOS 蛋白将会形成与 BCD 蛋白正好相反的浓度梯度，即后端浓度最高。NOS 是一种翻译抑制因子，其功能之一是通过与母源 hunchback（hb－m）的 mRNA 结合来抑制其翻译。

如果母体缺失 nos 基因,则胚胎不会生成腹部。这样,BCD 与 NOS 各自发挥功能的结果是形成了另外两个基因产物的相反的浓度梯度,即从前端向后端递减的 HUNCHBACK 的梯度和递增的 CAUDAL 梯度。这两个基因的 mRNA 本身在胚胎中是均匀分布的。与 BCD 与 NOS 形成的浓度梯度相比,HUNCHBACK 与 CAUDAL 的蛋白浓度梯度变化显得较为平缓。

4. 试述 SRY 基因的结构与功能。

答:SRY 基因是 Y 染色体的性别决定序列,是主宰性别的睾丸决定因子(TDF)的遗传基础,它的作用贯穿于性腺发育的全过程。研究表明,SRY 基因有自启动转录功能,在胚胎的睾丸组织细胞系表产生 SRY1 因子,激活下游的 114bp 启动子,进而使下游的缪氏体抑制物基因 MIS(miilerian inhibiting substance)表达,导致 AMH(artimiilerian Hormone)分泌,抑制缪氏管发育,同时 SRY1 因子作用于间质细胞,促使其发育分泌睾胴产生雄性结构。

5. 试述发育与癌症的关系。

答:机体的发育受到遗传信息的严格调控,当调控机制出现问题时会导致发育异常。从人类健康的角度出发,人们最为关注的是细胞增殖与凋亡失控,扩张性增生的细胞群形成的肿块,其中的一类恶性肿瘤(malignant tumor)即通常所指的癌症(cancer)。恶性肿瘤发生的根本原因是遗传物质的改变导致发育异常。癌症实质上是由癌基因或抑癌基因发生突变后引起的一类细胞分化异常的性状总称。多细胞生物正常发育与生存依赖于细胞之间的分工与合作。它们之间既相互依存,又彼此相互制约,这样才能构成一个有机的整体。这主要是通过细胞之间信息交流实现的。癌细胞则是退回到了一种相对隔离的原始状态,无视周围细胞传递的信号,横行霸道地增殖。因而癌细胞具有特殊的表型特征,使它们明显地区别于相邻的正常细胞,比如能够快速分裂、侵入其他细胞的疆域、较高的代谢速率、异常的形状等。事实上,目前所有体细胞形成的癌症,都是由在一个细胞内所积累的一系列特殊基因的突变造成的。其中某些突变改变基因的活性,还有一些突变则使基因的活性完全丧失。引起癌症的突变可以大致分为以下几个类型:提高细胞的增殖能力,降低细胞对凋亡的敏感性,提高细胞的突变率或延长细胞寿命。有一些突变可以通过种系传递到下一代,但是大多数突变都是在某个特定的体细胞中新形成的。

第十七章　免疫的遗传分析

考点综述

免疫遗传学是遗传学和免疫学的交叉，常在医学专业的遗传学里考查。考查的是相关的名词术语及抗原与抗体的关系，免疫球蛋白多样性的原因等内容。在普通和分子遗传学里也有所考查，但所占比例很小。需要重点掌握的名词术语包括抗原、免疫球蛋白、免疫应答、C基因和免疫球蛋白恒定区、V基因和免疫球蛋白可变区、新生儿溶血症等，同时也要掌握免疫球蛋白分子多样性的机理。

名师串讲

免疫功能是生物识别和排除抗原性异物的一种重要的功能，它是在生物进化过程中逐步发展和完善起来的，与生物的其他机能一样，免疫功能也受遗传的控制。包括血型抗原（Rh血型、Xg血型）和组织相容性抗原的遗传特性，抗体的多样性遗传特性，免疫应答基因与遗传控制，以及与免疫遗传相关的遗传疾病。

名词术语解释

1. **主要组织相容性复合物（major histocompatibility complex，MHC）**：MHC由一群紧密连锁的基因群组成，定位于动物或人某对染色体的特定区域，呈高度多态性。其编码的分子表达于不同细胞表面，参与抗原递呈、制约细胞间相互识别及诱导免疫应答。

2. **抗原（antigen）**：是一类能引起人体或动物的免疫系统产生一系列免疫反应的物质（如蛋白质或复合蛋白质、某些多糖等）。

3. **免疫球蛋白（immunoglobulin，Ig）**：指具有抗体活性或化学结构与抗体相似的球蛋白。这类球蛋白过去也称为γ球蛋白，主要存在于血液和其他分泌液中，也可作为抗原识别受体存在于B细胞膜上。

4. **超变区（hypervariable region）**：Ig在VL区和VH区内各有三个区域的氨基酸组成、排列和构型更易变化，称为超变区。超变区是免疫球蛋白结合特异性抗原的具体部位，在构型上与抗原互补，因此又称为互补决定区（CDR）。

5. **等位排斥（allelic exclusion）**：在B淋巴细胞分化过程中，免疫球蛋白重链和轻链基因重排表达时，一对等位基因中只有一个基因能发生有表达功能重排和转录的现象。

6. **RS序列（recombing sequence）**：在小鼠编码λ链的B细胞中在Cκ下游存在一个活跃重组作用的RS序列，这一序列是重组酶识别位点，因此把RS序列看作活化λ基因重排的信号。

7. **同型排斥（isotypic exclusion）**：一个B细胞不会同时表达κ链和λ链，称同型排斥。

8. **类别转换（class switching）**：由同一个VH基因先和一个Cμ基因连接，共同形成一个有功能的转录单位，然后又转换与另一个CH基因连接以产生另一类别的转录单位的过程。

9. **免疫应答（immune response）**：抗原性物质进入机体后激发免疫细胞活化、分化和效应的过程称为免疫应答。

10. **重链(heavy chain)**:组成免疫球蛋白四条对称肽链中的两条相同长链,称为重链,约由440个氨基酸组成。根据重链恒定区氨基酸排列顺序的不同,构成五种不同类别的重链:γ、μ、α、δ和ε。将具有相应类别重链的免疫球蛋白分为五类,分别称为IgG(γ链)、IgM(μ链)、IgA(α链)、IgD(δ链)和IgE(ε链)。

11. **轻链(light chain)**:组成免疫球蛋白四条对称肽链中的两条相同短链,称为轻链,约由214个氨基酸组成,以二硫键连接于H链的上端外侧。根据轻链恒定区氨基酸组成的差异可分为两种型:κ型和λ型。每种Ig只含一种型别的轻链。

12. **可变区(variable region,V区)**:在Ig四条肽链的N端(上端),L链的1/2和H链的1/4区,氨基酸种类、排列顺序和构型随抗体特异性的不同而变化较大,称为可变区(V区)。V区包括V_L区(轻链可变区)和V_H区(重链可变区)。V区是抗体结合抗原的部位。

13. **抗原决定簇(antigenic determinant)**:指决定抗原特异性的抗原表面的某些特定化学结构——某些化学基团或特定构象,抗原以此与相应淋巴细胞表面的抗原受体结合,而引起免疫应答和免疫反应。

14. **C基因和免疫球蛋白恒定区(C gene&immunoglobulin constant region)**:C基因指编码免疫球蛋白肽链恒定区的基因;所谓恒定区是指变异最小的区段(C端),故可用此来鉴别免疫球蛋白的类型。

15. **V基因和免疫球蛋白可变区(variablegene&immunoglobulin variable region)**:V基因是编码免疫球蛋白可变区(N端)的基因;所谓可变区是指不同球蛋白链(之间)有广泛变异(氨基酸顺序)的区段。

16. **新生儿溶血症(hemolytic disease of newborn)**:在人类中,Rh血型是跟ABO血型和MN血型独立的另一血型系统。Rh血型是由一对等位基因R和r决定的。RR个体的红细胞表面有一种特殊的粘多糖,叫做Rh抗原,所以这种人是Rh阳性。rr个体没有这种粘多糖,所以是阴性。Rh阴性个体在正常情况下并不含有对Rh阳性细胞的抗体。Rh阴性的母亲怀了Rh阳性的胎儿,在分娩时,阳性胎儿的红细胞有可能通过胎盘进入母体血液循环中,使母亲产生对Rh阳性细胞的抗体。但这并不影响母亲,因为母亲的血细胞并不含有Rh抗原。这对第一胎也没有影响,因为抗体是在胎儿出生后形成的。在怀第二胎时,如果胎儿仍为Rh阳性,则母亲血液中的抗体通过胎盘进入胎儿血液循环时,就可使胎儿的红细胞破坏,造成胎儿死亡,这种现象就称为新生儿溶血症。但在有些情况下,胎儿可以活着产下来,可是新生儿全身水肿,有重症黄疸和贫血,他们的肝、脾中有活动旺盛的造血巢,血液中存在很多核红细胞。

经典考题汇编

1. 若某已婚男人需要接受器官移植,应最先考虑从他的下述哪些人中选择供体,试分析并说明你的理由?(武汉大学,2010B)

①父亲　②母亲　③兄弟　④姐妹　⑤儿子　⑥女儿

答:兄弟、姐妹。

器官移植抗原的决定基因全部位于第6号染色体上,因此只需考虑受体和供体的2条6号染色体是否相同,与其他常染色体和性染色体无关。

患者的兄弟或姐妹和患者的2条6号染色体全相同的概率为1/4,半相同为1/2,全不相同为1/4。患者的上一代或下一代与患者的2条6号染色体全为半相同(即1条6号染色体相同)。

由于患者的兄弟或姐妹中有 1/4 的人存在与患者全相同的 6 号染色体，这部分将不产生排斥反应或不易产生排斥反应，因此应首先考虑兄弟和姐妹。

2. Rh 血型不符引起的新生儿溶血症的发病机制如何？（武汉大学，2013C）

答：Rh^- 的母体首次妊娠血型为 Rh^+ 的胎儿，在第一次分娩时（或自然流产、人工流产、剖宫产等），由于胎盘损伤、渗血，可有一定数量的胎儿红细胞进入母体，使其致敏。当再次妊娠血型为 Rh^+ 胎儿时，胎儿红细胞进入母体。由于免疫记忆使母体产生足够的容易穿透胎盘的 IgG 型抗体，通过Ⅱ型超敏反应造成新生儿溶血。

3. 简述常见的人类血型类别。

答：人类和脊椎动物红细胞膜上不同的糖蛋白分子构成红细胞的不同血型。ABO 血型系统是 1901 年奥地利医生 Landsteriner 发现的，也是人类最重要的血型系统，它的发现为医学做出了重大贡献，挽救了千百万人的生命，因此 Landsteriner 获得了 1930 年的诺贝尔奖。自从发现 ABO 血型以来，至今已知人体大约有 30 种在遗传上各自独立的血型系统。其中 Xg 血型是 X 连锁的，其他均为常染色体遗传。现有资料表明，这些血型系统中除了个别是受控于两个或三个基因座位外，大多数都受控于单一基因座。血型抗原多是共显性，但在有些系统中存在无效基因，表现为隐性遗传。具有重要临床意义的血型主要有 ABO、Rh、MN、Lewis 等血型系统。常见血型及发现年代列表如下。

血型系统	发现年代	血型系统	发现年代
ABO	1901	rt	1956
MN	1927	I	1956
P	1927	Xg	1962
Rh	1939	Donbrock	1965
Lutheran	1945	Colton	1967
Kell	1946	UI	1968
Lewis	1946	En	1969
Duffy	1950	Ahonen	1972
Kidd	1951	OK	1987
Diego	1955	LKE	1987

4. 简述遗传性免疫缺损病的主要类型。

答：遗传性免疫缺损病的主要有以下几种类型：

①细胞免疫缺损. 如遗传性胸腺发育不全；

②体液免疫缺损，是与免疫球蛋白的质与量的异常有关的疾病；

③颗粒性白细胞缺损病，这是由于吞噬细胞有损伤而引起的综合症，如儿童的慢性肉芽肿病，就是因患者缺乏巨噬细胞溶酶体；

④补体缺乏综合症，如 C_3 缺损症常可使患者伴有多种感染。

另外，还有一些遗传综合症并发免疫缺损，如毛细管扩张性共济失调是一种常染色体隐性遗传病，临床表观中除了有本症的各种症状外，还并发有细胞免疫和体液免疫缺乏。

课后习题全解

1. 由一自交系品系雌性小鼠与另一品系的雄性小鼠杂交，得到子一代小鼠，若

①将母本皮肤移植到F_1代的雄鼠身上，能否被接受？

②将父本皮肤移植到F_1代的雌鼠身上，能否被接受？就人类而言，母亲的皮肤能否移植给儿子？

答：①可以接受。②可以接受。就人类而言，母亲的皮肤也可以移植给儿子。

2. 在Xg血型系统中，若父亲为$Xg(a^+)$，母亲为$Xg(a^-)$，其所有的子女血型表现如何？如果父亲是$Xg(a^-)$，母亲是$Xg(a^+)$，其子女血型又如何？请说明原因。

答：Xg血型是1962年由Mann等人从一个严重鼻出血患者的血清中发现的。这种血型系统最特殊之处是它与性别有关。控制Xg抗原的基因座在X染色体短臂上，有两个等位基因Xg^a和Xg。Xg抗原阳性[表现为$Xg(a^+)$]由显性基因Xg^a控制，Xg抗原阴性[表型为$Xg(a^-)$]则受控于隐性基因Xg。在人群中Xg血型阳性率是女性高于男性。若父亲为$Xg(a^+)$，母亲为$Xg(a^-)$，所有的女儿将全为$Xg(a^+)$，所有儿子全为$Xg(a^-)$；如果父亲为$Xg(a^-)$，母亲为$Xg(a^+)$，则有两种可能：一是子女全部为$Xg(a^+)$，这表明母亲具有Xg^a/Xg^a基因型的纯合子；另一种可能是子女各有半数是$Xg(a^+)$，显示母亲是xg^a/Xg杂合子。

3. 已知一个免疫球蛋白分子，其轻链活性基因结构是$L_2V_2J_3C_K$，请绘出其DNA的结构。

答：结构如下：

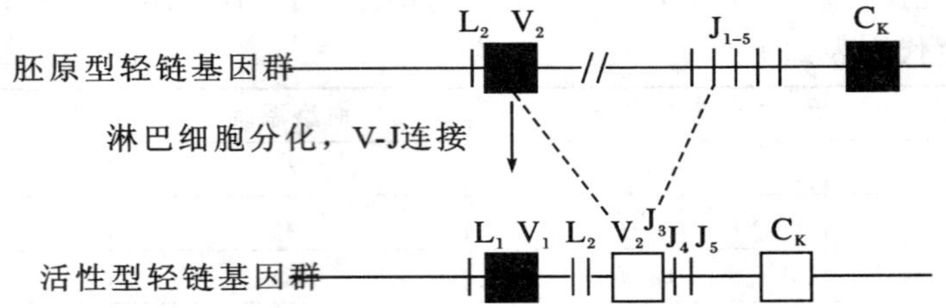

4. 抗体为什么具有多样性？

答：入侵机体的抗原性物质是多种多样的，机体能相应地产生大量不同的抗体，即不同的B淋巴细胞克隆所产生的Ig各具不同的特异性，由于这种高度特异性而表现出高度多样性。分子遗传学的发展、DNA测序和DNA重组等技术的应用，揭开了免疫球蛋白多样性遗传控制的奥秘。原来，在胚胎DNA中为免疫球蛋白链编码的片段常是分隔的，它们在B淋巴细胞发育过程中，需要经过DNA重排和原初转录产物的加工，才能组装成有功能的特定抗体分子。这样，不同拷贝的基因片段的组合便能产生大量的不同抗体。

5. 艾滋病是一种什么性质的免疫缺陷病？为什么？

答：这是一种人类免疫缺陷病毒(human immunodeficiency virus，HIV)侵入人体后破坏人体免疫功能，使人体发生目前尚不能治愈的感染和恶性肿瘤的严重性疾病。人类免疫缺陷病毒(HIV)对人体免疫系统的损害主要表现为T淋巴细胞相关疾病。许多研究结果表明，99%以上的病毒是在新受感染的CD^{4+} T淋巴细胞中复制出来的。所以艾滋病患者的主要病理指标就是体内CD^{4+} T淋巴细胞数量剧减。HIV在基因水平及其产物的氨基酸序列上有高度的变异性，由于RNA聚合物无外切核酸酶活性，HIV从RNA向DNA逆转录再由DNA向RNA转录过程中，碱基错配率可达10^{-4}～10^{-3}，因而HIV产生了大量的突变株，这样在宿主强大的免疫防御力及抗病毒药物的作用下，HIV优势毒株得以生存。不仅如此，HIV具有惊人的繁殖力，其在宿主免疫细胞中每天能产生10^9～10^{10}个病毒颗粒。

6. 在B细胞发育过程中，免疫球蛋白基因发生了什么变化？

答：在胚胎DNA中为免疫球蛋白链编码的片段常是分隔的，它们在B淋巴细胞发育过程

中，需要经过 DNA 重排和原初转录产物的加工，才能组装成有功能的特定抗体分子。这样，不同拷贝的基因片段的组合便能产生大量的不同抗体。一般需要形成活性轻链基因的和重链基因的重排变化。

7. HLA 系统中的Ⅰ类和Ⅱ类抗原的遗传结构如何？它们有何作用？

答：人的 HLA 基因系统位于 6 号染色体短臂上一个很窄的区段，这一区段估计至少包括几百个基因。HLA 编码Ⅰ类抗原有 8 个基因座；编码Ⅱ类抗原有 27 个基因座。整个 HLA 区的长度约为 3 500kb，约占人类整个基因组的 1/3 000。

①HLAⅠ类抗原。HLA Ⅰ类抗原属血清鉴定抗原（serologically-defined antigen），简称 SD 抗原，分布于所有有核细胞（如 T 细胞、B 细胞、巨噬细胞等）的表面。Ⅰ类抗原分子由相对分子质量为 4.4×10^4 的重链（α 链）通过 3 个结构域与相对分子质量为 1.2×10^4 的轻链（β_2 微球蛋白链，β_2m）非共价结合而成，其多态性取决于 α 链的第一、第二结构域，β_2m 无多态性。

Ⅰ类抗原的基因区域在 HLA-A、HLA-B、HLA-C 基因座。近年来又检出与Ⅰ类抗原相关的 HLA-E、F、G、H、J 基因座，无抗原活性的 HLA-H 和 HLA-J 为假基因。HLA-A、B、C 基因座位编码重链或称 α 链。α 链基因有 8 个外显子，分别为肽链不同区域编码。其中第一外显子编码约 18 个核苷酸的 5′非翻译区和 24 个氨基酸的疏水性前导多肽，后者与重链插入细胞膜有关。第 2、3 外显子显示多态性，而第 4 个外显子则表现出进化上的保守性，它们依次编码 α_1、α_2 和 α_3 结构域。第 5 个外显子编码肽链的越膜区。第 6、7 外显子负责细胞结构域的编码。至于第 8 个外显子，除编码细胞质结构域外，还含有 3′非翻译区。

Ⅰ类抗原对于清除已发生改变的自身细胞（异常细胞）和组织的识别中，有可能是由于病毒或其他因素对细胞的作用，改变了自身的组织相容性抗原结构，从而使之相当于外来组织相容性抗原一样被识别而杀伤，由此表现出Ⅰ类抗原的约束现象。

②Ⅱ类抗原。Ⅱ类抗原只分布在 B 细胞和抗原呈递细胞（antigen-presenting cell，APC）的细胞膜上，活化的母细胞样 T 细胞也表达Ⅱ类抗原。Ⅱ类抗原也是一种蛋白质异二聚体，由 α 重链（相对分子质量为 3.4×10^4）和 β 轻链（相对分子质量为 2.9×10^4）非共价结合。两链都由 MHC 编码。每条链都有 2 个细胞外结构域，1 个越膜结构域和 1 个细胞质结构域。A 链无多态性或略有多态性，β 链是高度多态的。在 HLA 系统中为Ⅱ类抗原编码的区域称为 HLA—D，可分为 DR、DQ、DP、DO、DN 和 DM6 个亚区。DR 亚区有一个 DRA 基因座和 DRBl～9 共 9 个基因座。DRA 基因座为 DRα 重链编码，DRBl 基因座编码 DRβ_1 链，决定大部分 DR 抗原特异性；DRB3、DRB4 和 DRB5 基因座位依次分别编码 DRβ_3、DRβ_4 和 DRβ_5 链，而 DRB2 和 DRB6～9 则均为假基因。其他 5 个亚区中也各有编码 α 重链和 β 轻链的基因座，DQ 和 DP 亚区中还有假基因。

Ⅱ类抗原中 DR 抗原是由人体特异性免疫血清检出的，属 SD 抗原。DP 抗原则属于淋巴细胞鉴定抗原（Lymphocyte-defined antigen），简称 LD 抗原。Ⅱ类抗原在免疫应答中有着重要的作用，这一类抗原在体液免疫和细胞免疫反应中的调节作用是为辅助性 T 细胞（helper Tcell，TH）提供外来抗原，使后者在识别外来抗原的同时识别 HLAⅡ类抗原而得以激活。如在免疫应答中，巨噬细胞的Ⅱ类抗原作为自身抗原与由巨噬细胞捕捉和处理后的外来抗原结合，激活 TH 细胞，TH 细胞辅助 B 细胞分化为浆细胞，分泌抗体。只是 TH 和 B 细胞相互作用时，要求具有相同的 Ia 抗原。

8. 在医学实践中，人类 HLA 的多态性具有什么重要意义？为什么？

答：在 HLA 系统中的每个基因座上都有众多的复等位基因，在众多的基因座上不断有新的复等位基因被发现,它们是共显性遗传的。但每个个体在任一基因座上可拥有最多两个不同的等位基因,因此,便可以在人群中形成数以百万计以上的基因型和表型,造成 HLA 的高度多态性。正是由于人群中 HLA 高度异质性,使每一个个体都带有独特的一套生物学身份证,所以在无亲缘关系的人群中,寻找 HLA 单倍型完全相同的人是十分困难的。HLA 的高度多态性保证了机体对各种病原体产生各种合适的免疫反应来维持机体的稳定性。由此可见,MHC 的多态性具有明显的适应意义。如抗病力增强,免疫应答能力扩增,对环境更加适应等。高度多态性使 HLA 抗原系统成为一种极好的遗传标记,在人类遗传学和医学遗传学中成为极重要的研究工具。

9. 在法医学中单倍型常被用于鉴定亲子关系,其依据如何?

答:单倍型是一串连锁紧密而又多样性高的基因群,由于高度的异质性使每一个个体都带有独特的一套生物学身份证,所以在无亲缘关系的人群中,寻找单倍型完全相同的人是十分困难的。

10. 造成免疫球蛋白多样性的诸因素是什么?它们各自的作用如何?

答:免疫球蛋白是具有抗原决定簇结合特异性的各种球蛋白分子的总称。多样性是免疫球蛋白的重要特性。研究证明,这是通过基因重排来实现免疫球蛋白的多样性。在胚胎细胞中,V、J、D 和 C 基因是分散排列的,在 B 细胞发育成熟过程中,基因组中组成免疫球蛋白分子的各个基因开始发生重排,V 区基因发生 y—J 或 y—D—J 重排,与 C 基因连接,转录产生 mRNA。随机重排的结果可以产生 $10^8 \sim 10^{10}$ 免疫球蛋白分子。

①轻链基因的重排。κ 基因可通过 $V_{\kappa 0}$ 区基因的缺失、倒位而与相隔一定距离的一个 $J_{\kappa 0}$ 基因相连接。κ 链的 V 区基因可随机地同任何一个 J_κ 基因连接。重排后的 $V_\kappa J_\kappa$ 再与 C_κ 连接生成完整的 κ 链 DNA,其中的内含子在转录后剪接形成 mRNA。因为 V_κ 与 J_κ 的重排是随机的,以 300 个 V_κ 基因同 4 个 J_κ 基因计算,重排的组合可达 1 200 种。由于 V_κ 和 J_κ 的连接不够精确,将造成更多的排列组合,可能使多样性增加 10 倍。

②重链基因的重排。重链基因是通过两次重排形成的。第一次基因重排是 D 基因与 J_H 基因的重排连接,得到 DJ_H 基因片段;第二次基因重排是 V_H 基因与 DJ_H 基因片段的重排和连接,得到 $V_H DJ_H$ 片段。两次重排后的基因片段中有一个内含子,在 L 基因的上游为启动子。H 链基因重排过程中,V_H、D、J_H 之间的组合是随机的。H 链基因不同的组合数可达 $500(V) \times 20(D) \times 4(J) = 4 \times 10^4$。如果考虑到其他各种因素如连接的不精确性等,估计 H 链的多样性可达 4×10^7。H 链和 L 链可能的组合数预计可达 10^{11} 以上。小鼠每天生成的淋巴细胞为 10^8 个,可见动物一生中还不可能使全部可能产生的基因组合得到表达。

第十八章　基因组学与后基因组学

考点综述

基因组学和后基因组学的研究是当今遗传领域研究的热点，也是近年来研究生入学考试常常出题的地方，是考察的重点，经常作为热点前沿出题，所占比例较高，一般以论述题、选择题或名词解释。常见的考察点有人类基因组计划、基因组特点、遗传标记种类与特点、连锁遗传图谱、序列测定与组装、遗传图谱构建方法、DNA 文库构建方法、比较基因组、功能基因组和蛋白质组学等内容。

名师串讲

本章以人类基因组测序计划为切入点，主要介绍基因组序列测定后的研究方向与方法。人类基因组计划的完成具有重要意义，标志着基因研究进入“后基因组时代”，由基因结构转入基因功能研究。随着大量生物的基因组序列被测定完毕，以比较基因组学为重要内容的生物信息学开始蓬勃发展。这一章是目前遗传学的研究热点，也是历年研究生入学考试的热点。主要考点有以下几个内容：

1. 人类基因组计划的由来与结果

人类基因组计划是堪称与阿波罗登月计划和曼哈顿原子弹计划相比的惊世壮举，是当代生命科学中的一项伟大的科学工程。1986 年美国能源部正式提出开展人类基因组的测序工作，并提出了“人类基因组计划”草案。美国由能源部和国立卫生研究院(NIH)合作，于 1990 年正式启动人类基因组计划，主要目标是计划拨款 30 亿美元，用 15 年时间完成人类基因组 30 亿 bp 全部序列的测定，在 2001 年完成全部染色体的“工作草图”。30 亿 bp 全部序列的测定，在 2001 经过参与该项目的 1 000 多名各国科学家的通力合作，人类基因组的工作草图已经在 2000 年 6 月 26 日胜利绘制完成，该工作草图包含人体 90%以上碱基对的位置信息。2001 年 2 月 12 日中、美、日、德、法、英等 6 国科学家和美国 Celera 公司联合公布了人类基因组图谱及初步分析结果，人类基因组由 31.647 亿个碱基对组成，有 3 万～3.5 万个基因，远小于原先预计的 10 万个基因的估计。2003 年 4 月 15 日，上述 6 国又共同宣布人类基因组序列图完成。2004 年 10 月，国际人类基因组测序联合体在 Nature 周刊上发表了人类基因组常染色质全序列测定的论文，宣布人类基因组的常染色质部分中 99%的序列已经被测定，其精度达到每 10 万个碱基中只有一个测量误差。随着人类基因组精细图的完成，研究者发现，人类基因组拥有的编码蛋白质的基因数目在 2 万与 2.5 万个之间，比“工作草图”的估计的基因数又低 33%。

2. 分子遗传标记及特点

遗传学中曾将可识别的等位基因称为遗传标记(genetic marker)。现代遗传学将可示踪染色体、染色体片段、基因等传递轨迹的遗传特性也称为遗传标记。DNA 分子标记与形态标记、细胞学标记和蛋白质标记相比，具有很多优点：不受环境条件的影响，不受发育阶段的限制，也不受个体和生物组织器官的限制；同时基因组 DNA 变异非常丰富，可供选择的分子标记数量大大超过形态标记、细胞学标记和蛋白质标记的数量;此外,大多数DNA分子标记是共显性的,符合孟德尔遗传规律,因此可供遗传标记作图。几种常用的DNA分子标记特点和如下:

①RFLP标记。在群体中生物个体之间,由于DNA某一位点上的变异有可能引起该位点特异性的限制性内切酶识别位点的改变,包括原有位点的消失或出现新的酶切位点。当用限制性内切酶处理不同生物个体的DNA时,致使酶切片段长度发生变化,个体之间出现限制性片段长度的差异,这称为限制性片段长度多态性。

②RAPD标记。用寡核苷酸随机短引物(人工合成的9~10个核苷酸组成)进行DNA的PCR扩增。其分子基础是模板DNA扩增区段上引物位点的碱基序列发生了突变。RAPD标记引物扩增产物所扩增的DNA区段是事先未知的,具有随机性和任意性,因此随机引物PCR标记技术可用于对任何未知基因组的研究。RAPD标记的不足之处是,一般表现为显性遗传,不能区分显性纯合和杂合的基因型,因而提供的信息量不完整。

③AFLP标记。扩增片段长度多态性(amplified fragments length polymorphism,AFLP)标记,是结合RFLP和PCR的优点发明的一种DNA指纹技术。通过对基因组DNA酶切片段的选择性扩增来检测DNA酶切片段长度的多态性。AFLP揭示的DNA多态性是酶切位点和其后的选择性碱基的变异。AFLP标记的主要特点是:由于在AFLP分析中所采用的限制酶以及引物的种类、数目有较多的选择,因此在理论上能够产生的标记数目是无限的;而且扩增片段数目与引物有关而与酶切片段无关;AFLP呈典型的孟德尔遗传,用于遗传分析;AFLP分析中所产生的大多数扩增带的片段与基因组的单一位置相对应,因此可作为遗传图谱和物理图谱的界(位)标,用来构建高密度的连锁图。

④SSR标记。真核生物基因组DNA中含有大量的串联重复序列,在不同个体间或同一个体的同源染色体间都会产生高度的变异。一般将长2~6个核苷酸为基本单元的简单串联重复序列称为微卫星或简单序列重复(simple sequence repeats,SSR)。小卫星和微卫星的多态性来源于重复序列的核苷酸组成和重复的次数不同。标记也呈共显性遗传,符合孟德尔遗传传递规律,因此可以用来进行遗传分析和作图。而且SSR标记在基因组中有广泛的分布,可检出的多态更丰富,出现的频率更高。

⑤STS标记。序列标签位点(sequence-tagged site,STS)是在染色体上定位的、序列已知的单拷贝DNA短片段。STS标记的原理,是根据单拷贝的DNA片段两端的序列,设计一对特异引物,经PCR扩增基因组DNA而产生的一段长度为几百bp的特异序列。由于不同的STS序列在基因组中往往只出现一次,从而能够界定基因组的特异位点。用STS进行物理作图,可通过PCR或杂交途径来完成。STS标记可以作为比较遗传图谱和物理图谱的共同界标,因此在基因组作图上具有非常重要的作用。

⑥SNP标记。单核苷酸多态性(single nucleotide polymorphism,SNP)标记是同一物种不同个体基因组DNA的等位序列上单个核苷酸存在差别的现象。其比较的不是DNA的片段长度,而是相同序列长度里的单个碱基的差别。

3. 遗传图谱与物理图谱

遗传图又称连锁图(linkage map),是指确定基因或DNA标记在染色体上的相对位置与遗传距离。它是通过连锁分析,计算遗传标记(或基因)间的交换频率,将某一染色体上的基因呈直线排列,确定基因之间的相对位置,一般用厘摩(cM)表示。遗传图的绘制需要应用多态性标记作为位标,在遗传图中,使用遗传标记越多,越密集,所得到的连锁图谱的分辨率就越高。

物理图谱是指各遗传标记之间或DNA序列两点之间,以物理距离来表示其在DNA分子

上的位置而构成的位置图，以实际的碱基对或千碱基对或百万碱基对长度来度量其物理距离。最早的物理图谱是细胞遗传学图谱，通过原位杂交将基因定位在染色体各区带上。而现在以YAC或BAC为载体构建的连续克隆系覆盖人的每条染色体的大片段DNA。以YAC叠连群或BAC叠连群作为大尺度物理图谱，同时寻找分布于整个基因组的序列标签位点STS。STS是具有位点专一性，染色体定位明确，而且可用PCR扩增的单拷贝序列，是物理作图通用语言。

4. 基因组测序策略

基因组序列的测定是一种大规模的序列测定，选择适当的测序策略是很重要的。主要有“由长到短”和“全基因组鸟枪法”两种测序作图策略。在“由长到短”测序作图策略中，首先建立连续叠连克隆系(overlapping clones)或叠连群(contig)，再对单个叠连群采用鸟枪法对其中的克隆逐个进行测序，最后在叠连群内进行拼接出全长序列。同时，需要辅以构建大DNA克隆(100～10 000 kb)，并把克隆依染色体排列构成染色体的克隆图。当对每个克隆测序完成后，就可以拼装出整个染色体的DNA序列。在“全基因组鸟枪法”测序作图策略中，直接将基因组DNA随机切成2 kb左右的小片段(BAC克隆)，然后进行随机末端测序，再以基因组的分子标记为起点进行DNA片段拼接，其余过程辅以少量大片段(约10 kb)，计算机分析串联得全序列。

5. 植物基因组图谱构建与应用

①选择DNA分子标记。目前用于植物遗传作图的DNA分子标记有RFLP、RAPD、AFLP、SCAR(sequence characteristic amplified regions)和SSR等。具体选用何种标记，要依据标记的特点、实验条件、作图植物的生长发育特性、对该植物的研究情况及实验目的等决定。

②亲本的选配。亲本的选择直接影响到构建连锁图谱的难易程度及所建图谱的适用范围。对亲本的选择要考虑亲本间的DNA多态性、亲本材料的纯度和杂交后代的可育性等问题。一般，异交作物的多态性高，自交作物的多态性低。

③分离群体类型的选择。根据其遗传稳定性分离群体分为暂时性分离群体和永久性分离群体两类。在暂时性分离群体中分离单位是个体，经自交或近交后其遗传组成会发生变化，无法永久使用，这些群体包括F2、F3、F4、BC和三交群体等；在永久性分离群体中分离单位是株系，株系间基因组有差异，而株系内个体间的基因型是相同的(纯合的)，是杂交不分离的，这类群体有重组近交系(recombinant inbred lines，R ILs)和双单倍体(double haploid，DH)群体等，它们可杂交或近交繁殖后代而不改变群体的遗传组成，可以永久使用。因此，构建DNA连锁图谱应根据具体情况选择不同类型的分离群体。目前构建遗传连锁图谱主要应用F2群体、RILs和DH群体。

④群体大小的确定。遗传图谱的分辨率和精度与群体的大小有密切的关系。群体越大，作图精度越高。但群体太大会增加实验工作量和费用。因此确定合适的群体大小是十分必要的。在实际工作中，构建分子标记骨架连锁图可基于大群体中的一个随机小群体(如150～200个单株或家系)，当需要精细地研究某个连锁区域时，再针对性地在骨架连锁图的基础上扩大群体。

⑤DNA标记分离数据的处理。通常各种DNA标记基因型的表现形式是电泳带型，将电泳带型数字化是DNA标记分离数据进行数学处理的关键。进行DNA标记带型数字化的基本原则是，必须区别所有可能的类型和情况，并赋予相应的数字或符号。获得有关数据矩阵后，选择适合的构建DNA标记图谱的计算机软件对其进行分析和处理。

6. 物理图谱的构建

细胞遗传学图谱(cytogenetic map)是将基因或DNA片段直观定位于染色体上的物理图

谱,因此也称为染色体图谱(chromosome map)。它是把基因或其他被分离出的DNA片段定位在它所在的染色体区域,并且粗略地测出它们之间相距的碱基长度。

DNA限制性内切酶酶切图谱是一种重要的DNA物理图谱,它由一系列位置确定的多种限制性内切酶酶切位点组成,以直线或环状图式表示。限制性内切酶在DNA链上的切口是以特异序列为基础的,核苷酸序列不同的DNA,经酶切后就会产生不同长度的DNA片段,由此而构成独特的酶切图谱。

叠连群图谱是一组相互两两头尾拼接的可装配成长片段的DNA序列克隆群。分辨在基因文库克隆中叠连群插入片段的顺序关系,通过相互邻接的两个片段间存在的重叠部分,推断出各叠连群覆盖整个染色体的克隆片段在染色体上的顺序,最后构建出叠连群图谱(contig map)。

7. 基因组图谱的应用

①寻找新的基因。弄清基因组序列中所包含的全部遗传信息,即从基因组序列中进行基因搜寻、分析与基因相关的序列,这是解读整个基因组图谱的基础。在基因组序列中查找新的基因有多种方法:一是根据已知的序列进行人工或计算机分析,来寻找与基因相关的序列。二是通过同源查询来寻找基因。利用已存入数据库中的基因顺序与待查基因序列进行比对,从中即可查找与之匹配的碱基顺序用于界定基因。现有生物的不同种属之间具有功能或结构相似的直系基因成员,它们具有共同的起源,存在保守序列。当某一DNA序列含有这类基因时,通过与已确定的其他基因序列比较,就可以发现其中的相似性。

②基因的克隆与分离。根据饱和的基因组图谱,可以对基因进行克隆和分离。有多种克隆和分离基因的方法。通过图位克隆法(map－based cloning)或定位克隆(positional cloning)法,对基因进行克隆与分离是一种比较常见的方法。它是根据功能基因组中都有相对较稳定的基因,在利用分子标记技术对目标基因进行精细定位的基础上,用与目的基因紧密连锁的分子标记筛选DNA文库(包括YAC、BAC、TAC、PAC和cosmid文库),从而构建目的基因区域的物理图谱,再利用此物理图谱通过染色体步移逐渐逼近目的基因或染色体登陆(chromosome landing)的方法最终找到包括该目的基因的克隆,并通过遗传转化试验证实目的基因的功能。

③基因功能的预测。利用基因组图谱对基因功能进行预测,观察基因组作为一个整体如何行使其功能。基因功能的预测可以通过计算机预测和实验确定两种途径进行。计算机预测可以通过比较基因的同源性和氨基酸的一致性或相似性来进行,由已经确定了的基因和多肽的功能可以推断与之同源的片段的功能。通常氨基酸水平的比较可以更为有效地确定两个DNA顺序是否同源,更为准确地推测基因功能。有时两个无明显同源的基因间会出现局部相似的区域,这是因为其功能域有共同的起源。

④比较基因组学研究。通过基因组比较作图(comparative mapping)可以揭示染色体或染色体片段上同线性(synteny)或共线性(colinearity)的存在,从而对不同物种的基因组结构及基因组进化历程进行精细分析。比较作图就是利用共同的分子标记(主要是cDNA标记及基因克隆)在相关物种中进行物理或遗传作图,比较这些标记在不同物种基因组中的分布情况。

⑤基因定位。借助基因组图谱,可使基因定位在精度、深度、广度等方面有极大的提高。基因定位有多种方法,其中全基因组扫描法(genome-wide scanning)是一种新的基因定位方法。该法在对人类许多与疾病相关基因的定位中产生了很好的效果。其原理是利用人类基因组内存在的大量的短串联重复序列(SSR),即微卫星标记。通过PCR利用特定序列的引物可将某条染色体上特定位置的SSR扩增出来进行分析,探测在它的周围是否存在疾病相连锁的相关

基因。

8. 构建基因组文库的载体

①酵母人工染色体文库。酵母人工染色体(yeast artificial chromosome, YAC)由3种功能单位(元件)组成:着丝粒DNA序列(centromere DNA sequence,CEN)是染色体有丝分裂和减数分裂并保证向两极运动的必需组分;端粒DNA序列(telomere DNA sequence,TEL)能与端粒酶结合,完成染色体末端复制,防止染色体末端融合及降解;自主复制序列(autonomously replicating sequence,ARS)确保染色体在细胞周期中能够自我复制,维持染色体在世代传递中的连续性。DNA分子的载体,并构建了第一个YAC文库。至今已对很多种真核生物构建了YAC

YAC的优点体现在:YAC载体具有灵活性,它可以作为一个质粒在大肠杆菌中增殖,因而可以用于亚克隆进行序列分析。当载体臂与基因组DNA大片段连接导入酵母细胞后,又可以作为非人工的或天然的染色体在酵母细胞中复制。YAC的最大优点是克隆容量大,可插入100～2 000 kb的外源DNA片段,利用不多的克隆就可以包含特定的基因组全部序列,这样可以保持基因组特定序列的完整性,有利于通过重叠片段克隆绘制基因组物理图谱以及进行基因定位克隆等。

YAC的不足是:①某些克隆稳定性较差,存在序列重排和插入丢失现象。②嵌合现象严重,有5%～50%的YAC克隆存在嵌合现象。在同一YAC克隆中嵌合两个不连续的大片段,来自不同染色体或同一染色体的不连续的区域,这些克隆很不适合测序和作图。③插入DNA片段的分离与纯化困难,因为转化细胞中YAC的分子结构与酵母天然染色体的分子结构有一定的相似性。④转化效率低。

②细菌人工染色体文库。细菌人工染色体(bacterial artificial chromosome, BAC)是以细菌F因子为基础,人工构建的大容量细菌克隆体系。细菌人工染色体其结构为环状的DNA分子。虽然BAC载体的插入片段长度一般为100～350kb,小于YAC载体的克隆片段,但是其优势在于:BAC在大肠杆菌宿主中具有相当的稳定性;BAC文库中没有嵌合现象;采用电击法转化大肠杆菌,转化效率比YAC的转化效率高10～100倍;由于DNA以环状超螺旋形式存在于大肠杆菌,BAC克隆易于操作和DNA提取;采用菌落原位杂交方法,使BAC文库筛选方便;BAC载体上的插入片段可以直接进行测序以获得末端序列。

③P1噬菌体衍生人工染色体。P1噬菌体衍生人工染色体(P1－derived artificial chromosome)是将BAC和P1噬菌体克隆体系(P1－clone)的优点结合起来所产生的克隆体系。P1噬菌体作为载体,可克隆95 kb长的DNA片段。该体系将克隆的DNA及载体包装λ噬菌体颗粒后注入大肠杆菌中,其DNA通过P1loxP重组位点和在受体菌中表达的P1Cre重组酶的作用而环化,形成环形质粒。P1－clone载体含有卡那霉素抗性基因,便于筛选。该环形质粒在宿主细胞中以单拷贝存在,可以避免因多拷贝所造成的克隆的不稳定性。

9. 比较基因组学

比较基因组学(comparative genomics)是一门通过运用数理理论和相应计算机程序,对不同物种的基因组进行比较分析来研究基因组大小和基因数量、基因排列顺序、编码序列与非编码序列的长度、数量及特征以及物种进化关系等生物学问题的学科。最重要也是最能体现比较基因组学的学科特点的是不同生物间全基因组的核苷酸序列的整体比较。

①通过比较基因组学的研究加深了人们对基因组结构和基因功能的认识;

②比较基因组学的研究表明在亲缘关系较近的物种中存在保守的连锁群或染色体“板块”

结构。

基因共线性既可出现在不同基因组的对应区段,也可以出现在同一基因组内部的不同染色体区段。宏观水平的共线性系指遗传连锁图上锚定标记排列次序的一致性,而微观共线性则指物理图上基因顺序的一致性。在进化过程中,基因共线性被转座、染色体片段的插入、缺失、重排或加倍等各种因素所破坏,使得物种间进化距离越远,基因共线性越差。近缘物种之间较为精确的微观共线性使得在基因组较小的模式生物中分离被精确定位在大基因组中的基因成为可能,如致病基因、重要功能基因等。但微观共线性往往被各种各样的因素破坏,只在相当有限的距离内保持,因而有的基因如植物中与抗病基因相关的区段由于共线性较低而很难实现跨种分离。

10. 功能基因组学

随着多种生物全基因组序列的获得,基因组研究正在从结构基因组学(structural genomics)转向功能基因组学(functional genomics)的整体研究。在功能基因组学的研究中通常运用高通量技术(high—throuput techniques),如 DNA 微阵列(DNA microarrays),反求遗传学技术如基因打靶(gene targeting),转基因(transgene)以及反义 mRNA(antisense mRNA)和 RNA 干扰(RNA interference,RNAi)等技术来系统地分析基因功能及基因间相互作用、基因组的时空表达以及发现和寻找新基因等。

名词术语解释

1. **结构基因组学(structural genomics)**:是着重研究基因组的结构并构建高分辨的遗传图、物理图、序列图和转录图以及研究蛋白质组成与结构的学科。

2. **功能基因组学(functional genomics)**:主要是利用结构基因组学研究所得到的各种信息在基因组水平上研究编码序列及非编码序列生物学功能的学科。

3. **遗传标记(genetic marker)**:遗传学中曾将可识别的等位基因称为遗传标记,现代遗传学将可示踪染色体、染色体片段、基因等传递轨迹的遗传特性也称为遗传标记。除以上基因标记外,遗传标记还包括:形态标记、细胞学标记、蛋白质标记和 DNA 标记。

4. **形态标记(morphological marker)**:指那些能够明确显示遗传多态的外观性状,如小麦的株高、粒色等的相对差异。

5. **细胞学标记(cytological marker)**:指能够明确显示遗传多态的细胞学特征,如染色体结构和数量的遗传多态性等。

6. **RFLP 标记(RFLP marker)**:在群体中生物个体之间,由于 DNA 某一位点上的变异有可能引起该位点特异性的限制性内切酶识别位点的改变,包括原有位点的消失或出现新的酶切位点。当用限制性内切酶处理不同生物个体的 DNA 时,致使酶切片段长度发生变化,个体之间出现限制性片段长度的差异,这称为限制性片段长度多态性。

7. **AFLP 标记(AFLP marker)**:是结合 RFLP 和 PCR 的优点发明的一种 DNA 指纹技术。通过对基因组 DNA 酶切片段的选择性扩增来检测 DNA 酶切片段长度的多态性。

8. **RAPD 标记(RAPD marker)**:用寡核苷酸随机短引物(人工合成的 9~10 个核苷酸组成)进行 DNA 的 PCR 扩增。经凝胶电泳分离,嗅化乙啶染色,显示出扩增产物 DNA 片段的多态性。其分子基础是模板 DNA 扩增区段上引物位点的碱基序列发生了突变。

9. **STS 标记(STS marker)**:是在染色体上定位的、序列已知的单拷贝 DNA 短片段。STS 标记的原理,是根据单拷贝的 DNA 片段两端的序列,设计一对特异引物,经 PCR 扩增基因组

DNA 而产生的一段长度为几百 bp 的特异序列。

10. **SNP 标记(SNP marker)**：是同一物种不同个体基因组 DNA 的等位序列上单个核苷酸存在差别的现象，其比较的不是 DNA 的片段长度，而是相同序列长度里的单个碱基的差别。

11. **连锁图谱(linkage map)**：指确定基因或 DNA 标记在染色体上的相对位置与遗传距离。它是通过连锁分析，计算遗传标记(或基因)间的交换频率，将某一染色体上的基因呈直线排列，确定基因之间的相对位置，一般用厘摩(cM)表示。

12. **物理图谱(physical map)**：指各遗传标记之间或 DNA 序列两点之间，以物理距离来表示其在 DNA 分子上的位置而构成的位置图，以实际的碱基对或千碱基对或百万碱基对长度来度量其物理距离。

13. **DNA 芯片(DNA chip)**：指采用类似大规模集成电路的手段将寡核苷酸探针或者 DNA、cDNA 有规律地排列固定在指甲大小(或更小)的硅片上而形成的测序集成块。

14. **RILs 群体(recombinant inbred lines population)**：是杂种后代经过多代自交而产生的一种作图群体，通常从 F_2 开始，采用单粒传的方法来建立。自交的作用是使纯合的基因型增加，杂合的基因型减少，因此，RILs 群体中每个株系都是纯合的，因而 RILs 群体是一种可长期使用的永久性分离群体，又可以进行重复试验。

15. **DH 群体(double haploid population)**：是由植物的单倍体经过染色体加倍形成的二倍体即加倍单倍体或双单倍体(DH)而来。

16. **NILs(near-isogenic lines)**：除了某一两个基因外，其他基因都相同的两个遗传材料，通常是经过饱和回交形成的除了目标性状有差异，其他遗传背景完全相同的两个遗传材料(品系)。

17. **细胞遗传学图谱(cytogenetic map)**：是将基因或 DNA 片段直观定位于染色体上的物理图谱，因此也称为染色体图谱(chromosome map)。它是把基因或其他被分离出的 DNA 片段定位在它所在的染色体区域，并且粗略地测出它们之间相距的碱基长度。

18. **图位克隆法(map—based cloning)**：根据功能基因组中都有相对较稳定的基因，在利用分子标记技术对目标基因进行精细定位的基础上，用与目的基因紧密连锁的分子标记筛选 DNA 文库(包括 YAC、BAC、TAC、PAC 和 cosmid 文库)，从而构建目的基因区域的物理图谱，再利用此物理图谱通过染色体步移逐渐逼近目的基因或染色体登陆(chromosome landing)的方法最终找到包括该目的基因的克隆，并通过遗传转化试验证实目的基因的功能。

19. **比较基因组学(comparative genomics)**：是一门通过运用数理理论和相应计算机程序，对不同物种的基因组进行比较分析来研究基因组大小和基因数量、基因排列顺序、编码序列与非编码序列的长度、数量及特征以及物种进化关系等生物学问题的学科。

20. **反义 mRNA 技术(antisense mRNA technology)**：是通过向细胞导入一段与特定编码 mRNA 互补的非编码 RNA 链，使其与该段 mRNA 特异性结合而定向阻抑靶基因表达的技术。

21. **生物信息学(bio informatics)**：是运用计算机技术和信息技术开发新的算法和统计方法，对生物实验数据进行分析，确定数据所含有的生物学意义，并开发新的数据分析工具以实现对各种信息的获取和管理的学科。

22. **多基因家族(multigene family)**：在真核生物进化过程中，由一个祖先基因经重复而产生一系列相关的基因，这样的一组基因称为多基因家族。

经典考题汇编

1. 试述人类基因组的结构特点。(武汉大学,2013A)

答:①人类细胞核基因组中编码序列不到2%,约含3万左右不同的基因,且有近1/3为多拷贝;

②结构基因大多含有插入序列。即大部分基因为断裂基因(interrupted gene);

③外显子(exon)一般不长于800bp,内含子(intron)则在30bp~数十kb不等;

④mRNA剪接位点(Splice sites)的识别信号:每个外显子和内含子接头区都有一段高度保守序列(consensus sequence),即内含子5′端大多数是GT(称为donor site)开始,3′端大多数是AG(称为acceptor site)结束,称为GT-AG法则;

⑤尽管拥有相同的一套基因组,不同的分化细胞中所表达的基因也不同,每个细胞只表达一部分基因。(例如:人脑细胞的基因表达百分比最高,为22%);

⑥转录在细胞核内进行,翻译在细胞质核糖体中进行,二者在时间空间上是分开的。

2. 简述人类基因组计划。(武汉大学,2011A)

答:人类基因组计划是堪称与阿波罗登月计划和曼哈顿原子弹计划相比的惊世壮举,是当代生命科学中的一项伟大的科学工程。1986年美国能源部正式提出开展人类基因组的测序工作,并提出了"人类基因组计划"草案。美国由能源部和国立卫生研究院(NIH)合作,于1990年正式启动人类基因组计划,主要目标是计划拨款30亿美元,用15年时间完成人类基因组30亿bp全部序列的测定,在2001年完成全部染色体的"工作草图"。30亿bp全部序列的测定,在2001经过参与该项目的1 000多名各国科学家的通力合作,人类基因组的工作草图已经在2000年6月26日胜利绘制完成,该工作草图包含人体90%以上碱基对的位置信息。2001年2月12日中、美、日、德、法、英等6国科学家和美国Celera公司联合公布了人类基因组图谱及初步分析结果,人类基因组由31.647亿个碱基对组成,有3万~3.5万个基因,远小于原先预计的10万个基因的估计。2003年4月15日,上述6国又共同宣布人类基因组序列图完成。2004年10月,国际人类基因组测序联合体在Nature周刊上发表了人类基因组常染色质全序列测定的论文,宣布人类基因组的常染色质部分中99%的序列已经被测定,其精度达到每10万个碱基中只有一个测量误差。随着人类基因组精细图的完成,研究者发现,人类基因组拥有的编码蛋白质的基因数目在2万到2.5万个之间,比"工作草图"的估计的基因数又低33%。

3. 人类基因组计划的主要进展。(武汉大学,2012B;湖南医科大学,1999)

答:1985年5月,美国能源部提出"人类基因组计划"草案;经过一番讨论后于1986年3月宣布实施这个草案;1986年3月7日,Dulbecco R在Science上发表了一篇有关开展人类基因组计划的短文,引起了全世界的强烈反响,不仅推动了美国,也推动了全世界的人类基因组计划的发展;1987年初,美国能源部和国家健康研究院为"人类基因组计划"下拨了启动经费550万美元,全年1.66亿美元;1988年2月,国家科学研究委员会的专家成立了"国家人类基因组研究中心",由沃特森任第一任主任;尽管有了以上这些工作,美国国会正式批准的"人类基因组计划"到1990年10月1日才正式启动,其规模在世界上是最大的,计划在15年内投入30亿美元以上的资金进行人类基因组的分析,我国于1993年参加"人类基因组计划"完成其中1%的染色体测序工作。大致历程如下:

1998年12月一种小线虫完整基因组序列的测定工作宣告完成,这是科学家第一次绘出多

细胞动物的基因组图谱。

1999 年 11 月 DNA 测序工作完成第 10 亿个碱基对的测定。12 月 1 日国际人类基因组计划联合研究小组宣布，他们完整地译出人体第 22 对染色体的遗传密码，它可能使人们找到多种治疗疾病的新方法。这是人类首次成功地完成人体染色体基因完整序列的测定。这一成果是宏大的人类基因组计划的一个里程碑。

2000 年 5 月 8 日由德国和日本等国科学家组成的国际科研小组宣布，他们已经基本完成了人体第 21 对染色体的测序工作。6 月 26 日中、美、日、德、法、英等 6 国科学家联合宣布，首次绘成人类基因组“工作框架图”，标志着人类在解读自身“生命之书”的路上迈出了重要一步。12 月 14 日美英等国科学家宣布绘出拟南芥基因组的完整图谱，这是人类首次全部破译出一种植物的基因序列。

2003 年 4 月 14 日，六国科学家提前绘成人类基因组序列图，人类基因组序列图绘制成功，人类基因组计划的所有目标全部实现，由美、英、日、法、德和中国科学家经过 13 年努力共同绘制完成了人类基因组序列图，在人类揭示生命奥秘、认识自我的漫漫长路上又迈出了重要的一步。

课后习题全解

1. 你认为人类基因组计划的意义是什么？近年基因人类基因组研究有哪些重要进展？

答：由于人类基因组计划（Human Genome Project，HGP）的提出与实施，导致产生了一个新的学科一基因组学（genomics）。它是研究基因组的组成、结构和功能的学科，分为结构基因组学（structural genomics）和功能基因组学（functional genomics）。由于人类基因组序列图和一些模式生物的全基因组序列图的完成，生命科学研究进入了后基因组时代，即从整体水平对生物进行功能研究，从而导致了蛋白质组学的诞生，同时也对人类自身的疾病治疗有更好的认识与治疗。

近年来基因组研究进展如下：

①生命科学工业的形成。由于基因组研究与制药、生物技术、农业、食品、化学、化妆品、环境、能源和计算机等工业部门密切相关，更重要的是基因组的研究可以转化为巨大的生产力，国际上一批大型制药公司和化学工业公司大规模纷纷投巨资进军基因组研究领域，形成了一个新的产业部门，即生命科学工业。

②功能基因组学。人类基因组计划已开始进入由结构基因组学向功能基因组学过渡、转化的过程。在功能基因组学研究中，可能的核心问题有：基因组的表达及其调控、基因组的多样性、模式生物体基因组研究等。

③基因组多样性的研究。人类是一个具有多态性的群体。不同群体和个体在生物学性状以及在对疾病的易感性与抗性上的差别，反映了进化过程中基因组与内、外部环境相互作用的结果。开展人类基因组多样性的系统研究，无论对于了解人类的起源和进化，还是对于生物医学均会产生重大的影响。

(a)对人类 DNA 的再测序。可以预测，在完成第一个人类基因组测序后，必然会出现对各人种、群体进行再测序和精细基因分型的热潮。这些资料与人类学、语言学的资料项结合，将有可能建立一个全人类的数据库资源，从而更好地了解人类的历史和自身特征。另外，基因组多样性的研究将成为疾病基因组学的主要内容之一，而群体遗传学将日益成为生物医药研究中的主流工具。需要对各种常见多因素疾病（如高血压、糖尿病和精神分裂症等）的相关基因及癌肿相关基因在基因组水平进行大规模的再测序，以识别其变异序列。

(b)对其他生物的测序。对进化过程各个阶段的生物进行系统的比较DNA测序,将揭开生命35亿年的进化史。这样的研究不仅能勾画出一张详尽的系统进化树,而且将显示进化过程中最主要的变化所发生的时间及特点,比如新基因的出现和全基因组的复制。

认识不同生物中基因序列的保守性,将能够使我们有效地认识约束基因及其产物的功能性的因素。对序列差异性的研究则有助于认识产生大自然多样性的基础。在不同生物体之间建立序列变异与基因表达的时空差异之间的相关性,将有助于揭示基因的网络结构。

总之,模式生物体的基因组计划为人类基因组的研究提供了大量的信息。今后,模式生物体的研究方向是将人类基因组8~10万个编码基因的大部分转化为已知生化功能的多成分核心机制。而要获得酶一种人类进化保守性核心机制的精细途径,以及它们的紊乱导致疾病的各种途径的知识,将只能来自对人类自身的研究。

通过功能基因组学的研究,人类最终将将能够了解哪些进化机制已经确实发生,并考虑进化过程还能够有哪些新的潜能。一种新的解答发育问题的方法可能是,将蛋白质功能域和调控顺序进行重新的组合,建立新的基因网络和形态发生通路。也就是说,未来的生物科学不仅能够认识生物体是如何构成和进化的,而且更为诱人的是产生构建新的生物体的可能潜力。

2. 人类基因组的结构特点有哪些?与其他横式生物基因组有哪些不同?

答:人类基因组是第一个被测序的脊椎动物基因组,人类基因组大小约为3.2×10^9 bp(3 200 Mb),其中基因和基因相关序列约为1 200 Mb,基因间DNA序列约为2 000 Mb。在基因和基因相关序列中为基因编码的序列约为48 Mb,占总基因组序列的1.5%左右,而基因相关序列约为1 152 Mb,占总基因组的36%,其中包括假基因、基因片段和内含子以及非翻译区(untranslated region,UTR);在基因间DNA序列中散在重复序列(interspersed repeat sequences,IRS)为1 400 Mb,占总基因组的43.75%,包括64 Mb的长散在核元件(LINE)、420 Mb的短散在核元件(SINE)、250 Mb的长末端重复序列(long terminal repeat,LTR)和90 Mb的DNA转座子。在基因间DNA序列还含有600 Mb的其他的基因间区域序列,包括90 Mb的微卫星序列和510 Mb的各种序列成分。显然,编码基因的序列仅占人类基因组DNA的1%左右,98%以上的序列是非编码序列。基因中内含子的序列占基因组的24%,因此基因组涉及与产生蛋白质有关的序列达到25%。基因平均长27 kb,平均具有9个外显子,一个基因约由1 340 bp组成编码序列,因此平均在一个基因内的编码序列仅仅只占一个基因序列碱基长度的5%。而人类基因组DNA中重复序列占50%以上,主要分成5种类型:①转座子成分,包括有活性的和无活性的,占基因组的45%。均以多拷贝的形式存在于基因组中。②已加工假基因(processed pseudogene),这是一类与RNA转录物相似的失活基因,约3 000个,约占基因组的0.1%。③简单重复序列,约占基因组的3%。④大片段重复(长10~30 kb的大片段)占基因组约5%。只有少部分在相同的染色体上,多数分布在不同的染色体上。⑤串联重复,主要位于着丝粒和端粒部位。

3. 有哪些DNA分子标记?这些DNA分子标记的特点和用途有哪些?

答:①RFLP标记。在群体中生物个体之间,由于DNA某一位点上的变异有可能引起该位点特异性的限制性内切酶识别位点的改变,包括原有位点的消失或出现新的酶切位点。当用限制性内切酶处理不同生物个体的DNA时,致使酶切片段长度发生变化,个体之间出现限制性片段长度的差异,这称为限制性片段长度多态性。

②VNTRs标记。真核生物基因组DNA中含有大量的串联重复序列,在不同个体间或同一个体的同源染色体间都会产生高度的变异。一般将长16~100个核苷酸为基本单元的串联

重复序列称为小卫星，而将以 2～6 个核苷酸为基本单元的简单串联重复序列，例如(CA)n、(GAG)n、(GACA)n 等，称为微卫星或简单序列重复(simple sequence repeats，SSR)。小卫星和微卫星其多态性来源于重复序列的核苷酸组成和重复的次数不同。一般又将小卫星和微卫星称作可变数目串联重复(variable number of tandem repeats，VNTRs)。VNTRs 标记也呈共显性遗传，符合孟德尔遗传传递规律，因此可以用来进行遗传分析和作图。而且 VNTR s 在基因组中有广泛的分布，可检出的多态更丰富，出现的频率更高。

③AFLP 标记。扩增片段长度多态性(amplified fragments length polymorphism，AFLP)标记，是结合 RFLP 和 PCR 的优点发明的一种 DNA 指纹技术。通过对基因组 DNA 酶切片段的选择性扩增来检测 DNA 酶切片段长度的多态性。AFLP 揭示的 DNA 多态性是酶切位点和其后的选择性碱基的变异。AFLP 具有 RFLP 技术的可靠性和 PCR 技术的高效性。AFLP 标记的主要特点是：由于在 AFLP 分析中所采用的限制酶以及引物的种类、数目有较多的选择，因此在理论上能够产生的标记数目是无限的；而且扩增片段数目与引物有关而与酶切片段无关；AFLP 呈典型的孟德尔遗传，用于遗传分析；AFLP 分析中所产生的大多数扩增带的片段与基因组的单一位置相对应，因此可作为遗传图谱和物理图谱的界(位)标，用来构建高密度的连锁图。

④RAPD 标记。用寡核苷酸随机短引物(人工合成的 9～10 个核苷酸组成)进行 DNA 的 PCR 扩增。经凝胶电泳分离，嗅化乙啶染色，显示出扩增产物 DNA 片段的多态性。其分子基础是模板 DNA 扩增区段上引物位点的碱基序列发生了突变。因此，不同来源的基因组在该区段(座位)上将表现为扩增区段产物的有无或扩增片段大小的差异。RAPD 标记引物扩增产物所扩增的 DNA 区段是事先未知的，具有随机性和任意性，因此随机引物 PCR 标记技术可用于对任何未知基因组的研究。RAPD 标记的不足之处是，一般表现为显性遗传，不能区分显性纯合和杂合的基因型，因而提供的信息量不完整。

⑤STS 标记。序列标签位点(sequence－tagged site，STS)是在染色体上定位的、序列已知的单拷贝 DNA 短片段。STS 标记的原理，是根据单拷贝的 DNA 片段两端的序列，设计一对特异引物，经 PCR 扩增基因组 DNA 而产生的一段长度为几百 bp 的特异序列。由于不同的 STS 序列在基因组中往往只出现一次，从而能够界定基因组的特异位点。用 STS 进行物理作图，可通过 PCR 或杂交途径来完成。STS 标记可以作为比较遗传图谱和物理图谱的共同界标，因此在基因组作图上具有非常重要的作用。

⑥SNP 标记。单核苷酸多态性(single nucleotide polymorphism，SNP)标记是同一物种不同个体基因组 DNA 的等位序列上单个核苷酸存在差别的现象。其比较的不是 DNA 的片段长度，而是相同序列长度里的单个碱基的差别。因此，SN P 是二等位多态性，其中最少一种在群体中的频率不小于 1%；如果出现频率低于 1%，则视作点突变。SNP 在大多数基因组中存在较高的频率，估计人类基因组中有 300 万个以上，平均 500～1 000 bp 中就有一个。

4. 何为遗传图？何为物理图？两者的关系如何？阅读相关书籍或专著了解除本章所述的人类基因组图谱之外，还有一种什么图谱，其图距单位有何不同？

答：遗传图又称连锁图(linkage map)，是指确定基因或 DNA 标记在染色体上的相对位置与遗传距离。它是通过连锁分析，计算遗传标记(或基因)间的交换频率，将某一染色体上的基因呈直线排列，确定基因之间的相对位置，一般用厘摩(cM)表示。

物理图谱是指各遗传标记之间或 DNA 序列两点之间，以物理距离来表示其在 DNA 分子上的位置而构成的位置图，以实际的碱基对或千碱基对或百万碱基对长度来度量其物理距离。

物理图谱与遗传图谱有一定的距离参考价值,但是遗传图谱的距离受到遗传重组难易的影响,相同的物理距离,有些地方容易重组,遗传距离就远,反之,遗传距离就近。

5. 基因组测序策略和方法有几种?各自的特点是什么?

答:基因组序列的测定是一种大规模的序列测定,选择适当的测序策略是很重要的。主要有两种测序策略,一种是自上而下(top—down mapping)或由长到短作图策略;另一种是全基因组鸟枪法(whole—genome shotgun method)作图策略,也称自下而上(Bottom—up mapping)或由短到长作图策略。

在“自上而下”测序作图策略中,首先建立连续叠连克隆系(overlapping clones)或叠连群(contig),再对单个叠连群采用鸟枪法对其中的克隆逐个进行测序,最后在叠连群内进行拼接出全长序列。同时,需要辅以构建大DNA克隆(100~10 000 kb),并把克隆依染色体排列构成染色体的克隆图。当对每个克隆测序完成后,就可以拼装出整个染色体的DNA序列。

在“全基因组鸟枪法”测序作图策略中,直接将基因组DNA随机切成2 kb左右的小片段,然后进行随机末端测序,再以基因组的分子标记为起点进行DNA片段拼接,其余过程辅以少量大片段(约10 kb),计算机分析串联得全序列。

6. 为什么说人类经典遗传图谱在人类基因组计划中利用价值不大?经典遗传学图谱与现代遗传学图谱的主要差别是什么?

答:经典遗传学图谱主要用来确定生物体的基因在染色体上的排列,只能标明基因之间的相对位置,无法指明基因在染色体上的具体位置,因此无法按这种图谱直接分离和克隆基因。因而,在人类基因组计划中利用价值不大。

经典遗传图谱与现代遗传学图谱的主要区别有两个方面:一个是经典遗传中连锁图中主要是性状(基因)的图谱,而现代遗传图谱主要是分子标记的连锁遗传图;另一个是现代遗传图谱将单纯的表型研究深入到DNA分子的本质上去。

7. 植物基因组遗传图谱的构建有哪些步骤?各要注意哪些事项?

答:①选择DNA分子标记。目前用于植物遗传作图的DNA分子标记有RFLP、RAPD、AFLP、SCAR(sequence characteristic amplified regions)和SSR等。具体选用何种标记,要依据标记的特点、实验条件、作图植物的生长发育特性、对该植物的研究情况及实验目的等决定。

②亲本的选配。亲本的选择直接影响到构建连锁图谱的难易程度及所建图谱的适用范围。对亲本的选择要考虑亲本间的DNA多态性、亲本材料的纯度和杂交后代的可育性等问题。一般,异交作物的多态性高,自交作物的多态性低。选配亲本时还应对亲本及其F_1杂种进行细胞学鉴定。防止亲本间有染色体易位、缺失及F_1染色体异常等现象对作图的不利影响出现。

③分离群体类型的选择。根据其遗传稳定性分离群体分为暂时性分离群体和永久性分离群体两类。在暂时性分离群体中分离单位是个体,经自交或近交后其遗传组成会发生变化,无法永久使用,这些群体包括F_2、F_3、F_4、BC和三交群体等;在永久性分离群体中分离单位是株系,株系间基因组有差异,而株系内个体间的基因型是相同的(纯合的),是杂交不分离的,这类群体有重组近交系(recombinant inbred lines,RILs)和双单倍体(double haploid,DH)群体等,它们可杂交或近交繁殖后代而不改变群体的遗传组成,可以永久使用。因此,构建DNA连锁图谱应根据具体情况选择不同类型的分离群体。目前构建遗传连锁图谱主要应用F2群体、RILs、NIL、和DH群体。

④群体大小的确定。遗传图谱的分辨率和精度与群体的大小有密切的关系。群体越大,作图精度越高。但群体太大会增加实验工作量和费用。因此确定合适的群体大小是十分必要的。

⑤连锁图谱制作的统计学原理。(a) 两点测验。对两个基因座位之间的连锁关系进行检测,称为两点测验。在进行连锁测验之前,必须了解各基因座的等位基因分离是否符合孟德尔分离比例,这是连锁检验的前提。在共显性条件下,F_2 群体中一个座位上的基因型分离比例为 1∶2∶1,而 BC1 和 DH 群体中分离比例均为 1∶1;在显性条件下,F_2 群体分离比例为 3∶1,而 BC1 和 DH 群体中分离比例仍为 1∶1。检验 DNA 标记的分离是否偏离孟德尔比例,一般采用 x^2 检验。而对基因座位之间的连锁关系,则采用或然比检验的方法,即 Lod 值的大小来进行重组率的估计从而推断连锁是否存在。

(b)多点测验。在构建分子标记连锁图谱中,每条染色体都涉及许多标记座位。要确定这些标记座位在染色体上的正确排列顺序及彼此间的遗传距离必须同时对多个基因进行联合分析,利用多个基因座间的共分离信息来确定它们的排列顺序,进行多点测验。多点测验通常也采用或然比检验法。先对各种可能的基因排列顺序进行最大或然比估计,然后通过或然比检验确定出可能性最大的顺序。在一条染色体上,经过多次多点测验,就能确定出基因的最佳排列顺序,并估计出相邻基因间的遗传图距,从而构建出相应的连锁图。

⑥DNA 标记分离数据的处理。从分离群体中收集分子标记的分离数据,获得不同个体的 DNA 多态性信息,是进行连锁分析的第一步。通常各种 DNA 标记基因型的表现形式是电泳带型,将电泳带型数字化是 DNA 标记分离数据进行数学处理的关键。进行 DNA 标记带型数字化的基本原则是,必须区别所有可能的类型和情况,并赋予相应的数字或符号。获得有关数据矩阵后,选择适合的构建 DNA 标记图谱的计算机软件对其进行分析和处理。

8. 基因组物理图谱的利用价值有哪些?

答:①细胞遗传学图谱。细胞遗传学图谱(cytogenetic map)是将基因或 DNA 片段直观定位于染色体上的物理图谱,因此也称为染色体图谱(chromosome map)。它是把基因或其他被分离出的 DNA 片段定位在它所在的染色体区域,并且粗略地测出它们之间相距的碱基长度。其图谱的制作主要采用原位杂交技术,将目标基因或特定的 DNA 片段定位到特定的染色体区带上。细胞遗传学图谱制作的关键是原位杂交探针序列与染色体目标序列的相互作用。

②限制酶切图谱。DNA 限制性内切酶酶切图谱是一种重要的 DNA 物理图谱,它由一系列位置确定的多种限制性内切酶酶切位点组成,以直线或环状图式表示。限制性内切酶在 DNA 链上的切口是以特异序列为基础的,核苷酸序列不同的 DNA,经酶切后就会产生不同长度的 DNA 片段,由此而构成独特的酶切图谱。其主要步骤:制备克隆 DNA;克隆 DNA 指纹分析,包括酶切、电泳分离、杂交标记或图像处理;计算机对克隆的排列和 DNA 片段的排序;填补空隙,包括分离新克隆,PCR 验证等。

构建 DNA 限制性内切酶图谱有许多方法。通常结合使用多种限制性内切酶,通过综合分析多种酶的单酶切及不同组合的多种酶同时酶切所得到的限制性片段大小来确定各种酶的酶切位点及其相对位置。

③叠连群图谱。一组相互两两头尾拼接的可装配成长片段的 DNA 序列克隆群称为叠连群。分辨在基因文库克隆中叠连群插入片段的顺序关系,通过相互邻接的两个片段间存在的重叠部分,推断出各叠连群覆盖整个染色体的克隆片段在染色体上的顺序,最后构建出叠连群图谱(contig map)。使用这些叠连群图谱,可以重新确定克隆片段或其他 DNA 探针在基因组中的位置,一旦构建成叠连群图谱,则整个基因组就可以以克隆形式获得,从而可在碱基序列水平上用这些克隆来分析基因组的任何区域。

基因组物理图谱可用于寻找新基因、用于基因的克隆与分离、基因功能预测、比较基因组研究及基因定位等研究。

9. YAC文库、BAC文库和PAC文库各自的特点是什么?如何利用这些文库进行基因组研究?

答:酵母人工染色体(yeast artificial chromosome,YAC)由3种功能单位(元件)组成:着丝粒DNA序列(centromere DNA sequence,CEN)是染色体有丝分裂和减数分裂并保证向两极运动的必需组分;端粒DNA序列(telomere DNA sequence,TEL)能与端粒酶结合,完成染色体末端复制,防止染色体末端融合及降解;自主复制序列(autonomously rep licating sequence,ARS)确保染色体在细胞周期中能够自我复制,维持染色体在世代传递中的连续性。YAC的优点体现在:YAC载体具有灵活性,它可以作为一个质粒在大肠杆菌中增殖,因而可以用于亚克隆进行序列分析。当载体臂与基因组DNA大片段连接导入酵母细胞后,又可以作为非人工的或天然的染色体在酵母细胞中复制。YAC的最大优点是克隆容量大,可插入100～2 000 kb的外源DNA片段,利用不多的克隆就可以包含特定的基因组全部序列,这样可以保持基因组特定序列的完整性,有利于通过重叠片段克隆绘制基因组物理图谱以及进行基因定位克隆等。YAC的不足是:①某些克隆稳定性较差,存在序列重排和插入丢失现象。②嵌合现象严重,有5%～50%的YAC克隆存在嵌合现象。在同一YAC克隆中嵌合两个不连续的大片段,来自不同染色体或同一染色体的不连续的区域,这些克隆很不适合测序和作图。③插入DNA片段的分离与纯化困难,因为转化细胞中YAC的分子结构与酵母天然染色体的分子结构有一定的相似性。④转化效率低。

细菌人工染色体(bacterial artificial chromosome, BAC)是以细菌F因子为基础,人工构建的大容量细菌克隆体系。细菌人工染色体其结构为环状的DNA分子。BAC文库构建的基本思路与YAC文库相似,只是需要采用BAC载体和大肠杆菌宿主系统。虽然BAC载体的插入片段长度一般为100～350 kb,小于YAC载体的克隆片段,但是其优势在于:BAC在大肠杆菌宿主中具有相当的稳定性;BAC文库中没有嵌合现象;采用电激法转化大肠杆菌,转化效率比YAC的转化效率高10～100倍;由于DNA以环状超螺旋形式存在于大肠杆菌,BAC克隆易于操作和DNA提取;采用菌落原位杂交方法,使BAC文库筛选方便;BAC载体上的插入片段可以直接进行测序以获得末端序列。

P1噬菌体衍生人工染色体(P1－derived artificial chromosome)是将BAC和P1噬菌体克隆体系(P1－clone)的优点结合起来所产生的克隆体系。P1噬菌体作为载体,可克隆95 kb长的DNA片段。该体系将克隆的DNA及载体包装λ噬菌体颗粒后注入大肠杆菌中,其DNA通过P1 loxP重组位点和在受体菌中表达的P1 Cre重组酶的作用而环化,形成环形质粒。P1－clone载体含有卡那霉素抗性基因,便于筛选。该环形质粒在宿主细胞中以单拷贝存在,可以避免因多拷贝所造成的克隆的不稳定性。

高质量的大片段基因组文库的建成极大地方便了基因、基因组的研究工作。在大片段基因组文库基础上开展了大规模的物理作图、测序、图位克隆基因及基因转化、分子标记的发掘、着丝粒的研究、基因的定位及比较基因组的研究工作等。

10. 试述比较基因组学和功能基因组学各自的研究特点在技术方法上有什么不同?有什么新进展?

答:比较基因组学(comparative genomics)是一门通过运用数理理论和相应计算机程序,对不同物种的基因组进行比较分析来研究基因组大小和基因数量、基因排列顺序、编码序列与非编码序列的长度、数量及特征以及物种进化关系等生物学问题的学科。最重要也是最能体现比

较基因组学的学科特点的是不同生物间全基因组的核苷酸序列的整体比较。随着人类基因组计划的完成和676种生物全基因组序列的测定以及3 109种基因组测序的即将完成，爆炸式增加的基因组数据需要进行比较，只有进行基因组的比较分析，我们才能认识蕴藏其中的遗传信息或了解这种序列和表型的关系，获取更多有效信息。这是由于生物在进化上是相互关联的，对一种生物的研究可以为其他生物提供有价值的信息。比较基因组学的重要作用之一是它能根据对一种生物相关基因的认识来理解、诠释甚至克隆分离另一种生物的基因。

功能基因组学(functional genomics)是运用高通量技术(high－throuput techniques)，如DNA微阵列(DNA microarrays)，反求遗传学技术如基因打靶(gene targeting)，转基因(transgene)以及反义mRNA(antisense mRNA)和RNA干扰(RNA interference，RNA i)等技术来系统地分析基因功能及基因间相互作用、基因组的时空表达以及发现和寻找新基因等。

11. 何为蛋白质组学？有哪些研究蛋白质组学的新技术、新方法？

答：蛋白质组学是研究细胞内全部蛋白质的组成、结构与功能的学科。蛋白质组(proteome)是指由一个基因组所表达的全部相应蛋白质。因此，蛋白质组与基因组相对应，也是一个整体的概念，是基因组表达的全部蛋白质。两者的根本区别在于：一个有机体只有一个确定的基因组，组成该有机体的所有不同细胞基因组都相同；但基因组内各个基因表达的条件和表达的程度则随时间、地点和环境条件的不同而不同，因而它们表达的模式，即表达产物的种类和数量随时间、地点和环境条件也是不同的。所以，蛋白质组是一个动态的概念。

蛋白质组分析技术有多种选择，质谱分析以其快速、准确、灵敏而成为蛋白质组的主要鉴定分析技术。目前在蛋白质组鉴定分析中以电喷雾离子化(electrospray ionization，ESI)质谱仪和介质辅助的激光解吸、离子化飞行时间质谱(matrix-assisted laser desorption/ionization-time-o f-flight mass spectrome-try，MALDITOFMS)技术应用最为广泛，这是因为这两种质谱仪在离子化和质量分析方式上适应于蛋白质大分子的性质。它们都是"软电离"方法，即样品分子电离时，保留整个分子的完整性，不会形成碎片离子。现在质谱技术可在几分钟内完成一个蛋白质整个肽谱的鉴定，得到完整的蛋白质全序列，经计算机数据库查询，可以很快地鉴定蛋白质。所谓"肽质量指纹图谱"(peptide mass finger－printing，PMF)就是首先用蛋白酶部分消化2DE凝胶上的蛋白质，获得多肽，用质谱分析后得到的一套多肽分子量质谱。由于每个蛋白酶有相对固定的酶切位点，因此不同的蛋白质消化后获得的肽链长度及数目、肽链的氨基酸组成是不同的，所以各蛋白质的多肽分子量谱是特异的，称之为"肽质量指纹图谱"。

目前，在蛋白质组的研究中有很多新的发展，例如ES I质谱可以很方便地与高压液相色谱(HPLC)、毛细管电泳(CE)等分离仪器在线联用。运用X射线衍射晶体分析(X－ray crystallography)和核磁共振(nuclear magnetic resonance，NMR)分析蛋白质或多肽的三维结构；运用亲和色谱(affinity chromatography)、酵母双杂交(yeast two hybrid ization)、荧光共振能量传递(fluo rescence resonance energy transfer，FRET)和表面胞质团共振分析技术(surface plasmon resonance，SPR)分析蛋白质 蛋白质、蛋白质 DNA相互作用等。

12. 生物信息学在后基因组学研究中的重要作用是什么？

答：目前生物信息学主要被应用在以下一些方面：大规模基因组测序中的信息处理与分析；基因组相关信息的收集、存取与管理；新基因和新SNP的发现与鉴定，在"国际人类基因组'单体型图'计划"实施中，进一步确立世界上主要人群基因组的遗传变异图谱；基因识别及编码序列、非编码序列分析；序列比对，遗传密码的起源和生物分子进化；完整基因组的比较研究；大规模基因功能表达谱的分析；生物大分子的结构模拟与药物设计和药物开发；生物信息学分析方法的研究;建立国家生物医学数据库与服务系统等。

13. 基因组进化的分子基础是什么? 谈谈你的看法。

答:生命多样性的表现特点之一是遗传的多样性。遗传变异在自然界中是十分普遍的现象。进化的基础是遗传的变异,遗传变异的存在是进化的必需条件。遗传物质的改变主要包括基因突变、遗传重组和染色体畸变,是进化的基础。遗传物质改变所发生的分子事件是基因组进化的分子基础基因组随时间而进化,由突变引起小规模序列改变,而重组则使其产生 DNA 序列大规模重排。重组和突变是遗传变异的两种截然不同的机制,重组是已经存在的信息重排,而突变是在基因组中导入新的信息。在真核生物中重组涉及真核细胞减数分裂时同源染色体之间的交换。随后又在分子水平观测到细菌的接合、转导和转化等都与外源 DNA 的重组有关。重组可直接改变基因组的遗传组成。重组主要包括同源重组、位点专一重组、转座和异常重组这四种方式,其分子机制是互不相同的。

第十九章　基因工程概论

考点综述

本章是分子遗传学教学和考试的重点内容，考查多集中在基因工程涉及的限制性内切酶的特性、载体的构建及类型、动植物转基因的方法、人类基因组计划及基因工程研究的意义等内容，考题多为问答题和论述题。在近年来的考试中本章所占的比例越来越高，尤其在分子遗传学里面。主要考到的名词术语有基因工程、基因芯片、重叠基因、断裂基因、限制性酶切图谱、基因剔除、cDNA 文库、基因组文库、同裂酶、同尾酶、报告基因、定位克隆等；问答题和论述题中主要考查基因工程发展的原因、人类基因组计划的基本情况、λ 等载体的构建原则、基因工程的实施步骤、基因工程在农业和工业中的应用等内容。

名师串讲

虽然基因工程是 20 世纪 70 年代初诞生的一门崭新的生物技术科学，但是在农业生产、医疗卫生等方面展示了巨大价值的发展潜力。本章在学习过程中要掌握限制性内切酶的类型和用途，DNA 连接酶的用途，反转录酶的用途载体的基本特征；要熟悉各种常用载体的特点和用途，了解克隆，DNA 文库，cDNA 文库的概念；了解建立文库的一般流程，转基因的概念及各种常见的转基因技术，基因工程的概念和意义，基因工程的基本内容和技术。

1. 基因工程的主要程序

基因工程一般包括以下主要程序：①目的基因的制备：从复杂的生物体基因组中，经酶切消化和 PCR 扩增等步骤，分离出带有目的基因的 DNA 片段。或通过筛选文库、PCR、图位克隆等方法克隆目的基因。②重组 DNA 分子的构建：在体外将带有目的基因的外源 DNA 片段连接到具有自我复制能力和选择标记的载体中，构建重组 DNA 分子。③重组 DNA 分子转移到受体细胞：将人工构建的重组 DNA 分子通过转化、感染或注射等手段转移到适当的受体细胞，并使之整合和稳定增殖。④转化子的筛选：从大量繁殖细胞群体中，筛选出获得了重组 DNA 分子的受体细胞克隆，提取已得到扩增的目的基因以供进一步研究。⑤目的基因表达与功能的鉴定：将目的基因克隆到表达载体中，导入受体细胞或转至动植物体中以检测目的基因表达产物的性质和转基因动植物的遗传特性。

2. 基因工程工具酶

(1)限制性内切酶。限制性内切酶可识别 DNA 分子内部的特定序列并在固定的部位将其切断，属于限制修饰系统的成员之一。限制性内切酶根据它们的特性而分为Ⅰ型、Ⅱ型和Ⅲ型等，目前广泛使用的属于第Ⅱ类限制性内切酶。由于Ⅰ型和Ⅲ型限制性内切酶识别的位点与切割位点分离，并且酶成分复杂，具有多种功能，且种类稀少，在基因工程中很少应用。Ⅱ型限制性内切酶具有以下基本特性：①识别位点序列和切割序列一致，且该序列多具有回文结构。②所切割的位点常呈轴对称分布，即产生黏性末端。也有部分限制性内切酶产生平端。③所产生的互补黏性末端长度多为 4～8bp，它们可以配对并被 DNA 连接酶高效连接。

(2)连接酶。T_4 DNA 连接酶(DNA ligase)对 5′端具有磷酸、3′端为 OH 的双链黏性末端或平末端 DNA 均具有连接作用,但效率不同,对单链 DNA 不具连接活性。T_4 DNA 连接酶以 ATP 为能源,而大肠杆菌 DNA 连接酶则以 NAD^+ 为能源。在体内 DNA 连接酶主要是封闭 DNA 双螺旋上的单链缺口,在 DNA 断裂与重接及修复过程中发挥重要作用。平端由于连接效率较差,往往采用同聚物加尾或加特定接头加以解决。从嗜热高温放线菌中分离的高温 DNA 连接酶对高温具有极高的耐受性和稳定性,并在 85℃具有连接酶活性。利用该性质可以对特定靶序列进行寡核苷酸的连接反应(oligonu-cleotide ligation assay,OLA)及连接酶链反应(ligase chain reaction,LCR)。

(3)DNA 聚合酶。根据模板的不同可将 DNA 聚合酶(DNA polymerase)分为两类,依赖 DNA 的 DNA 聚合酶和依赖于 RNA 的 DNA 聚合酶。前者包括大肠杆菌 DNA 聚合酶Ⅰ、T_4 DNA聚合酶、T_7DNA 聚合酶。后者又被称为逆(反)转录酶。它们的共同特征都是按照模板的核苷酸序列,将 dNTP 依次加到 DNA 分子的 3′—OH 上,催化其聚合反应,形成 DNA 长链分子。但不同 DNA 聚合酶的聚合能力及外切活性明显不同。逆转录酶(reverse transcriptase,RT)是以 RNA 为模板,在引物及 dNTP 的存在下合成 DNA 的一种酶。逆转录酶通常用于将 mRNA 逆转录为 cDNA,可以 oligo(dT)或随机引物引导合成 DNA,对构建 cDNA 文库和 RT PCR 十分重要。

(4)修饰酶。①末端转移酶;②T4 多核苷酸激酶;③碱性磷酸酶;④外切核酸酶;⑤Bal31 外切核酸酶

3. 基因工程中的载体

(1)克隆载体。

①质粒 pBR322 质粒;pUC 质粒;②噬菌体载体;③黏粒和噬粒;④人工染色体。BAC 是细菌人工染色体;酵母人工染色体;MAC 是哺乳类人工染色体。

(2)穿梭载体。

所谓穿梭载体(shuttle vector)是指同时可在两种不同生物中稳定存在的载体,因该载体含有两种生物不同的复制子序列,在其中一种生物中,则是与该生物有关的复制子有活性,另一复制子关闭。

(3)表达载体。

①原核生物基因表达载体。原核生物基因表达载体(expression vector)应由以下几个部分构成:比较强的或者可诱导的启动子,例如 lac、Trp、P1,调节基因、核糖体结合位点(ribosome binding site,RBS)、筛选标记及复制子序列有时为了表达产物的纯化、分离,在编码区前或后加入一段标签序列,比较常用的有组氨酸标签和谷胱苷肽标签。

②真核生物基因表达载体。酵母菌是比较典型的真核生物基因表达系统,它不仅生长快,操作简单,而且具有哺乳类细胞翻译后的加工能力,例如糖基化。许多蛋白可与信号肽融合,表达产物可分泌到胞外并完成如二硫键的形成、蛋白质的折叠和其他修饰,例如乙酰化、甲基化等。许多可诱导调控的强启动子(例如 Mox、Aox、lac4 等)可高效表达目的基因。

4. cDNA 文库的构建

①mRNA 的分离。所分离的 mRNA 应尽量保证其完整性,必须在低温条件下提取 RNA,并加入异硫氰酸胍、盐酸胍、尿素等强变性剂以抑制 RNase 的活性,但是部分 mRNA 还是因种种因素而发生断裂,这就需要分离 5′端含有帽子结构的 mRNA,可以利用与帽子结构蛋白结合的亲和层析实现。poly(A)是绝大多数 mRNA 具有的特征,再利用 oligo(dT)接头序列作为反

转录引物合成第一链，可以保证其3′端是完整的。

②第一链cDNA的合成。通过碱性磷酸酶对所提取的mRNA 5′端进行脱磷处理，可以使断裂的mRNA 5′端变成OH，然后再用脱帽酶去除mRNA分子的5′端帽子部分，其5′端的磷酸可以与人工合成的接头(linker)在RNA连接酶的作用下连接，再经逆(反)转录合成cDNA，经PCR扩增可获得第一链全长cDNA。

③第二链cDNA的合成。第二链的合成可以采用PCR方法以模板转换引物与oligo(dT)相连的接头序列扩增获得全长基因cDNA。利用该技术所构建的文库有80%～85%为全长。逆转录酶的性质及逆转录时的温度对获得全长cDNA也十分重要，利用可耐60℃高温的逆转录酶或在逆转录反应中加入一定浓度的海藻糖可以提高其对高温的耐性，同时并不影响其逆转录效率，这样就可以最大限度地减少mRNA在低温中稳定的二级结构对逆转录的空间阻碍。

④克隆双链cDNA并导入大肠杆菌中。将上述经均一化的基因全长cDNA两端加上稀有酶切位点(例如Not Ⅰ)，连接形成线状多聚体，克隆到载体中并导入Ecoli中繁殖扩增。

5. 目的基因的克隆

(1) 通过基因产物分离目的基因。

①利用蛋白质获得基因序列；②通过mRNA的差异分离基因。

差异显示逆转录PCR技术；cDNA扩增片段长度多态性；cDNA抑制性减法杂交；基因芯片(genechip/array)技术；基因表达的系列分析。

(2)图位克隆法分离目的基因。

图位克隆又称定位克隆(positional cloning)，它是根据目标基因在染色体上的确切位置，寻找与其紧密连锁的分子标记，筛选BAC克隆，通过染色体步移(查)法逐步逼近目的基因区域，根据测序结果或用BAC、YAC克隆筛选cDNA表达文库，寻找候选基因。得到候选基因后再进行如下分析确定目标基因。图位克隆技术的优点在于无需预先掌握基因产物的任何信息，从突变体开始，逐渐找到基因，最后证实该基因就是造成突变的原因。该技术应用于基因的克隆必须具备下列条件：①要有精确的基因定位手段，可能需要构建大规模的F_2群体、近等基因系、回交群体。②构建十分详细的物理图谱。③选择各种标记，在目标性状所在位置附近得到近乎饱和的分子标记，并从中选择一个距离最近的或与目标性状共分离的分子标记。④构建大容量的BAC文库，cDNA表达库，通过分子标记筛选BAC克隆。⑤通过染色体步移得到目的基因所在区域，测序，cDNA表达库的筛选以确定候选基因，进一步确定基因的功能。通过图位克隆，许多控制质量性状的单基因得以克隆，最近也有报道某些控制数量性状的主效基因也通过图位克隆法分离。

(3)同源序列克隆目的基因。

如果某基因在模式生物或其他生物中已有报道，但是在当前所研究的生物中尚无报道，可以通过同源杂交法从我们当前所研究的生物中分离到该基因的同源基因。首先根据已知的基因序列设计PCR引物，在已知材料中扩增到该片段，并经克隆测序验证，利用放射性同位素标记或其他非同位素标记该PCR片段作为探针，与待研究材料的cDNA文库杂交，就可以获得该基因cDNA克隆，利用该克隆再进一步筛选基因组文库，挑选阳性克隆，亚克隆并测序，从中就可筛选到该基因完整序列。

(4)功能互补法分离目的基因。

DNA插入突变、转座子插入突变和基因缺失突变体，其范围已涉及基因组中绝大多数基因。功能互补(functional complementation)法是指利用这些突变体为受体，将外源基因克隆到其相应的表达载体上，转化这些受体，从中选择表型恢复成野生型的克隆，从这些克隆中就可获得与这些突变体功能互补的外源基因。

(5)电子克隆技术分离目的基因。

随着基因组计划顺利实施，有关基因组序列及EST序列资料呈指数增长，海量的信息资源有待开发。基因的电子克隆(electronic cloning)技术是从Genbank中获得某生物有关功能基因的EST序列，通过电子拼接、克隆，得到其全长序列，设计PCR引物进行RT PCR就可以获得该基因的cDNA，测序后再作Blastn，筛选BAC克隆序列可获得基因组序列，再通过基因敲除、超表达等确定其功能。许多功能未知的基因EST经电子克隆，结构域及功能预测可以推断其类型和可能发挥的作用。这是于反求遗传学研究的基本方法之一。

6. DNA重组表达载体的构建与转化

(1)选择基因与标记基因。

选择基因(selectable gene)可使被转化细胞获得新的遗传特征，从转化体中筛选重组子十分重要，可大大提高筛选的效率。常用的选择基因有抗生素基因、除草剂基因等，卡那霉素、氨苄西林、潮霉素等抗生素基因也是常用的选择基因。但是由于人们普遍担心这些基因一旦转入致病微生物中，会在疾病治疗中直接导致细菌抗药性的增强，目前在基因工程中常采用重组酶(Cre—Lox系统等)去除这些转化体中抗生素基因，这些重组酶基因可以是诱导型表达或通过杂交导入，然后又可以经基因的自由组合而分离。

(2)重组DNA分子导入受体细胞。

①高等植物细胞的转化。农杆菌Ti质粒介导基因转化；基因枪法；聚乙二醇(polyethylene glycol，PEG)法；真空渗入(vacuum infiltration)法；花粉管通道(pollen—tube pathway)技术。

②动物细胞的转化。病毒法；显微注射法。

(3)重组转化体的筛选与鉴定。

通常要检测外源DNA是否整合到受体基因组，可以采用PCR扩增和Southern b lo t杂交法。通过PCR扩增，如果特异性很强，只得到预想的目的条带，再通过PCR Southern杂交证明所扩增的条带就是目的基因序列，则可证明外源DNA是整合到受体基因组。但是对于其整合位点和拷贝数只能通过Southern blot杂交验证，而且这种验证可以排除PCR的假阳性和假阴性现象。

7. 基因工程技术的应用及前景

(1)基因工程与医药工业。

利用基因工程技术生产蛋白药品是最直接的应用。目前，已有300多种蛋白药物可通过基因工程技术表达，其中有些已通过严格的疗效检测、动物试验和临床测试。比较常见的有：干扰素、白细胞介素、集落刺激因子、生长激素、促红细胞生成素、胰岛素等。另外还有许多抗肿瘤、溶栓药、血友病治疗、减肥药、抗中风等药品。除了利用微生物作为受体进行基因工程药物生产外，也可以利用动物和植物作为生物反应器(bioreactor)生产药物，这些转基因动物就成为一个活的“制药车间”，而且将药物蛋白直接分泌到乳汁中，以便进一步分离纯化。植物生物反应器有很多优点，在种子中表达基因工程药物不仅表达量高，有正常的翻译后修饰，而且在常温下保存种子，其药物蛋白在较长时间内也不会变性，例如单链抗体基因在植物种子中高效表达，正常贮存达半年的种子中，该抗体仍维持很高的活性。

(2)动物基因工程的应用。

①建立人类疾病的转基因动物模型。人类许多遗传病的转基因鼠模型(transgenic mouse

model)的建立为测试多种治疗方案提供了一个统一有效的系统，并通过该模型了解许多复杂疾病的病因及发展过程。已经建立的人类遗传疾病的鼠模型包括：老年痴呆症（Alzheimer's disease）、关节炎、肌营养缺乏症、肿瘤、高血压、内分泌功能障碍、动脉硬化症、Ⅰ和Ⅱ型糖尿病、肺气肿、贫血症、成骨发育不全、唐氏综合征等。

②制备异种器官移植的转基因供体。在异种移植（xeno transplantation）方面，人类许多疾病造成特定器官衰竭，而供体器官来源严重短缺的局面一直存在。目前有 90%～95%的器官移植手术因缺乏供体器官而无法实现，利用治疗性干细胞克隆（ therapeutic stem cell cloning）实现这一目的看来还需相当长的过程。器官的异种移植可能为解决这一问题开辟了一条新途径。但是由于存在严重的免疫排斥反应（特别是超快排斥）而使手术失败。这种免疫排斥反应有相当一部分是哺乳动物的蛋白质糖基化修饰造成的。

③人源化抗体的制备。利用转基因技术，产生嵌合抗体，可以保留抗体的专一性，同时大大降低了人的抗鼠反应。利用兔源单抗互补决定区置换人抗体的相应部分，重组的人抗体具有与兔原单抗相同的抗原亲和性，因而也可以利用兔子来生产这种人源化抗体（humanized antibody）。

(3)植物基因工程的应用。

①植物抗性基因工程。抗虫基因工程主要应用于棉铃虫、菜青虫、玉米螟、稻飞虱等农田害虫的防治；植物抗病毒病的基因工程研究较多，目前比较成功的有转病毒外壳蛋白基因，反义复制酶基因，核糖体失活蛋白（ribosome inactive protein，RIP）基因、卫星 RNA 介导的抗性、反义运动蛋白等，其中反义复制酶基因的效果较好，并已用于 CMV、PVX、TMV 等病毒病的防治；抗细菌病主要采用抗菌肽、溶菌酶基因转化植物，表达的产物直接对病原菌发挥作用，破坏其结构、抑制生长，从而达到抗病效果；真菌病害的转基因研究目前主要采取植物防卫素、病程相关蛋白和改变植物细胞壁结构的基因和植物抗病基因等。

②植物抗低温基因工程。从南极深海鱼类血清中可以分离出多种抗冻蛋白（antifreeze protein，AFP）和抗冻糖蛋白（anti－freeze glycoprotein，AFGP）。这些抗冻蛋白可以降低在低温情况下冰晶形成时的温度。将鱼类抗冻蛋白基因转入番茄、玉米、烟草等植物，其表达的抗冻蛋白可使冰点下降 3～5℃，从而大大提高了植物的抗冻能力。

③植物耐盐抗旱基因工程。

④植物抗除草剂基因工程。

⑤植物基因工程与品质改良。

(4)基因工程技术与疫苗

①基因工程疫苗。基因工程疫苗是利用基因工程技术克隆、表达致病微生物的一段基因序列，其基因表达产物具有很强的免疫原性，但无致病能力。常用的亚单位疫苗就是只表达病原物中具免疫原性的特定部分（例如病毒的外壳蛋白，核心抗原），从而激发受体产生足够的抗体。肽疫苗是指表达致病原具有强烈免疫原性的小肽，诱导体内抗体的产生。

②DNA 免疫。DNA 免疫又称基因免疫或核酸免疫，将病原菌编码抗原的基因克隆到表达载体上，直接注射到受体的骨骼肌中，该基因表达的蛋白就会引起受体的体液免疫和细胞免疫。DNA 免疫与其他疫苗相比有很多优点：①DNA 比蛋白质稳定，比其他活苗和死苗都容易贮存。②DNA 的克隆纯化技术成熟，容易实现规模化生产，而且成本低，操作简单。③抗原的克隆技术比较简单，在一个载体上还可以同时表达两个或两个以上抗原基因。④对于目前常规疫苗难以预防和治疗的疾病有特殊的意义，例如有些疾病（流感、乙肝等）表面抗原容易发生变异，从而逃避受体的免疫系统，而核心抗原却非常保守，这些核心抗原基因疫苗可能更有针对性。

③活体重组疫苗。对细菌和病毒的基因组加以改造去除致病性,而又能保留原免疫原性,这样就产生了重组的活体疫苗。该疫苗的抗原决定簇与原致病微生物的抗原相同或非常相似,因此利用这种重组活体疫苗不仅安全而且高效。

(5)微生物基因工程。

微生物作为受体在基因工程中的应用实例很多,例如在乙醇发酵中,可将淀粉的糖化和乙醇发酵组合到一个酵母菌株中;将纤维素分解代谢的酶(葡聚糖内切酶、外切酶,纤维素水解酶,β葡糖苷酶)基因分离克隆、突变、重组改造,可用于工业纤维素转化生产乙醇;可以采用一步法(同一菌株完成)和二步法(先水解纤维素获得糖液,再进行乙醇发酵)。也可以利用微生物来生产单细胞蛋白、甲烷、氢气等。在污水的处理、气体的净化、海洋石油污染的去除等方面微生物基因工程都可发挥巨大的作用。另外,许多经基因改造后的微生物可用于冶金采矿、二次采油、食品加工、农药降解、新型抗生素生产等方面。

名词术语解释

1. **基因扩增(gene amplificacion)**:DNA 某一区段可单独取出进行复制,快速增生,形成大量的 DNA 片段以满足特殊需要。

2. **遗传密码(code)**:mRNA 上每 3 个核苷酸顺序翻译成蛋白质的肽链上的 1 个 aa,称之为密码。

3. **转录(transcription)**:以一条单链 DNA 的某一基因区段为模板,合成 RNA,同时把遗传信息从 DNA 传递到 RNA 的过程。

4. **操纵子(operon)**:启动基因、操纵基因和一系列结构基因的总称。

5. **顺反子(cistrsn)**:即结构基因,为决定一条多肽链合成的功能单位,约 1 000bp。

6. **突变子(muton)**:一个顺反子内任何一突变位点,发生变化产生突变表型,即一个基因内产生突变表型的最小单位。

7. **重组子(recon)**:两个突变位点之间可发生交换产生野生型的最小单位,即不能由重组分开的基本单位,

8. **互补(complementation)**:指两个突变型同时感染 *E*. Colik 时,可以互相弥补对方的缺陷,共同增殖,引起细菌裂解,释放原来的两个突变型。

9. **重叠基因(everlapping gene)**:指两个或两个以上的结构基因有共同一段 DNA 顺序的现象。

10. **断裂基因(splitting gene)**:在 DNA 分子的结构基因内既含有能转译的区段,也含有不转译的区段,这类基因称断裂基因。

11. **转座子(transposon)**:一段 DNA 顺序可以从原位上单独复制或断裂下来,环化后插入另一位点,并对其后的基因起调控作用,此过程称转座。这段序列称跳跃基因或转座子。

12. **分子克隆(molecular cloning)**:构建重组体分子,对重组体分子的无性繁殖过程称为分子克隆。

13. **限制酶(restriction enzyme)**:是一类能识别双链 DNA 分子中特异核苷酸序列并由此切割 DNA 双链结构的水解酶。

14. **同尾酶(isocaudamer)**:即能切割产生相同末端的限制性内切酶,一般是指能产生相同黏性末端的限制酶。

15. **同裂酶(isoschizomer)**:是来源于不同物种但能识别相同 DNA 序列的限制性内切酶,切割位点可以相同,也可以不同。

16. **替换型载体(replacement vectors)**:具有成对克隆位点,且在这两位点之间的λDNA区段可被外源DNA片段所取代的载体称为替换型载体。

17. **限制性酶切图谱(restriction map)**:就是指一系列限制酶的特异识别序列在DNA链上的出现频率和它们之间的相对位置。不同的限制酶其识别特异性序列不同,因而在同一DNA链上出现的频率和位置也各不相同;不同来源的DNA分子,其核苷酸序列不同,也各有自己的特异性内切酶图谱。限制型酶切图谱实际上就是指限制性内切核酸酶的特异切点在DNA上的定位,表现出一些部位的线性序列,它是DNA分子结构特性的反应,所以限制酶切图谱是一种DNA物理图谱。

18. **隐蔽质粒(cryptic plasmid)**:到目前为止,有一类质粒仍不了解其究竟可赋予寄主细胞何种表型,就特称为隐蔽质粒。

19. **反义技术(antisense technology)**:应用碱基配对的原理,以体内表达某种特定蛋白质的靶基因为基础,人工设计一段与之互补的基因片段封闭该靶基因,直接阻断该蛋白质的产生,称反义技术。

20. **柯斯克隆(cosmid cloning)**:应用柯斯质粒作载体,在大肠杆菌细胞中克隆大片段的真核基因组DNA的技术叫做"柯斯克隆"。

21. **柯斯质粒(cosmid)**:是人工构建的带有黏性末端cos的一类质粒,其主要组成有质粒的复制起始区和抗药标记、一种或多种限制酶的单一切点以及λDNA的cos区小片段(约20至数百个碱基对)。因而这类质粒兼具λ噬菌体和质粒的优越性,又具有高容量的克隆能力,容纳外源DNA的长度可达45kb。

22. **转基因(transgene)**:转入的目的基因称为转基因。

23. **反转录酶(reverse transcriptase, RT)**:是以RNA为模板指导三磷酸脱氧核苷酸合成互补DNA(cDNA)的酶。

24. **基因剔除(gene knock-out)**:20世纪80年代末发展起来的,又称基因打靶技术,利用同源重组的方法以建立基因定点灭活细胞系或获得基因定点灭活动物。其原理首先是用基因重组方法在目的基因片段中插入一外源基因作为筛选标记基因并使目的基因失活,在将此(灭活)基因转入胚胎多功能干细胞(ES细胞)中,通过细胞内的基因同源重组使灭活基因取代染色体上的原有的目的基因。经过筛选和基因型鉴定后,把定点突变后的ES细胞注入宿主囊胚腔内,然后将胚胎植入假孕母体子宫使其发育成目的基因缺陷(突变)的嵌合体,经过子代自交后筛选出目的基因缺陷的纯合子即为基因剔除动物。

25. **蛋白质工程(protein engineering)**:通过物理、化学、生物和基因重组等技术改造蛋白质或设计合成具有特定功能的新蛋白质。

26. **转座子标签技术(transposon tagging)**:基因发生转座最重要的遗传效应是引起插入突变,也就是使插入位置的基因失活并诱导产生突变类型,或在插入位置上出现新基因。因此,可用转座子作探针克隆出该突变基因,再用突变基因作探针,从野生型个体中分离并克隆出野生型基凼。

27. **连接酶(ligase)**:是一种能够催化DNA中相邻的3′—OH和5′—磷酸基末端之间形成磷酸二酯键并把两段DNA拼接起来的酶。

28. **cDNA文库(cDNA library)**:指以mRNA为模板,在反转录酶及其他一系列的催化作用下获得的双链cDNA,经过与适当载体连接并转化到寄主细胞内进行扩增,由此而构建成包含着相应基因编码序列的一群克隆。

29. **基因组文库(genomic library)**:用限制性内切酶切割整个基因组DNA,把所得的大量基因组DNA片段与载体连接,然后转化到细菌中去,让宿主菌长成克隆。由此而得的克隆中每个细胞的载体上都包含有特定的基因组DNA片段。这样一套克隆便称为基因组克隆,而这些克隆中的一套基因组DNA片段则叫做基因组文库。

30. **基因工程(gene engineering)**:指采用类似工程设计的方法,人为的在体外将核酸分子插入质粒、病毒或其他载体中,构成遗传物质的新组合,并将它转移到原先没有这类分子的寄主细胞中扩增和表达。

31. **胚胎干细胞(embryonic stem cell,ES)**:指从哺乳动物胚胎囊胚期内的细胞团中分离出来的尚未分化的胚胎细胞,这种细胞具有发育的多能性,能够分化出各种组织。

32. **粒子轰击技术(particle bombardment)**:这一方法是用粒子枪把表面吸附有外源DNA的金属微粒高速地射进植物细胞或组织。

33. **基因芯片(genechip)**:指利用大规模集成电路的手段,控制固相合成成千上万个寡核苷酸探针,并把它们有规律地排列在指甲大小的硅片上,然后将要研究的材料,如DNA或cDNA用荧光标记后在芯片上与探针杂交,再通过激光共聚焦显微镜对芯片进行扫描,并配合计算机系统对每一个探针上的荧光信号作出比较和检测,从而迅速得出所需的信息。

34. **BAC文库(bacterial artificial chromosome,细菌人工染色体文库)**:以噬菌体为基础构建的载体能装载的外源DNA片段只有24kb左右。然而许多基因过于庞大,不能作为单一片段克隆于这些载体中,特别是人类基因组和水稻基因组的工作需要能容纳更长DNA片段的载体,因些人们组建了一系列的人工染色体。BAC是人工染色体的一种,是以细菌F因子(细菌的性质粒)为基础组建的细菌克隆体系。

35. **报告基因(reporter gene)**:是一种编码可被检测的蛋白质或酶的基因,也就是说,是一个其表达产物非常容易被鉴定的基因。把它的编码序列和基因表达调节序列相融合形成嵌合基因,或与其他目的基因相融合,在调控序列控制下进行表达,从而利用它的表达产物来标定目的基因的表达调控,筛选得到转化体。

36. **图位克隆(map-based cloning)**:是根据功能基因在基因组中都有相对较稳定的基因座,在利用分子标记技术对目的基因进行精细定位的基础上,用与目的基因机密连锁的分子标记筛选DNA文库,从而构建目的基因区域的物理图谱,再利用此物理图谱通过染色体步移逐步逼近目的基因或通过染色体登录的方法最终找到包含该目的基因的克隆,并通过遗传转化实验证实目的基因的功能,又称定位克隆(positional cloning)。

37. **基因库(gene pool)**:一个群体中全部个体所共有的全部基因称基因库。

经典考题汇编

1. 试论述基因治疗的原理、方法以及存在的问题,其现状与前景如何?(武汉大学,2010C)

答:基因治疗即是运用DNA重组技术修复患者细胞中有缺陷的基因,使细胞恢复正常功能,遗传病得到治疗。基因治疗主要有基因修正和基因添加两种方式,即可用于体细胞的治疗,也可用于生殖细胞的治疗。

基因治疗存在的问题:①导入基因是否持续表达。靶细胞寿命短,需反复治疗,治疗过程繁复、成本高。应研究长寿命的靶细胞(如造血干细胞,骨髓前体细胞等);②导入基因能否高效表达。导入基因表达均不十分活跃,反转录病毒须带有高效启动子(如立即早IE基因启动子等);③安全性:反转录病毒载体有诱导肿瘤或并发症的可能;载体病毒自发重组产生有包装能力的

辅助病毒或辅助病毒污染，辅助病毒即可扩散感染其他细胞，导致机体病变；④伦理学问题：生殖细胞基因治疗可将遗传改变直接传递给后代，对后代有不可预知的危险性；载体与外源基因的随机插入，将影响靶细胞基因组的稳定性，不稳定的基因组同样有不可预知的。

目前，基因治疗领域存在的主要问题是有效性和安全性。在基因导入载体方面出现了两大主流：一是非病毒载体系统；二是病毒载体系统。

由于非病毒系统导入基因的效率相对较差，故在基因治疗临床试验中的使用率不到20%；但非病毒载体的生物安全性较好，特别是靶向性的脂质体、靶向性的多聚物，以及脂质体、多聚物、DNA复合物等新产品的出现，结合电脉冲、超声等新技术，明显提高了导入效率和靶向性，是今后非病毒载体发展的重要方向。

病毒载体在基因治疗领域的应用最为广泛，大约70%的治疗方案采用了病毒载体，包括各种逆转录病毒、腺病毒、腺相关病毒、疱疹病毒、痘病毒等。这些病毒载体有各自的特点，同时也存在各自的局限性。逆转录病毒能够选择性感染分裂细胞，并整合到宿主细胞DNA上，长期存在于宿主基因组中等特点，使之成为第一个利用病毒进行基因转移的工具。但是，重组逆转录病毒的感染和转导效率较低，外源基因随机插入，可能导致突变。

为了提高基因导入效率，近年来新建立了慢病毒载体系统，它不仅能整合到分裂细胞DNA中，对非分裂细胞也能整合，慢病毒载体对淋巴细胞、干细胞和多种肿瘤细胞具有较高的转导效率，因此备受关注。此外，新建立的假型逆转录病毒载体，不依赖细胞表面的特异性受体，具有更广泛的宿主范围。此外，还必须深入研究逆转录病毒诱发癌症的机理，构建更为安全的载体。

腺病毒载体是基因治疗中最常用的病毒载体，它具有包装容量较大、制备方便且易纯化和浓缩、宿主范围广、感染效率高等特点；但第一代腺病毒仍然存在许多缺点，如外源基因表达时间短、免疫原性较强、高滴度时有明显的细胞毒性等。近年来对腺病毒载体的改造非常活跃，产生了许多更安全、更有效的载体，如无病毒基因的无肠型腺病毒载体、靶向性病毒载体、复制型腺病毒等。

腺相关病毒(AAV)因为不致病、宿主范围广、能够感染分裂与非分裂的细胞、能插入到宿主细胞染色体内或以染色体外串联体DNA的形式长期稳定表达等特点，被认为是目前最好的载体，在遗传病的基因治疗方面应用显示出优势，也被越来越多用于治疗恶性肿瘤、自身免疫性疾病、感染性疾病以及应用于器官移植和组织工程研究。有研究发现腺相关病毒AAV8是目前最有效的基因传递载体，可高效地将外源基因传递到肌肉和心脏。

基于同源重组和基因定点纠错原理，在DNA水平的原位修复(靶向性)是遗传性疾病基因治疗的理想措施。与基因治疗载体系统相比，治疗基因表达调控的研究和进展相对滞后，主要受制于载体的包装容量。随着人类基因组计划的进展与完成，新的基因座控制区、隔离子、内含子、特异的启动子、增强子等的发现与分离，必定带动基因治疗向前发展。

2.简述基因治疗的基本步骤与评价。(武汉大学，2013A)

答：基因治疗的基本步骤：

①分离、提取外源基因(目的基因)；

②将目的基因安全、有效地转移(如显微注射法，同源重组法，病毒转移法等)到靶细胞中。

③使正常的目的基因在受体中可以正确的表达(ADA缺乏症的基因治疗的事例)。

基因治疗的评价：

④目的基因不但能够被转移到适当的靶细胞内，而且能够在该细胞内长周期长期存活并发挥其功能；

⑤目的基因在宿主细胞内能以适当的水平表达;

⑥进入靶细胞的目的基因对靶细胞本身或整个机体不会构成任何伤害。

3.药物遗传学和药物基因组学的研究对药物的开发和合理利用有什么意义?(武汉大学,2013C)

答:药物遗传学和药物基因组学在合理利用已有的药物,提高药物针对性和疗效方面有着巨大的潜力。通过药物遗传学和药物基因组学的研究,把人群分为不同的亚群,针对不同亚群的患者,给予不同剂量的药物治疗,或给予不同的药物,以避免因护士遗传学茶艺而造成的药物副反应,这也是个体化医疗的发展趋势。

药物基因组学可以从几个方面促进新药物的研发:①发现新的药物靶位。近年来,人类基因组计划取得了了巨大成就,大量的新基因得到克隆和鉴定,其中很多新基因(或其产物)是潜在的药物靶位,针对这些靶位,开发新的药物,以达到治疗和预防疾病的目的。②通过基因组分析,把人分为不同的要群,开发针对不同亚群的药物。

4.基因工程的发展主要得益于那些重大发现和发明?你对基因工程将来的发展方向有何看法?

答:基因工程的诞生主要得益于以下三个方面的发展:①在20世纪40年代确定了遗传信息的携带者,即基因的分子载体是DNA而不是蛋白质,从而明确了遗传物质基础的问题;②在20世纪50年代揭示了DNA分子的双螺旋结构和半保留复制机制,解决了基因的自我复制和传递的问题;③在20世纪50年代末期和60年代,相继提出了“中心法则”和操纵子模型,并成功地破译了遗传密码,从而阐明了遗传信息的流向和表达问题。

但是基因工程是一门内容广泛的、综合性的生物技术科学,所以其发展还依赖于下列技术的发展:DNA限制性内切酶和DNA连接酶的发现和应用实现了DNA分子的体外切割与连接;DNA分子的核酸序列分析技术;基因克隆载体的研究与改造;琼脂糖凝胶电泳及Southern转移杂交技术等。这些技术差不多同时得到发展,并很快地被应用于基因操作实验。于是20世纪70年代初期开展DNA重组工作,无论是技术还是理论都已经具备了条件。

对基因工程的发展方向大致有以下几个方面(仅供参考):

①动植物转基因育种;

②分子药品的研究开发;

③生物反应器的开发;

④新型育苗的研究开发。

5.请说明噬菌体的遗传特征,为什么可将λ噬菌体改造成为基因工程的载体?如何改造?

答:①λ噬菌体为线状双链DNA分子,长度约为48 502bp(简写为49kb)。在λtDNA分子的两端各有12个碱基的单链互补黏性末端,当λ噬菌体进入细菌细胞后,其DNA可迅速通过黏性末端配对而成双链环状的DNA分子。这种由黏性末端结合形成的双链区域称为COS位点(cohesive end site)。

λ噬菌体是一个温和噬菌体,其生活周期有两种不同的类型,即裂解周期和溶源性周期。在裂解周期中,λ噬菌体的DNA分子一旦注入寄主细胞,便可借助于寄主的复制和转录系统的功能,使自身DNA大量复制,同时合成大量的外壳蛋白,并组装成大量(约100个)完整的噬菌体颗粒,最后,使宿主裂解并从细胞中释放出来。

λDNA的复制早期是双向型的,即从单一的复制起点开始,同时向两个相反的方向进行,形

成"θ"形的中间体，故又称为"θ"型复制。随着复制进入晚期，复制从"θ"型转变成滚环复制，结果产生成串的线状 λDNA 分子的多聚体。在包装过程中，由 λ 噬菌体的基因产物在 DNA 多聚体的 cosR 和 cosL 位点切割，形成单位长度的带粘端的线状 DNA，最后被包装入成熟的 λ 噬菌体颗粒中。

在溶源周期中，λ 噬菌体的 DNA 分子进入宿主后并不马上复制，而是在特定的位点整合到宿主染色体 DNA 中，与宿主染色体形成一体，并随宿主染色体的复制而复制，随宿主的分裂繁殖传给其子代细胞。

②λDNA 至少包括 61 个基因，除少数例外，大多数编码基因均是按功能的相似性成簇排列。值得注意的是，在 λDNA 分子中从 J 基因到 N 基因之间，大约占 λDNA 总长度三分之一的区段对于 λ 噬菌体的裂解周期而言是非必需的。这一区段的缺失或在此段插入外源 DNA 片段，将不影响 λ 噬菌体的增殖。这就是 λ 噬菌体可作为基因工程载体的一个重要的依据。

③野生型的 λ 噬菌体不适于直接用作基因克隆的载体。主要原因有二：①λDNA 基因组大而且复杂，特别是其中具有许多基因克隆常用的限制酶识别位点(如 5 个 BarnH Ⅰ位点、6 个 BgⅢ位点和 5 个 *EcoR* Ⅰ位点等)；②λ 噬菌体外壳只能接纳一定长度(即相当于 λ 基因组大小的 75%～105%)的 DNA 分子。λDNA 只能作为小片段外源 DNA 分子(即 2.5kb 左右)的克隆载体。这一克隆容量显然不能满足大多数基因克隆工作的要求，必须对野生型 λDNA 进行改造，扩充 λDNA 载体的克隆容量。因此，改造工作包括：

(a)除去裂解周期所必需的基因区域中的限制酶识别位点，在非必需区引入合适的限性酶位点；(b)引入适当的选择性标记以方便重组子的筛选；(c)通过在某些必需基因中引入无义突变使之成为安全载体，以利于生物学防护等。

6. 基因组工程的完成将使得模式生物的 DNA 序列被全部测定，从而使得分子遗传学和分子生物学的研究真正进入基因功能鉴定的时代。请设计一种可以实际操作的系统性鉴定基因功能的实验方法。

答：鉴定基因功能的方法主要有以下几种：

(1)基于 DNA 芯片的基因功能分析。利用"反向 Northern"技术，把对应于不同基因或 cDNA 的 DNA 片段或寡核苷酸固定在固相支持物上，使它们与来自总 mRNA 的探针杂交，每个点的杂交信号可进行自动化的定量分析，从而反映出对应的 mRNA 在总 mRNA 中的相对丰余度。利用这种技术，我们可以了解每个基因对不同病虫害、逆境或其他环境条件的反应，哪些基因与激素、生长调节剂、除草剂或其他农用化学物质(如化肥和农药)的作用有关等；还可以鉴定突变的基因表达情况，了解基因产物和代谢途径的关系。因此，该技术为我们研究基因功能特别是预测基因的未知功能提供了新的途径和方法。这种技术的基础是认为控制相同生物过程的基因有相似的表达类型，基于在不同条件下基因表达的相对水平的相似性对基因进行分类，然后根据该类中其他基因的已知功能来预测基因的未知功能。

(2)基因产物—蛋白质的表达分析。"蛋白质组(proteome)"指由基因组表达出的全套蛋白质，"蛋白质组学(proteomics)"即研究蛋白质组的学科。相对而言，蛋白质的表达分析比 mRNA 的表达分析更困难。双向 PAGE 技术是目前广泛使用的研究蛋白蛋丰度和翻译后修饰的方法。最近，这个分离系统的分辨率和重复性均得到很大改善，同时还能自动进行定量分析，用 MS 技术可以对 N 端和内部进行微测序(根据蛋白质酶处理后片段的分子量的大小测序)与蛋白质数据库中的数据进行比较，就可以知道该序列是哪一个蛋白质的片段，从而建立起一个生物特异的全蛋白质数据库。

(3)利用正向和反向遗传学技术研究基因功能。

①用插入突变建立突变体库,研究功能基因组学。分析基因功能最有效的方法之一是利用突变体。经典的化学、物理诱变使我们获得了大量突变体,遗传图谱和物理图谱的构建及全序列的测序使图位克隆已比较容易,基于“作图芯片(mapping chip)”的新作图技术将加快该进程。另一种突变方法是利用插入突变,即用转座子(主要是玉米的Ac/Ds、En/Spm或Mu转座子)或根癌农杆菌的T-DNA随机插入染色体,以获得失去功能的突变体。由于插入序列是已知的,我们可以用各种克隆或PCR策略鉴定基因。与其他诱变策略一样,插入突变策略的成功依赖于突变体的饱和程度,而饱和程度与基因组的大小和结构密切相关,若一个基因至少需要一个突变,在拟南芥上估计需要12万个独立插入的突变体才能保证95%的可能来分析每一个基因。

②应用反向遗传学方法研究功能基因组学。研究基因功能最直接的方法是在获得失去功能的突变体后研究该突变体的表型。但是利用同源重组方法(为反向遗传学方法之一)来进行定点突变十分困难。由于大量的基因重复并且紧密连锁,用遗传重组技术产生双突变体也不容易,这就要求我们寻求其他方法。在获得插入突变体后,可以用寡核苷酸引物做PCR来检测插入突变,在群体中大规模筛选突变体株系。其中一个主要策略是利用建池方法。另外,通过RNA-DNA杂种可能产生点突变,通过把终止密码子引入重复基因的保守区域,可能产生多基因家族的若干个无义突变。对那些转化技术还存在问题的植物来说,病毒诱导的基因沉默可能是抑制基因功能的有效方法之一。用含有植物基因一部分的重组病毒接种植株,则可能使内源基因快速沉默,这也可用于基因功能分析。

7. 限制性内切酶有几种类型,分子遗传学和基因工程研究中常用的哪一类型的限制性内切酶?

答:限制性内切酶的种类和特点列表如下:

内容	Ⅰ型	Ⅱ型	Ⅲ型
限制修饰活性	单一多功能的酶	限制酶和修饰酶分开	双功能酶
内切酶的蛋白质结构	3种不同亚基	单一成分	2种亚基
限制辅助因子	ATP、Mg^{2+}和S^-腺苷甲硫氨酸	Mg^{2+}	ATP、Mg^{2+}和S^-腺苷甲硫氨酸
切割位点	距特异性位点1 000bp	特异性位点及其附近	特异性位点3′端24—26bp处
特异性切割	不是	是	是
基因克隆中	无用	非常有用	有用

8. 请扼要说明聚合酶链反应(the polymerase chain reaction,PCR)的基本原理。(中国科学院,1999)

答:PCR技术是美国Getus公司人类遗传研究室的科学家Mullis于1983年发明的一种在体外快速扩增特定基因或DNA序列的方法,故又称为基因的体外扩增法。它可以在试管中建立反应,经数小时之后,就能将极微量的目的基因或某一特定的DNA片段扩增数数十万倍,乃至千百万倍,而无需通过繁琐费时的基因克隆程序,便可获得足够数量的精确的DNA拷贝,所

以有人亦称之为无细胞分子克隆法。

PCR 技术快速敏感，简单易行，其原理并不复杂，与细胞内发生的 DNA 复制过程十分类似。首先是双链 DNA 分子在临近沸点的温度下加热时便会分离成两条单链的 DNA 分子，然后 DNA 聚合酶以单链 DNA 为模板并利用反应混合物中的四种脱氧核苷三磷酸(dNTP)合成新生的 DNA 互补链。此外，DNA 聚合酶同样需要有一小段双链 DNA 来启动("引导")新链的合成。因此，新合成的 DNA 链的起点，事实上是由加入在反应混合物中的一对寡核苷酸引物在模板 DNA 链两端的退火位点决定的。这是 PCR 的第一个特点，即它能够指导特定 DNA 序列的合成。

在为每一条链均提供一段寡核苷酸引物的情况下，两条单链 DNA 都可作为合成新生互补链的模板。由于在 PCR 反应中所选用的一对引物，是按照与扩增区段两端序列彼此互补的原则设计的，因此每一条新生链的合成都是从引物的退火结合位点开始，并沿着相反链延伸。这样，在每一条新合成的 DNA 链上都具有新的引物结合位点。然后反应混合物经再次加热使新、旧两条链分开，并加入下轮的反应循环，即引物杂交 DNA 合成和链的分离。PCR 反应的最后结果是，经几次循环之后，反应混合物中所含有的双链 DNA 分子数，即两条引物结合位点之间的 DNA 区段的拷贝数，理论上的最高值应是 2n。这就是 PCR 技术的第二个特点，即使特定的 DNA 区段得到了迅速大量的扩增。

9. 试述图位克隆与同源克隆的总策略。

答：图位克隆(map cloning)的策略是根据功能基因在基因组中都有相对较稳定的基因座，在利用分子标记技术对目的基因进行精细定位的基础上，用与目的基因机密连锁的分子标记筛选 DNA 文库，从而构建目的基因区域的物理图谱，在利用此物理图谱通过染色体步移逐步逼近目的基因或通过染色体登录的方法最终找到包含该目的基因的克隆，并通过遗传转化实验证实目的基因的功能。

同源克隆(homologous cloning)的策略是首先对其他物种同源基因的同源序列进行相似性分析，设计一对简并引物，利用 PCR 技术获得该物种片段；然后再以此片段为模板设计引物，通过 PCR 技术构建待克隆基因的全长序列。

10. 举例介绍报告基因(reporter gene)的基本原理及其在分子生物学研究中的应用。

答：报告基因(reporter gene)系指其编码产物能够被快速的测定、常用来判断外源基因是否已经成功导入寄主细胞(器官或组织)并检测其表达活性的一类特殊用途的基因。在报告基因的基础上发展起来的遗传报告体系(genetic reporter system)，已经广泛地应用于基因工程特别是真核基因表达与调节方面的研究。

在基因工程的研究中，当人们分离到目的基因之后，一个重要的工作便是对其功能进行分析鉴定。因此必须把外源目的基因有效地转化到寄主植物的细胞或组织中去，并再生成为正常的转基因植株。鉴于在转化的群体中，只有极少数的细胞被转化并再生成转基因植株，故为了有效地筛选已经获得了外源基因的转化子细胞或转基因植株，并鉴定外源目的基因在新寄主中的功能，就必须使用适当的报告基因。实践表明，一种理想的报告基因，最基本的要求是在转化的寄主细胞中应不存在相应的内源等位基因的活性，其表达产物不仅不会损害寄主细胞，而且还应具有快速、灵敏、定量和可重复检测的特性。在试验设计中，是将报告基因的编码区与位于其上游的目的基因融合，并置于基因启动子的控制之下，可见报告基因实质上起到了判断目的基因是否表达的标记基因作用。

在分子生物学的研究中主要有以下用途:

①启动子的检测。报告基因可用来分析控制基因表达的顺式作用元件。通过构建具有特定报告基因而没有启动子的报告载体(reporter vector),就可方便地对有关的启动子及增强子元件的功能和特性,作出准确有效的鉴定。

②反式作用因子的检测。在基因表达调控的研究中,经常要涉及顺式作用元件(cis-acting element)和反式作用因子(trans-acting element)的概念。所谓顺式作用元件,指的是能够影响同一条DNA序列或相邻DNA序列活性的特定的DNA区段。而反式作用因子则是指能够影响基因组中另一条染色体上另一个基因的表达活性的基因编码产物(通常是蛋白质),它通过与顺式作用元件之间的相互作用而发挥对基因表达活性的调节作用。为了检测反式作用因子,可将含有特定启动子和报告基因的表达载体,同另一个表达反式作用蛋白质的克隆载体,共转化到同一寄主。如果此种克隆的反式作用蛋白质能够同表达载体中的启动子结合,就会促使报告基因的表达活性上升。据此,便可对反式作用因子进行检测,进而在此基础上,运用转录因子分离纯化技术,分离并克隆反式作用因子。

③相关蛋白的分离。根据报告基因的表达活性,能够在活体内鉴定一对相互作用的蛋白质,并用来分离与已知的蛋白质相互作用的另一种待分离的未知蛋白质。

④基因工程细胞系的构建。报告基因的再一个重要用途是构建基因工程细胞系(engineered celllines)。如果在转化的载体上除了通常具有的抗生素抗性基因和报告基因之外,再加上一个选择标记基因,那么在转化到寄主细胞之后,就可以方便地挑出在其染色体基因组中已整合了报告基因的稳定的细胞系。这就是所谓的基因工程细胞系。它可以用来进行药物筛选(drug screening)、外源药物的检测以及刺激基因表达等多种用途。

11.有一个带有氨苄西林和四环素抗性的质粒,在其四环素抗性基因内有一个该质粒唯一的*Eco*RI酶切点,今欲用*Eco*RI位点克隆果蝇DNA,构建一个基因库,连接的产物转化大肠杆菌菌株DH5,试问,(1)在培养基中加入哪一种抗生素用于选择阳性克隆?(2)对哪一种抗生素有抗性的质粒携带外源果蝇DNA片段?(3)如果有的克隆可抗两种抗生素,如何解释?

答:①在培养基中加入四环素,结合影印法可用于选择阳性克隆。

②对氨苄西林有抗性的质粒携带外源果蝇DNA片段。

③这种克隆是没有受到*Eco*RI酶解的原始质粒或这些克隆都是自连形成的非重组体。

12.在构建一个真核生物核DNA库时,需要考虑哪些因素?

答:核基因库是将某一生物的全部基因组DNA酶切后与载体连接构建而成的。通常方法是,尽量提取大分子量的核DNA,用限制性酶酶切后,分离选择具有一定长度(大于15kb)的DNA片断,与适宜的载体连接构成重组DNA分子,根据所用的载体,选择相应的宿主细胞用于克隆。若载体是质粒,则将连接的重组DNA分子转化为感受态细胞,收集所有的菌落即成为质粒基因库。如果载体是噬菌体或粘粒(cosmid),则将重组DNA分子体外包装成噬菌体后,感染细菌细胞,将所得到的所有重组噬菌体集中即是基因库。如果载体为BAC或YAC,将重组人工染色体导入相应的宿主细胞,收集得到的所有细胞即成为基因库。

真核生物的核DNA大,因此在构建核基因库时,通常要选择能够接受较大片段的载体,以减少克隆数量。若构建的基因库是以分离结构基因为主要目的的,通常选用λEMBL,λGEM,或粘粒。而那些将用于基因组作图和分析的基因库,则多选择BAC或YAC为载体。

13.简述将抗除草剂的基因转移到植物基因组的过程。

答：以农杆菌介导为例，说明这一过程。

①在无菌的组织培养下，从植物体的种子或无性器官建立高效的再生体系；

②依据植物的种类，选择合适的质粒载体，将抗除草剂的基因连接到载体上，再将质粒引进根癌农杆菌；

③植物的再生组织与上述农杆菌共同培养；

④经过农杆菌感染的组织在含除草剂的培养基中进行选择；

⑤抗除草剂的组织再生植株；

⑥再生植株在温室进行抗除草剂试验；

⑦有性繁殖的种类还要进行自交、回交测定和纯化。

14. 简述基因组遗传图谱与物理图谱的异同。

答：遗传图谱的构建是根据任一遗传性状（如已知的可鉴别的表型性状、多型性基因位点、功能未知的 DNA 标记）的分离比例，将基因定位在基因组中。因此，遗传图谱是根据等位基因在减数分裂中的重组频率，来确定其在基因组中的顺序和相对距离的。物理图谱的构建不需要检测等位基因的差异，它既可以利用具有多型性的标记，也可以利用没有多型性的标记进行图谱构建，它将标记直接定位在基因库中的某一位点。

实际上这两种途径都需要利用分子遗传学的技术和方法。尽管这两种图谱是分别构建的，但是它们可以相互借鉴、互为补充，作为基因组图谱利用。

构建物理图谱的原因是：遗传图谱的分辨率有限，遗传图谱的精确性不高。

15. 简述基因工程在工、农、医三方面的成就及发展前景。

答：基因工程在工业上的应用主要是生产医药产品，最典型的例子是通过细菌生产胰岛素，治疗糖尿病。到目前为止，通过细菌已经生产了表皮生长因子、人生长激素因子、干扰素、乙型肝炎工程疫苗等 10 多种医药产品。

基因工程在农业上的应用：以转基因植物为标志的植物基因工程已经培养出许多抗除草剂、抗虫、抗病、抗逆的优良品种和品系，如在全世界范围内大量推广应用的抗除草剂的大豆、抗棉铃虫的棉花等。

基因工程在医学上主要是用于遗传疾病的诊断，基因的治疗方面。

基因工程具有巨大和广泛的发展前景，将渗透到人类生活的各个方面。它可以创造出营养价值更高、保健作用更好、抗逆性更强的植物种类；转基因动物的进展，可以生产出多种类的用于人类遗传性疾病治疗的药物；人类基因组计划的完成和基因定位的发展，尤其是核酸分子杂交原理和方法与半导体技术结合而发展起来的 DNA 芯片技术的出现和完善，将在人类遗传疾病的诊断和治疗等方面发挥重要作用。

课后习题全解

1. 限制性内切酶的分类及性质是什么？

答：限制性内切酶可识别 DNA 分子内部的特定序列并在固定的部位将其切断，属于限制修饰系统的成员之一。限制性内切酶根据它们的特性而分为Ⅰ型、Ⅱ型和Ⅲ型等，目前广泛使用的属于第Ⅱ类限制性内切酶。由于Ⅰ型和Ⅲ型限制性内切酶识别的位点与切割位点分离，并且酶成分复杂，具有多种功能，且种类稀少，在基因工程中很少应用。Ⅱ型限制性内切酶具有以下基本特性：①识别位点序列和切割序列一致，且该序列多具有回文结构。②所切割的位点常呈轴对称分布,即产生黏性末端。也有部分限制性内切酶产生平端。③所产生的互补黏性末端长度多为4～8bp,它们可以配对并被DNA连接酶高效连接。

2. 载体有哪些特征,可分为几类？各有什么用途？

答:载体应具备以下特征,有复制起点,在受体细胞中能自我复制,或整合到染色体DNA上随染色体DNA的复制而同步复制;具有多种单一的核酸内切酶识别切割位点;具有筛选转化子的选择性标记基因;分子量小,拷贝数多;具有较高的外源DNA载入能力;安全,不含对受体细胞有害的基因,不会任意转入受体细胞外的其他生物细胞中。载体可分为克隆载体;穿梭载体;表达载体。常见的克隆载体有质粒载体、噬菌体载体、黏粒和噬粒及人工染色体四种;表达载体主要分为原核生物和真核生物表达载体。克隆载体用于在受体细胞中进行目的基因扩增的载体,一般具有较低的分子量、较高的拷贝数和松弛型复制子。穿梭载体的用途是用于原核细胞与真核细胞之间进行基因转移,通常是将载体和待克隆的真核生物DNA片段先在细菌中克隆,再转移到真核细胞中表达,并可提高外源基因的表达效率。表达载体的用途是使目的基因在宿主细胞中得以表达,可将重组体DNA导入合适的受体细胞,使所载的目的基因能够复制、转绿和翻译。

3. 目的基因分离最常用的方法及原理是什么？

答:目前共有5中分离目的基因的方法,通过基因产物分离目的基因、图位克隆法分离目的基因、同源序列克隆目的基因、功能互补法分离目的基因和电子克隆技术分离目的基因。

基因产物分离目的基因分为利用蛋白质序列和mRNA的差异分离基因。利用蛋白序列分离基因是电泳并分离感兴趣的蛋白斑点直接进行质谱分析,确定该蛋白质的肽谱和N末端氨基酸序列,通过RT－PCR技术分离其基因的cDNA序列。

通过mRNA的差异分离基因分为5种:差异显示逆转录PCR技术、cDNA扩增片段长度多态性技术、cDNA抑制性减法杂交技术、基因芯片(genechip/array)技术、基因表达的系列分析。差异显示逆转录PCR技术是采用不同的mRNA样品以进行逆转录得到cDNA单链 ,经PCR扩增和产物分离,回收得到有差异的PCR条带。再经扩增,测序,Northern blot验证,5′端RACE得到其全长cDNA。该方法操作简单,可以获得大量差异条带,往往可以发现许多新的基因产物。缺点是假阳性率较高,所得PCR产物较短且多为3′端非翻译区,Blast P同源性检索得到的信息较少。cDNA扩增片段长度多态性技术是将不同的mRNA经逆转录获得双链cDNA后,再用两种不同的限制性内切酶切割后,加上相应的接头,进行PCR,电泳分离,寻找差异条带。由于进行PCR的引物在其3′端有2～3个碱基可以发生变化,这样就可将一个组织中表达的上万种基因的cDNA分成若干组,以保证每块板上所得的DNA条带不至于过多,以致难以分辨和回收,由于引物的特异性很高,所得到的差异性片段的假阳性率很低。但是同样存在PCR产物片段一般较短,需进行3′RACE和5′RACE才能获得全长,另外两种内切酶的选择也就决定了只有同时含有这两种酶切位点,并且它们之间的距离符合PCR扩增条件时才能显示其差异,不含有这两个酶切位点或只含有其中一个的基因cDNA无法利用该技术进行分析。cDNA抑制性减法杂交技术是将两种不同组织或不同处理的mRNA经逆转录形成cDNA后,其中一方用生物素标记作为驱动DNA,另一方经两种限制性内切酶切割,并与相应的接头连接作为试验DNA,将试验DNA与驱动DNA变性后以1∶100的比例混合、杂交,然后用过量已固化到磁珠上的抗生物素蛋白结合,以除去杂交分子和驱动DNA,通过PCR反应就可获得试验cDNA的特异片段。基因芯片技术可分为cDNA芯片(cDNA chip/array)和寡核苷酸芯片(geneoligochip/array)两类,cDNA芯片是将变性后的cDNA或单链DNA直接点到

片基上而成。而寡核苷酸芯片则是采用光蚀合成法在片基上原位合成 25-mer 到 70-mer 的单链 DNA 片段。cDNA 芯片的点样密度要比寡核苷酸芯片密度低，目前也能达到上万个基因，寡核苷酸芯片的密度可达 6 万个以上。利用 cy-3 和 cy-5 分别标记两种不同的 cDNA 或 mRNA 样品，与同一块 cDNA 芯片或分别与两块寡核苷酸芯片杂交洗脱，激光扫描就可以分辨出杂交信号超过一定阈值的 cDNA 克隆或寡核苷酸片段。基因芯片技术的优点是一次可以获得大量差异表达的信息，并可对表达谱进行比较、基因聚类等，能从中获得比较全面、系统的基因表达差异信息。其主要缺点是只能对已知基因进行分析，而且所得的结果还需进一步的 Northern blot 杂交验证。另外成本较高也是限制该技术应用的一个因素。

基因表达的系列分析是大规模分析细胞中基因表达状况的技术。其原理是首先利用锚定酶（N laⅢ ）切割 mRNA，经逆转录形成双链 cDNA，分成两份分别与接头 A、B 相连，然后用接头中的标签酶（Bsm FⅠ）切割，这样就会获得距离识别位点 3′端方向 10～14 bp 切断，补平 3′末端，将两份 DNA 混合、连接产生双标签。通过引物 A、B 扩增双标签并分离纯化，N laⅢ 消化，将双标签相互连接成线状聚合体，然后克隆到质粒中，测序并统计各种标签的种类和数量，比较两种不同样品中标签序列的分布就可以得知基因差异表达的状况。

图位克隆又称定位克隆是根据目标基因在染色体上的确切位置，寻找与其紧密连锁的分子标记，筛选 BAC 克隆，通过染色体步移（查）法逐步逼近目的基因区域，根据测序结果或用 BAC、YAC 克隆筛选 cDNA 表达文库，寻找候选基因。

同源序列克隆目的基因是某基因在模式生物或其他生物中已有报道，但是在当前所研究的生物中尚无报道，可以通过同源杂交法从我们当前所研究的生物中分离到该基因的同源基因。首先根据已知的基因序列设计 PCR 引物，在已知材料中扩增到该片段，并经克隆测序验证，利用放射性同位素标记或其他非同位素标记该 PCR 片段作为探针，与待研究材料的 cDNA 文库杂交，就可以获得该基因 cDNA 克隆，利用该克隆再进一步筛选基因组文库，挑选阳性克隆，亚克隆并测序，从中就可筛选到该基因完整序列。

功能互补法分离目的基因是利用大肠杆菌、酵母菌、拟南芥菜、水稻等中已获得数千个特定基因缺失的突变体或 T－DNA 插入突变、转座子插入突变和基因缺失突变体，利用这些突变体为受体，将外源基因克隆到其相应的表达载体上，转化这些受体，从中选择表型恢复成野生型的克隆，从这些克隆中就可获得与这些突变体功能互补的外源基因。

基因的电子克隆技术是从 Genbank 中获得某生物有关功能基因的 EST 序列，通过电子拼接、克隆，得到其全长序列，设计 PCR 引物进行 RT PCR 就可以获得该基因的 cDNA，测序后再作 Blastn，筛选 BAC 克隆序列可获得基因组序列，再通过基因敲除、超表达等确定其功能。许多功能未知的基因 EST 经电子克隆，结构域及功能预测可以推断其类型和可能发挥的作用。这是属于反求遗传学研究的基本方法之一。

4. 举例说明基因图位克隆的原理及应用。

答：图位克隆（map cloning）的策略是根据功能基因在基因组中都有相对较稳定的基因座，在利用分子标记技术对目的基因进行精细定位的基础上，用与目的基因机密连锁得分子标记筛选 DNA 文库，从而构建目的基因区域的物理图谱，在利用此物理图谱通过染色体步移逐步逼近目的基因或通过染色体登录的方法最终找到包含该目的基因的克隆，并通过遗传转化实验证实目的基因的功能。利用图位克隆技术，已经在水稻、玉米、西红柿等作物中成功分离出与粒型、抗性、果实大小相关的基因，应用非常多，是目前基因克隆的主流方法。

5. 为什么 cDNA 文库中的基因往往发生 5′端缺失？全长 cDNA 文库的构建有哪些方法？其原

理是什么?

答:在提取RNA时RNA酶的存在会降解mRNA,此外在试验操作中的离心和震荡等步骤都有可能造成5′的丢失。

全长cDNA文库构建有以下几种方法:CAPture法、Oligo-capping法、SMART法和Cap-trapper法。

CAPture法(mRNA Cap Retention Procedure)充分利用真核生物mRNA的帽子结构和帽子结合蛋白(转录起始因子eIF24e)相互作用的动力学原理来捕获全长cDNA。首先,在反转录酶的作用下将mRNA转录为cDNA,形成cDNA/mRNA双链复合体;接着,用RNaseA对cDNA/ mRNA双链分子进行酶切。如果反转录不彻底,cDNA没有延伸到mRNA的帽子结构部位,那么靠近mRNA 5′端的mRNA将以单链形式存在,这种情况下,RNaseA就能将这类mRNA的帽子结构切除掉,因此这类cDNA/mRNA双链复合体也就不再携带帽子结构。然后,利用帽子结合蛋白结合、分离全长cDNA,最后,根据帽子结合蛋白与m7GDP结合的动力学原理,将帽子结合蛋白上结合的mRNA帽子替换下来,从而达到洗脱全长cDNA的目的。

Oligo-capping法(Oligo-capping method)利用细菌碱性磷酸酶水解5′端不完整的mRNA的5′磷酸团,防止短截的mRNA在后续反应中与寡聚核糖核酸连接;接着,用烟草酸焦磷酸酶(Tobacco acid pyrophosphatase TAP)除去mRNA 5′端的帽子结构,使mRNA5′端帽子结构处的磷酸基团暴露出来;然后,用T_4 RNA连接酶mRNA的5′端连上一段寡聚核糖核酸,作为引发第二链cDNA合成的引物结合位点,最后经反转录,PCR扩增、酶切、连接,建成目的文库。

SMART法(Switching Mechanism At 5′end of RNA Transcript method/SMART method)充分利用了反转录酶Powerscript RT和限制性内切酶SfiI的特性。该方法中全长cDNA的获得是借助Powerscript TM RT的末端转移酶活性来实现的。当反转录达到mRNA的5′端时, Powerscript RT就能够在双链核酸的3′端添加几个脱氧胞嘧啶(dC),而对于非全长cDNA,由于反转录延伸没有达到mRNA的5′端, Powerscript RT不能在其不完整的3′末端加上dC。在cDNA第二链合成时,3′端携带oligo (dG)的第二链引物也就不能与短截的ss-cDNA结合,因而这类cDNA不能合成互补链,最终得到的dsDNA都是全长的。此外,在实验设计时,在cDNA第一、二链引物的5′端引入了SfiI(A) 和Sfi I(B) 位点,因此只需对目的cDNA进行单酶切(Sfi I酶切),即可实现对其定向克隆。

Cap-trapper法(Cap-trapper method)在全长cDNA合成时,为了得到尽可能多的全长的cDNA,向反应体系中加入了海藻糖和山梨(糖) 醇,这两种物质都能提高反转录酶的热稳定性,因此可以大幅度提高反应温度,减少mRNA的二级结构对反转录所带来的负面影响,同时也加大了得到所有全长cDNA的可能性。利用高碘酸钠的氧化特性,在低温、避光条件下特异氧化cDNA/mRNA复合体中mRNA 5′和3′端末位核糖上的两个相邻的羟基(22OH和32OH)。经NaIO4作用后,mRNA两端的邻二醇基团被氧化成二醛基团,后者在一定条件下能够与生物素结合,而生物素化的cDNA/mRNA复合体可被链霉亲和素包被的磁珠来分离出来。同时,为防止短截cDNA的掺入,采用RNaseI对双链复合体进行酶切,RNaseI可以消化以单链状态存在的mRNA,而且没有碱基特异性。第二链引物结合位点的引入可采用两种方法:一种是通过末端转移酶在单链cDNA的3′端加上一段poly(G),另一种是在利用DNA连接酶在cDNA的3′端加上一段寡核苷酸。

Cap-jumping法(Cap-jumping method)在某些方面与Oligo-capping法和Cap-trapper法类似,之所以说它类似于cap-trapper法,是因为它也是利用高碘酸钠来氧化mRNA 5′和3′

端核糖上的邻二醇基团,使之变为二醛基团。在 cap-trapper 法中,二醛基团与生物素的氨基结合,而在 Cap-jumping 法中,用乙二铵取代了生物素。该方法与 Oligo-capping 法类似的地方在于它也在 mRNA 的 5′端加上一段寡核糖核酸或 3′端携带一个核糖集团的脱氧寡核糖核酸(oligonucleotide template extender,OTE),但添加寡核糖核酸的方式不同,它不需要除去 mRNA5′端的帽子结构,而是直接用化学方法进行连接。经 NaIO4 氧化后的 mRNA 在一定条件下与乙二铵作用成为氨基化的 mRNA,这种 mRNA 在特定条件下可以和 3′端 OTE 连接,成为 5′端携带一段核糖核酸或脱氧核糖核酸的 mRNA。而对于缺少帽子结构的 mRNA,其 5′端核糖集团上仅有一个羟基,不能被 NaIO4 氧化,所以不能被铵化,因而也就不能与氧化后的 OTE 连接。

6. 就你所知的 PCR 方法有哪些?在基因工程中有哪些应用?

答:PCR 主要有反向 PCR(reverse PCR)、免疫 PCR、多重 PCR、锚定 PCR、RT-PCR(reverse transcription PCR)、不对称 PCR(asymmetric PCR)和重组 PCR 等。PCR 可在在目的基因获得、含量检测、mRNA 反转得到 cDNA 等方面有大量应用。

7. 基因转化的方法有哪些?在植物和动物中最有效的方法及原理是什么?

答:(1)高等植物细胞的转化。

①农杆菌 Ti 质粒介导基因转化。在高等植物中,根癌农杆菌(Agrobacterium tumefacien) Ti 质粒转化系统是目前最成熟的基因转化系统。根癌农杆菌感染高等植物,将 Ti 质粒的 T DNA 整合到植物基因组,是一种简单高效的植物遗传转化法,虽然最初多用于双子叶植物的遗传转化,但目前已在许多单子叶植物,包括玉米、小麦、水稻等粮食作物中广泛应用。应用最多的载体为双元载体,在大肠杆菌中将外源基因克隆到 Ti 质粒中,然后再转入农杆菌,通过农杆菌感染植物胚性愈伤组织等外植体,经选择、分化产生转基因植株。通过农杆菌转染植物,外源 DNA 多为单拷贝整合,基因沉默较少,稳定遗传,但是还存在转化频率较低,有些受体转化后再生困难,以及出现体细胞无性系变异(somaclonal variation)等缺点。

②基因枪法。又称粒子轰击(particle bombardment),它是利用高压氦气或氮气将吸附重组 DNA 的金粉或钨粉加速到 300 m/s,高速轰击植物细胞,通过选择培养筛选转化体,该方法转化效率较高,不受植物基因型的影响,培养再生比较容易。但转化体中往往产生多拷贝 DNA 插入,较易产生基因沉默现象。

③聚乙二醇(polyethylene glycol,PEG)法。植物原生质体在 PEG 的作用下,质膜容易发生短时间的相变,从而使外源 DNA 导入细胞内。通过对大量原生质体的转化、选择再生,可以获得大量转化体,该方法操作简单,效率较高,但对于原生质体分化再生困难的植物往往只用于瞬时表达。

④真空渗入(vacuum infiltration)法。将正在开花的植物花序浸入农杆菌溶液中(植株倒置后插入),抽真空保持数分钟,然后让其正常开花结果,从后代种子中就可筛选到一定数量的转化体,该方法操作简单,无需对后代进行复杂的培养、分化、再生过程。其原理是农杆菌感染了已受精的合子,从而获得转基因后代种子。该方法已在拟南芥菜的转化中广泛使用,并已扩展应用于其他植物。

⑤花粉管通道(pollen-tube pathway)技术。对于大花植物,在受精后第一次卵裂前,将重组 DNA 直接通过花粉管通道注入,该重组 DNA 也有机会进入细胞核,整合到基因组的染色体中。棉花、大豆、水稻、小麦等作物均有成功转化的例证,如抗虫棉 BT 毒蛋白基因的转化就是采用该方法。

(2)动物细胞的转化。

①病毒法。这是动物细胞转化最有效的方法之一。因重组病毒对转化受体具有高度亲和感染性,转化效率很高。常用的病毒载体有逆转录病毒、腺病毒、痘苗病毒等。值得注意的是,在构建这些病毒载体时已去掉其自身复制子序列,而感染动物细胞时又需辅助病毒的帮助,才能在动物细胞中稳定复制,否则只能发生瞬时表达。

②显微注射法。利用显微注射仪将重组DNA直接注入受精卵中,也可将受精卵悬浮于DNA溶液中,用玻璃针进行穿刺,使溶液中的DNA同时带入。受精卵比较大,容易操作。通过对雌鼠注入孕马血清和人绒毛膜促性腺激素,使小鼠超数排卵,交配后,取出受精卵,确定发生核融合后即可进行显微注射,将注射后的受精卵植入假孕雌鼠子宫中发育,可获得转基因小鼠。世界上首例转大鼠生长激素基因的小鼠就是通过该方法实现的。

8. 从一个生物的EST片段开始,如何研究其基因的功能?

答:Genbank中获得某生物有关功能基因的EST序列,通过电子拼接、克隆,得到其全长序列,设计PCR引物进行RT PCR就可以获得该基因的cDNA,测序后再作Blastn,筛选BAC克隆序列可获得基因组序列,再通过基因敲除、超表达等确定其功能。

9. 植物抗病毒基因工程育种可采取哪些方法?

答:植物抗病毒病的基因工程研究较多,目前比较成功的有转病毒外壳蛋白基因,反义复制酶基因,核糖体失活蛋白(ribosome inactive protein,RIP)基因、卫星RNA介导的抗性、反义运动蛋白等,其中反义复制酶基因的效果较好,并已用于CM V、PVX、TM V等病毒病的防治。

10. 何为生物反应器?动物和植物生物反应器各有什么特征?

答:生物反应器是现代生物技术基因工程的细胞产物的生产者,就是将目的基因导入到生物体内,用其来生产目的基因的产物,一般用牛羊,有乳房生物反应器、膀胱生物反应器等。作为生物反应器的转基因动物它的优越性:第一,表达产物能充分修饰且具有稳定的生物活性;第二,产品成本低,可以大规模生产;第三,产品质量高,易提纯。目前,已成功地在绵羊、山羊、猪的乳中生产了组织血纤维蛋白溶酶原激活因子和抗凝血因子,在转基因家畜血液中得到人免疫球蛋白、胰蛋白酶干扰素和生长激素等,并且都具有正常的生物活性。植物生物反应器具有以下几个特点:第一,具有准确表达、正确组装重组蛋白质,转基因植物细胞能够相对忠实地转录、翻译及组装外源性重组蛋白质。它不仅能够表达和组装低分子量(小于0.6kD)、结构简单的单链肽或肽片段,还能表达和组装大分子量(大于80kD)、结构复杂的多聚体蛋白质;第二,稳定、大量地生产转基因产品,植物是一个能进行大规模生产的廉价生产系统,在获得稳定遗传的转基因植株后,扩大耕种面积就能提高重组蛋白质的产量。它的上游生产成本较低,田间栽培不需特殊培养基或设备。而那些能直接食用的植物疫苗不需特殊贮存条件,还可省去下游的加工开支;第三,安全性,植物不是肝炎、艾滋病病毒等许多人类和动物致病性病原体的天然宿主,这就避免了这些病原的传播。且转基因植物生产重组蛋白质原料工艺简单、田间栽培、不需添加特殊试剂。另一方面,转基因植物不存在类似转基因动物的一些伦理学问题。

第二十章　群体与进化遗传与分析

考点综述

本章的重点考查内容是遗传平衡的判定与计算，常常考查 MN 血型和 ABO 血型平衡的计算。名词解释和计算题是常考的题型，在历年考试中所占比例较高。经常考查的名词术语包括基因频率、基因型频率、适合度、遗传漂变、孟德尔群体、遗传平衡等；计算题要重点掌握基因和基因频率的计算、ABO 和 MN 等群体的遗传平衡判定与计算等内容。

名师串讲

本章要求重点掌握遗传平衡定律和改变群体遗传组成的因素的作用。在熟练掌握 Hardy-Weinberg 定律的原理及推导过程的基础上，多研究一些例题，如能进行一实际的调查、统计，并通过计算分析得出结论，则学习掌握的效果更好。具体内容包括以下内容：

1. 遗传平衡定律

(1)遗传平衡定律及其意义。

①遗传平衡定律，即 Hardy-Weinberg 定律，是 1908 年由英国数学家 G・H・Hardy 和德国医生 Wihelm Weinberg 各自独立推导出来的。其基本内容是：

(a)在一个大的随机交配群体中，如果没有突变、选择、迁移、遗传漂变的干扰，则基因频率在世代之间保持不变。

(b)在任何一个大群体内，不论其基因频率和基因型频率如何，只要一代的随机交配，这个群体就达到平衡。

(c)一个群体在达到平衡状态时，基因频率同基因型频率的关系是：

$$D=p^2, H=2pq, R=q^2;\text{且 } p^2+2pq+q^2=1\text{（哈德—韦伯格公式）}$$

复等位基因的遗传平衡公式：

$$(p+q+r)^2=p^2+q^2+r^2+2pq+2pr+2qr=1$$

②遗传平衡定律的意义。

(a)揭示了基因频率和基因型频率在一定条件下的相对稳定性，因而群体的遗传特性才能保持相对的稳定。基国和基因型的差异导致生物体的遗传变异，而基因频率和基因型频率的差异则必然造成群体的遗传结构变异。

(b)群体平衡是有条件的，如果失去平衡条件(如有选择、突变、迁移等)，则有可能产生新的物种。这一点对动、植物的育种工作具有指导意义。

(c)该定律揭示了在一个随机交配的大群体中，基因频率和基因型频率的一般关系，特别是隐性纯合体的频率和隐性基因的关系。这为认识群体的性质，分析研究基因的动态行为，进行各种隐性遗传疾病的研究、咨询与防治提供了重要的理论依据。

(2)基因频率与基因型频率的关系。

若一个基因位点只有两个等位基因，则基因频率：

$$P_{(A)}=p, P_{(a)}=q; p+q=1$$

基因型频率：

$$P_{(AA)}=D, P_{(Aa)}=H, P_{(aa)}=R; D+H+R=1$$

由于一个(二倍体)个体含有两个等位基因，所以：

$$p=\frac{D\times 2+H}{(D+H+R)\times 2}=D+\frac{1}{2}H$$

$$q=\frac{H+R\times 2}{(D+H+R)\times 2}=\frac{1}{2}H+R$$

(3)基因频率在各世代中保持恒定。

在一个大的群体中，雌雄性个体的基因型频率与群体总的基因型频率相同，雌雄配子的频率与群体的基因频率相同。对于A、a组成的群体来说，原群体产生A配子的频率为

$$p=D+H/2, q=H/2+R$$

(4)群体经一次随机交配则达到平衡，基因型频率在以后的世代中保持恒定。

一个群体无论其基因型频率如何，其随机交配子代的基因型频率均为：

$$D=p^2, H=2pq, R=q^2$$

这时群体就达到平衡，基因型频率在以后的世代中将保持恒定，随机交配一代的基因频率同亲代保持不变。

群体平衡的标志是：

$$D=p^2, H=2pq, R=q^2, p+q=1$$

2. Hardy-Weinberg 定律的扩展—复等位基因的遗传平衡

同一基因座位上有多个等位基因时，遗传平衡公式为：$(K_1+K_2+K_3+\cdots+K_n)^2$ 的展开式 $=1$。

例如，一个具有3个复等位基因的群体，基因及其频率为：$A_1, p; A_2, q; A_3, r$。则

$$p+q+r=1$$

而各基因的频率等于该基因纯合体的频率加上含有该基因的杂合体频率的一半：

$$p=P_{(A_1A_1)}+\frac{1}{2}P_{(A_1A_2)}+\frac{1}{2}P_{(A_1A_3)}$$

$$q=P_{(A_2A_2)}+\frac{1}{2}P_{(A_1A_2)}+\frac{1}{2}P_{(A_2A_3)}$$

$$r=P_{(A_3A_3)}+\frac{1}{2}P_{(A_1A_3)}+\frac{1}{2}P_{(A_2A_3)}$$

当达到遗传平衡时，各基因型的频率为：

$$P_{(A_1A_1)}=p^2 \qquad P_{(A_1A_2)}=2pq$$

$$P_{(A_2A_2)}=q^2 \qquad P_{(A_2A_3)}=2qr$$

$$P_{(A_3A_3)}=r^2 \qquad P_{(A_1A_3)}=2pr$$

名词术语解释

1. **群体遗传学(population genetics)**：研究群体的遗传结构和变化规律的遗传学。

2. **中性突变学说(neutral mutation theory)**：生物的进化主要由中性突变决定，这些中性突变经自然选择保留下来，再经隔离形成新物种。

3. **群体(population)**：指一群相互繁育的个体，一个最大的群体就是一个物种。

4. **基因频率(gene frequency)**：在一个群体中某一特殊型的等位基因在所有等位基因总数中所占的比率，由基因型频率推算得出。

5. **基因型频率(genotype frequency)**：某一群体中某一个体的任一特殊GT所占的频率，亦

即某一群体某一基因位点上任一基因型所占的比率。

6. **适合度(fitness)**:指一个生物基因型能生存并把它的基因传给下代的相对能力。

7. **选择系统(selective coefficient)**:在选择的作用下,某一基因型在群体中被淘汰的百分率。

8. **随机交配(random mating)**:在有性生殖生物中,一种性别的任何一个个体有同样的机会和相反性别的个体交配的方式称随机交配。

9. **遗传漂变(genetic shift)**:由于某种机会,某一等位基因频率的群体(尤其是在小群体)中出现世代传递的波动现象称为遗传漂变(genetic drift),也称为随机遗传漂变(random genetics drift)。

10. **瓶颈效应(bottle neck effect)**:这是由少数个体的基因频率决定了它们后代中的基因频率的效应,是一种由为数不多的几个个体所建立起来的新群体所产生的一种极端的遗传漂变作用。

11. **突变压(mutation pressure)**:因基因突变而产生的基因频率变化趋势称为突变压。

12. **选择压(selection pressure)**:自然选择的强度称选择压。

13. **适应值(adaptive value)**:一个已知基因的个体,把它们的基因传递到其后代基因库中去的相对能力,就是该基因型个体的适应值。

14. **生殖隔离(reproduction isolation)**:指相互间不能进行杂交或杂种不育等生物学特性造成的隔离。

15. **工业黑化(industrial melanism)**:19世纪中叶,欧洲的许多地区逐渐工业化,在工业城市的近郊,许多不同属和不同种的鳞翅目昆虫中,黑色型个体的频率逐渐上升,这种趋势称为工业黑化。

16. **孟德尔群体(Mendelian population)**:是由一群可杂交繁殖的个体组成,这些个体具有共同基因库中的某些基因。

17. **多基因家族(multigene family)**:在真核生物中,我们常常发现基因的多个拷贝,这些拷贝的顺序都是相同或相似的,这样的一组基因称为多基因家族。

18. **协同进化(concerted evolution)**:在DNA序列变异研究中人们惊奇地发现某些分子的力量维持着基因多拷贝中的一致性序列,这种现象称为协同进化或叫做分子驱动。

19. **遗传平衡(genetic equilibrium)**:本术语有多种涵义,随具体情况而异,主要用于群体遗传学。例如,当某一群体在基因型组成上符合哈代—韦伯氏定律的群体状态时,则使用此术语。基因频率在突变、自然选择、基因漂变等压力下呈现一定的分布时亦称为遗传平衡。所谓遗传平衡不一定意味着稳定的平衡。

经典考题汇编

1.(填空题)影响群体遗传平衡的因素有__①__、__②__、__③__、和__④__。(华中农业大学,2012)

答:①突变　②选择　③迁移　④遗传漂变

2.什么是遗传平衡定律?影响群体遗传结构的因素有哪些?(武汉大学,2010A,2013A)

答:当一个群体符合下列条件时,①群体很大或者无限大,②群体内个体进行随机交配,③没有突变发生,④没有选择没有大规模迁移,⑤没有遗传漂变,群体的基因频率将代代相传,保持不变,而且无论群体起始基因频率如何,经过一代随机交配后,群体的基因频率将达到平衡,只要平衡条件不变,基因型频率亦代代保持不变。这是群体的遗传平衡定律。影响群体遗传结构的因素包括突变,选择,迁居,遗传漂变,近亲婚配。

3. 在某一地方进行ABO血型调查,在1000人中调查发现,有130人血型是B型,60人是AB型,360人是O型,450人是A型,试估计该地区人群中I^A,I^B和i得基因频率。(华中农业大学,2012)

答:因为ABO血型是复等位基因系列,假设I^A、I^B和i基因的频率分别,为p、q和r,则有:$p+q+r=1$,同时也存在$P_{(A)}+P_{(B)}+P_{(O)}=1$,即:

$$p^2+2pq+q^2+2qr+2pr+r^2=1。$$

根据题目所给的数据可计算出:

$$P_{(O)}=\frac{360}{1000}=0.36$$

$$P_{(i)}=r=\sqrt{P_{(O)}}=0.6$$

而$p^2+2pq+r^2=\frac{450+360}{1000}=0.81$,得到$p+r=0.9$,所以,

$$p=0.3, q=1-0.3-0.6=0.1$$

所求得基因I^A,I^B和i基因的频率分别为0.3,0.1和0.6。

课后习题全解

1. 在小鼠群体中,A座位上有两个等位基因(A_1和A_2)。研究表明在这个群体中有384只小鼠的基因型为A_1A_1,210只小鼠的基因型为A_1A_2,260只小鼠的基因型为A_2A_2。问该群体中这两个等位基因的频率是多少?

答:根据题意及基因频率的计算公式可得:

A_1基因的频率:$(384\times2+210)/854\times2=57.3\%$,

A_2基因的频率:$(260\times2+210)/854\times2=42.7\%$。

2. 在实验室里的一个随机交配的果蝇群体中,4%的果蝇体为黑色(黑色即常染色体隐性基因b决定),96%为棕色(正常体色,B基因决定)。如果这个群体达到了Hardy-Weinberg平衡,B、b的等位基因频率是多少,BB和Bb的基因型频率是多少?

答:题中的bb基因型频率为4%,则b基因的频率q_b为0.2,BB+Bb基因型的频率为96%。B基因的频率p_B为$1-0.2=0.8$;BB基因型的频率为$0.8^2=0.64$;Bb基因型的频率为$2p_B\times q_b=0.32$。

3. 1958年某项研究中显示某人群中MN血型基因型的频率如下:

基因型	个体或夫妇的数目
L^ML^M	406
L^ML^N	744
L^NL^N	332
总数	1 482
夫妇	
$L^ML^M\times L^ML^M$	58
$L^ML^M\times L^ML^N$	202
$L^ML^N\times L^ML^N$	190
$L^ML^M\times L^NL^N$	88

续表

基因型	个体或夫妇的数目
$L^ML^N \times L^NL^N$	162
$L^NL^N \times L^NL^N$	42
总数	741

①这个群体就 MN 血型而言，是不是 Hardy-Weinberg 平衡状态？

②就 MN 血型来说，婚配是不是随机的？

答：①根据公式 $p=\sqrt{\frac{L^ML^M}{\text{总人数}}}$，带入数值 $p=\sqrt{\frac{406}{1482}}$，得到 L^M 基因频率 $p=0.525$；L^N 基因频率 $q=\sqrt{\frac{L^NL^N}{\text{总人数}}}$，带入数值 $q=\sqrt{\frac{332}{1482}}$，得到 L^N 基因频率 $q=0.475$；则 $p^2=0.2756$，$q^2=0.2256$，$2pq=0.4987$，估算各基因型的理论值，作 χ^2 检验：

基因型	L^ML^M	L^ML^N	L^NL^N
个体实际值	406	744	332
理论值	408	740	334
$(O-C)^2/C$	$(406-408)^2/408$	$(744-740)^2/740$	$(332-334)^2/334$

根据公式 $\chi^2=\sum\frac{(O-C)^2}{C}$，计算得到 $\chi^2=0.0434$，当自由度 $n=1$ 时，查表 $p=0.05$ 时，$\chi^2_{0.05}(1)=3.84$，即 $\chi^2<\chi^2_{0.05}(1)$，所以理论值与实际值之间的差异未达到显著水平，故这个群体是符合 Hardy-Weinberg 平衡的。

②$p^2=0.2756$，$q^2=0.2256$，$2pq=0.4987$，估算各种基因型随机婚配的理论值，作 χ^2 检验：

婚配值	$L^ML^M\times L^ML^M$	$L^ML^M\times L^ML^N$	$L^ML^N\times L^ML^N$	$L^ML^M\times L^NL^N$	$L^ML^N\times L^NL^N$	$L^NL^N\times L^NL^N$
频率	$p^2\times p^2$	$p^2\times 2pq$	$2pq\times 2pq$	$p^2\times q^2$	$2pq\times q^2$	$q^2\times q^2$
实际数值	58	202	190	88	162	41
理论值	56	204	184	92	167	38
$(O-C)^2/C$	$(58-56)^2/56$	$(202-204)^2/204$	$(190-184)^2/184$	$(88-92)^2/92$	$(162-167)^2/167$	$(41-38)^2/38$

根据公式 $\chi^2=\sum\frac{(O-C)^2}{C}$，计算得到 $\chi^2=0.8471$，当自由度 $n=4$，查表 $p=0.05$ 时，$\chi^2_{0.05}(4)=9.49$，即 $\chi^2<\chi^2_{0.05}(4)$，所以理论值与实际值之间的差异未达到显著水平，故这个群体是符合 Hardy-Weinberg 平衡，属于随机婚配的。

4. 对于雄性为异配性别的物种来说，一些座位上的等位基因频率对雌性和对雄性是不同的：①假定 A 基因的频率在雄性中是 0.8，在雌性中是 0.2，则这一频率是在以后的世代中会怎样变化？②设计一个概括性的表达法，描述第 n 代后的雄性 p 和 P 值。假定最初的值分别为 p_0 和 P_0。

答：①以交互震荡的方式接近平衡点。平衡点的值为：$(0.8+0.2\times2)/3=0.4$。

②根据交互振荡的公式有：

$$P_n - p_n = (-1/2)^n (P_0 - p_0) \quad (a)$$

$$(2P_n + p_n)/3 = (2P_0 + p_0)/3 \quad (b)$$

由以上(a)、(b)两个方程可求得：

$$P_n = (2P_0 + p_0)/3 + (P_0 - p_0)(-1/2)^n/3$$

$$p_n = (2P_0 + p_0)/3 - 2(P_0 - p_0)(-1/2)^n/3$$

5. 红绿色盲来源于性连锁的隐性等位基因，1/10 的雄性是色盲：

①女性中有多少是色盲的？

②为什么色盲患者男性比女性多？(多多少?)

③有多少婚配的家庭，他们的子、女各有一半是色盲？

④有多少婚配的家庭，他们的孩子都是正常的？

⑤在平衡的群体中，红绿色盲基因在女性中的频率是 0.2，在男性中的频率是 0.6。经过一个世代的随机婚配，有多少女性后代是色盲？男性后代呢？

⑥在⑤中，男性、女性后代的等位基因频率是多少？

答：①由于红绿色盲基因与性染色体连锁，而雄性中含有一个性染色体，且 1/10 的雄性是色盲，可得平衡群体中 $q=0.1$，$p=0.9$。雌性中含有两条性染色体，所以女性中 $q^2=0.01$，故有 1%的女性是色盲。

②因为男性中只含有一条性染色体，只要在这条染色体上出现隐性色盲基因，就会表现红绿色盲病，而女性中含有两条性染色体，必须同时存在两个隐性色盲基因，才能患病，所以男性患色盲的几率要比女性大得多，大概男性患者是女性患者的 10 倍。

③所有婚配的方式列于下表。

产生后代基因型				
$X^AX^A \times X^AY$	X^AX^A	X^AY	X^AX^A	X^AX
$X^AX^A \times X^aY$	X^AX^a	X^AY	X^AX^a	X^AY
$X^AX^a \times X^AY$	X^AX^A	X^AY	X^AX^a	X^aY(色盲)
$X^AX^a \times X^aY$	X^AX^a	X^AY	X^aX^a(色盲)	X^aY(色盲)
$X^aX^a \times X^AY$	X^AX^a	X^aY(色盲)	X^AX^a	X^aY(色盲)
$X^aX^a \times X^aY$	X^aX^a(色盲)	X^aY(色盲)	X^aX^a(色盲)	X^aY(色盲)

将上表整理归类得到下表

♀ / ♂	X^AX^A(81%)	X^AX^a(18%)	X^aX^a(1%)
X^AY(90%)	全部正常	女性全部正常，男性 1/2 色盲	女性全部正常男性全部色盲
X^aY(10%)	全部正常	男性和女性各一半色盲	全部色盲

在上表中婚配型 $X^AX^a \times X^aY$ 得到的子、女都是各一半患有色盲。其频率为 18%×10%=1.8%。

④同理根据③可得子女全部都正常的婚配的频率为 81%×90%+81%×10%=81%；子女全部色盲的比例为 10%×1%=0.1%。

⑤根据题意，可得，男性中：X^A 频率 $p=0.4$，X^a 频率 $q=0.6$；女性中：X^A 频率 $p=0.8$，X^a

频率 $q=0.2$；后代女、男性的基因组成只可能为下表情况：

♂ \ ♀	p(X^A,0.8)	q(X^a,0.2)
p(X^A,0.4)	X^AX^A(0.32)	X^AX^a(0.08)
q(X^a,0.6)	X^AX^a(0.48)	X^aX^a(0.12)
Y	X^AY(0.8)	X^aY(0.2)

由上表可以清楚地看到女性色盲后代为12%，男性色盲后代为20%。

⑥后代男性等位基因 X^A 频率 $p=0.8$，X^a 频率 $q=0.2$。

后代女性等位基因 X^A 频率 $p=(0.32+0.24+0.04)=0.6$，X^a 频率 $q=(0.24+0.12)=0.4$。

6. 在印第安部落中，白化患者是完全没有或非常稀少的(约1/20 000)。但是在下面的3个印第安人群中，白化病人的频率非常高，A:1/277，B:1/140，C:1/247。假设这3个群体文化上相关但语言不同。如何解释这3个部落中异常高的白化病频率？

答：这3个群体经历了2次奠基者效应(遗传漂变的一种形式)。

首先，这三个群体可能来自共同祖先，他们是最初迁移到这三个部落所在位置的几个个体的后代，在这最初的几个个体中，就有人携带有白化病基因，与其他的大群体相比而言，这几个个体所构成的小群体中白化病基因的频率要高得多，由他们所建立的后代群体也相应得很高。这可以从三个群体的文化相关得到佐证。

其次，三个群体的频率各不相同，这可能是由最初的几个人所建立的后代群体发生了分离，逐步分离成了三个群体，这三个群体彼此相对隔离，由于他们所处的环境有一定的差异，环境对基因的选择压力不同，平衡状态下群体之间的频率也差别。这可以从三个群体之间的语言不同得到佐证。

7. 3种基因型的适合度分别为：$\omega_{AA}=0.9$，$\omega_{Aa}=1.0$，$\omega_{aa}=0.7$。

①如果群体最初的等位基因频率为 $p=0.5$，则下一代 p 值是多少？

②预期平衡时的等位基因频率是多少？

答：①根据题意，推导见下表：

基因型	AA	Aa	aa	合计	p′
起始频率	p^2	$2pq$	q^2	1	
选择系数	s	1	t		
选择后	$p^2(1-s)$	$2pq$	$q^2(1-t)$	$1-(sp^2+tq^2)$	
相对频率	$\frac{p^2(1-s)}{1-(sp^2+tq^2)}$	$\frac{2pq}{1-(sp^2+tp^2)}$	$\frac{q^2(1-t)}{1-(sp^2+tp^2)}$	1	$\frac{p^2(1-s)+pq}{1-(sp^2+tq^2)}$
p	$\frac{p^2(1-s)+pq}{1-(sp^2+tq^2)}-p=\frac{p^2(1-s)+pq-p[1-(sp^2+tq^2)]}{1-(sp^2+tq^2)}=\frac{pq^2t-p^2s+p^3s}{1-(sp^2+tq^2)}=\frac{pq(qt-sp)}{1-(sp^2+tq^2)}$				

所以下一代A基因的频率为：$p'=(0.9p^2/0.9+pq/0.9)=19/36=0.528$。

②设选择系数 $s=1-\omega_{AA}=1-0.9=0.1$；$t=1-\omega_{aa}=1-0.7=0.3$，当平衡时，$\Delta p=0$，即 $qt-sp=(1-p)t-sp=0$，推出 $p=t/(s+t)$；同理可以推出 $q=s/(s+t)$，可以看出，平衡时的 p、q 值只与选择系数 s 和 t 有关，而与起始的 p、q 值无关。所以，平衡时A基因的频率为 $p=0.3/(0.3+0.1)=0.75$；a基因的频率为 $q=0.1/(0.3+0.1)=0.25$。

8. AA与Aa个体的育性相等。如果0.1%的个体是aa,且A→a突变率是10^{-5},对aa的选择压是多少?

答:$u=s\times q^2$,则$s=u/q^2=10^{-5}/0.1\%=1\%$。

9. 基因B是有害的常染色体显性基因,受感染个体的频率是4.0×10^{-6},这些个体的繁殖力是正常个体的30%,请估计v值,即b突变为B的突变率。

答:1.2×10^{-6}。

10. 怎样正确理解基因库、基因文库和基因组?

答:基因库是指群体中所有个体共有的全部基因;基因文库是将含有某个生物特定基因的不同的小的DNA片段克隆到一种特定载体上,转化大肠杆菌或其他受体菌后得到的含有该生物的基因组全部DNA的所有克隆的总称。如质粒文库、染色体文库、绿叶体文库、线粒体文库、基因组文库等。基因组是指单倍体细胞中的全套染色体为一个基因组,或是单倍体细胞中的全部基因为一个基因组,比如人类22条常染色体加x和Y就一组。

11. 生殖隔离的机制有几种?生殖隔离机制在物种形成过程中的作用是什么?

答:生殖隔离机制(reproductive isolation mechanism,RIM)是生物防止杂交的生物学特征。生殖隔离机制主要分为两大类:合子前隔离机制(prezygotic isolation mechanism)阻止不同群体成员间的相互交配,因而阻止了杂种合子的形成;合子后隔离机制(postzygo tic isolation mechanism)是一种降低杂种合子或杂种个体生活力或生殖力的生殖隔离。合子后隔离机制的生殖浪费大于合子前隔离机制。合子前隔离机制中的配子隔离(gametic isolation)也会产生生殖浪费,因为当配子不能形成成活的合子时,配子的浪费就成为必然结果。生殖隔离的实质都是阻碍不同物种间的基因交流,使各个隔离种群各有较强的稳定性,以保证在自然条件下各按着与环境相适应的方向发展。因此,物种是生殖隔离的种群,由地理隔离发展到生殖隔离是大多数物种形成的基本因素。

12. Hardy-Weinberg平衡与Wright平衡有怎样的区别与联系?

答:交配的随机性是Hardy W einberg定律的重要前提,在群体中遗传的等位基因及其频率和基因型频率的平衡关系是建立在随机交配(配子随机结合)的基础之上的。任何对随机交配的偏离,Hardy—Weinberg平衡关系就不复存在。Wright平衡是阐明带近亲繁殖的平衡定律,是群体遗传学中另一重要的理论基石。Hardy—Weinberg定律是当Wright定律中的F=0时的特例。而W right定律则可视为Hardy—Weinberg平衡的普遍化,无疑Wright定律成为群体遗传学另一重要公式,它阐明了基因在非随机交配群体中的一种遗传行为。在一个自然群体中,近交(inbreeding)或远交(outbreeding)影响群体中的基因型频率,而不影响其基因频率。但是如果对该基因的某种纯合体(或杂合体)有不同的选择压时,则近交就会间接地影响该群体后代中的基因频率。

参考资料

[1]戴灼华，王亚馥，粟翼玟. 遗传学(第2版)[M]. 北京：高等教育出版社，2011.

[2]李绍武，王永飞，李雅轩等. 中国科学院硕士研究生入学考试试题与解答·遗传学[M]. 北京：科学出版社，2002.

[3]盛祖嘉. 微生物遗传学[M]. 2版. 北京：科学出版社，1987.

[4]童克中. 基因及表达[M]. 北京：科学出版社，1996.

[5]赵寿元，乔守怡. 现代遗传学[M]. 北京：高等教育出版社，2001.

[6]戴朝曦. 遗传学[M]. 北京：高等教育出版社，1998.

[7]朱玉贤，李毅. 现代分子生物学[M]. 北京：高等教育出版社，1997.

[8]刘祖洞. 遗传学(第2版)[M]. 北京：高等教育出版社，2002.

[9]朱军. 遗传学[M]. 3版. 北京：中国农业出版社，2002.

[10]徐晋麟，徐沁，陈淳. 现代遗传学原理[M]. 北京：科学技术出版社，2001.

[11]孙乃恩，孙东旭，朱德煦. 分子遗传学[M]. 南京：南京大学出版社，1990.

[12]杨业华. 普通遗传学[M]. 北京：高等教育出版社，2002.

[13]石春海. 遗传学[M]. 杭州：浙江大学出版社，2003.

[14]陈茂林，袁力，梅辉，付秀芹. 遗传学[M]. 武汉：湖北科技出版社，2005.

[15]Gao Y M, Zhu J. Mapping QTLs with digenic epistasis under multiple environments and predicting heterosis based on QTL effects. Theor Appl Genet，2007，115：325-333

[16]李振刚，分子遗传学(第三版). 北京：科学出版社，2008

特别推荐

《现代分子生物学(第 4 版)辅导与习题集》 戴余军 母昌考 严 冰

《遗传学(第 2 版)辅导与习题集》 高和平 姚国新 姜益泉

《细胞生物学(第 4 版)题解精粹》 姜益泉 邹菊萍

《生物化学(第 3 版)题解精粹》 戴余军 焦颜成